14,95

Ausbrechen

Dr. Wolfhard Margies

Aufbruch Verlag

Aufbruch-Verlag

Die Bibelstellen sind, sofern nicht anders angegeben aus der Lutherbibel zitiert.

der Gemeinde auf dem Weg
Evangelische Freikirche Wilmersdorf e.V.
Babelsberger Str. 37, D-10715 Berlin
Tel: +49 (0)30-85 79 19 65
Fax: +49 (0)30-85 79 19 67
E-Mail: info@aufbruch-verlag.de
http://www.aufbruch-verlag.de

1. Auflage 2004 (7.500)
ISBN 3-926395-34-6
Druck: Ebner & Spiegel GmbH, Ulm
Cover: Jonathan Margies, Berlin

Inhaltsverzeichnis

VORWORT

Diesem Buch ging eine kleine persönliche Katastrophe voraus. Sie hat dazu beigetragen, dass dieses Buch überhaupt entstanden ist. Ich wurde im Frühsommer 2003 zu einer Konferenz christlicher Seelsorger und Psychotherapeuten eingeladen, um dort einen Vortrag über meinen Seelsorgeansatz zu halten. Schon im Vorfeld zu diesem Ereignis war mir nicht ganz wohl, weil ich wusste, dass ich völlig unzureichend über den Stand der Literatur zum Thema Psychotherapie informiert war, die immerhin eine Nachbardisziplin der Seelsorge darstellt und von der ich mich in früheren Zeiten deutlich abgesetzt hatte.

Dieser Vortrag wurde zu einer Art Waterloo-Erfahrung, nicht so sehr wegen inhaltlicher Mängel, sondern wegen der Rahmenbedingungen. An diesem Tag lag eine brütende Hitze über Marburg, wo diese Konferenz stattfand. Die Tagungsstätte befand sich auf einem Berg, wohin ich mich zu Fuß von meinem Hotel aufmachte. Als ich in dem Konferenzsaal angekommen war, war ich völlig durchgeschwitzt. Zu allem Überfluss kippte ich dort, weil ich noch einige Minuten Zeit hatte, Mengen von Mineralwasser in mich hinein, was dazu beitrug, dass ich zum Beginn meines Vortrags schweißüberströmt war, so dass ich nicht einmal richtig sehen konnte.

Hatte ich schon vorher, bei regelrechten Bedingungen, Probleme, meine handschriftlichen Notizen zu lesen, war es jedoch jetzt gänzlich unmöglich. Anschließend, nachdem ich aufwendig meine Augen gereinigt hatte, erwies sich das Pult als viel zu niedrig, so dass ich mein Manuskript aus brillentechnischen Gründen nicht entziffern konnte. Obendrein fühlte ich mich doch so unsicher, dass ich mich nicht entschließen konnte, auf das Manuskript einfach zu verzichten und frei zu reden. Ich spürte deutlich, dass mir bei diesem Ausmaß an Verlegenheit und Unsicherheit die Worte nicht ausreichend zum freien Vortrag zur Verfügung standen.

Es war schrecklich und peinlich, wiewohl die Zuhörer erstaunlich positiv waren, vermutlich weniger wegen der Qualität des Gebotenen, sondern mehr aus Barmherzigkeit mit mir. Einige hatten später tatsächlich fast glaubhaft versichert, wie wichtig dieser Beitrag für sie war, was ich mit einem verlegenen Erstaunen zur Kenntnis nahm.

Aber mitten in dieser schmachvollen Situation bekam ich einen klaren Eindruck, wie eine Offenbarung, dass ich das ganze Thema „Biblische Seelsorge“ neu verfassen und von einem gänzlich anderen Zugang darlegen und als Buch veröffentlichen soll. Daraus ist dann tatsächlich dieses Buch entstanden. Gottes Wege sind eben häufig ungewöhnlich. Auch den Hintergrund dieses peinlichen Vorgangs hat er mir später erklärt.

Was ich mit diesem Buch bezwecke ist das Ziel, dem Leser ein möglichst verständliches Bild von der Entwicklung seelischer Störungen zu vermitteln. Dabei liegt es mir am Herzen, die Zusammenhänge und Hintergründe, die zu seelischen Krankheiten führen, möglichst vom biblischen Verständnis herkommend als so klar und so logisch wie nur möglich zu erhellen.

Dabei ist es unumgänglich, dass ich erneut, wie schon bei einigen früheren Abhandlungen, auf die biblische Anthropologie, die Lehre vom Menschen, zurückgreife, weil nur durch Kenntnis des biblischen Menschenbildes eine zureichende Lehre von Kranksein und Gesundwerden möglich wird. Aber in diesem Buch will ich es nicht bei der alleinigen Strukturdarstellung bewenden lassen, also das statische Menschenbild der Schrift nachzeichnen, sondern will vielmehr erklären, welche Funktionen den einzelnen Persönlichkeitsstrukturen nach biblischen Aussagen zukommen. Es geht mir diesmal auch um die anthropologische Beschreibung der normalen Reifung eines Christen von seiner geistlichen Geburt an bis zu seiner Mündigkeit, also darum, wie sich dieser Vorgang in den biblischen Begriffen von Wachstum, Reifen und der Heiligung anschaulich darstellt und wie die fehlerhaften Entwicklungen dieses Prozesses aussehen.

Das alles soll als Grundlage für den Entwurf einer Lehre der Heilung dienen. Ich werde mit diesem Buch nicht so sehr in die Breite gehen. Es soll kompakt und leicht verständlich sein, ein Buch für Laien, aber doch auch ein Lehrbuch in dem Sinne, dass jeder seelisch kranke Christ den Hintergrund seiner seelischen Probleme und Symptome verstehen kann und in den Stand gesetzt wird, sich an den anschaulich dargelegten Einsichten und Markierungs-Punkten entlang auf seine Heilung zuzubewegen.

Damit ist es wohl auch ein Buch für die professionellen Therapeuten und Seelsorger. Ich leide darunter, dass es nach meinem Erkenntnisstand bislang noch keine ausgearbeitete und biblisch schlüssig belegte Lehre über Seelsorge gibt, die sich der biblischen Anthropologie unterordnet. Zugegeben, ich kenne nicht die gesamte Literatur zu diesem Thema. Aber ich bin doch davon überzeugt, dass eine Seelsorgelehre, die die wichtigsten anthropologischen Aussagen des Römerbriefes und der anderen paulinischen Briefe ausdrücklich einschließt, mir doch bekannt geworden wäre. Ich glaube, dass kein biblisches Seelsorgekonzept, das nicht die grundlegenden anthropologischen Aussagen des Neuen Testamentes in sich trägt, biblisch genannt werden darf.

Wir brauchen so etwas wie ein übergreifendes Verständnis und ein lebendiges Gliederungssystem und Interpretationsraster für die Menge der krankheitlichen Phänomene und den dahinter stehenden in Frage kommenden Ursachen. Dieses Ordnungsschema muss klar, logisch, biblisch korrekt und auch lebendig sein. Es muss so lebendig und flexibel sein, das heißt, es muss auch manche Fragen offen lassen, so dass nicht nur das Wort zur Geltung kommt, sondern auch der Heilige Geist als die dritte Person Gottes, die uns in vielen Einzelheiten und Anwendungsfragen helfen will. Wir brauchen ihn und seine Gaben, und wir brauchen das Fundament biblischer Lehre mit gediegener Kenntnis theologischer Grundpositionen.

Somit stellt dieses Buch den Entwurf einer biblischen Seelsorgelehre dar. Er wird an manchen Stellen unvollkommen sein und an anderen Stellen können die Akzente vielleicht zu dick oder verkehrt gesetzt sein. Aber im Hinblick auf die doch nicht geringe Heilungsquote, die ich mit Anwendung dieser Vorstellung erzielen konnte, habe ich doch meine Zweifel, ob die mögliche Fehlerhaftigkeit dieses Ansatzes sehr umfänglich sein kann.

Ich empfinde, es ist an der Zeit, dass wir uns nicht mit mehr oder weniger zusammenhangslosen einzelnen Fragmenten von Heilung und Einsicht über Heilung zufrieden geben. Der Versuch indessen, aus solchen Bruchstücken ein zusammenhängendes Bild zu formen, wird ohne ausdrückliche Rückbesinnung auf die Schriften des Neuen Testamentes nicht gelingen. Reine Empirie (Erfahrung) kann uns nicht weiterbringen.

Eines der Hauptanliegen dieses Buches ist auch, den kranken Leser zur Heilung zu führen. Deshalb bemühe ich mich, möglichst verständlich zu sein und lege Wert auf klare Gliederung, einfache Ausdrucksweise und Herausarbeiten der wichtigsten Wahrheiten, was auch durch satztechnische Darstellung geschehen soll.
Es soll also mehr ein Lernbuch als ein Lehrbuch werden, eine Anleitung zur Erfahrung von Gottes Güte, ein Buch das Einsicht bringt und über Einsicht Freisetzung und Heilung.

Im ersten Kapitel trete ich in ein virtuelles Gespräch mit meinen therapierenden Kollegen ein. Hier geht es um Thesen, Antworten, Behauptungen und Feststellungen. Dieser Diskurs ist etwas apologetisch, herausfordernd, aber auch selbstkritisch. Ich habe es deswegen in den Anhang verbannt, was sicher sehr ungewöhnlich ist.

Diese Gedanken, die hier vorgetragen werden, sollen den Fachkollegen deutlich machen, wie behutsam und kritisch gegenüber eigenen Resultaten und gleichzeitig auch wie entschlossen und gewiss wir uns bewegen können, wenn wir uns geistlich und intellektuell keusch den Wahrheiten der Bibel stellen. Die sich dann in uns einstellende Mischung von Demut und Mut sowie Sanftmut und Kühnheit ist apart und wohl ein guter geistlicher Nährboden für innovative Einsichten, die zu neuen Entdeckungen und Aufbrüchen führen können. Wer als Kranker dieses Buch zur Hand nimmt und schnell Hilfe sucht, mag dieses Kapitel getrost überschlagen oder es gegebenenfalls später lesen. Ähnliches gilt auch für die weiteren drei bis vier Kapitel, in denen ich die anthropologischen Grundlagen über die biblische Lehre von Heilung gelegt habe. Diese zu überschlagen ist indessen doch von Nachteil, weil dann der besondere Charakter des vorgeschlagenen Heilungsweges vielleicht nicht deutlich wird oder die Heilung selbst möglicherweise gar nicht zustande kommt.

Kapitel 2

LEBEN UND LEIDEN AUF DEM HINTERGRUND DER BIBLISCHEN LEHRE VOM MENSCHEN

Unsere Vorgehensweise ist eindeutig: Wir wollen die geistlichen Gesetzmäßigkeiten des Heilungsprozesses bei einem seelisch kranken Christen im Vergleich mit dem Normalfall, der regelrechten Reifung eines Christen, untersuchen. Somit müssen wir zunächst die normale Entwicklung eines Gläubigen nach seiner Bekehrung zu Jesus anhand der anthropologischen Kennzeichnungen, wie sie uns die Heilige Schrift vermittelt, beschreiben. Kennen wir sie, dann ergibt sich mit einer gewissen Selbstverständlichkeit der Weg von der Normabweichung zur Norm, also vom Kranksein zur Gesundung.

Die grundlegenden Elemente der biblischen Lehre vom Menschen sind so trivial und selbstverständlich, dass man sich fast schämt, sie aufzuzählen, weil sie doch Allgemeingut sein müssten. Aber wie überraschend und auch bestürzend ist der Befund. Das Verständnis des biblischen Menschenbildes ist bei den Christen, unter Einschluss ihrer Pastoren und Lehrer, so wenig bekannt, dass man sich wundert, wie Christentum unter uns überhaupt funktionieren kann. Dabei sehe ich gänzlich von dem Aspekt der geistlich-seelischen Abläufe, also der Funktion und Veränderung dieser Strukturen ab und lasse auch völlig außer Acht, wie deren Fehlfunktion, also das krankhafte Reagieren von Seele und Geist aussieht. Ist aber die Kenntnis darüber im Volke Gottes nicht vorhanden, wie soll dann die Therapie aussehen?

Als Mediziner ist mir die Gliederung der medizinischen Wissenschaft eine Selbstverständlichkeit:

1. Anatomie, die Lehre über den Aufbau des Körpers im Hinblick auf alle Organe und feingewebliche Strukturen.

2. Physiologie, das ist die Lehre darüber, wie die gesunden Organe, also beispielsweise die Muskeln, die Nerven, das Herz und andere Innenorgane im gesunden Zustand funktionieren. Es ist also eine Lehre der gesunden Lebensvorgänge.
3. Pathologie und Pathosphysiologie, die Lehre der Beschreibung der Veränderung an kranken Organen und auch der Veränderung der Funktionen dieser Organe z. B. bezüglich deren Stoffwechsel. Diese kann man nur verstehen, wenn man die Normalverhältnisse kennt.
4. Klinik der Krankheiten, das meint die Beschreibung der sichtbaren Auswirkungen einer Krankheit, also der Symptomatik der subjektiv gefühlten Veränderungen wie Schmerzen, Unwohlsein, Krankheitsgefühl und dergleichen.
5. Therapie, die Lehre der Heilungsmaßnahmen.
6. Und schließlich die Prognose, die Abschätzung der Heilungswahrscheinlichkeit mit und ohne Therapiemaßnahmen.

Wir brauchen eine derartige Einteilung der Betrachtungsweise sowohl für die menschliche Gesamtpersönlichkeit als auch für die Seele und den Geist des Menschen. Mehr als das, wir brauchen ein genaues und vor allem anschauliches Verständnis der seelisch-geistlichen Vorgänge und des Wechselspiels zwischen allen menschlichen Innenstrukturen, vor allem wenn diese gestört sind.

Im Folgenden will ich die Anthropologie aus der Sicht der Heiligen Schrift darstellen und zwar ausdrücklich im Bezug auf den durch Christus erneuerten Menschen, denn unsere Seelsorge bezieht sich nur auf den wiedergeborenen Christen. Die Anatomie des alten und des neuen Menschen, also die alleinige Beschreibung anthropologischer Strukturen habe ich bereits in mehreren Büchern („Heilung durch sein Wort“[1], „Befreiung“[2]) dargestellt und will mich deswegen mit dem Verweis auf diese Bücher hier sehr kurz fassen. Die Beschreibung der geistlich-seelischen Funktionen ist zu einem

---

[1] leider heute nicht mehr erhältlich.

[2] leider heute nicht mehr erhältlich.

gewissen Ausmaß in dem Buch „Lust am Herrn“[3] schon beschrieben. Die biblischen Belege können dort nachgewiesen werden.

Aufbau des Menschen aus der Sicht der Heiligen Schrift

Der Mensch weist nach biblischer Sicht eine Dreiteilung auf: Geist, Seele und Leib. Jeder dieser drei Anteile hat seinerseits noch einmal eine dreifache Untergliederung:

Leib:

- Stütz- und Bewegungsapparat.
- Die autonom reagierenden inneren Organe wie Herz, Leber, Nieren, Magen, und Darm.
- Das Nerven- und Sinnesorgansystem mit ZNS (zentralem Nervensystem), peripheren Nerven und Sinnesorganen (Augen, Ohren, Nase, Tasten, Schmecken, Wärmeempfinden usw.).

Über unseren Leib werden wir befähigt, ein Umweltbewusstsein zu entwickeln.

Die Seele: Die Seele gliedert sich in

- Vernunft und Verstand mit der Fähigkeit zur Logik und Berechnung sowie der Erinnerungsfunktion.
- Gefühl, Stimmung, Affekte und
- Wille.

Die Seele vermittelt uns Selbstbewusstsein.

Hinsichtlich der Beschreibung und Einschätzung der Strukturen und Funktionen von Körper und Seele gibt es in der Theologie und

---

[3] 1988, Aufbruch-Verlag, Berlin.

anderen Humanwissenschaften keine relevanten Meinungsunterschiede. Ganz anders verhält es sich aber mit dem Geist des Menschen. Der Geist als innermenschliche integrale Instanz ist den Wissenschaften und auch anderen Religionen gänzlich fremd. Gewiss kommt es in Literatur und Kunst sowie in manchen anderen Wissenschaften immer wieder zur Erwähnung dieses Begriffes, aber dann nicht im spezifisch biblischen Sinne.

Diese Disziplinen verwenden den Begriff als Metapher für kulturschaffende Kraft oder Kreativität, als Inbegriff vernunftgemäßer Leistung oder als Mitte unserer Person. Damit sind aber immer bestimmte seelische Kräfte oder der sittlich-religiösen Kern der Persönlichkeit gemeint.

Dementsprechend sind alle Wissenschaften einem dualistischen Verständnis vom Menschen ergeben. Es gibt nach ihrer Sicht letztlich nur zwei menschliche Grundstrukturen, den Körper und die Seele, wobei letztere zu außerordentlichen Leistungen und Höhen befähigt ist, die ihr manchmal die Bezeichnung „Geist" einbringen. Aber eine eigenständige menschliche Instanz Geist ist den säkularen Wissenschaften fremd.

Das ist in einer Weise logisch und verstehbar. Denn der Geist des Menschen im biblischen Sinne ist mit den üblichen wissenschaftlichen Mitteln nicht nachweisbar. Aber das Wort Gottes redet dennoch sehr prägnant von ihm:

> 1. Thessalonicher 5
> 23 Er aber, der Gott des Friedens, heilige euch durch und durch und bewahre euren Geist samt Seele und Leib unversehrt, untadelig für die Ankunft unseres Herrn Jesus Christus.

Der Geist wird dem Menschen gegeben, um Gottesbewusstsein zu ermöglichen. Auch diesem Geist ist eine Dreiteilung eigen, auch wenn diese nicht so konturscharf erscheint wie bei den Untergliederungen von Seele und Körper:

- Der Geist bewirkt Erkenntnis Gottes.

- Der Geist schafft Gottesbeziehung und Gotteserfahrung.
- Der Geist befähigt zu einer Lebensweise gemäß erkannten göttlichen Willens, d.h. er befähigt mittels unseres neu programmierten Gewissens zum Gehorsam.

Der Bezug des menschlichen Geistes auf Gott ist der Grund dafür, dass er mit üblichen Mitteln nicht nachzuweisen ist. Und es kommt noch ein wichtiger Faktor hinzu: Der Geist des natürlichen Menschen ist tot! Er ist wohl da, aber tot. Damit ist gemeint, dass die Beziehung zu Gott unterbrochen ist. Kommt es beim natürlichen Menschen doch zu einer Auseinandersetzung mit Gott, dann ist diese seelischer Natur. Die Seele versucht über rationale und emotionale Maßnahmen mit Gott in Kontakt zu treten.

Diese Möglichkeit ist insofern wichtig, als sonst ja gar keine Chance bestünde, dass der Mensch wegen seines toten und somit zur Kommunikation mit Gott unfähigen Geistes je mit Gott in Beziehung treten könnte. Aber das geschieht im Augenblick der Bekehrung zu Jesus, in dem die Restperson, also vor allem der Wille des Menschen, sich gedrängt von Leid und Verzweiflung und gezogen von der werbenden Gegenwart Gottes sowie der Hoffnung auf Hilfe, doch für Jesus als Erretter entscheidet.

Das ist ein anthropologisch überaus wichtiger Moment. Der alte Lebenszustand des geistlichen Todes wird beendet. Ein neuer Mensch mit einer neuen Art von Leben wird geboren und gleichzeitig wird die alte Existenz in den Tod gegeben. Aber wir müssen das in der richtigen Reihenfolge sehen und zunächst einmal abklären, wie es zur Ausgangslage, dem Zustand des geistlichen Todes, gekommen ist.

In der Schöpfungsgeschichte (1. Mose 2,15–20) wird Adam von Gott eröffnet, dass er sich die ganze Schöpfung unterordnen und sie genießen soll, aber vom Baum der Erkenntnis des Guten und Bösen soll er nicht essen. Und dann fährt Gott fort: „An dem Tage, an dem du davon essen wirst, wirst du sterbend sterben." (wörtliche Übersetzung). Adam und Eva aßen von der verbotenen Frucht dieses Baumes und starben an diesem Tag geistlich und zwar genau zu dem Zeitpunkt dieser ersten Sünde und zusätzlich wurden sie danach sterblich (sterbend), was sich auf ihren Körper bezog. Paulus drückt das in Römer 6,23 so aus: Der Tod ist die Bezahlung der Sünde.

Wenn der Mensch durch Schuldeinsicht, Buße und Lebensübergabe an Jesus zu seinem Schöpfer und zu Jesus zurückkehrt, wird der Zustand des geistlichen Todes in dramatischer Weise revidiert. Was dabei geschieht, ist nicht nur die Festlegung auf eine neue Ideologie oder das Bejahen eines neuen geistlichen und religiösen Konzeptes. Jesus nennt diese Erfahrung (Johannes 3,3-6) ein von Neuem-Geboren-Sein aus Geist und Wasser (Heiliger Geist und Wort Gottes, letztlich Jesus), die Geburt eines neuen Menschen, ja einer neuen Art von Geschöpf (2. Korinther 5,17). Nach Jesu Aussage in Johannes 3 ist das von neuem Geborene unser neuer Geist, der uns nach dem Eingeständnis unserer Sünde und Anerkennung von Jesus als unserem Herrn mit Gerechtigkeit Gottes ausstattet. Mehr als das, wir werden zur Gerechtigkeit Gottes gemacht (2. Korinther 5,21), was mit Vergebung der Schuld, dem Erlangen von ewigem Leben und Kindschaft Gottes einhergeht.

Im Unterschied zu unserem Geist wird unsere Seele nicht sofort erneuert. Sie erfährt etwas Gegensinniges, sie wird dem Tod übergeben, genau genommen nicht die Seele, sondern das, was die Bibel Fleisch nennt. Dieser Begriff ist noch nicht erklärt worden. Er kommt zusammen mit einem anderen Begriff, Herz, in der Bibel sehr häufig vor und bedarf der Deutung. Sowohl das Fleisch als auch das Herz meinen in der Bibel durchgängig nicht Muskulatur oder die biologische Pumpe, die das Blut in Zirkulation hält.

In der Beschreibung und Wertung dieser beiden Begriffe ist es auffallend, dass dem Begriff Fleisch durchgehend eine negative Bewertung in der Schrift zu Teil wird, während das Herz ein auffallend weites Spektrum von Wertigkeit zwischen total böse, verzagt, bis durchaus positiv aufweist. Die Erklärung dafür liegt in dem Aufbau dieser beiden Größen. Sie sind zusammengesetzte Instanzen, indem das Herz ein Komplex von Geist und Seele und Fleisch von Seele und Körper darstellt. Dadurch wird erklärlich, dass Fleisch immer negativ gekennzeichnet wird, während die Wertigkeit des Herzens variiert. Die Seele hat offensichtlich ein Anlehnungsbedürfnis, wodurch sie sich zu beiden Seiten hin orientiert und alliiert, wobei Art und Ausmaß dieser Ausrichtung von Faktoren bestimmt werden, die noch zu untersuchen sind. Paulus definiert das Fleisch als die in Sünden und Unabhängigkeit befangene Person, in der die autonome Seele das Kommando innehat und weitgehend von körperlichen Trieben und Drängen bestimmt wird.

Mit der Wiedergeburt eines Menschen, die, wie wir gesehen haben, eine Wiedergeburt des Geistes ist, kommt ein Prozess in Gang, der für das Gesundwerden der Seele von größter Wichtigkeit ist. Bis dahin war sie gleichsam die innerpersönliche Alleinherrscherin. Was sie wollte, geschah. Wobei sie genau genommen das wollte, wozu sie von körperlichen Leidenschaften und Kräften getrieben wurde. Nun bekommt sie von einem zum nächsten Augenblick einen Vorgesetzten vor ihre Nase gesetzt, den neugeborenen Geist. Das bedeutet, sie verliert ihre Position der Alleinherrschaft, der Eigenständigkeit und der Unabhängigkeit. Das nennt die Bibel den Tod des alten Menschen oder des Fleisches. Es stirbt dabei also nicht die Seele, sie wird ja noch gebraucht und soll nach manchen Veränderungen noch zu Ehren kommen, es stirbt auch nicht der Körper, sondern ihre gemeinsame Leistungs- und Wertegemeinschaft.

Der Tod des alten Menschen

Ich will diese Art von Tod an einem Beispiel aus der deutschen Behörden-Geschichte illustrieren. Vor wenigen Jahren war das deutsche Bundesgesundheitsamt durch einige eigenständige Entscheidungen bei seiner obersten Behörde, dem Ministerium für Gesundheit, in Misskredit geraten. Am Ende eines längeren politischen Tauziehens wurde die Institution Bundesgesundheitsamt als eigenständige Behörde aufgelöst und in einzelne Fachabteilungen zerteilt, die alle dem Ministerium selbst direkt unterstellt wurden. Das unabhängige Amt als Gesamtbehörde starb gleichsam, ihm wurde die Weisungsbefugnis entzogen, es lebte aber unter anderem Namen in

Gestalt von einzelnen Fachinstitutionen weiter, die alle unter der Autorität des Bundesgesundheitssamtes standen.

In ähnlicher Weise ist das Fleisch mit der Geburt des neuen Menschen offiziell abgesetzt, lebt und wirkt jedoch unter der neuen Aufsicht des Geistes weiter – jetzt als Seele und Leib, ohne Unabhängigkeit und Weisungsbefugnis – das aber mit neuer Beauftragung und erheblich veränderten Bedingungen.

Ist diese Trias von Todes-, Sterbe- und Auferstehungsabläufen schon schwer zu verstehen, denn es bereitet trotz aller Plausibilität Mühe, dass eine Person, die in Sünden schon tot ist, noch einmal sterben muss, um eine neue Art von Leben zu ermöglichen, so sind die nachfolgenden Prozesse vielleicht eine noch größere Herausforderung für unser traditionelles Verständnis. Aber es handelt sich bei diesen nun einmal um präzise biblische Fakten, die alle in der Schrift belegbar sind und ohne die wir keine Lehre über Gesundheit und Heilung formulieren sollten.

Die Seele, von der Schrift Fleisch genannt, solange sie unter der Programmierung von Unabhängigkeit und Selbstherrlichkeit läuft, wird also durch Bekehrung und Wiedergeburt abgesetzt und zurückgestuft, aber nicht zugleich und automatisch verändert. Das bedeutet, dass sie keine Einsicht in die Notwendigkeit dieses Verfahrens hat und dagegen aufbegehrt. Sie rebelliert, weil ihre Natur nicht verändert ist. Sie lässt sich diese Degradierung nicht gefallen und will ihre Position nicht räumen, sondern nach wie vor das Sagen haben.

Somit ergibt sich, zumindest für eine Übergangszeit, eine sonderbare Clinch-Situation: Der neue Mensch mit Christus hat einen neuen Geist und ist insofern eigentlich geistlich zu nennen, aber die Seele will nach ihren alten Vorstellungen und Zielsetzungen weiter bestimmen und schafft das im Regelfall auch zunächst, bei manchen Christen leider sogar zeitlebens.

Ein solcher Christ, der sich in diesem Übergangsstadium befindet, ist Kraft seiner Entscheidung für Christus und gegen Autonomie ein geistlicher Mensch, aber weil seine Seele in ihrer alten Prägung noch übermächtig ist, muss er doch faktisch als fleischlich angesehen werden. Seine ganze Erscheinungsweise imponiert in ihren Worten, Regungen und Taten als noch fleischlich.

So kommt es häufig vor, dass sich das Fleisch faktisch durchsetzt, und das umso mehr, als der Geist ein geborener Geist ist, sich also anfangs noch in einer kindlichen und schwachen Verfassung sieht. Diese Zusammenhänge sind ungewöhnlich und doch plausibel und so gewichtig, dass sie nicht ohne Schriftbezug hingenommen werden können. Ich will mit nachfolgenden Schriftverweisen untermauern, dass es diese dramatischen Umbrüche in uns wirklich gibt, dass das Ganze ein Geburtsgeschehen mit nachfolgendem Konkurrenzkampf darstellt, dass dabei eine Lähmung und Patt-Situation zu Stande kommen kann, dass Fleischlichkeit als Durchgangsprozess durchaus normal ist und dass es einen wohldefinierten Weg des Durchschreitens dieser Entwicklungsphase gibt, der zu Veränderung und Reifung der ganzen Person führt. Und aus all dem soll auch deutlich werden, wie sehr diese Vorgänge Voraussetzung für die Heilung der Seele und der Gesamtperson sind.

Das war doch unser Anliegen: Nicht vereinzelte, gute und richtige Ratschläge im Hinblick auf die Heilung der Seele zu geben, sondern das alles in einem Gesamtkonzept der Schrift zu sehen, bei dem das biblischen Menschenbild in allen Schichten und Ebenen voll zur Geltung kommt und damit die Heilung auch in anschaulichen Schritten erreicht werden kann.

Wir gehen von dem Wort des Herrn aus (Johannes 3,6), welches besagt, dass was aus Fleisch geboren ist, Fleisch ist und was aus dem Geist geboren wird, Geist ist. Wir müssen uns im Folgenden ständig der Mühe unterziehen herauszufinden, wann die Schrift mit dem Begriff Geist den Heiligen Geist und wann sie den Geist des Menschen meint. Meistens wird das aus dem Kontext ersichtlich, ein anderes Unterscheidungsmerkmal sind Zufügungen wie die Begriffe „Heilig“, „Geist Gottes“, „Geist Jesu“, usw. Nur an ganz wenigen Stellen gibt es Zuordnungsschwierigkeiten.

Der neugeborene Geist ist, wie schon gesagt, anfangs ein Geist in kindlicher Verfassung und Schwäche und muss kindgemäß ernährt werden:

1. Korinther 3
1 Und ich, liebe Brüder, konnte nicht zu euch reden wie zu
geistlichen Menschen, sondern wie zu fleischlichen, wie zu un-
mündigen Kindern in Christus. 2 Milch habe ich euch zu trinken
gegeben und nicht feste Speise; denn ihr konntet sie noch nicht
vertragen. Auch jetzt könnt ihr's noch nicht, 3 weil ihr noch
fleischlich seid. Denn wenn Eifersucht und Zank unter euch sind,
seid ihr da nicht fleischlich und lebt nach Menschenweise?

Paulus spricht die Korinther als seine Brüder an und beklagt dabei, dass er sie nicht als geistliche Menschen bezeichnen kann, was sie dem Status nach eigentlich wären, denn sie haben als seine Brüder und damit als Kinder Gottes den neuen Geist in sich. Und doch sieht er bei ihnen so viel Unreife, dass er sie unmündig und noch *fleischlich* nennt.

Also „unmündig" und „*noch* fleischlich" sind Synonyme und stellen, wie es das Wort „noch" ausdrückt, einen Übergangszustand zwischen Bekehrung und geistlichem Erwachsensein dar. Geistlich unmündige Kinder brauchen entsprechende Kost, nämlich das Wort Gottes mit allen zugehörigen Wahrheiten, um zu Wachstum zu gelangen. Paulus stellt indessen eine Unwilligkeit zu wachsen und Verantwortung zu übernehmen fest, was mit der Weigerung einhergeht, Milch als alleinige Speise zu verlassen und auf einen allmählichen Speiseaufbau einzuwilligen. Also blieben die Korinther kindhaft, unmündig und fleischlich und boten deswegen als Konsequenz alle Zeichen einer bockigen, streitsüchtigen und eifersüchtigen Einstellung. Das ist aber genau das Verhalten, das für das Fleisch, die Seele alter Prägung, typisch ist. Die Korinther waren insofern dem Prinzip und dem Status nach geistlich, der Erscheinungsweise nach fleischlich.

Bevor wir diesen Prozess weiter verfolgen, müssen wir schon einmal seine Bedeutung für die Seelsorge erkennen. Wenn schon unter der Voraussetzung von Normalverhalten und seelischer Unauffälligkeit, wie man das den Korinthern wohl bescheinigen muss, Stillstand in der geistlichen Reifung eintreten kann und

Charakterveränderungen ausbleiben, wie viel mehr wird das bei Menschen der Fall sein, die durch krankhafte Störungen von vornherein gehandicapt sind?

Was sind nun die Faktoren, die zur Reifung führen, und von denen deswegen auch zu erwarten ist, dass sie bei der Heilung eine ganz wesentliche Rolle spielen? Und gleich hinterher gefragt: Was bewirken sie eigentlich, was ist Reife und geistliche Mündigkeit?

Die Schrift nennt uns folgende Reifungsfaktoren:

1. Ernährung durch das Wort Gottes und zwar ausdrücklich im Hinblick auf Qualität und Quantität des angenommenen und geglaubten Wortes. Nichts regt unseren Geist mehr zum Wachstum an als das Wort Gottes. Dieser Zusammenhang wird gerade im 1. Korinther 3 und Judas 20 deutlich: Wir sollen uns auf unseren allerheiligsten Glauben aufbauen.

2. Leben mit dem Heiligen Geist, Gemeinschaft mit dem Heiligen Geist und Beten im Geist (1. Korinther 14, 2–4 u.14; Judas 20). Beten im Geist (Sprachengebet) wie auch Anbetung im Geist, Auslegung von Sprachenrede und Prophetie bauen den Geist auf, füllen ihn mit göttlicher Information und setzen nachfolgende Geistesgaben frei. Diese direkt aufbauende Wirkung kann jeder Gläubige erleben, ja direkt abrufen, der regelmäßig in Sprachen redet.

3. Jede Form der Anbetung, also auch in der jeweiligen Muttersprache, hat eine den Geist aufbauende Wirkung.

4. Leben in der Gnade, was immer ein Leben in Wahrheit und Gnade ist, hat eine außerordentliche Wirkung auf die Festigung des Geistes und der Gesamtperson.

Hebräer 13
9 ... denn es ist ein köstlich Ding, dass das Herz fest werde, welches geschieht durch Gnade.

Titus 2
11 Denn es ist erschienen die heilsame Gnade Gottes allen Menschen 12 und erzieht uns, dass wir absagen dem ungöttlichen Wesen und den weltlichen Begierden und besonnen, gerecht und fromm in dieser Welt leben 13 und warten auf die selige Hoffnung und Erscheinung der Herrlichkeit des großen Gottes und unseres Heilandes Jesus Christus,

5. Praktische Schritte des Gehorsams aus dem Geist Gottes und seinem Wort heraus stabilisieren den Geist, sofern sie frei sind von willkürlichen moralischen Impulsen. Gehorsam ist gleichsam die Übung, die die Nahrung umsetzt. Dieses Training unseres Geistes muss aber frei sein von jeder Form gesetzlicher Bemühtheit. Gesetzlichkeit stranguliert den Geist und ist das größte Wachstums-Hindernis. Davon wird noch viel zu sagen sein.

Ein Melodrama

Zu einer Zwischenbewertung des Nutzens unserer anthropologischen Überlegungen gehört auch die Antwort auf die Frage, was das herausragende Ergebnis des Fortschreitens vom fleischlichen zum geistlichen Christen ist. Es ist die Aufgabe und Überwindung der Unabhängigkeit der Lebensführung, die mit der Bekehrung prinzipiell stattfindet und dann in dem nachfolgenden Veränderungsprozess der Heiligung in praktisch allen Charakterebenen und Lebensbereichen ihre Fortführung und sichtbare Ausgestaltung finden soll.

Aufgabe der Unabhängigkeit, das heißt erkennen, dass wir ohne Jesus nichts sind und nichts können, dass wir von uns aus zum Guten nicht fähig sind, dass wir voll und ganz gefallen sind, so dass es keinen Rest von Gutem an uns gibt. Dazu gehört auch, dass wir unsere Begrenzung und Schwäche einsehen und uns sogar ihrer rühmen sollen, damit wir nachher die ganze Ausstattung von göttlicher Gerechtigkeit, Liebe und Kraft und dadurch eine neue Form von Selbstwert empfangen können. Das alles ist gleichbedeutend mit dem Sieg über Stolz, Hochmut und dem Bewusstsein eigener Kompetenz und Stärke sowie der gleichzeitigen Wahrnehmung, dass Selbsterlösung und Selbstverwirklichung die Ursünde sind, die Sünde, die hinter allen Sünden steht.

Jede geistliche Therapie, die nicht ständig von diesem Hintergrund bestimmt ist, greift zu kurz und wird nicht Wesentliches an Heilung und Befreiung bewegen können. Theologie und Seelsorge sind untrennbar, aber auch produktiv miteinander verbunden. Wir werden im Folgenden ständig auf diesen Zusammenhang stoßen.

Mit der Wiedergeburt kommt es noch zu einer weiteren bedeutenden Umschichtung der Person. Es geht dabei um nicht weniger als eine neue Definition unserer Identität. Die Schrift sagt von Adam, dass er eine Seele war, einen Geist hatte und in einem Körper lebte (1. Mose 2,7). Der zweite Adam, Jesus, und mit ihm jeder seiner Brüder und Schwestern, die durch die Wiedergeburt Kinder desselben Vaters geworden sind, ist nach 1. Korinther 15,45-47 ein lebensstiftender Geist geworden.

1. Korinther 15
45 Wie geschrieben steht: Der erste Mensch, Adam, „wurde zu einem lebendigen Wesen", und der letzte Adam zum Geist, der lebendig macht.
47 Der erste Mensch ist von der Erde und irdisch; der zweite Mensch ist vom Himmel.

Der Geist des durch Christus erneuerten Menschen ist also die Mitte der Persönlichkeit geworden, aus der Ich-Erfahrung und Identität resultieren. Auch hierin zeigt es sich, dass die Seele aus ihrer zentralen Rolle herausgedrängt, ja regelrecht abgesetzt worden ist.

Der neue Mensch ist ein Geist, hat eine Seele und lebt in einem Körper, wobei gewiss die Formulierung, dass der Mensch ein Geist sei, für manche Leser gewöhnungsbedürftig ist. Der Geist als das neue Ich hat seine Herkunft und Bestimmung vom Himmel her (Vers 47). Die Sicht unseres Geistes als des wahren Ichs wird auch durch 1. Korinther 14,14 bestätigt: „Wenn ich in Sprachen rede, dann betet mein Geist". Ähnliches steht in Kolosser 2,5, wo Paulus von seiner Anwesenheit bei den Gläubigen in Kolossä spricht, indem er mit seinem Geist trotz der räumlichen Entfernung unter ihnen ist.

Auch diese Tatsache der Neubestimmung unserer Identität als eine, die vom Himmel ist, hat selbstverständliche Auswirkung auf unser Therapiekonzept. Wenn unsere Andersartigkeit nach unserer Bekehrung darin begründet ist, dass wir durch unseren neuen Geist göttlicher Herkunft und Natur sind, dann dürfen die Therapiemaßnahmen nicht die alte Dominanz der Seele fördern, sondern sollten auf die Stärkung unseres Geistes und nachfolgend auf die Neupositionierung der Seele ausgerichtet sein. Unterbleibt diese Zielführung, dann wird durch die Seelsorge der hinter jeder Krankheit stehende Konflikt eher noch verstärkt. Wir haben, wie es scheint, als Seelsorger manche verkehrte Weichenstellung vorgenommen, indem wir in guter Absicht das Ich des Kranken stärken wollten. Vielleicht hatten wir dabei sogar den richtigen Impuls und wollten ihm klar machen, wer er in Christus sei, aber in Wirklichkeit haben wir alte fleischliche Strebungen der Selbstgerechtigkeit und Selbstverwirklichung stabilisiert, nur dass wir dazu biblische Terminologie benutzt haben.

Wir müssen das sehr genau herausarbeiten – dass ist eigentlich die Hauptaufgabe dieses Buches –, wie die Gesundung der Seele unter gleichzeitig geistlicher Reifung der Gesamtpersönlichkeit aussieht und wie der Vorrang unseres Geistes über der Seele gesichert werden kann. Das geht bis hin zu der ehrlichen und überzeugten Bejahung unserer seelischen Schwachheit, ohne dass wir dabei Angst bekommen, unsere kranken Geschwister in noch größere Abgründe hineinzustoßen.

Sie sollen vielmehr dadurch die überwältigende Innenerfahrung machen, dass die überströmende Kraft Gottes aus ihrem Geist herausfließt, um sich in alle Schichten ihrer Person, auch ihrer Seele und ihres Leibes, zu ergießen. Biblische Seelsorge ist zu einem großen Anteil „Geistes-Sorge".

Um diesem Konzept weiter folgen zu können und überhaupt glauben zu können, dass dieses für uns gedeihlich ist, müssen wir uns zunächst etwas genauer die Natur unseres neuen Geistes ansehen. Folgende Fakten haben wir von ihm schon kennen gelernt:

- Er ist göttlicher Herkunft und ist selbst durch und durch göttlicher Natur.
- Er wird durch einen Geburtsakt in uns hineingeboren.
- Weil er geboren ist, weist er anfangs wie jedes neugeborene Baby kindliche Größe, kindliche Schwäche und noch nicht voll ausgereifte Funktionen auf.
- Der wachstumsbedürftige Geist kommt bei vielen Christen nie zur vollen Entfaltung. Er bleibt durch Ernährungsmangel und andere Umstände in einem Zustand infantiler Unterentwicklung und wird dadurch vom Fleisch, das seine Kontrolle nicht abgeben will, dominiert.

Wir können der Schrift weitere Aussagen über unseren Geist entnehmen:

- Der schwache und zur Durchsetzung unfähige Geist kann auch befleckt werden (2. Korinther 2,1), was durch bestimmte Sünden, in denen wir verharren, geschieht. Offenbar kann der Geist selbst, also sein Innenleben, nicht durch Sünde und Unreinheit durchsetzt sein. Diese bleiben vielmehr als Auflagerung an der Oberfläche des Geistes. Ein interessanter Sachverhalt (2. Korinther 6,14-18 und 7,1).
- Das wichtigste Merkmal des Geistes ist aber der erstaunliche und von der Schrift nachdrücklich herausgestellte Umstand, dass **unser Geist Leben ist.** Römer 8,10: Der Geist ist Leben um der Gerechtigkeit Willen. (Dass hier *unser* Geist gemeint ist, ergibt sich aus dem Kontext mit dem dort aufgewiesenen Gegensatz von Leib und Tod des Leibes.) Siehe auch die Formulierung „das Gesetz des Geistes des Lebens“ in Römer 8,2 (Elberfelder Bibel). In beiden Fällen wird im Griechischen der Begriff *zoe* gewählt, der im Neuen Testament durchgehend das göttliche Leben beschreibt.

Dass unser Geist Leben ist und nicht nur Leben vermittelt, ist eine merkwürdige und doch bezeichnende Aussage. Die erklärende Hinzufügung, dass dies um der Gerechtigkeit Willen gegeben ist, dass also unser Geist, unser neues Ich, aufgrund der von Gott gegebenen Gerechtigkeit Leben ist, verweist uns auf eine ähnliche ungewöhnliche Aussage in 2. Korinther 5,21, in der es heißt, dass Jesus für uns zur Sünde gemacht worden ist, auf dass wir in ihm die **Gerechtigkeit Gottes werden**.

Somit ergeben sich folgende drei Ist-Tatsachen für den Nachfolger Jesu:

- Wir sind die Gerechtigkeit Gottes.
- Wir sind ein Geist.
- Unser Geist ist das Leben.

Das Wort Gottes weist demnach dem neuen Menschen in Christus einen extrem hohen Wert zu. Er ist Geist und er ist die Gerechtigkeit Gottes und ist mittels seines Geistes Leben! In der Wertsetzung der Heiligen Schrift ist somit die neue Natur des Menschen in Christus von außerordentlichem Rang und Würde und nicht zu überbietender Bedeutung. Er ist wirklich göttlich, er ist die wandelnde Gerechtigkeit, weil ihm Gottes Gerechtigkeit voll zugerechnet wird und ist insofern auch das Leben, weil sein Ich sein Geist ist und sein Geist Leben ist.

Die therapeutisch-seelsorgerliche Relevanz dieser Zusammenhänge liegt darin, dass aus dem gestärkten und erwachsenen Geist Gerechtigkeit (Befreiung von Schuld und Verdammnis) in die Gesamtperson fließt. Sie erweist sich auch darin, dass sich dieses Leben des Geistes auch der Seele und sogar dem Körper mitteilt und diesem heilbringende Lebenskräfte vermittelt. Der Geist des wiedergeborenen Christen ist somit eine Art Brückenkopf göttlicher Präsenz in unserer Person.

Ich habe mein ganzes therapeutisches Leben lang eine Lanze für die Notwendigkeit eines ursachenbezogenen und analytischen Vorgehens in der Seelsorge gebrochen. In unendlichen vielen Beispielen trat für mich immer wieder die Richtigkeit und die Unabweisbarkeit der Tatsache zu Tage, dass kranke Gläubige ohne Aufdeckung spezifischer Ursachen einfach keine Heilung erfahren konnten. Das ist die eine Wahrheit. Aber die andere wurde dabei auch offensichtlich: Wenn die Neuordnung der Person im Sinne der beschriebenen Übernahme der Kommandogewalt durch den neugeborenen und dann erstarkten Geist unterblieb und auch der Weg der Demut nicht beschritten wurde – das ist die Rückstufung der Seele aus ihrem Zustand von Dominanz und Unabhängigkeit – , dann haben seelische Heilung suchende Christen nie einen wirklichen Durchbruch zur Freiheit und Gesundung erfahren. Selbst wenn alle noch zu entfaltenden Gesichtspunkte einer geistlich analytischen Therapie beachtet worden sind, waren die Ergebnisse entweder kümmerlich oder nicht von langer Dauer.

Die Berücksichtigung dieser anthropologischen Hintergrund-Wahrheiten und ihr ausdrückliches Einbeziehen in unseren Therapieansatz wird die Heilungsquote in unserer Seelsorge signifikant in die Höhe schnellen lassen. Das habe ich selbst in meiner Seelsorgetätigkeit erkennen können.

Aber gehen wir doch zunächst einmal von dem meist gegebenen Fall aus, dass der Kranke, der uns wegen seiner seelischen Nöte aufsucht, keine geistlich mündige Person mit einem voll entwickelten Geist ist. Eigentlich kann die Konstellation nur so sein, weil geistliche Mündigkeit so gut wie immer seelisches Kranksein ausschließt! Bei der jeweilig gegebenen neurotischen Krankheits-Situation wird das Fleisch also noch eine zu mächtige Position innehaben, die immer eine negative sein wird, weil das Fleisch nicht gehorsam sein kann. Siehe dazu Römer 8,7:

> Römer 8
> 7 Denn fleischlich gesinnt sein ist Feindschaft gegen Gott, weil das Fleisch dem Gesetz Gottes nicht untertan ist; denn es vermag es auch nicht.

Das Fleisch widerstrebt aber nicht nur Gott, sondern auch dem Diktat des Geistes (unseres Geistes). Sind also Fleisch und unser Geist annähernd gleich mächtig, wird es leicht zu einem Lähmungszustand oder einer Pattsituation kommen können. Der biblische Beleg dazu steht in Galater 5, 17:

Galater 5
17 Denn das Fleisch begehrt auf gegen den Geist und der Geist gegen das Fleisch; die sind gegeneinander, so dass ihr nicht tut, was ihr wollt.

Wenn sich diese beiden Instanzen in unserer Person ohne eindeutige Überlegenheit und Vorrangstellung des Geistes gegenüberstehen, kommt es zum Stillstand, zu mannigfaltigen Unfähigkeiten, Zwangshandlungen oder Zwangsvermeidungen und Lähmung im Hinblick auf alles Sinnvolle und Gute, das heißt die Krankheit wird sich ausbreiten und Heilung ist ausgeschlossen, so lange dieser Zustand aufrecht erhalten bleibt.

Wir müssen uns diese Auseinandersetzung und ihre geistlich-theologischen Hintergründe doch noch etwas genauer ansehen. Die Ausführung von Paulus in Römer 8,5-8 führen uns dabei weiter:

Römer 8
5 Denn die da fleischlich sind, die sind fleischlich gesinnt; die aber geistlich sind, die sind geistlich gesinnt. 6 Aber fleischlich gesinnt sein ist der Tod, und geistlich gesinnt sein ist Leben und Friede. 7 Denn fleischlich gesinnt sein ist wie eine Feindschaft wider Gott, da das Fleisch dem Gesetz Gottes nicht untertan ist; denn es vermag es auch nicht. 8 Die aber fleischlich sind, können Gott nicht gefallen.

Hier spricht Paulus von Christen, die Kraft ihrer Wiedergeburt einen neuen Geist haben, aber durch Ungehorsam und Trägheit nicht dazu beigetragen haben, dass ihr Geist gewachsen ist und somit die Ausrichtung und das Gesamtverhalten der Persönlichkeit bestimmte. Sie erweisen sich trotz ihrer Geistesausstattung als fleischlich gesinnt und werden insgesamt als fleischlich qualifiziert: Sie haben zwar einen Geist, aber wandeln nach dem Fleisch. Ihr Fleisch ist relativ zu mächtig und lässt die ganze Persönlichkeit als fleischlich gesinnt erscheinen.

Darauf hin formuliert Paulus einige bemerkenswerte, aber auch erschreckende Konsequenzen aus diesem Sachverhalt der praktischen fleischlichen Gesinnung: Sie bedeutet Tod, Feindschaft gegen Gott und stellt eine Haltung dar, die Gott nicht gefallen kann, während geistlich gesinnt sein Leben und Frieden bedeutet. Auch hier steht für Leben im Griechischen das Wort *zoe*, das das übernatürliche und aus Gott stammende Leben meint. Dieses wird in Psalm 16, 11 wie folgt beschrieben:

> Psalm 16
> 11 Du tust mir kund den Weg zum Leben; vor dir ist Freude die Fülle und liebliches Wesen zu deiner Rechten ewiglich.

Somit besitzt die geistliche Gesinnung durch diese göttliche Lebenskraft im Unterschied zur fleischlichen Gesinnung große therapeutische Kraft. Sie schafft Leben und Freude, Wonne und Kraft, was gerade der seelisch Kranke sucht und braucht und vermittelt ihm heilsamen Frieden.

Fleischliche Gesinnung – noch einmal zur Belebung unserer Anschauung, das meint Unabhängigkeit, Stolz, Selbstgerechtigkeit, Überzeugung von eigener Stärke und Befähigung – schafft Tod. Sie verhindert also zumindest eine Zunahme von Heilungsprozessen und führt dann zum endgültigen Niedergang. Dass dies alles unter der Bedingung einer stattgehabten Wiedergeburt geschehen kann, denn Paulus wendet sich ja ausdrücklich an Christen, das ist schon ein fataler und beängstigender Sachverhalt.

Zu guter Letzt forciert Paulus in der zitierten Aussage von Römer 8 noch drastisch die negativen Konsequenzen der fleischlichen Lebensführung eines Christen. Fleischlich sein ist danach (Vers 7) Feindschaft gegen Gott, weil das Fleisch grundsätzlich nicht gehorsam sein kann – es vermag es einfach nicht – und fleischlich gesinnte Christen können Gott nicht gefallen.

Das sind durch und durch unangenehme und angriffige Aussagen. Ich bin aber davon überzeugt, dass sie nicht von Heilsverlust und ewiger Verdammnis sprechen. Sie beschreiben einfach nur, wie sehr fleischliche Lebensweise Aufbegehren gegen Gott ist und dass man sich in dieser Haltung von jeder Unterstützung Gottes selbst abschneidet. Was ein derartiger Christ unternimmt, beginnt er auf eigene Faust, in eigener Kraft und zu eigener Ehre. Einen solchen Lebensentwurf kann aber Gott nicht unterstützen, weil es eine einzige Rebellion gegen ihn darstellt, wenn diese auch mit frommen Gedanken und Planungen und gar Gebet unterlegt ist. Der geistliche Tod ist überall riechbar, er greift nach der Seele und nach dem Körper, löst Schwäche, Überforderung und Krankheitserscheinungen und schließlich vorzeitigen Tod aus. Ein solcher Gläubiger, davon bin ich überzeugt, wird im Himmel aufwachen, aber die wundervollen Herausforderungen hier auf Erden hat er vertan.

Ein Therapiekonzept, das in diesem Sinne fleischlich ist, also auf Selbstbefreiung und eigene Stärke setzt, wird niemals die Energie und Inspiration bereitlegen, die erforderlich sind, um aus Krankheit und Gefangenheit in die Heilung hineinzuführen.

Wie aber sehen die positiven Aspekte des geistlichen Lebens, also einer geistlichen Gesinnung aus? Vers 9 dieses Kapitels besagt, dass unter der Voraussetzung, dass der Heilige Geist in uns wohnt, wir nicht fleischlich sind. Wobei davon ausgegangen wird, dass der Heilige Geist nicht nur geduldet wird, sondern wirklich in uns wohnt und somit jeden Raum und alle Freiheit in uns bekommt. Mit anderen Worten, das Erfüllt sein mit dem Heiligen Geist ist eine Gewähr dafür, dass unser Geist erwachsen geworden sein muss und wir selbst damit mündig geworden sind.

Römer 8
9 Ihr aber seid nicht fleischlich, sondern geistlich, wenn denn
Gottes Geist in euch wohnt. Wer aber Christi Geist nicht hat, der
ist nicht sein. 10 Wenn aber Christus in euch ist, so ist der Leib
zwar tot um der Sünde willen, der Geist aber ist Leben um der
Gerechtigkeit willen. 11 Wenn nun der Geist dessen, der Jesus

von den Toten auferweckt hat, in euch wohnt, so wird er, der Christus von den Toten auferweckt hat, auch eure sterblichen Leiber lebendig machen durch seinen Geist, der in euch wohnt.
12 So sind wir nun, liebe Brüder, nicht dem Fleisch schuldig, dass wir nach dem Fleisch leben. 13 Denn wenn ihr nach dem Fleisch lebt, so werdet ihr sterben müssen; wenn ihr aber durch den Geist die Taten des Fleisches tötet, so werdet ihr leben. 14 Denn welche der Geist Gottes treibt, die sind Gottes Kinder. 15 Denn ihr habt nicht einen knechtischen Geist empfangen, dass ihr euch abermals fürchten müsstet; sondern ihr habt einen kindlichen Geist empfangen, durch den wir rufen: Abba, lieber Vater! 16 Der Geist selbst gibt Zeugnis unserm Geist, dass wir Gottes Kinder sind. 17 Sind wir aber Kinder, so sind wir auch Erben, nämlich Gottes Erben und Miterben Christi, wenn wir denn mit ihm leiden, damit wir auch mit zur Herrlichkeit erhoben werden.

Hier wird zum Ausdruck gebracht, dass der Geist Gottes im Zusammenwirken mit unserem Geist die zeugnishafte Innenerfahrung vermittelt, dass wir Kinder Gottes sind, was jegliche Furcht verjagt und statt dessen einen Geist der Sohnschaft und der Geborgenheit als Söhne und Töchter gibt, Das verschafft uns ein starkes Papa-Erleben gegenüber Gott und setzt in uns eine lustvolle Grundstimmung des Geführt- und Getriebenseins durch den Heiligen Geist frei. Darüber hinaus werden wir als Kinder Gottes auch zu unserer Erbschaft autorisiert, indem wir trotz mancher leidenbringender Ablehnung und Verfolgung doch Gottes Bestätigung in sichtbaren Hilfen und Zeichen, vor allem aber durch seine Herrlichkeit erleben.

So attraktiv und begehrenswert diese Auswirkungen einer geistlichen Lebensweise sind, die wir gewiss in seelsorgerlich-therapeutischen Prozessen dringend brauchen, die großen Herausforderungen, eigentlich Überraschungen in der paulinischen Lehre liegen in den Versen 10 bis 13 und danach noch in einigen komplementären Ausführungen des Galaterbriefes. An diesen Stellen der Schrift offenbart uns der Heilige Geist erstaunliche Tiefen von Einsicht und noch einmal mehr die ganze Andersartigkeit des biblischen Menschenbildes.

Der Vers 10 eröffnet diese Hintergrunderläuterung mit einem Paukenschlag. Wir lesen dort, dass unser Geist Leben ist, wenn der Heilige Geist in uns wohnt. Das hatten wir schon früher festgestellt. Aber hier wird hervorgehoben, dass dieses Leben nur deshalb gegeben ist, weil wir die Gerechtigkeit Gottes sind, während unser Leib trotz dieses Zustandes im Hinblick auf die Sünde tot ist. Das ist die unerwartete Auskunft, das ist ein Eklat!

Wie kann der Leib eines Menschen, der ausdrücklich vom Heiligen Geist und unserem Geist bestimmt ist und in dem Jesus präsent ist, tot sein? Kommt es zu keinerlei Einwirkung oder Rückwirkung dieser göttlichen Kräfte in uns auf den Körper? Zunächst offenbar nicht, so enttäuschend das klingen mag. Darin drückt sich ein Geheimnis des biblischen Menschenbildes aus, das gerade in der Seelsorge berücksichtigt werden muss. Dennoch kann ich den Leser schon jetzt damit trösten, dass der Heilungsprozess weiter geht und am Ende nach anderen Aussagen der Schrift auch dem Körper Veränderungen zum Guten zuteil werden.

Die Rolle des Körpers

Diese Schriftaussage soll ein Anlass sein, darüber nachzudenken, was die Schrift überhaupt über den Körper sagt und insbesondere wie sie seine moralische Wertigkeit bestimmt. Dazu seien einige Schriftstellen aufgeführt, die uns darüber Auskunft geben:

> Jakobus 4
> 1 Woher kommt der Kampf unter euch, woher der Streit? Kommt es nicht daher, dass in euren Gliedern die Gelüste gegeneinander streiten?

Die Aussage ist eindeutig: Die manifeste Sünde wie Streiten oder Krieg hat ihren Ursprung in unseren Gliedern, also in unserem Körper. Aus der Tiefe unserer Körperlichkeit kommen solche negativen Impulse in Gestalt von Lüsten und Wünschen, die dann durch unsere Zustimmung zur Sünde werden.

Jakobus 1
14 Sondern ein jeder, der versucht wird, wird von seinen eigenen Begierden gereizt und gelockt. 15 Danach, wenn die Begierde empfangen hat, gebiert sie die Sünde; die Sünde aber, wenn sie vollendet ist, gebiert den Tod.

Vor dem Empfangen der Sünde, unserer willentlichen Zustimmung zu der Begierde, hat diese zunächst den Status einer Versuchung. Sie war schon in diesem Zustand offensichtlich von böser Natur, sonst könnte sie nicht versuchlich sein. Das Eingehen auf die Versuchung kommt einer Empfängnis gleich, so die griechische Wortwahl, wozu dann noch eine empfangende Gebärmutter gehört, das ist unser Wille und unser Gewissen, was beides seelische Funktionen sind. Beides zusammen, die leibhafte Begierde und die Einwilligung der Seele, lassen die Versuchung und die Lust zur Sünde werden.

In Übereinstimmung damit beschreibt Paulus in Römer 6,6 den Körper des Menschen als den Leib der Sünde, ein sonderbarer Ausdruck, der nur so zu verstehen ist, dass der Leib eine Quelle von Begierde und Sünde ist. Römer 6,19 gibt uns dann noch mehr Einsicht in diese Verhältnisse, indem dort ausgeführt wird, dass unsere Glieder nicht nur Ursprung dieser Triebe ist, sondern dass wir uns und unsere Glieder hingeben können zur Unreinigkeit und Ungerechtigkeit oder auch nicht!

Römer 6
6 Wir wissen ja, dass unser alter Mensch mit ihm gekreuzigt ist,
damit **der Leib der Sünde** vernichtet werde, so dass wir hinfort
der Sünde nicht dienen. 7 Denn wer gestorben ist, der ist frei ge-
worden von der Sünde. 8 Sind wir aber mit Christus gestorben,
so glauben wir, dass wir auch mit ihm leben werden, 9 und wis-
sen, dass Christus, von den Toten erweckt, hinfort nicht stirbt;

der Tod kann hinfort über ihn nicht herrschen. 10 Denn was er gestorben ist, das ist er der Sünde gestorben ein für allemal; was er aber lebt, das lebt er Gott. 11 So auch ihr, haltet dafür, dass ihr der Sünde gestorben seid und lebt Gott in Christus Jesus. 12 So lasst nun die **Sünde** nicht herrschen **in eurem sterblichen Leibe**, und leistet **seinen Begierden** keinen Gehorsam.

So lange wir unter dem Diktat des Fleisches stehen, werden wir uns dem Druck und dem Zwang dieser Kräfte nicht erfolgreich entziehen können.

Römer 7
5 Denn solange wir dem Fleisch verfallen waren, da waren die sündigen Leidenschaften, die durchs Gesetz erregt wurden, kräftig in unsern Gliedern, so dass wir dem Tode Frucht brachten.

Diese aufschlussreiche Darstellung des Entstehungsvorganges der Sünde macht also deutlich, dass die aktuelle Sünde immer das Produkt von zwei Kräften und auch von zwei Anteilen der menschlichen Person ist. Es ist der Leib, beteiligt als Ausgangsort der initialen Begierde und dann die Seele mit ihren fehlgeleiteten Wünschen nach Lust und Triebbefriedigung. Das trifft besonders dann zu, und dann mit einer gewissen unausweichlichen Zwanghaftigkeit, wenn dieser Person ein unterentwickelter Geist eigen ist, sie also fleischlich gesinnt ist.

Dieser Exkurs über die Natur und die Herkunft des Bösen im Menschen diente nur zum Verständnis des doch sehr fremdartig anmutenden Schriftwortes aus Römer 8,10: „Wenn aber Christus in euch ist, so ist der Leib zwar tot um der Sünde willen, der Geist aber ist Leben um der Gerechtigkeit willen."

Die Todesnatur des Leibes, diese Untergang schaffende Kraft, wird, so müssen wir wohl dieses Wort verstehen, nie ganz im Leben eines Menschen überwunden. Aber wir haben keine Verpflichtung (Schuldner sein), auf das Werben des Fleisches einzugehen. Ganz im Gegenteil, in Römer 8,12-13 heißt es sinngemäß: Wenn ihr, das sind die selben Römer, denen in Vers 9 ihre geistliche und nichtfleischliche Haltung attestiert wird, wenn ihr euch doch entscheidet, dem Fleisch gemäß zu leben, dann werdet ihr sterben müssen, weil Fleischlichkeit nach Römer 8,6 Tod bedeutet.

Aber dann stellt dieses Wort doch fest, wie die Lösung aussieht (Vers 13), und diese ist von allergrößter Bedeutung.: *Unser* Geist – hier ist ausdrücklich nicht vom Heiligen Geist die Rede – soll und kann so stark werden, dass er nicht von der Versuchung des Fleisches erreicht oder gar gereizt werden kann. Er lebt so in der Herrlichkeit Gottes, ist so von Gottes Gegenwart, seiner Liebe und seinem Frieden erfüllt und gesättigt, dass die Reize des Fleisches – zumal des geschwächten Fleisches – nicht mit den Freuden des Geistes mithalten und konkurrieren können. Gleichzeitig werden sie von dem Geist, der zunehmend die Gerechtigkeit und Heiligkeit Gottes gewöhnt ist, als widerwärtig und Ekel und Unlust erzeugend empfunden.

Der sieghafte Geist, es gibt ihn

Dieser reife und von Gottes Freuden bestimmte Geist – immer noch reden wir von unserem Geist und nicht vom Heiligen Geist – lässt es aber nicht bei diesem Zustand. Er missachtet die Strebungen und Geschäfte des Fleisches und unterdrückt sie, ja er tötet sie regelrecht. Diese Dominanz unseres Geistes schafft in uns eine göttliche Norm und einen Standard, der für uns, so mutet diese biblische Aussage an, absolut erreichbar ist, sofern angemessene Belehrung und geistliche Begleitung vorausgesetzt ist: Auch unter den besten und idealsten Bedingungen ist es offensichtlich nicht möglich, die Existenz böser fleischlicher Regungen völlig in uns auszulöschen. Das ist uns für unser Leben hier auf dieser Erde in der Schrift nicht verheißen. Aber der Heilige Geist und das Wort Gottes können unseren neuen Geist so erstarken lassen, dass dieser in aller Regel über den Verführungen des Fleisches steht und mit seiner eigenen Lust und Kraft die Versuchungen niederhalten kann. Dieses setzt wohl Willensentscheidungen voraus, gleicht aber nicht einem Kampf und einem heftigen Ringen, in welchem der Gläubige immer wieder gegen seine eigenen Neigungen angehen muss. Er lebt im Sieg und im Frieden sowie in Übereinstimmung mit seinen Wünschen und Zielen, was aber nicht ausschließt, dass er doch immer wieder mal fällt und dann die Gnade der Vergebung und des Neuanfanges beanspruchen muss.

In dieses anschauliche Bild des Sieges unseres Geistes über die Regungen des Leibes und des Fleisches passt auch die bekannte Passage über die Frucht des Fleisches und des Geistes.

> Galater 5
> 1 Zur Freiheit hat uns Christus befreit! So steht nun fest und
> lasst euch nicht wieder das Joch der Knechtschaft auflegen!
> 16 Ich sage aber: Wandelt im Geist, so werdet ihr die Begierden
> des Fleisches nicht vollbringen. 17 Denn das Fleisch begehrt auf
> gegen den Geist und der Geist gegen das Fleisch; die sind gegen-
> einander, so dass ihr nicht tut, was ihr wollt. 18 Regiert euch a-
> ber der Geist, so seid ihr nicht unter dem Gesetz. 19 Offenkundig
> sind aber die Werke des Fleisches, als da sind: Unzucht, Unrein-
> heit, Ausschweifung, 20 Götzendienst, Zauberei, Feindschaft,
> Hader, Eifersucht, Zorn, Zank, Zwietracht, Spaltungen, 21 Neid,
> Saufen, Fressen und dergleichen. Davon habe ich euch vorausge-
> sagt und sage noch einmal voraus: die solches tun, werden das
> Reich Gottes nicht erben. 22 Die Frucht aber des Geistes ist Lie-
> be, Freude, Friede, Geduld, Freundlichkeit, Güte, Treue, 23
> Sanftmut, Keuschheit; gegen all dies ist das Gesetz nicht. 24 Die
> aber Christus Jesus angehören, die haben ihr Fleisch gekreuzigt
> samt den Leidenschaften und Begierden. 25 Wenn wir im Geist
> leben, so lasst uns auch im Geist wandeln.

Wir sollen im Geist wandeln, das heißt in der Denkweise, Gesinnung und Ausrichtung unseres erwachsenen und gekräftigten Geistes, der unser Innenleben und unser Auftreten bestimmt. Wandel meint im Neuen Testament in einem derartigen Kontext immer die alltägliche Praxis der Nachfolge. Wenn diese Geistes-Gesinnung vorliegt, dann werden wir die Lüste des Fleisches nicht vollbringen, das heißt nicht aufgreifen. Sie sind wohl noch da, aber wir missachten sie und leben sie nicht aus. Wir leben vielmehr im Geist, aber mehr als das, wir wandeln auch im Geist. Wir folgen den göttlichen Impulsen, die aus unserem Geist fließen und die es uns leicht machen, den Willen Gottes zu tun und gehorsam zu sein.

Das ist ein Gehorsam ohne rigide Einzelanstrengung und stetige Nahkampfsituation gegenüber der Sünde. Wandel im Geist heißt Leben in der Furcht des Herrn, mit Lust und Freude an seinem Wort, ohne Bemühen und Kampf. Das entspricht nicht einer automatischen Glückseligkeit und sündlosen Heiligkeit. Nach wie vor müssen wir unseren Willen einsetzen, der aber nicht gegen vorgegebene Unlust und Zwang sowie ausgeprägte Neigung zum Bösen ankämpfen muss. Es sind Willensentscheidungen eines Liebhabers, der angezogen ist von der Schönheit und der Gnade des Geliebten, den er aus innerstem Impuls erfreuen möchte.

Vers 17 dieser Bibelstelle gibt uns einen Hinweis auf eine mögliche Situation, die wir schon kennen gelernt haben, dass sich nämlich im Falle eines doch noch starken Fleisches Geist und Fleisch gegenseitig lähmen, so dass wir nicht das tun, was wir wollen. Diese Pattsituation wird uns gleich noch weiter beschäftigen.

Wenn uns unser Geist führt, das heißt er doch die entscheidenden Kommandos und Impulse liefert, dann erweisen wir uns aber nicht nur als Sieger über fleischliche Wünsche, sondern dann stehen wir auch nicht mehr unter dem Gesetz. Vers 23 sagt, dass das Gesetzt nicht gegen die gerichtet ist, die die Frucht des Geistes (wieder ist unser Geist gemeint!) aufweisen. Diese Aussagen sind so wichtig, dass wir sie im nächsten Kapitel weiter untersuchen müssen. Wir werden ihnen außerordentliche Einsichten und Hilfen entnehmen, denn in ihnen sind die Elemente einer Lebensweise enthalten, die sich absetzen von der üblichen Art des Verständnisses von Nachfolge und obendrein einen außerordentlichen Ertrag, gerade für seelsorgerliche Hilfestellungen, abwerfen.

Zum Abschluss dieses Kapitels will ich noch einmal die Konsequenz aus allen bisherigen Einsichten zusammenfassen. Wenn der Leser bei sich selbst oder bei seinen zu betreuenden Patienten chronische seelische Störungen feststellt und im Rahmen seiner Defizite ständig unter seinen Unzulänglichkeiten und charakterlichen Fehlern leidet und dabei den Drang verspürt, gegen diese Mängel und Sünden mit aller Gewalt anzukämpfen, dann hat er mit diesem Bemühen den biblischen Weg bereits verfehlt. Er wird immer stärker in den Strudel von Wünschen, Sehnsüchten, Versagen und Zwängen hineingezogen werden. Das ist der Weg des Fleisches. Der Sieg über solche Unzulänglichkeiten und die Heilung der zerrissenen Seele sehen ganz anders aus. Er ist nicht vom Nahkampf gegen einzelne Sünden bestimmt. Das ist der Irrweg, den jede seelsorgerliche Therapie beschreiten muss, die nicht von dem Konzept des Neuen Testamentes, besonders der paulinischen Lehraussagen herkommt. Der Weg der Heilung aus Gnade ist überraschend und erfrischend anders, er ist einzigartig, er ist einfach und er ist praktikabel. Der Sieg über das alte Leben und die Sünde wird nicht durch Überwindung der Sünde, sondern durch Stärkung des Geistes gewonnen.

Kapitel 3

DIE NATUR DES NEUEN LEBENS UND DIE HEILUNG DER SEELE

In das vorige Kapitel gingen wir mit dem formulierten Anspruch hinein, tiefer in den Untergrund geistlicher und seelischer Reifungs- und Heilungsvorgänge hineinzuleuchten. Der Leser wird vermutlich zustimmen, dass die Zurückführung aller oberflächlich seelischen und geistlichen Abläufe auf darunter liegende anthropologische Prozesse tatsächlich tiefgehende Einblicke gewährt, wie es eben nur dann möglich ist, wenn wir aus Offenbarungsquellen wie die Heilige Schrift schöpfen können. Wir gingen und wir gehen davon aus, dass der Weg von der kranken zur geheilten Seele nicht beschritten werden kann, wenn wir nicht wissen, wie die Entwicklung des Geistes und der Gesamtperson von Unreife zu Reife und Mündigkeit aussieht.

Aber was bis jetzt wie eine letzte und tiefste Dimension aussah, ist doch noch nicht die unterste Schicht dieses Vorganges. Es gibt tatsächlich eine weitere Ebene von Wahrheit darunter, die alle bisher beschriebenen seelisch-geistlichen Entwicklungen nicht nur plausibler macht, sondern praktisch erst ermöglicht. Wir begeben uns bei diesem Unterfangen in die absolute Mitte des Evangeliums, in die Kernaussagen des Römerbriefes. Mit dem bisher erarbeiteten anthropologischen Schlüssel, der vor allem das Schicksal des menschlichen Geistes beschreibt, wollen wir damit jene schwierigen Passagen der Gedankenführung von Paulus aufschließen, an denen die Theologen schier verzweifeln möchten, die aber die letzte Begründung für Heiligung und Heilung enthalten.

Das sich dabei öffnende theologische Szenario ist keine Spielwiese von theologischen Argumenten und Begriffen, sondern vielmehr die absolute Grundlage der Erlösung unseres Charakters. Ich halte es daher für unaufgebbar, die sich uns dann darbietenden Aspekte von Wahrheit und Gnade so herauszustellen, und in allen Farben zum Leuchten zu bringen, dass der Weg zur Heilung für viele Gläubige erkennbar und möglich wird. Auch wenn weit über neunzig Prozent aller Gläubigen diese Zusammenhänge bisher verschlossen sind, bin ich dennoch der guten Zuversicht, dass der Leser, der wirklich Hilfe für sich oder seine im anbefohlenen kranken Schützlinge sucht, das paulinische Mysterium des Lebens im Geist verstehen wird.

Gehen wir langsam und in einzelnen Schritten vor. Im letzten Kapitel hatten wir festgestellt, dass mit der Lebensübergabe an Christus der alte Mensch stirbt – das ist unser altes, der Unabhängigkeit und Selbstgerechtigkeit anhängendes Ich. Gleichzeitig werden wir mit einer völlig neuen Art von Leben ausgestattet, die so gänzlich anders ist, dass die Schrift von der Neuheit des Lebens (wörtlich) spricht.

> Römer 6
> 3 Oder wisst ihr nicht, dass alle, die wir auf Christus Jesus getauft sind, die sind in seinen Tod getauft? 4 So sind wir ja mit ihm begraben durch die Taufe in den Tod, damit, wie Christus auferweckt ist von den Toten durch die Herrlichkeit des Vaters, auch wir in einem neuen Leben wandeln.
> 8 Sind wir aber mit Christus gestorben, so glauben wir, dass wir auch mit ihm leben werden.

Nicht nur Jesus ist gestorben, und zwar für uns gestorben, auch wir sind mit unserer Entscheidung für ihn gestorben, gleichsam mit ihm gestorben. Das ist der Tod des Fleisches, die Absetzung der autoritären Seele, die bis dahin die Herrschaft in uns hatte. Mit der bereits beschriebenen Umschichtung der Binnenstruktur in unserer Persönlichkeit, die mit der Entfernung des alten erstorbenen Geistes und der Geburt des neuen Geistes und seiner anschließenden Machtübernahme einherging, ist eine völlig neue Art von Schöpfung entstanden. Sie ist anders als der bisherige Mensch, eine neue Spezies, eine neue Schöpfung mit einem völlig anderen Innenaufbau.

Insofern findet das Gesetz des Mose und überhaupt jedes Gebot, das uns vorschreibt, wie wir uns zu verhalten haben, für diese neue Schöpfung keine Anwendung, weil diese Normen für den alten Menschen erlassen worden waren! Es war schon an einigen aus Galater 5 zitierten Schriftstellen erkennbar, dass die Gläubigen, die mit oder in dem Geist wandeln – es ist wieder von unserem Geist die Rede und nicht vom Heiligen Geist – nicht unter dem Gesetz sind oder dass für sie das Gesetz nicht zutrifft.

Galater 5
18 Regiert euch aber der Geist, so seid ihr nicht unter dem Gesetz.
23 Sanftmut, Keuschheit; gegen all dies ist das Gesetz nicht.

Dasselbe wird noch deutlicher in dem nachfolgenden Vergleich, den Paulus vornimmt.

Römer 7
1 Wisst ihr nicht, liebe Brüder – denn ich rede mit denen, die das
Gesetz kennen –, dass das Gesetz nur herrscht über den Men-
schen, solange er lebt? 2 Denn eine Frau ist an ihren Mann ge-
bunden durch das Gesetz, solange der Mann lebt; wenn aber der
Mann stirbt, so ist sie frei von dem Gesetz, das sie an den Mann
bindet. 3 Wenn sie nun bei einem andern Mann ist, solange ihr
Mann lebt, wird sie eine Ehebrecherin genannt; wenn aber ihr
Mann stirbt, ist sie frei vom Gesetz, so dass sie nicht eine Ehe-
brecherin ist, wenn sie einen andern Mann nimmt. 4 Also seid
auch ihr, meine Brüder, dem Gesetz getötet durch den Leib
Christi.

Wie das Gesetz die Forderung der ehelichen Treue nur für den lebenden Partner vorsieht, so dass nach dem Tod des bisherigen Lebenspartners die Gesetzesvorschrift keine Anwendung mehr findet, so gilt auch das ganze Gesetz nicht mehr für den mit Christus gestorbenen, alten und mit ihm auferstandenen neuen Menschen. Heißt es doch ausdrücklich, dass dieser in einer völlig neuen Art von Leben lebt. Dieses neue Leben ist identisch mit der Kraft, die durch die Herrlichkeit Gottes bei der Auferstehung Jesu zum Einsatz kam. Bei ihm wirkte sie zeitlich punktuell und war nur für den Augenblick seiner Auferstehung wirksam. Uns steht sie nach unserer Bekehrung zu Jesus lebenslang zur Verfügung und gestattet uns auf einer anderen Ebene von Befähigung und Ermöglichung, ohne Anstrengung mit seinen Kräften, leben zu können.

Allerdings liegt hier kein Automatismus vor. Keiner steht kraft seiner einmaligen Entscheidung für Jesus und des einmaligen Todes des alten Menschen über dem Gesetz. Das Wort sagt uns sehr deutlich, dass wir uns diesem neuen Leben hingeben und in ihm wandeln müssen. Wir müssen aus dem Lebensstil des alten Menschen heraustreten und uns unserer neuen Identität ständig bewusst sein.

Das findet seinen Ausdruck in dem sonderbar anmutenden Vers aus Römer 6:

> Römer 6
> 11 So auch ihr, haltet dafür, dass ihr der Sünde gestorben seid und lebt Gott in Christus Jesus.

Offenbar sollen wir immer wieder neu davon ausgehen, dass wir tot und der Sünde gestorben sind. Wir sollen für Christus leben und unsere Glieder nicht der Sünde zur Verfügung stellen, sondern der Gerechtigkeit. Dahinter deutet sich offenkundig die Möglichkeit an, dass man zwar einmal diese Erneuerung erfahren hat, aber dann in seinem Alltagsleben die frühere Art zu leben fortsetzt.

Um diesen Rückfall in alte Verhaltensweisen zu verhindern, empfiehlt uns das Wort, unser Bewusstsein und unser erneutes Denken so zu trainieren, dass wir immer wieder davon ausgehen, dass wir der Sünde gestorben sind. Diese Empfehlung mutet zugegebenermaßen seltsam an. Denn man könnte sagen: Entweder bin ich gestorben oder ich bin es nicht. Die Erklärung dieses Widerspruchs liegt in der Grundsituation. Der alte Mensch ist insofern tot, als seinem Fleisch die Leitung entzogen worden und ihm durch den neuen

Geist eine neue Führung vorgesetzt worden ist. Das ist die objektiv neue Situation. Das Fleisch ist von sich aus nicht zum Gehorsam fähig und versucht deswegen durch Lüge und Selbstbetrug diese Veränderung zu ignorieren. Aus diesem Grunde schreitet der Geist mit klärenden Impulsen ein, um die Gedankenwelt des Fleisches mit Gewalt auf die neuen Verhältnisse festzulegen. Das Fleisch kann sich nicht selbst begrenzen, disziplinieren oder abschaffen. Dazu bedarf es einer Instanz, die sich außerhalb von ihm selbst befindet. Insofern sind die Verhältnisse durchaus logisch und nicht widersprüchlich.
Dazu Römer 6:

> Römer 6
> 12 So lasset nun die Sünde nicht herrschen in eurem sterblichen Leibe, ihr Gehorsam zu leisten in seinen Lüsten. 13 Auch begebet nicht der Sünde eure Glieder zu Waffen der Ungerechtigkeit, sondern begebet euch selbst Gott, als die da aus den Toten lebendig sind, und eure Glieder Gott zu Waffen der Gerechtigkeit.

Der vorläufige Höhepunkt dieser Entwicklung ist die in Vers 14 gegebene Feststellung, dass das Mit-Christus-Gestorbensein gleichbedeutend mit der Entbindung von der Wirksamkeit des Gesetzes über uns ist und dass wir als „Tote“ unter der Gnade stehen, was zur Folge hat, dass die Sünde nicht mehr über uns herrschen kann.

> Römer 6,
> 14 Denn die Sünde wird nicht herrschen können über euch, weil ihr ja nicht unter dem Gesetz seid, sondern unter der Gnade.

Diese glanzvolle theologische Aussage hat aber nicht nur für die ganz normale Nachfolge aller Gläubigen Gültigkeit, sie gilt auch für die Heilkunst, sonderlich im Hinblick auf die seelisch kranken Gläubigen. Wir müssen unsere von seelischer Pein geplagten Mitchristen unbedingt aus dem Anspruch und der Beschwerung von allen Gesetzen sowie den neuen Regeln, die ihnen durch therapeutische Forderungen auferlegt worden sind, befreien und sie zur Gnade führen, und zwar auf Biegen und Brechen. Das geht zwar nicht ohne ein neues Joch, aber dieses ist leicht und sanft und bedeutet die lustvolle Gemeinschaft mit unserem Herrn, der unsere Lasten tragen will.

Diese Forderung darf nicht nur prinzipiell erhoben werden, sondern sie muss auch später bei dem therapeutischen Prozess in allen Stadien voll aufrechterhalten bleiben und in einzelnen Schritten durchbuchstabiert werden. Sie schafft Heilung, mehr noch, diese Wahrheit zu bejahen ist schon ein Teil der Heilung.

Das ist der Höhepunkt biblischer Erklärung und Ermöglichung des neuen Lebens. Aber so begeisternd das alles ist, das Gebotene reicht doch noch nicht aus, um diese Wahrheiten in die Praxis einer neuen Lebensweise umzusetzen. Es fehlen noch weitere theologische und praktische Details, durch die wir auch tatsächlich zum Ziel kommen. Es darf keinen Sprung und keine Lücke in diesem Anmarsch zum neuen Leben bleiben. Wir dürfen uns nicht an bewegenden Gedanken und Worten berauschen, die Lehre muss anschaulich sein (Römer 6,17) und auch praktikabel.

Folgende biblische Aussagen aus Römer 6 und 7 markieren den Weg zur Umsetzung dieser Wahrheit: Wir sind nicht nur mit Christus gestorben, wir sind auch der Sünde gestorben, das heißt für sie nicht mehr ansprechbar.

> Römer 6
> 7 Denn wer gestorben ist, der ist frei geworden von der Sünde.
> 11 So auch ihr, haltet dafür, dass ihr der Sünde gestorben seid und lebt Gott in Christus Jesus.
> 17 Gott sei aber gedankt, dass ihr Knechte der Sünde gewesen seid, aber nun von Herzen gehorsam geworden der Gestalt der Lehre, der ihr ergeben seid. 18 Denn indem ihr nun frei geworden seid von der Sünde, seid ihr Knechte geworden der Gerechtigkeit.

Wir sind immer noch damit beschäftigt, die Theologie des Wandelns im Geist mit den Erfordernissen einer Nutzen schaffenden biblischen Seelsorge in Einklang zu bringen. Dabei erscheint diese Feststellung, die in ihrem Wortlaut nicht wie ein Wunsch oder eine Aussicht, sondern wie ein gesichertes Faktum klingt, dass der neue Mensch, der mit Christus gestorben ist, seine Affinität zur Sünde und damit zum Verderben verliert, als von größter Wichtigkeit. Weil unser Geist, der von Gottes Licht und Herrlichkeit erfüllt ist, uns regiert, spricht uns die Sünde nicht mehr an. Das ist großartig und auch erlebbar, wie jeder Christ weiß, der diese Fährte einmal erkannt und verfolgt hat.

Der Schriftbefund geht weiter: Wir sind nicht nur der Sünde gestorben, sondern auch den sündlichen Lüsten und Begierden.

> Römer 7
> 5 Denn solange wir dem Fleisch verfallen waren, da waren die sündigen Leidenschaften, die durchs Gesetz erregt wurden, kräftig in unsern Gliedern, so dass wir dem Tode Frucht brachten.

> Galater 5
> 24 Die aber Christus Jesus angehören, die haben ihr Fleisch gekreuzigt samt den Leidenschaften und Begierden.

> Römer 6
> 22 Nun aber, da ihr von der Sünde frei und Gottes Knechte geworden seid, habt ihr darin eure Frucht, dass ihr heilig werdet; das Ende aber ist das ewige Leben.

Diese weitere Todesfolge erscheint zunächst nur wie eine Spezifizierung der Tatsache, dass wir der Sünde gestorben sind. Aber es ist mehr in diesem Sachverhalt enthalten.

- Wir sind nämlich auch dem Gesetz gestorben! Das ist besonders glorreich, weil die Erfahrung der Unempfänglichkeit für die Sünde erst dadurch möglich wird.
  Dem Gesetz gestorben zu sein, heißt – und das ist genauso revolutionär wie unbekannt – nicht mehr den alten göttlichen Gebo-

ten verpflichtet zu sein, indem wir sie einzeln nacheinander mit unserem Willenseinsatz und konzentrierter Aufmerksamkeit befolgen und abarbeiten.

Das so auszudrücken, grenzt in den Augen vieler Gläubiger an Häresie, das ist mir bewusst. Und doch steht es in der Schrift! Wir sind dem Gesetz gestorben, sprechen nicht mehr darauf an und sind ihm nicht mehr verpflichtet. Das muss belegt werden. Eigentlich haben wir das schon als biblische Botschaft entgegengenommen, und zwar in Gestalt des Satzes, dass wir nicht mehr unter dem Gesetz, sondern unter der Gnade stehen (Römer 6,14). Aber das klingt noch zu fromm und zu lieblich und macht uns nicht die ganze Tragweite dieser Grundwahrheit bewusst. Hier der biblische Befund:

Römer 7
4 Also seid auch ihr, meine Brüder, dem Gesetz getötet durch
den Leib Christi, so dass ihr einem andern angehört, nämlich
dem, der von den Toten auferweckt ist, damit wir Gott Frucht
bringen. 5 Denn solange wir dem Fleisch verfallen waren, da wa-
ren die sündigen Leidenschaften, die durchs Gesetz erregt wur-
den, kräftig in unsern Gliedern, so dass wir dem Tode Frucht
brachten. 6 Nun aber sind wir vom Gesetz los und ihm abgestor-
ben, das uns gefangen hielt, also dass wir dienen sollen im neuen
Wesen des Geistes und nicht im alten Wesen des Buchstabens. 7
Was wollen wir denn nun sagen? Ist das Gesetz Sünde? Das sei
ferne! Aber die Sünde erkannte ich nicht, außer durchs Gesetz.
Denn ich wusste nichts von der Lust, wo das Gesetz nicht hätte
gesagt: „Lass dich nicht gelüsten!" 8 Da nahm aber die Sünde Ur-
sache am Gebot und erregte in mir allerlei Lust; denn ohne das
Gesetz war die Sünde tot. 9 Ich lebte einst ohne Gesetz; als aber
das Gebot kam, wurde die Sünde lebendig, 10 ich aber starb.
Und so fand sich's, dass das Gebot mir den Tod brachte, das
doch zum Leben gegeben war.

Galater 6
14 Es sei aber fern von mir, mich zu rühmen als allein des Kreuzes unseres Herrn Jesus Christus, durch den mir die Welt gekreuzigt ist und ich der Welt.

Das Gesetz ist nicht für die Glaubenden da, es ist „nebenbei dazugekommen“ (Römer 5,29). Das Gesetz, die Gesamtheit von göttlichen Geboten, Regeln und Verboten soll eine Art Schutzgeländer und Leitplanke sein, um die Menschen mit dem nicht erneuerten Geist vor Unfall und Gefahr notdürftig zu bewahren. Darüber hinaus ist es die Normfestlegung Gottes, sein absoluter Maßstab, der besagt, was in seinen Augen gut oder böse, also für uns segensvoll oder gefährlich ist.

Aber gerade hier setzt das Problem ein. Die gute Zielsetzung des Gesetzes, das in sich absolut richtig und gut ist, wird durch die gefallene Natur des Menschen, durch sein Fleisch, grundsätzlich und immer missverstanden und zur religiösen Selbstdarstellung verdreht und missbraucht: Das Fleisch will sich anhand der Gebote beweisen und sich selbst, dem Geist, der Umgebung und vor allem Gott zeigen, dass es doch nicht gänzlich gefallen ist und dass in ihm eine moralische Restkompetenz vorhanden ist, Gutes und Göttliches zu tun, also die Gesetze Gottes zu befolgen.

Das Fleisch erweist sich dann sogar als recht großzügig und lädt den Geist ein, ihm bei seinen Bemühungen zu helfen. „Zusammen können wir es schaffen“, raunt es dem Geist zu. „Ich werde meine ganze moralische Kraft mobilisieren und meinen Willen aktivieren, und du wirst dich vor Gott im Gebet einsetzen und seinen Beistand sichern. Und so werden wir zusammen seine Gebote erfüllen.“ Das ist der raffinierteste Selbstbetrug, der denkbar ist, und er kommt in tausendfacher Ausfertigung ununterbrochen vor.

Das eben beschriebene Arrangement wird jeden Tag bei fast jedem Gläubigen vielfach, eigentlich ununterbrochen verabredet. Es läuft mit größter Selbstverständlichkeit und in völlig bewusstseinsferner Routine ab und ist doch ein einziger sündhafter Komplott. Was dabei herauskommt ist Religiosität, eine Spielart von Stolz und

Selbsterlösung, die fromme Variante von Hochmut, die die eigene Überheblichkeit und Lüge besonders gut versteckt.

Die seelsorgerliche Bedeutung dieser infamen und doch alltäglichen Verabredung ist gewaltig. Wir werden es noch sehen, wie der Ansatz der hier vorgelegten Seelsorgelehre darauf zielt, die Ursachen hinter den Symptomen konkret auszumachen, um dann eine Therapie zu ermöglichen, die kausal, plausibel und erfolgreich ist. Aber gerade für langjährige Christen, die sich mit allerlei seelischen Problemen herumquälen, gilt, was der südamerikanische Heilungsevangelist Carlos Annacondia einmal so ausdrückte: Siebzig bis achtzig Prozent aller Symptome der seelisch gestörten Gläubigen in unseren Gemeinden haben etwas mit verdecktem Stolz, Hochmut und einem Geist der Unabhängigkeit zu tun. Von diesen sind alle Motive ganz selbstverständlich unterlegt, so dass ohne Aufdeckung dieses geheimen und unheimlichen Hintergrundes keine Freisetzung und keinen Frieden erfahrbar ist.

Kapitel 4

ERRETTUNG DER SEELE UND VERÄNDERUNG DER PERSÖNLICHKEIT

Was sich unter der Überschrift dieses Kapitels verbirgt, ist noch nicht die direkte Inangriffnahme des Themas, wie dem seelisch verletzten Gläubigen geholfen werden kann. Wir sind noch nicht ganz so weit, es fehlen noch eine Menge von Vorkenntnissen, die wiederum aus dem großen Pool spezifischer Details biblischer Anthropologie (Lehre des Menschen) gewonnen werden müssen. Wir müssen uns davor bewahren, zu schnell ein eigenes Lehrgebäude einer christlichen Therapie zu entwickeln, die dann möglicherweise doch nur eine weitgehende Übernahme von weltlichen Therapieprinzipien darstellt, denen lediglich einige christliche Begriffe aufgesetzt worden sind.

- Wir müssen geordnet, systematisch und auch biblisch-logisch, allerdings auch verstehbar vorgehen und alle schnel-len Schlüsse und Schüsse vermeiden. Das Wort Gottes klagt: „Mein Volk kommt um aus Mangel an Erkenntnis" (Hosea 4, 6).

- Ohne Erkenntnis gehen wir alle in die Irre, und Verderben ist dann die unausweichliche Folge. Auf erreichbare Erkenntnis verzichten zu wollen, gemeint ist die Lehre der Heiligen Schrift, ist Ausdruck von Ignoranz und Hochmut. Nach Hochmut kommt aber der Fall (Sprüche 16,18), in diesem Zusammenhang der Fall in konzeptionelle Fehlschlüsse.

Zugang zur Erkenntnis ist also reichlich möglich, weil das Wort Gottes uns zu allen relevanten Lebensfragen Aufschluss geben kann, was selbstverständlich die Botschaft mit einbezieht, wie dem seelisch leidenden Menschen geholfen werden kann. Aber wir müssen versuchen, diese Quelle ganz zu nutzen und uns nicht zu schnell von ihr abkehren, weil wir meinen, genügend Erkenntnis gesammelt zu haben: Wer das Wort verachtet muss dafür büßen (Sprüche 13, 13).

Aber auch selbst dann, wenn uns bestimmte einschlägige Schriftstellen mit signifikanten Aussagen zu unserem Thema geläufig sind, brauchen wir dennoch weitere Hilfe, um diese richtig zu verstehen.

> 2.Korinther 2
>
> 12 Wir haben nicht den Geist der Welt empfangen, sondern den Geist aus Gott, dass wir wissen können, was uns von Gott geschenkt ist.

Dieses Wort beschreibt einen Umstand, den ich selbst häufig erlitten habe: Uns ist alles gegeben, was wir brauchen. Alles, wie es in dem zweiten Petrusbrief heißt, was zum Leben und zur Gottseligkeit erforderlich ist (2. Petrus 1,3). Und doch können wir es nicht richtig nutzen, weil wir nicht wissen, dass uns Gott zu bestimmten Fragen schon die Antworten gegeben hat. Sie sind da, aber wir können sie nicht anwenden, weil sie uns nicht erschlossen sind.

Diese Aufgabe will der Heilige Geist übernehmen, wenn wir nicht zu wissend an die Schriftaussagen herangehen und ihm unsere Hilfsbedürftigkeit, wenn nicht gar Hilflosigkeit eingestehen. Dann erweist sich der Heilige Geist als der große Helfer und Interpret, der uns die Augen für Zusammenhänge und Hintergründe öffnet und uns sogar aus der Tiefe der Gottheit notwendige Offenbarung verschafft (1. Korinther 2,19).

In der Schrift finden wir markante Hinweise darauf, dass es so etwas wie eine Heilung der Seele vor jeder spezifischen und kausalen Therapie gibt, gleichsam eine Heilung vor der Heilung. Es handelt sich um eine Heilung der Seele, die jeder braucht, auch der nach üblicher Einschätzung gesunde und ausgeglichene Nachfolger Jesu.

Das hat mit dem Prozess zu tun, den die Seele nach ihrer Entmachtung im Rahmen der Wiedergeburt durchzulaufen hat. Bis jetzt haben wir eigentlich nur zur Kenntnis genommen, dass die Seele als fleischliche Kommandozentrale durch das neue „Ich" abgesetzt ist. Dieses neue „Ich" ist unsere neue Identität, die wir durch unsere Bekehrung zu Jesus und der dabei stattfindenden Wiedergeburt bekommen haben.

Was aber so einfach klingt, ist in Wirklichkeit ein reichlich konfliktreicher Prozess, der mehrere Stadien durchläuft.
Es sind folgende einzelne Stufen seelischer Entwicklung und entsprechend therapeutischer Beeinflussung zu unterscheiden:

a. Die Seele, die sich in Gestalt des Fleisches im Verbund mit dem Leib befindet, wird durch die Erfahrung der Wiedergeburt als Personenmitte vom Geist abgelöst.
b. Es kommt zu einem Aufbegehren der Seele gegen dieses Widerfahrnis, wobei die Bibel auch hier vom Fleisch redet. Die Seele will diese Bevormundung nicht akzeptieren.
c. Behandlung der Seele durch den Geist im Sinne der Verleugnung.
d. Die Seele unterwirft sich der Disziplinierung durch den Geist, der dadurch an Stärke und Autorität zunimmt.
e. Der erstarkte Geist bestimmt die Erscheinungsweise der Gesamtperson. Ein solcher Gläubiger überzeugt in seinem Auftreten als wahrhaft geistliche Person.
f. Die Seele wird befriedigt und zu neuen Aufgaben und Funktionen geführt (biblische Lehre über Errettung der Seele).
g. Die Seele wird geheiligt und teilweise zum Motor einer geistlichen Entwicklung (Paulus nennt das den Geist des Gemütes , Epheser 4, 23).
h. Die Seele entwickelt sich über Heiligung hinaus hin zur Erfahrung der beglückten und beglückenden Seele (Theologie der Hoffnung).

Dieser Ablauf der einzelnen Entwicklungsstadien sei jetzt im einzelnen dargestellt.

Ablösung der Seele durch den Geist

Dieser Vorgang ist schon hinreichend beschrieben. Ohne diesen dramatischen Beginn, der für das Fleisch eine einzige Katastrophe ist, kommt es zu keiner wirklichen Veränderung. Ohne diese Grunderfahrung würden die Voraussetzung, die göttlichen Energien, die neue Art von Leben und die Motivation zu Fortschritten fehlen.

Aufbegehren der Seele

Wenn eine wirklich durchgreifende Bekehrung zu Jesus stattgefunden hat, scheint von einem Widerstand des Fleisches gegen diese neue Ordnung nichts zu erkennen zu sein. Der junge Gläubige geht wie auf Wolken, schwelgt in der Erfahrung von Entlastung, und der Begeisterung und Liebe zu Gott und zu den Menschen. Und doch stellt sich sehr schnell Widerstand seitens des Fleisches ein, entweder, wenn die anfängliche Begeisterung verflogen ist oder wenn die Bekehrung viel ruhiger und in Abschnitten verlaufen ist.

Die Seele bockt, sie ist launisch und kapriziös. Sie will sich ihre Position der Führung nicht nehmen lassen. Sie erweist sich als stolz, ungezügelt, aggressiv oder schmollend und resignierend, je nach dem, was in der Situation als besonders passend angesagt und wirksam erscheint. Zwischendurch erscheint sie einsichtig und verständig und bietet sogar ihre Kooperation auf dem neuen Kurs der Nachfolge an, in dem sie großherzig ihre Bereitschaft äußert, durch Verzicht und Entbehrung zu dem Gelingen des neuen Weges beizutragen. Das ist jene Falle, die wir schon kennen gelernt und als religiöses Machwerk durchschaut haben.

Wenn die unveränderte Seele (dann heißt sie und ist sie noch Fleisch) das Kommando Richtung Heiligung übernimmt, dann ist große Gefahr in Verzug. Blindheit und Verführung lauern an allen Orten, das Fleisch wird auf diese Art und Weise seine alte Vormachtsstellung retten und wird nach einiger Zeit Unheil über den so betörten Gläubigen bringen. Bei diesem Komplott erfährt die Seele eine kräftige Unterstützung durch den alten Verführer, den Teufel, der das Fleisch als seine fünfte Kolonne ansieht. Er will möglichst die ganze Erfahrung der Hinkehr zu Jesus wieder rückgängig machen, was ihm leider auch häufig gelingt.

Verleugnung der Seele

Die Reaktion des Geistes darauf ist, wie überhaupt seine ganze Vorgehensweise, drastisch und rigoros. Er soll nach dem Willen des Herrn das Fleisch, das alte Ich, verleugnen, was die schärfste Form von Unterdrückung und Missachtung ist. Jesus hat das wie folgt ausgedrückt.

> Matthäus 16
> 24 Dann sprach Jesus zu seinen Jüngern: Wenn jemand mir nachkommen will, verleugne er sich selbst und nehme sein Kreuz auf und folge mir nach! 25 Denn wer sein Leben retten will, wird es verlieren; wer aber sein Leben verliert um meinetwillen, wird es finden. 26 Denn was wird es einem Menschen nützen, wenn er die ganze Welt gewönne und nähme doch Schaden an seiner Seele? Oder was wird ein Mensch als Lösegeld geben für seine Seele?

Wenn wir wirklich Jesus nachfolgen wollen, geht es ohne Verleugnung unserer selbst, unserer in alter Programmierung gefangenen Seele, nicht von statten. Dass es dabei um die Seele geht, ist vom Kontext her unfraglich. Jesus spricht in diesem Zusam-menhang vier Mal von *Psyche*, was je nach Zusammenhang und Belieben entweder mit Seele oder Leben übersetzt werden kann. Die einzig sinnvolle Bedeutung dieser Formulierung ergibt sich im Zusammenhang mit dem Wort Verleugnung im Sinne der Übersetzung von Seele. Die Wünsche der Seele, ihre alten Ansprüche und ihre Geltungssucht sollen nicht bekämpft, sie sollen in brüskierender Weise missachtet werden. Sie entsprechen nicht mehr dem neuen Sachverhalt. Mit dem Begriff Verleugnung will Jesus die Notwendigkeit unterstreichen, sich auf keinen Diskurs mit dem Fleisch einzulassen, wodurch doch nur das Fortbestehen der alten Verhältnisse unterstützt würde. Die Instanz Fleisch als Führungsmitte der Person ist aufgehoben und soll deswegen gar nicht zur Kenntnis genommen werden, was dem Begriffsinhalt Verleugnung entspricht.

Stattdessen soll der Gläubige sein Kreuz tragen, also auf das Gestorbensein mit Christus einwilligen, wodurch er erst das wahre Leben findet und so Schaden von seiner Seele abwenden und die Seele erlösen kann.

So ist dieses Wort am Ende doch versöhnlich und positiv und verheißt, dass es eine Zukunft für die Seele gibt, wenn sie auf diese Prozedur einwilligt. Aber es bleibt dennoch dabei, dass der Geist sich energisch äußern und durchsetzen muss. Er muss eine Identität fest machen und den innerpersönlichen Führungsanspruch unmissverständlich erklären.
Für den wiedergeborenen Christen gilt 2. Korinther 5:

> 16 Daher kennen wir von nun an niemand nach dem Fleisch; wenn wir Christus auch nach dem Fleisch gekannt haben, so kennen wir ihn doch jetzt nicht mehr so.

Wir kennen und anerkennen von nun an keinen Menschen mehr, auch nicht uns selbst, in fleischlicher Weise, das heißt im Hinblick auf unsere alte Identität. Wir müssen es unbedingt lernen und sogar trainieren, was es heißt, ein neuer Mensch, ja eine völlig neue Schöpfung in Christus, zu sein. Dieses Training muss so ausdrücklich und radikal erfolgen, dass die Regungen der Seele nicht mehr aufgegriffen werden, weil unsere Lebens- und Persönlichkeitsmitte neu geworden ist. Das dafür angemessene Wort, das diese Umorientierung beschreibt, ist tatsächlich *Verleugnung*. Sobald wir wieder die Beiträge und Kommentare der Seele zulassen, geben wir den alten Kräften, Einflüssen und Zwängen erneut Raum.
Auch Titus 2 geht in diese Richtung:

> 11 Denn es ist erschienen die heilsame Gnade Gottes allen Menschen 12 und nimmt uns in Zucht, daß wir absagen dem ungött-

lichen Wesen und den weltlichen Begierden und besonnen, gerecht und fromm in dieser Welt leben

Es ist offensichtlich, dass alte Anschauungen und Verhaltensweisen nach diesem Wort in ähnlicher Weise behandelt werden sollen, sie sollen verleugnet werden. Wir sprechen ihnen einfach Wichtigkeit, Tiefgründigkeit und Berechtigung ab. Was immer unsere Seele an Ängsten, Sorgen, Verzweiflung und Aufbegehren aus ihrer Tiefe hervor holen und uns anbieten will, wir sagen: „Nein!" Dieses alte Material ist auch mit Christus gestorben, es ist besiegt. Alle scheinbaren Gründe, weswegen wir Angst und Betroffenheit zeigen müssen, sind erledigt und durch Jesus überwunden. Wir lassen uns auch keine Schreckgespenster und Phantasiebilder kommender Katastrophen auf dem Bildschirm unserer Phantasie vorgaukeln. Wir lehnen auch kategorisch jede Form von Beratung unseres Fleisches ab, doch auf diese und jene wirklichen Gefahren und Bedrohungen zu achten. Würden wir darauf sehen und uns damit auf die Regeln des Fleisches einlassen, dann würden wir diesen erneut Macht über uns einräumen, und obendrein würden die Warnungen als tatsächliche Ereignisse eintreffen.

Ohne zu weit auf weitere Einzelheiten dieses bemerkenswerten Wortes an Titus einzugehen, ist auf die eine Aussage hinzuweisen, dass die Kraft zum Verleugnen aus der Erfahrung und dem Genuss der Gnade kommt. Weil sie uns erzieht und nicht irgendein kaltes Prinzip oder Disziplin oder ein strafender, mürrischer Gott, können wir auf weltliche Gelüste und jede ungöttliche Art zu leben verzichten. Die Gnade ist heilsam, sie tut gut und füllt uns so mit dem Leben und der Freude Christi auf, dass wir von alten Gewohnheiten und deren Lustbeitrag absehen können. Im Gegenteil, weil uns die Freude Gottes und die Freude an Gott durch seine Gnade zuteil wird, gibt es keinen Grund mehr alte Lustanleihen durch die Seele vorzunehmen. Verleugnung ist die drastische und dramatische Form der Missachtung und Negierung von Personen oder Umständen, und genau das sollen wir nach dem Wort unseres Herrn unserem Fleisch zukommen lassen.

Disziplinierung der Seele durch den Geist

Die Zurückstufung der Seele ist eine drakonische Maßnahme, durch die diese gedemütigt und einer ständigen Disziplinierung unterworfen wird. Danach kann die Seele ihre Unabhängigkeit nicht mehr nach Belieben ausleben, sondern ihr wird vorgeschrieben, wie sie denken, reagieren, fühlen und wollen soll. Diese Zurechtweisung, die ihr widerfährt, ist dennoch behutsam und soll den Weg nach vorne weisen. Weil das Fleisch sich nicht selbst disziplinieren kann, müssen die entsprechenden Impulse vom eigenen Geist ausgehen, der allerdings durch die erzieherischen Beiträge des Heiligen Geistes dazu befähigt wird. Paulus spricht gegenüber Timotheus davon, dass wir nicht den Geist der Furcht, sondern der Kraft, der Liebe und der Disziplin (Besonnenheit) empfangen haben (2. Timotheus 1,7). Die Disziplin des Heiligen Geistes ist von einer anderen Natur als die preußische Disziplin.

Bei einer solchen Behandlung gelingt der Seele ein allmähliches Umdenken. Aber als ständige Bedingung für diesen Umkehrprozess muss die Überlegenheit des Geistes gewahrt bleiben. Sobald dieser seine Stärke und seinen Einfluss einbüßt, kommt dieser Umprägungsvorgang zum Stillstand.

Nachfolgend seien einige der wichtigsten Maßnahmen und Gehorsamsschritte genannt, durch die die Überlegenheit des Geistes gesichert werden kann.

- Regelmäßige Aufnahme und Verstoffwechselung des Wortes Gottes unter Einschluss von festerer Speise, die schwerer zu verdauen ist, aber mehr Reife bewirkt.

  1. Korinther 3

  1 Und ich, liebe Brüder, konnte nicht zu euch reden wie zu geistlichen Menschen, sondern wie zu fleischlichen, wie zu unmündigen Kindern in Christus. 2 Milch habe ich euch zu trinken gegeben und nicht feste Speise; denn ihr konntet sie noch nicht vertragen. Auch jetzt könnt ihr's noch nicht, 3 weil ihr noch

fleischlich seid. Denn wenn Eifersucht und Zank unter euch sind, seid ihr da nicht fleischlich und lebt nach Menschenweise?

Hebräer 5
12 Und ihr, dieb ihr längst Lehrer sein solltet, habt es wieder nötig, dass man euch die Anfangsgründe der göttlichen Worte lehre, und dass man euch Milch gebe und nicht feste Speise.
13 Denn wem man noch Milch geben muss, der ist unerfahren in dem Wort der Gerechtigkeit, denn er ist ein kleines Kind.
14 Feste Speise aber ist für die Vollkommenen, die durch den Gebrauch geübte Sinne haben und Gutes und Böses unterscheiden können.

Die wichtigste Voraussetzung zur geistlichen Mündigkeit, was gleichbedeutend ist mit Reife des neuen Geistes, ist regelmäßige und angemessene Kost für den Geist, welche das Wort Gottes darstellt. Siehe auch 2. Petrus 1,4, wo uns nahe gelegt wird, die teuren und allergrößten Verheißungen zu nutzen, damit wir durch sie der göttlichen Natur teilhaftig werden.

- Ein weiteres herausragendes Mittel für den Aufbau unseres Geistes ist das ständige Reden in neuen Sprachen und überhaupt Anbetung im Geist und in der Wahrheit. Dieses Mittel kann nicht hoch genug in seiner aufbauenden Wirkung veranschlagt werden.

- Von den Problemen, Schwierigkeiten und sich selbst wegsehen auf Jesus. Sehen heißt Ergreifen dessen, was wir sehen. Nach 2. Korinther 3,18 sollen wir auf Jesus sehen und dabei eine Transformation erfahren, die uns in zunehmendem Maße von Herrlichkeit zu Herrlichkeit erhebt und in sein Bild verändert.

- Die Neudefinition unserer Person aus dem Wort Gottes betreiben, insbesondere die Tatsachen vergegenwärtigen, die uns sagen, was wir in Jesus sind und was wir nicht mehr durch ihn sind. Für die Entwicklung unseres Geistes ist es auch außerordentlich förderlich, dass wir klare Erkenntnis darüber bekommen, was die Welt in den Augen Gottes ist und dass sie durch Christus überwunden ist (Johannes 16,33). Wir müssen erkennen, dass der Teufel besiegt ist und mit ihm das gesamte System dieser Welt. Darüber hinaus müssen wir verstehen, was das Wort über den Vater, über Jesus und über den Heiligen Geist sagt und dass uns Macht über alle Gewalt des Feindes gegeben ist.

- Schließlich ist es dem Ziel der Entwicklung unseres Geistes dienlich, dass wir ein anschauliches und korrektes Bild von dem gesamten Angebot an göttlicher Wahrheit haben, was also Gott für uns getan hat und was uns durch ihn gegeben worden ist.

Die Rettung unserer Seele

Die Umgestaltung der menschlichen Persönlichkeit wird nach biblischer Schau nicht nur durch Wachstum unseres Geistes vollzogen, sondern auch durch Einflussnahme auf die Seele. Es ist im Neuen Testament so etwas wie eine Theologie der Errettung der Seele beschrieben, die indessen nicht die Errettung von Verdammnis, sondern ihre Heilung meint und die beschreibt, wie die Umprägung der Seele in Einzelschritten vonstatten geht. Es sind insbesondere vier Schriftstellen, die diesen Prozess genauer beschreiben.

> Jakobus 1
> 21 Deshalb legt ab alle Unsauberkeit und das Übermaß der Schlechtigkeit, und nehmt das eingepflanzte Wort mit Sanftmut auf, das eure Seelen zu erretten vermag!

Die Brüder, die hier angesprochen werden (Vers 19) sollen sich nach Ablegen von groben Sünden das Wort Gottes, das schon längst in ihnen ist, mit Behutsamkeit und Bedacht zuführen. Die dabei ausdrücklich anempfohlene Sanftmut soll wohl erklären, dass dies ohne Gegenwehr und mit großer Empfänglichkeit bewerkstelligt werden soll, weil es ihre Seelen erretten kann.

Das hier im Griechischen gebrauchte Wort *sozei* kommt häufiger im Neuen Testament vor und hat ein breiteres Bedeutungsspektrum, das Heilen, Ganzwerden, Erretten und zur Intaktheit-Führen einschließt. Es ist bezeichnend, dass die Bibel sich im Hinblick auf die Umgestaltung der Seele zu diesem Begriff und der Vorstellung von Errettung und Heilung bekennt. Das hier angeführte Mittel zur Heilung der Seele ist erneut das Wort, das wohl die entscheidende Kraft schlechthin ist und gleicherweise dem Geist zur Nahrung und der Seele als Kraft für die Veränderung dient.

In diese Richtung geht auch das zweite Wort aus 1. Petrus 2,1-3. Hier steht zwar nicht ausdrücklich der Begriff Seele, ist aber vom Zusammenhang her gemeint, weil eine Heilung des Geistes im Neuen Testament nirgendwo angesprochen wird:

> 1. Petrus 2
> 1 So legt nun ab alle Bosheit und allen Betrug und Heuchelei und Neid und alle üble Nachrede 2 und seid begierig nach der vernünftigen lauteren Milch wie die neugeborenen Kindlein, damit ihr durch sie zunehmt zu eurem Heil, 3 da ihr ja geschmeckt habt, dass der Herr freundlich ist.

Genau wie bei Jakobus sind auch hier Christen angesprochen, die ihr Leben längst Jesus übergeben haben und ihm nachfolgen (Kapitel 1,2). Sie sollen sich von Bosheit, Betrug und anderen argen Dingen trennen, um durch Verlangen nach der reinen und vernünftigen Milch des Wortes Gottes in ihrer eigenen Heilung / Errettung zuzunehmen. Das hier im Griechischen stehende Hauptwort *soteria* zu dem Verb *sozei*, bedeutet ebenfalls Errettung und Heilung.

Weil die Empfänger des Briefes aber schon errettet sind, kann hier nicht die Heilserfahrung im Sinne von ewigem Leben und Errettung aus Verdammnis gemeint sein, sondern eben die Heilung und Errettung ihrer Seele. Im Unterschied zu der Jakobusstelle wird hier nicht allgemein von Errettung gesprochen, sondern in Aussicht gestellt, dass es durch den angemessenen Umgang mit dem Worte Gottes eine Zunahme an Lebensqualität gibt. Wir sollen seelisch heil werden und dann weiter wachsen.

Der dritte Hinweis auf Errettung, Heilung und Umformung der Seele steht in Hebräer 10.

> Hebräer 10
> 38 Mein Gerechter aber wird aus Glauben leben. Wenn er aber zurückweicht, hat meine Seele kein Gefallen an ihm. 39 Wir aber sind nicht von denen, die zurückweichen und verdammt werden, sondern von denen, die glauben und die Seele erretten.

Wer Jesus nachfolgt, wie es die Schrift sagt, weicht nicht vor widrigen Umständen. Er stellt sich in Kenntnis von Gottes Sieg über die Welt und die Umstände gegen sie und weicht noch flieht er vor ihnen, weil er weiß, dass Gottes Seele keinen Gefallen daran hat. Es ist ein interessanter Gesichtspunkt, dass auch Gott mit seiner Seele reagiert!

Aber dann wird uns die entscheidende Wahrheit vermittelt: Weil wir Gott gefallen wollen, werden wir in solchen Umständen nicht weichen und uns den Verdammnisgefühlen überlassen, sondern wir glauben, wir widerstehen und harren aus und erretten so unsere Seele.

Hier tritt uns ein kostbares Prinzip entgegen, dass uns an mehreren Stellen der Schrift bezeugt wird (Hebräer 10,34-37; Jakobus 1,2-4). Nichts kann unsere Seele, also unser Denken, Fühlen und Wollen, so fördern und stabilisieren und zur höchsten Ausbildung bringen, wie das vertrauensvolle Verharren unter bösen Umständen, ohne dem Trend nachzugeben, zu fliehen und aufzugeben. Die Bibel nennt eine solche Haltung Bewährung (Römer 5,4; Jakobus 1,3), und diese trägt wie nichts anderes zur Errettung und Stärkung unserer Seele bei.

Eine vierte Bezugstelle in der Schrift zum Thema Errettung der Seele ist uns mit Philipper 2 geben:

Philipper 2
12 Also, meine Lieben, – wie ihr allezeit gehorsam gewesen seid, nicht allein in meiner Gegenwart, sondern jetzt noch viel mehr in meiner Abwesenheit, – schaffet, dass ihr selig werdet, mit Furcht und Zittern. 13 Denn Gott ist es, der in euch wirkt beides, das Wollen und das Vollbringen, nach seinem Wohlgefallen.

Auch hier werden längst an Christus gläubig Gewordene angesprochen. Die Philipper, Paulus Lieblingsgemeinde, werden aufgefordert sich mit aller Gewalt als gehorsam zu erweisen. Sie sollen ihre eigene Errettung herausarbeiten (so wörtliche Über-setzung). Natürlich gilt hier der gleiche Kontext, den wir bereits mehrfach festgestellt haben. Weil sie bereits errettet sind, und das aus Gnade und ohne „Herausarbeiten", kann hier nicht ihr ewiges Heil gemeint sein, sondern die Heiligung ihrer Person, sprich der Seele.

Das Besondere an dieser Ermahnung liegt nun daran, dass herausgehoben wird, welcher unbedingte Einsatz an Hingabe (Furcht und Zittern) erforderlich ist. Aber direkt anschließend fügt Paulus eine trostspendende Wahrheit hinzu: Es geht zwar nicht ohne leidenschaftliche Entschlossenheit, wenn unsere Seele Heilung erfahren soll (Hebräerbrief: auf keinen Fall unter schwierigen Umständen weichen), aber Gott gibt dazu das Wollen und auch das Vollbringen.

Jeder Mensch und jeder Gläubige hat eine mehr oder weniger starke Ausgangs-Willensfähigkeit. Diese setzen wir im Glauben ein und holen damit zusätzliche Willenskraft von Gott und damit auch die Befähigung zu diesem Gehorsam. Der Segen, der dem seelisch kranken Christen durch die Anwendung dieses Heilungsprinzips widerfährt, liegt darin, dass er alle die großen Ansprüche, die die Therapie ihm auferlegt, nicht selbst erfüllen muss; denn er ist durch manche frühere Entscheidung der Verweigerung und des Meidens in seiner Willenkraft geschwächt. Er gesteht sich vielmehr seine Schwachheit und seinen Willensmangel ein und geht davon aus, dass die vorliegende Willensfähigkeit und Glauben ausreichen, um damit das göttliche Wollen und anschließende Können zu beanspruchen, das ihn aus seinem Loch herausholt.

Heilung der Seele ist ein Muss für alle, auch für die Gesunden. Wie viel mehr müssen sich die Lädierten unter uns danach ausstrecken. Aber das ist keine zusätzliche Aufgabe, die neben allen anderen krankheitsbedingten Belastungen zu leisten ist. Vielmehr wird uns nach diesem Angebot der Schrift ein Weg der Motivation und der Energieausstattung aufgewiesen, um den eigentlichen Prozess durchstehen zu können. In dem Rettungs- und Lösungsprozess der Seele wird uns nicht ein weiterer Aufwand aufgebürdet, sondern Beschenkung und Ausstattung mit Gottes Kräften verliehen.

Zusammenfassend sei hier noch einmal in thesenhafter Form die Heilung der Seele dargestellt. Auffallend ist, dass die in der Bibel genannten Beiträge eine starke Ähnlichkeit mit denen aufweisen, die für den Aufbau des Geistes gelten:

- Aufnahme des Wortes und Prägung durch das Wort.

- Ernährung durch das Wort und Beglückung durch göttliche Wahrheit, Steigerung der Lebensqualität, Freisetzung des Verstandes und einer gesundenden Emotionalität.

- Befähigung zum Durchhalten und Ausdauer bei der Überwindung von Belastungen, was einen besonderen Wachstumsreiz darstellt. Die Stabilisierung der Seele ist in dieser Hinsicht im Anbetracht ihrer typischen Wechselhaftigkeit und Launenhaftigkeit besonders relevant.

- Stärkung des Willens und Befähigung zum Gehorsam.

Die Seele auf Höhenwegen

Die Seele wird befriedigt und umgestimmt. Unter der fortwährenden Einwirkung von Gottes Geist und unserem Geist passt sich unsere Seele an. Unzählige Schriftworte, vor allem aus den Psalmen, belegen, dass die Seele im Rahmen der Heiligung in den Prozess kontinuierlicher Transformation und Angleichung an göttliche Lebensart einbezogen wird. Auch die eben vorgelegte Lehre über Errettung der Seele in dem engeren Sinne des Begriffes beweist das.

Wenn in unserer Person jemand oder etwas weiß, was sich gut anfühlt, befriedigt und wohltuend ist, dann ist es die Seele, die zur Vermittlung von Stimmung und Gefühl zuständig ist. Sie wird sich immer dorthin orientieren, wo es angenehm und beglückend zugeht. Darauf ist sie regelrecht versessen, das entspricht ihrem vorrangigen Reaktionsprinzip. In unserem alten Leben war sie diesem Prinzip auf der Ebene des billigen und lasziven (anstößig, unzüchtig) Lustprinzips ergeben, jetzt akzeptiert sie auch die Freuden edler Herkunft, die ihr die Unterordnung und Kooperation mit dem Geist verschaffen.

Psalm 35
9 Aber meine Seele soll sich freuen des Herrn und fröhlich sein über seine Hilfe.

Psalm 84
3 Meine Seele verlangt und sehnt sich nach den Vorhöfen des Herrn; mein Leib und Seele freuen sich in dem lebendigen Gott.

Psalm 62
2 Meine Seele ist stille zu Gott, der mir hilft.

Psalm 138
3 Wenn ich dich anrufe, so erhörst du mich und gibst meiner Seele große Kraft.

Psalm 63 (Elberfelder Bibel)
2 Gott, du bist mein Gott, den ich suche. Es dürstet meine Seele nach dir, mein ganzer Mensch verlangt nach dir aus trockenem,

dürrem Land, wo kein Wasser ist.
6 Wie von Mark und Fett wird meine Seele gesättigt werden, und mit jubelnden Lippen wird mein Mund loben.
9 Meine Seele hängt an dir; deine rechte Hand hält mich.

Das ist wirklich nur ein winziger Ausschnitt aus der Fülle biblischer Belege, die alle beinhalten, dass auch unsere Seele für die Freuden der himmlischen Welt bestimmt ist und dass das sogar der Standard wird, wenn sich die betreffende Person angemessen geistlich entwickelt. Der Leser kann sich selbst leicht einen Eindruck davon verschaffen, wie stark das Evangelium auf die Umgestaltung der Seele zielt, indem er eine Konkordanz zur Hand nimmt und unter dem Stichwort Seele die Menge der Zusagen und Segnungen nachliest. Es wird deutlich, dass das Wort Gottes der Seele einen hohen Rang zuerkennt, weswegen es nicht korrekt ist, geringschätzig von der Seele zu sprechen oder pauschal die Seele oder alles Seelische als Synonym für Minderwertigkeit und Sündhaftigkeit anzusehen, wie es stereotyp in manchen christlichen Kreisen gepflegt wird.

Die Krone der Wertschätzung der Seele seitens der Heiligen Schrift stellt das Lieblingswort mancher Charismatiker dar:

3. Johannes
2 Mein Lieber, ich wünsche, dass es dir in allen Dingen gut gehe und du gesund seist, so wie es deiner Seele gut geht.

Die Botschaft hinter diesem Wort ist eindeutig: Unter der Voraussetzung, dass es unserer Seele gut geht, soll es und wird es uns in allen anderen Bereichen und auch in gesundheitlicher Hinsicht gut gehen. Die Begründung dieses Wunsches und der gesetzmäßigen Möglichkeit eines derartigen und weitgehenden Wohlergehens liegt in folgender Tatsache begründet. Das Wohlergehen der Seele ist für sich der Beweis, dass das Evangelium mit seiner veränderten Kraft nicht auf der Oberfläche einer Glaubensüberzeugung stehengeblieben ist, sondern den Geist und von dort die Seele dieses

Gläubigen durchdrungen und erobert hat. Dies gilt dem Herrn als ein Beweis der Redlichkeit und Echtheit der Hingabe, dass also das ungeteilte Herz (Geist und Seele) für Gott schlägt und nach alten Zusagen (2. Chronik 16,9) den Segen für seinen Körper und für alle anderen Lebensumstände empfangen kann.

Gott mit seiner Seele dienen

Die Aussagen des Wortes Gottes bezüglich einer weiteren möglichen Entfaltung der Seele weisen dieser ein erstaunliches Potenzial zu. Die Heiligung der Seele kann soweit fortschreiten, dass diese zum Motor der Persönlichkeitsentwicklung wird. Sie kann dabei, was ganz typisch für die Seele ist, schwach und wankelmütig anfangen und in sehr kurzer Zeit die entscheidende „geistliche" Kraft werden.

> Psalm 42
> 2 Wie der Hirsch lechzt nach frischem Wasser, so schreit meine Seele, Gott, zu dir. 3 Meine Seele dürstet nach Gott, nach dem lebendigen Gott. Wann werde ich dahin kommen, dass ich Gottes Angesicht schaue?
> 12 Was betrübst du dich, meine Seele, und bist so unruhig in mir? Harre auf Gott; denn ich werde ihm noch danken, dass er meines Angesichts Hilfe und mein Gott ist.

Die Seele ist nach diesem Wort imstande zu Gott zu schreien und nach Gott zu dürsten. Sie soll unter Bedingungen von Bedrängungen und Unruhe auf Gott harren wie es ihr von dem Ich des Psalmbeters, seinem Geist, nahegelegt wird. Weil seine Seele gehorsam reagiert, deswegen wird es dem Psalmschreiber gut gehen: „denn ich werde ihm noch danken, dass er meines Angesichts Hilfe und mein Gott ist."

> Psalm 33
> 20 Unsere Seele harrt auf den Herrn; er ist uns Hilfe und Schild.

Psalm 57
2 Sei mir gnädig, Gott, sei mir gnädig! Denn auf dich traut meine Seele und unter dem Schatten deiner Flügel habe ich Zuflucht, bis das Unglück vorübergehe.
9 Wach auf, meine Seele, wach auf, Psalter und Harfe, ich will das Morgenrot wecken!

Psalm 103
1 Lobe den Herrn, meine Seele, und was in mir ist, seinen heiligen Namen! 2 Lobe den Herrn, meine Seele, und vergiss nicht, was er dir Gutes getan hat: 3 der dir alle deine Sünde vergibt und heilet alle deine Gebrechen, 4 der dein Leben vom Verderben erlöst, der dich krönet mit Gnade und Barmherzigkeit.

Psalm 104
1 Lobe den Herrn, meine Seele! Herr, mein Gott, du bist sehr herrlich; du bist schön und prächtig geschmückt.

Allen diesen Worten über die Seele ist gemeinsam, dass sie der Seele eine Art Vorreiterrolle zuweisen. Es ist nicht mehr so, dass auf die Seele der Glanz und der Abfall von Frieden und Kraft fällt, der seinen Ursprung im Geist hat. Ohne Zweifel drücken die oben genannten Schriftstellen aus, dass sich die Seele sich in ihrer Unterordnung unter den Geist zu einzelnen kühnen Gehorsamsschritten aufgefordert sieht und auch fähig ist, Gottes Licht und Segen in die Person hineinzuziehen. Damit ist sie weit entfernt von der Seele, im Sinne vom Fleisch, die unabhängig und zickig allem entgegen-steuert, was vom Geist kommt. Das Fleisch kann nicht gehorsam sein, wie es Römer 8,7 uns sagt. Hier ist von einer „geistlich“ hoch entwickelten Seele die Rede, die sehr wohl zum Gehorsam fähig ist. Da könnte möglicherweise noch einmal ein Bezug zu jenem geheimnisvollen Wort des Paulus in Epheser 4,23 vorhanden sein, das wir oben kurz zur Kenntnis genommen haben: „Erneuert euch aber im Geiste eures Gemütes“ (wörtlich: Verstand).

Gleichwohl wird der Seele von Gott zugetraut, hochwertige Leistungen und Funktionen zu erbringen. Dazu gehören: Gott suchen, Gott vertrauen, auf Gott harren, auf Gott hoffen, Gott loben, Vergebung und Heilung sowie Krönung mit Gnade und Barmherzigkeit zu erfahren.

Ich wiederhole mich, wenn ich in Anbetracht dieser erstaunlichen Wandlungen und Qualitäten der Seele darauf dränge, den anthropologischen Untergrund unserer Seelsorge gewissenhaft zu beachten und zu sichern. Wenn das alles real ist, was wir dem Worte Gottes über die Seele entnommen haben, ganz zu schweigen von den biblischen Ausführungen zu dem Begriff „menschlicher Geist", dann ist der Seelsorger mit seiner Tätigkeit kein Psychotechniker, sondern ein geistlicher Hirte. Wie schade und unheilvoll wäre es, wenn er sich damit begnügen würde, nur einige hässliche Symptome zu beseitigen. Wer weiß, ob es ihm bei einer derartig reduzierten Zielsetzung überhaupt gelingt, dieses Ziel zu erreichen?

Die Hoffnung der Seele

Es gibt noch eine weitere Steigerung in der Berufung der Seele. Ihr stehen nach dem Zeugnis der Schrift noch andere Möglichkeiten zur Verfügung, unser Leben zu würzen und zu bereichern. Allerdings will ich das in diesem Zusammenhang nur kurz anmerken und nicht weiter ausführen, weil es den Rahmen dieses Buches sprengen würde und gegebenenfalls doch das Thema für ein weiteres Buch ist[1].

Die Seele spielt nach dem Zeugnis der Schrift eine entscheidende Rolle bei einem extrem wichtigen Erfahrungsgut, der Hoffnung. Wie wir mit dem Herzen glauben, so hoffen wir mit der Seele sagt das Wort. Ich bin davon überzeugt, dass die praktische Bedeutung des Hoffens für eine gesunde Lebensführung unter den Christen noch

---

[1] Je älter ich werde und je mehr Bücher ich geschrieben habe, desto mehr wächst meine Abneigung gegen das Schreiben weiterer Bücher. Es bedürfte schon eines weiteren massiven Anschubes von Gottes Geist, um mich dazu zu bewegen. Aber das Thema Hoffnung, das ich hier anspreche, könnte ein Grund sein für ein weiteres Buch.

weitgehend verkannt wird. Hoffnung, eine der drei Qualitäten, die nach 1. Korinther 13,13 bleiben, ist jene zentrale Kraft der geheilten Seele, durch die Farbe, Zukunftsfähigkeit, Erwartung, Freude und Lebensgenuss in unseren Alltag hineinströmen.

Die Schrift ist voll von Bezügen auf Hoffnung und fast alle diese Schriftbelege haben etwas mit der Seele zu tun. Hoffnung ist das entscheidende Medium, das der Seele dient, um sich zu entfalten, zum rechten Fungieren und überhaupt zu herausragenden schöpferischen Leistungen zu gelangen. Hoffnung ist gefühlte und erlebte Freude, Quirligkeit und doch auch gleichzeitig Frieden, ein Gott gewolltes Labsal und Eldorado der Seele.

Die gesundete Seele beschenkt uns reichlich mit diesem kostbaren Gut Hoffnung. Diese zieht uns nach vorne, bereichert unseren Alltag, ist der Motor für Innovationen und gleichzeitig auch der Untergrund für Ausdauer. Ohne die Erfahrung der Hoffnung können wir nicht ausharren und deswegen nicht die ganze Frucht des Glaubens davontragen, weil diese an Beharrlichkeit gebunden ist. Scheint es am Anfang unserer Nachfolge so zu sein, dass die Seele ein notwendiges Übel ist, das wir mitschleppen müssen, dann erweist sie sich später mehr und mehr im Rahmen ihrer Heilung, Anpassung und Entfaltung als ein kostbares Geschenk Gottes an uns, das uns zu höchsten Freuden, Leistungen und Genuss befähigt.

Und unser Körper, wie geht es mit ihm weiter?

Das ist in der Tat die Frage. Sollte bei so vielen bibelverbürgten Umwälzungen und Entfaltungsmöglichkeiten unserer Person, die in Seele und Geist stattfinden, dem Körper Unveränderbarkeit und der Status quo beschieden sein? Gibt es im Worte Gottes Hinweise auf positive Veränderungen des Körpers unter gegenwärtigen Bedingungen?

Ich muss einräumen, dass die zu dieser Frage zur Verfügung stehenden biblischen Hinweise noch kein eindeutiges Bild geben und mich bislang nicht völlig befriedigen konnten. Wir gingen von der Aussage aus, die zunächst wie eine unverrückbare Feststellung anmutete, dass der Gerechte zwar das Leben Gottes in seinem Geist

hat und dass dieser sogar das Leben ist, aber dass sein Leib wegen der Sünde tot ist (Römer 8,10). Aus diesem Grunde folgert Paulus, dass die aus dem (geistlich) toten Leib kommenden Wünsche und Begierden durch den reifen Geist gar nicht akzeptiert, sondern verleugnet, unterdrückt und ausgelöscht werden. Hier ist also von einer Art Fortbestand negativer Kräfte und einer negativen Bewertung des Körpers die Rede. Er kann sich nur nicht gegen den gesunden und dominanten Geist durchsetzen.
Gegen diese eigentlich ernüchternde Deutung stehen folgende Schriftstellen:

Römer 6
6 Wir wissen ja, dass unser alter Mensch mit ihm gekreuzigt ist, damit der Leib der Sünde vernichtet werde, so dass wir hinfort der Sünde nicht dienen.

1.Korinther 6
18 Flieht der Hurerei! Alle Sünden, die der Mensch tut, bleiben außerhalb des Leibes; wer aber Hurerei treibt, der sündigt am eigenen Leibe. 19 Oder wisst ihr nicht, dass euer Leib ein Tempel des heiligen Geistes ist, der in euch ist und den ihr von Gott habt, und dass ihr nicht euch selbst gehört? 20 Denn ihr seid teuer erkauft; darum preist Gott mit eurem Leibe.

Römer 8
11 Wenn nun der Geist dessen, der Jesus von den Toten auferweckt hat, in euch wohnt, so wird er, der Christus von den Toten auferweckt hat, auch eure sterblichen Leiber lebendig machen durch seinen Geist, der in euch wohnt.

Römer 12
1 Ich ermahne euch nun, liebe Brüder, durch die Barmherzigkeit Gottes, dass ihr eure Leiber hingebt als ein Opfer, das lebendig,

heilig und Gott wohlgefällig ist. Das sei euer vernünftiger Gottesdienst.

Die Aussage in Römer 6,6 beinhaltet, dass der Leib der Sünde unwirksam gemacht und außer Kraft gesetzt wird. Die Korintherbriefstelle weist dem Leib die ehrenvolle Aufgabe zu, Wohnstätte des Heiligen Geistes zu sein. Also nicht die Seele wird gewürdigt, den Heiligen Geist in sich aufzunehmen, auch nicht unser Herz oder unser Geist, sondern ausgesprochen der Körper, und mit ihm sollen wir Gott verherrlichen. Wenn unser Körper wertgeachtet wird, Wohnstätte des Heiligen Geistes zu sein und die Bedeutung eines Tempels für ihn einnimmt, dann erfährt er dadurch zweifelsfrei eine beträchtliche Aufwertung und kann kaum der Ort der Sünde und des Todes sein.

Schließlich räumt Römer 8,11 ein, dass trotz der direkt davor festgestellten Tatsache, dass der Leib des normalen an Christus Gläubigen um der Sünde willen tot ist, dieser doch durch den Heiligen Geist lebendig gemacht wird, wenn der Heilige Geist in einer solchen Person wohnen darf. Und dann stellt Römer 12,1 fest, dass wir mit unseren Leibern Gott ein Opfer bringen können, das lebendig, heilig und Gott wohlgefällig ist. Wie können wir nun diese Aussagen harmonisieren, ohne ihnen Zwang anzutun?
Es bieten sich folgende Möglichkeiten an:

1. Der Leib der Sünde, wie in Römer 6,6 beschrieben, bezeichnet nicht unseren sichtbaren und physischen Leib, sondern irgend eine Ausbildungsform der Sünde, die ja tatsächlich etwas Personales an sich hat, so dass die dort getroffene Aussage der erfolgten Unwirksamkeit nichts mit unserem physischen Körper zu tun hat. Das ist zwar denkbar, erscheint aber ziemlich konstruiert und ist nicht sehr überzeugend.

2. Es gibt doch eine göttliche Durchdringung und Veränderung des Körpers. Dann würde Römer 8,10 nicht einen unumstößlichen Dauerzustand darstellen, sondern eine Momentaufnahme in

einem Durchgangsgeschehen. Gott gebraucht und bejaht demnach den Körper, er erwählt ihn sogar als Wohnplatz des Heiligen Geistes und fordert uns auf, unseren Körper als ein Opfer Gott zu weihen, das lebendig, heilig und Gott wohlgefällig ist. Das soll sogar unser vernunftgemäßer Gottesdienst sein und ist gleichzeitig eine Möglichkeit, Gott damit zu verherrlichen. In einem solchen Fall muss unser Leib aber doch eine grundsätzliche Wort-Veränderung erfahren haben und für den Dienst Gottes tauglich geworden sein.

Vieles spricht dafür, dass diese letzte Version doch die richtige ist. Die Kennzeichnung unseres Körpers, der heilig und Gott wohlgefällig ist, stellt eine so eindeutig festgelegte Wertzuweisung zu Gunsten des Leibes dar, dass an der Gültigkeit seines Wertes doch kein vernünftiger Zweifel mehr bestehen kann. Es stört zwar immer noch, dass sich die Aussage in Römer 8,10 an den anderen Schriftstellen reibt. Aber die biblische Regel, dass jede Wahrheit auf mehr als einem Zeugnis beruhen soll, spricht doch eindeutig für die ausgeführte zweite Version. Sie ist natürlich auch sympathischer und hoffnungsgebend und entspricht mit der Möglichkeit der Wandlung und In-Dienst-Stellung unseres Körpers dem Charakter Gottes, der ein Gott der Zukunft, der Veränderung und des Wachstums ist. Gleichwohl brauchen wir doch noch klare Einsicht, wann und durch welche Kräfte und Umstände der Körper aus dem Zustand der Sünde und des Todes zum Leben und zur Heiligkeit befähigt wird.

Sagen wir es doch ganz einfach: Gott liebt den ganzen Menschen, auch seinen Körper, selbst wenn dieser durch vielfältige zerstörerische Einflüsse ruiniert worden ist. Weil er ihn liebt und bejaht, deswegen will er ihn heilen und gebrauchen. Wenn Gott unseren Körper liebt, sollten wir ihn auch wertschätzen und unbedingt an dem positiven Bild seiner Bedeutung und Aufgabe festhalten.

Die geistlichen Lebensalter

Alle bisher gewonnenen Einsichten laufen auf die Feststellung zu, dass hinter vielfältigen vordergründigen Beschwerden und Symptomen, die jeweils auf bestimmte Ursachen und Faktoren zurückzuführen sind, ein Grundproblem ruht, nämlich unausgereifte geistliche und seelische Grundstrukturen. Das war ja die Quintessenz aller bisherigen Ausführungen. Die Kenntnis dieser Zusammenhänge erlaubt uns eine differenzierte Diagnose und deswegen auch einen sicheren Anmarschweg zur Therapie, aber vor allem einen verlässlichen Schutz gegen mögliche Rückfälle.

Das Neue Testament beschreibt uns eine interessante Abfolge von geistlichen Reifestadien. Diese Information befindet sich in 1. Johannes 2:

> 1. Johannes 2
> 12 Liebe Kinder, ich schreibe euch, dass euch die Sünden vergeben sind um seines Namens willen. 13 Ich schreibe euch Vätern; denn ihr kennt den, der von Anfang an ist. Ich schreibe euch jungen Männern; denn ihr habt den Bösen überwunden.
> 14 Ich habe euch Kindern geschrieben; denn ihr kennt den Vater. Ich habe euch Vätern geschrieben; denn ihr kennt den, der von Anfang an ist. Ich habe euch jungen Männern geschrieben; denn ihr seid stark, und das Wort Gottes bleibt in euch, und ihr habt den Bösen überwunden. 15 Habt nicht lieb die Welt noch was in der Welt ist. Wenn jemand die Welt lieb hat, indem ist nicht die Liebe des Vaters. 16 Denn alles, was in der Welt ist, des Fleisches Lust und der Augen Lust und hoffärtiges Leben, ist nicht vom Vater, sondern von der Welt. 17 Und die Welt vergeht mit ihrer Lust; wer aber den Willen Gottes tut, der bleibt in Ewigkeit.

Der letzte Teil dieses Bibelzitates (die Verse 15–17) ist nur wiedergegeben worden, um zu verdeutlichen, dass es einen Zusammenhang zwischen geistlicher Reife und Anfälligkeit für die Welt und den sich daraus ergebenden Schaden gibt. Die Welt vergeht mit ihrer „Lust“. Aber wir sollen uns nicht allein von der Lust dieser Welt fernhalten, wir sollen sie mit der reinen und größeren Lust überwinden.

Die eigentliche Beschreibung der geistlichen Reifungsabschnitte geht von vier Alterstufen aus, die allerdings nicht in der chronologischen Reihenfolge aufgeführt sind:

1. Ich habe euch Kindlein (Kleinkinder, geistliche Babies, griechisch: *paedia*) geschrieben, denn ihr kennt den Vater.

2. Ich schreibe euch lieben Kindlein (ältere Kinder, griechisch: *teknia*), denn die Sünden sind euch vergeben durch seinen Namen.

3. Ich schreibe euch jungen Männern / ich habe euch jungen Männern geschrieben, denn ihr seid stark und das Wort Gottes bleibt in euch und ihr habt den Bösen überwunden.

4. Ich schreibe euch Vätern / ich habe euch Vätern geschrieben, denn ihr kennt den, der von Anfang ist.

Die kleinen geistlichen Babies

Die hier gegebene Zuordnung von Eigenschaften und Grunderfahrungen, die für jedes geistliche Reifestadium typisch sind, ist genauso kurz wie kennzeichnend. Die ganz jungen Kinder, die geistlichen Babies müssen nur etwas kennen den Vater in seiner unveränderlichen, liebevollen und einzigartig väterlichen Art. Er liebt, er liebt und liebt immer wieder. Er hat ein totales Verständnis für die jungen geistlichen Babies mit all ihrer Unvollkommenheit wie Schreien, Hunger, Schlafbedürfnis, Sehnsucht nach Wärme und Geborgenheit, aber auch Disziplinmangel, in die Windeln Machen und alle anderen Unfertigkeiten. Das hindert ihn nicht daran, die geistlichen Babies zu bejahen, zu segnen, zu schützen und ihnen jede Form von Zuwendung zukommen zu lassen.

Diese schlichte Aussage des Wortes Gottes hinsichtlich der Bedürfnisse der geistlichen Kleinkinder und der Liebe der geistlichen Väter zu ihnen ist von allergrößter praktischer Bedeutung. Wir werden aufgefordert, die Neugeborenen nicht zu überfordern. In diesem geistlichen Lebensabschnitt gelten nicht Forderungen, Bußkataloge und Sündenspiegel. Das kommt später. Die geistlichen Neugebore-nen haben nach dieser authentischen göttlichen Willenserklärung das Recht auf Absättigung mit Liebe, Zuwendung und jeder praktischen Versorgung.

Wenn einem jungen Christen diese Liebeszuwendung nicht zuteil wird, bleibt ein Mangel, ja sogar ein Defekt von Werterleben und Selbstverständnis zurück. Das wird ihn antreiben, sich Zeit seines Lebens das selbst zu verschaffen, was er geschenkt bekommen sollte. Dazu wird er alle möglichen Mittel, vor allem das Verfahren der Selbsterlösung und den Nachweis von Überlegenheit und Erfolg einsetzen. Aber egal wie er sich auch anstrengen wird, auf diesem Leistungsweg wird er nie das Grundvertrauen entwickeln können, dass aus Liebe, Bejahung und Wertschätzung erwächst.

Der Seelsorger muss nun davon ausgehen, dass die meisten seiner Patienten diese Liebesausstattung und Liebessättigung nie erfahren haben, weder als biologisches Kleinkind noch als geistliches Baby in ihrer Ortsgemeinde. Sie alle brauchen dringend eine Nachreifung unabhängig davon, was im Einzelnen sonst noch an Defiziten, Symptomatik oder Therapiebedarf vorhanden ist. Durch den Zugang zum Vaterherzen Gottes, der allerdings gelehrt und praktisch bereitet werden muss, werden solche Gläubigen mit emotionaler Tiefe und Gesundung ausgestattet, so dass dadurch eine Art Heilung vor der eigentlichen Heilung stattfindet. Gemeint ist damit, dass der Untergrund der Persönlichkeit durch Nachreifung und die Beziehung zum göttlichen Vater mit Frieden und Geborgenheit ausgestattet wird, wodurch dann die nachfolgende analytische und ursachenbezogene Therapie erst möglich wird.

Die Berücksichtigung dieses Gebotes, zuerst zu lieben und umfassende Väterlichkeit zu beweisen und nicht gleich mit Forderungen zu kommen, stellt eine große Herausforderung für alle Pastoren, Lehrer und Seelsorger dar. Unsere Lehre und seelsorgerliche Beratung muss unbedingt das vordringliche Ziel anstreben, Gott zunächst als Vater zu sehen, zu erfahren und zu genießen und von seiner Liebes-Leidenschaft real und auch fühlbar (!) überwältigt zu werden. Das gilt in gleichem Maße für die präventive (vorsorgende) wie auch kurative (heilende) Behandlung. Andernfalls werden wir weiter viele Christen mit Kopfwissen und bejahten Wahrheiten haben, die jedoch arm am Herzen und ohne Frieden und Geborgenheit herumlaufen und immer neue geistliche und seelische Krüppel produzieren.

Ältere Kinder sind anders

Erst indem zweiten Reifungsabschnitt, der die älteren Kinder betrifft, können und müssen Forderungen erhoben und auf Disziplin gedrängt werden. In dieser Phase geht es darum, dass die geistlichen Kinder Gottes Namen, das heißt seine Art, seinen Charakter und seine Gebote genauer kennenlernen. Deswegen sollen sie sich auf Reinigung ihres Lebens, Heiligung und Vergebung ihrer Schuld konzentrieren. Das ist die Zeit der seelsorgerlichen Unterredungen, der Buße und der Generalbeichte, aber natürlich auch der fühlbaren Entlastung und der Neuorientierung. Wenn man diese Aufgaben als erstes angehen würde, wie es leider die Regel ist, gelingt beides nicht. Weder lernt dieser Christ wie man sich an den göttlichen Vater und seine Liebe verliert und darunter emotional gesundet noch wird ohne diese Vorerfahrung eine wirkliche Bewältigung der Vergangenheit möglich sein. So werden viel mehr die fatalen religiösen Verhaltensmuster erlernt. Der junge Christ wird in Leistungsfrömmigkeit hineingezwungen und muss sich mit großer Wahrscheinlichkeit eine moralisierende und gesetzliche Lebensweise aneignen, die ihn beraubt und andere um ihn herum veranlassen wird, ihn zu meiden und vielleicht mit ihm das ganze Christentum.

Die jungen Männer, die Kämpfer und die Überwinder

Mit der dritten Reifestufe, dem Eintritt in das Alter des jungen Mannes, gelangt der Christ zur Mündigkeit. Die Übersetzung Jüngling wird dem nicht ganz gerecht, was die Schrift mit diesem Reifestadium ausdrücken will. In diesem Reifeabschnitt imponiert der Christ durch seine offenkundige Stärke und Autorität, die er aus dem Wort Gottes bezieht. Das Besondere im Umgang des jungen Mannes mit dem Worte Gottes scheint darin zu bestehen, dass das Wort Gottes in ihm *bleibt*. In welcher Lage oder welchem Konflikt er sich auch befinden mag, das Wort Gottes steht ihm bleibend zur Verfügung, vermittelt ihm Präsenzwissen und damit auch eine ständige Orientierung, Unterscheidungsvermögen und die Kraft und Entschlossenheit, angstfrei zu reagieren.

Weil die jungen Männer das Wort genau kennen und weil es in ihnen ist, sind sie unerschütterlich und üben ohne Zaudern auch ihre Autorität gegen den Teufel aus. Sie sind besonnene Kämpfer, die den Rahmen ihrer Autorität und die Grenzen der Wirksamkeit des besiegten Gegners genau kennen. Sie sind stark, weil sie das Wort Gottes genau kennen und sind deswegen auch demütig.

Auf diese Erfahrungshöhe sollen unsere Kranken und Schwachen kommen! Sie sollen geistliche Leiter werden. So absurd und unrealistisch dieses Ziel erscheinen mag, ein solcher Auftrag ist uns durch das Beispiel Davids gegeben. Aus einer Meute in Not befindlicher und verschuldeter Krieger mit verbittertem Herzen wurde im Umgang mit David – dem Mann des Wortes, der Gnade und der Anbetung – eine Schar herausragender Krieger, die buchstäblich Unmögliches zustande brachte (siehe 1. Samuel 22,2). Wir müssen unser Therapieziel neu definieren und uns nicht mit Symptombefreiung begnügen.

Die Väter in Christus

Schließlich wird uns noch die letzte Reifungsphase beschrieben. Das sind die Väter, die den kennen, der von Anfang ist. Sie kennen also nicht nur Gott als Vater, womit sie angefangen haben und woran sie übrigens bis in ihr höchstes Alter auch geblieben sind, sondern sie kennen ihn als Gott, bei dem alle Fäden zusammenlaufen und von dem alles seinen Ursprung hat. Sie haben durch den Heiligen Geist Einblick in die Tiefe der Gottheit, leben mit ihm in intensiver Beziehung, partizipieren an seiner Weisheit und seinem Hintergrundwissen und vermitteln dieses ihrer Umgebung. Diese Väter und Mütter in Christus sind durch ihre Erkenntnis, ihre Erfahrung und Inspiration für die Gemeinde Gottes von allergrößter Bedeutung.

Als Väter sind sie das Vorbild für die Kämpfer und auch für die geistlichen Kinder. Gott kennen, das ist ihr herausragendes Merkmal, und das ist mehr als die Summe von allen Einsichten. Solche Väter und Mütter beweisen den Charakter Gottes, seine Liebe, seine Väterlichkeit und seine Großherzigkeit an ihrem eigenen Wesen. Sie sind nicht so sehr die Abgeklärten und auf gar keinen Fall die Wissenden, sie sind viel mehr die wandelnde Ermutigung, die die besonderen Segnungen und Erfahrungen aller vorherigen Reifeabschnitte in sich haben.

Für die Einschätzung unseres Therapiezieles ist es wichtig zu wissen, dass mit der Beschreibung der jungen Männer und der Väter in Christus nicht besondere Personen herausgehoben werden, die etwa herausragende Propheten oder Apostel sind oder werden. Diese Klassifizierung, von der Johannes hier spricht, ist nicht gleichzusetzen mit dem fünffältigen Dienst im Epheserbrief. Dort werden in der Tat einzelne herausragende Ämter beziehungsweise Inhaber von geistlichen Ämtern beschrieben, die keineswegs für alle erreichbar sind. Hier indessen werden geistliche Altersstufen mit ihren Zielsetzungen und Reifepositionen beschrieben, die jeder Christ anstreben soll und zu denen alle berufen sind.

Am Ende dieses Kapitels will ich die Veränderung, die ein Christ im Rahmen seiner geistlichen Entwicklung und Therapie durchläuft, noch einmal grafisch verdeutlichen. Ich bevorzuge dabei das Bild des Gefäßes, das auch die Schrift im Hinblick auf den Menschen gewählt hat.

1. Ausgangssituation des nichtbekehrten natürlichen Menschen: Der Geist ist tot, symbolisiert durch den dunklen Strich in der Mitte, der von Seele und Leib eingeschlossen ist und keine direkt Berührungsfläche nach außen hat. Er braucht sie auch nicht, er kommuniziert ja nicht mit Gott. Seele und Leib werden dunkel gezeich-net, womit die Befleckung und die Unreife in Sünde dargestellt werden soll.

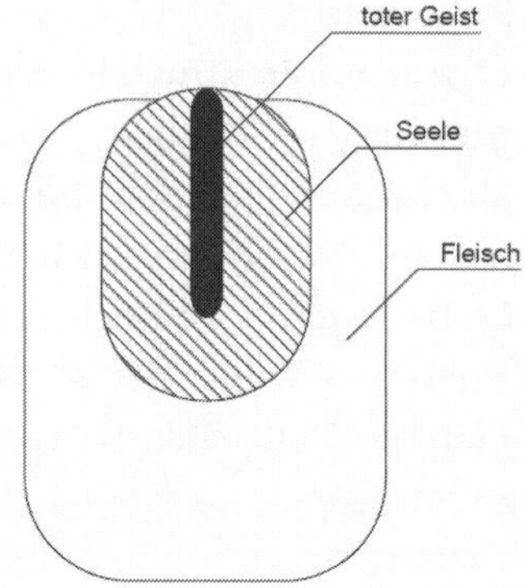

2. Zustand nach Wiedergeburt: Der Geist im Vergleich zur Seele noch klein und fast von der Seele umschlossen. Am Zustand von Seele und Körper hat sich noch nichts geändert.

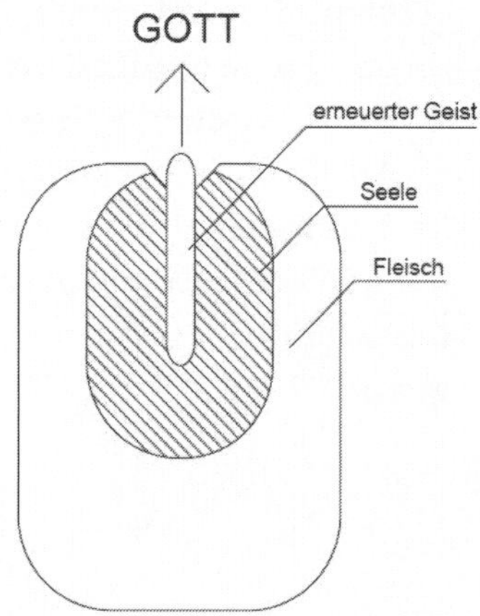

3. Der Christ lebt nicht mehr fleischlich, sondern die Gesinnung der Person ist durch und durch geistlich. Dem entsprechend ist der Geist gewachsen und hat die Dominanz errungen. Die direkte Kommunikation zu Gott läuft intensiver als unter 2. Die Seele zeigt Zeichen von Veränderung, der Umbau und ihre Heilung beziehungsweise In-Dienst-Stellung hat begon-nen. Der Leib ist zunächst unverändert.

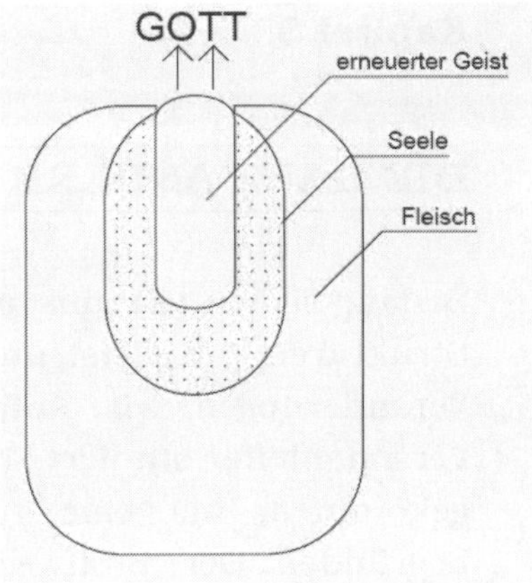

4. Weiteres Wachstum des Geistes ist eingetreten, der jetzt die entscheidende Autorität in der Person ist. Die Seele ist weitgehend geheilt und geheiligt, auch der Leib hat Entschlackung und Heiligung erfahren. Die Person kommuniziert ungehindert mit Gott, aber auch durch ihre Seele mit ihrer Umgebung.

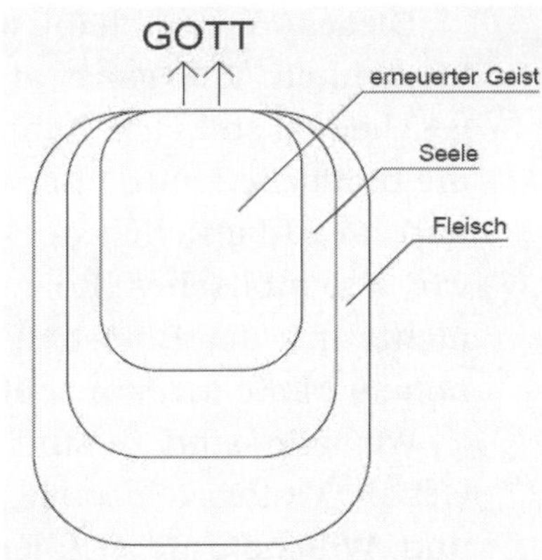

Kapitel 5

DIE GANZ ANDERE ART ZU LEBEN

Bislang haben wir uns mehr oder weniger ausschließlich mit den Strukturen von Geist und Seele beschäftigt. Auch wenn wir dabei Veränderungen wie Aufbau, Abbau, Wachstum und Tod dieser Personanteile studiert hatten, sind wir dennoch kaum weiter gekommen, als eine Art Anatomie von Geist und Seele zu begründen. Der „Stoffwechsel“ von Geist und Seele, den es wirklich gibt, blieb ungeklärt. Der soll nun nachfolgend beschrieben werden.

Wir müssen herausfinden, wie der Mensch „funktioniert“, wenn er so leben soll, wie es das Wort Gottes vorschreibt. Diese Frage ist identisch mit der, die im letzten Kapitel bereits aufgeworfen war und die reichlich provokativ ist: Wie sollen wir denn gehorsam sein und Gottes Gebote halten, wenn die direkte und willensmäßige Bewältigung und Umsetzung dieser Gebote mit der uns zur Verfügung stehenden sittlichen Kraft nicht erlaubt ist?

Dieses Verbot bleibt unbedingt bestehen. Das Wort Gottes sieht tatsächlich ein ganz anderes Modell vor wie der Wille Gottes geschehen soll. Ich habe es schon verschiedentlich angesprochen, die biblische Lehre über Nachfolge und Gehorsam ist auf der Kanzel und im Alltagsleben der Gläubigen so gut wie unbekannt. Das, was wir als biblisches Konzept ausgeben, hat, wie nachzuweisen ist, nichts mit der Botschaft des Neuen Testamentes zu tun und ist in hohem Maße krankmachend.

Wir alle sind letztlich so gelehrt und getrimmt, dass wir die Gebote Gottes aus unserer (gereinigten und geheiligten) Motivation und Willenskraft erfüllen sollen. Natürlich wissen wir, dass das nicht mit unserer eigenen Kraft allein geschehen soll und beziehen deswegen Gott über unsere Bitte um Mithilfe in unseren Gehorsam ein. Damit glauben wir dem Prinzip der Abhängigkeit von Gott Genüge getan zu haben. Aber letztlich bleiben es doch wir, die gehorsam werden müssen, auch wenn wir dazu die Hilfe Gottes erbitten. Der Ansatz der Heiligen Schrift sieht hingegen gänzlich anders aus. Wir sollen als solche agieren, die dem Gesetz, das sind alle einzelnen Gebote, gestorben sind. Die Gebote müssen wohl gehalten werden, aber nicht mehr durch uns, sondern durch Christus in uns und durch den Heiligen Geist in uns. Das meine ich aber nicht im Sinne der üblicherweise hinzugefügten verbalen Versicherung, dass wir das sowieso nicht selbst könnten und dass wir ständig die Hilfe des Heiligen Geistes bräuchten. Das sind nur betuliche Sprüche, die den Kern des Problems nicht treffen. Sie verändern das alte Konzept nicht.

Wenn schon der heile Christ, der also nicht erkennbar seelisch krank ist, durch das neue Leben mit Christus nicht zusätzlich belastet, sondern zur Freude und Leichtigkeit des Glaubenslebens befähigt werden soll, wie viel mehr muss der mit seelischen Konflikten kämpfende Christ informiert werden, wie die neue Lebensweise aussieht. Er soll nicht erst versuchen, die verkehrten Normen umzausetzen, um erst später nach erneutem Scheitern einzusehen, dass die wahre Form der Nachfolge ganz anders und viel erlöster aussieht.

Ich will also mein Versprechen einlösen und es nicht bei der provozierenden Infragestellung des alten Gehorsamsweges bewenden lassen. Was bedeutet es also tatsächlich, wenn wir dem Gesetz und den Lüsten und Begierden gestorben sind? Was meint das starke Wort (Galater 3,13-14), dass es einen Fluch des Gesetzes gibt (nicht etwa nur des nicht eingehaltenen Gesetzes) und dass Jesus uns davon befreit hat, indem er für uns zum Fluch geworden ist und dass ab jetzt durch Glauben der Zugang zu allen Segnungen frei ist?

Galater 3,
13 Christus aber hat uns erlöst von dem Fluch des Gesetzes, da er zum Fluch wurde für uns; denn es steht geschrieben: „Verflucht ist jeder, der am Holz hängt", 14 damit der Segen Abrahams unter die Heiden komme in Christus Jesus und wir den verheißenen Geist empfingen durch den Glauben.

Ich möchte zunächst in drei kurzen Schritten die Antwort auf diese Frage vorbereiten.

1. Der Weg zum Befolgen des Gesetzes wird uns in Hunderten von Anweisungen nahe gebracht, wobei das Wort Gottes interessanterweise eine ganz bestimmte Formulierung dafür bereithält. Wir sollen seine Gebote *halten*. In unserer deutschen Sprache sowie in allen westlichen Sprachen hat dieses Wort längst die Bedeutung von „tun gemäß dem Inhalt des Gebotes" angenommen. Aber das beinhaltet dieses Wort nicht. Es enthält nur die Aufforderung, das jeweilige Gebot festzuhalten, es nicht preiszugeben, es nicht von seinen Augen, seinem Verstand, seiner Vorstellung und Zielsetzung abkommen zu lassen und so die eigene Billigung und Wertschätzung des empfangenen Wortes auszudrücken.

Dahinter steht die Vorstellung, welche die Praxis bestätigt, dass ein so behandeltes Wort in uns Gewicht und Kraft bekommt und sich in uns entfaltet und durchsetzt, weil Gott in dem Wort enthalten ist und weil Jesus das Wort ist und weil seine Worte Geist und Leben sind. Sie schaffen nicht nur Leben und vermitteln den Geist Gottes, sie sind Geist und Leben (Johannes 6,63).
Dazu Beispiele aus dem alten Testament:

3. Mose 18
4 sondern nach meinen Rechten sollt ihr tun und meine Satzungen sollt ihr halten, dass ihr darin wandelt; ich bin der Herr, euer Gott. 5 Darum sollt ihr meine Satzungen *halten* und meine Rechte. Denn der Mensch, der sie tut, wird durch sie leben; ich bin der Herr.

2. Mose 15
26 Wirst du der Stimme des Herrn, deines Gottes, gehorchen und tun, was recht ist vor ihm, und merken auf seine Gebote und *halten* alle seine Gesetze, so will ich dir keine der Krankheiten

auferlegen, die ich den Ägyptern auferlegt habe; denn ich bin der Herr, dein Arzt.

2. Mose 20
6 aber Barmherzigkeit erweist an vielen Tausenden, die mich lieben und meine Gebote *halten*.

In all diesen Worten geht es darum, dass die Gebote Gottes gehalten werden müssen, was in der Folge dann zum Befolgen und Tun des Wortes führt.

Ein starkes neutestamentliches Beispiel dafür ist der Hinweis des Herrn, wie wir mit seinem Wort umgehen sollen:

Johannes 8
31 Da sprach nun Jesus zu den Juden, die an ihn glaubten: Wenn ihr bleiben werdet an meinem Wort, so seid ihr wahrhaftig meine Jünger
32 und werdet die Wahrheit erkennen, und die Wahrheit wird euch frei machen.

Wer an seinem Wort dranbleibt, bei ihm verweilt, der wird dadurch in Wahrheit(!) zum Jünger Jesu und entdeckt im Bleiben am Wort die Wahrheit im Wort. Und diese so entdeckte Wahrheit hat dann die Kraft, ihn freizumachen. Auf dem Anmarschweg zu der neuen Art, Gottes Wort zu befolgen, erreichen wir also eine erste Etappe, die sehr ermutigend ist: im Wort, das wir festhalten und zu dem wir stehen, liegen die Kräfte der Umsetzung. Es enthält und produziert die Energien, die wir brauchen, um es zu befolgen.

2. Eine weitere Kraft, die uns hilft, gehorsam zu werden, ist der Glaube. Ein angemessener Umgang mit ihm entlastet uns von der Mühe, das Wort des Herrn mit eigenen Kräften zu befolgen. Gehorsam darf kein Fron und keine Last werden.

Hebräer 11,
8 Durch den Glauben wurde Abraham gehorsam, als er berufen wurde, in ein Land zu ziehen, das er erben sollte; und er zog aus und wusste nicht, wo er hinkäme.

Zuerst glaubte Abraham, so diese Schriftstelle, und aus dem Glauben erwuchs die Fähigkeit, gehorsam zu werden und aus der Tradition seiner Familie und Kultur herauszubrechen und einen Weg zu gehen, dessen Ende er nicht kannte. Also in Kurzform: Abram glaubte zuerst und wurde dann gehorsam. Durch diesen Glauben waren auch alle anderen im Glaubenskapitel Hebräer 11 aufgeführten Glaubenshelden im Stande, ihre großen Taten zu tun.

Paulus spricht in Römer 1,5 und Römer 16,26 davon, den Gehorsam des Glaubens unter allen Heiden aufzurichten. In Römer 14,23 formuliert er gar, dass „alles aus Glauben gehen muss und was nicht aus Glauben geht, Sünde ist.“ Das bedeutet, dass ein Akt des Gehorsams, der nicht aus dem konkreten Glauben geboren ist, durch welchen die göttliche Befähigung zum Gehorsam vermittelt werden soll, gar kein Gehorsam, vielmehr Sünde ist, weil er ohne Gottes Kraft und Autorisierung geschehen ist. Das ist ein sehr starkes Wort, das uns nachdenklich machen sollte.

3. Schließlich wollen wir uns daran erinnern, dass die Willigkeit und Fähigkeit zum Befolgen des Willens Gottes in der Schrift Furcht des Herrn genannt wird (Psalm 34,12-15 und Sprüche 8,13). Von dieser Befähigung zum Gehorsam heißt es nun in Jeremia 32, dass sie ein Teil der Erlösung im Neuen Bund ist und dass sie uns im Rahmen dieser Bundesbeziehung *geschenkt* wird:

Jeremia 32,
38 Sie sollen mein Volk sein, und ich will ihr Gott sein. 39 Und
ich will ihnen einerlei Sinn und einerlei Wandel geben, dass sie
mich fürchten ihr Leben lang, auf dass es ihnen wohlgehe und
ihren Kindern nach ihnen. 40 Und ich will einen ewigen Bund mit
ihnen schließen, dass ich nicht ablassen will, ihnen Gutes zu tun,

und will ihnen Furcht vor mir ins Herz geben, dass sie nicht von mir weichen. 41 Es soll meine Freude sein, ihnen Gutes zu tun, und ich will sie in diesem Lande einpflanzen, ganz gewiss, von ganzem Herzen und von ganzer Seele.

Dieses Wort beschreibt die Kernerfahrung der Erlösung im Neuen Bund und wird deswegen zweimal im Hebräerbrief zitiert (Hebräer 8,10 und Hebräer 10,16). Danach teilt Gott unserem Herzen das Verlangen und die Leidenschaft mit, nicht von ihm weichen zu wollen und vermittelt uns die Furcht des Herrn. Das heißt doch, die entscheidenden Kräfte kommen von ihm. Damit stimmt überein, dass der Geist, den Jesus auf uns kommen lässt, auch den Geist der Furcht des Herrn enthält (Johannes 11,2)

Und schließlich gilt auch, dass die Heiligung, jener Prozess des Angleichens an seinen Willen, nicht ein schwieriges und entbehrungsreiches Geschäft ist, sondern es heißt ausdrücklich, dass Jesus für uns zur Heiligung gemacht wurde. Wir sorgen nur dafür, dass unsere Beziehung zu ihm intakt ist. Aber auch dabei hilft uns der Heilige Geist entscheidend. Und dann befähigt uns Jesus kraft des empfangenen Mandates, uns charakterlich umzuformen, so dass wir mit Freuden und Lust gehorsam sind.

Es gibt also genügend biblische Aussagen, die uns erklären, dass in jedem geistlich sauberen Gehorsamsakt Gottes Beitrag der entscheidende ist. Die nachfolgende Beschreibung des neuen Lebensstils ist somit nicht eine isolierte Wahrheit, sie ist an vielen Stellen der Schrift bezeugt, wird aber in der Zuspitzung der paulinischen Briefe dann doch schwindelerregend deutlich.

Gottes Geist, unser Geist und unsere Schwächen

Was heißt es in nicht-theologischen Begriffen, wenn nach unserer Wiedergeburt der erneuerte Geist wächst und stark wird und unser Fleisch dem Tod übergeben wird? Unser Geist kann sich nur entfalten, wenn er gleichzeitig den Tod des Fleisches betreibt. Die Bibel nennt das, wie bereits ausgeführt, eine geistliche Gesinnung zeigen: Ein solcher Nachfolger verändert sich, seine Haltung, Auftreten, Äußerung, Mimik und Gestik. Alles, was er denkt, sagt und tut, unterliegt dem Maßstab von Wahrheit, Ehrlichkeit und Echtheit. Er ist von dem Verlangen bestimmt, authentisch zu leben, sich zur Redlichkeit zu bekennen und sich vor Gott und Menschen zu demütigen.

In dem geistlich gesinnten Christen (im engeren Sinne von Römer 8,5–8) entsteht ein ungewohnter Drang, sich von allem Schein und jeder Selbstverstellung freizuhalten. Selbstherrlichkeit, Überheblichkeit und Selbstgerechtigkeit werden ihm nicht nur auffallen, sondern Verdruss und Abscheu in ihm entwickeln. Gleichzeitig kommt in ihm, gesteuert durch seinen Geist, eine große Sehnsucht nach Gottes Gegenwart, seinem Wesen und seiner Herrlichkeit auf. Indem er diesem Verlangen nachgibt, steigert sich diese Sehnsucht, und die Abwehr gegenüber dem, was die Bibel Lust der Welt nennt, nimmt zu.

Das Besondere an diesem Verlangen ist die Mühelosigkeit der Orientierung hinsichtlich der Werte Gottes. Der Gläubige muss nur dem Drang nachgeben. Sicher sind auch Testsituationen im Sinne von herausgehobenen Aufgaben zu meistern, in denen es darum geht, bestimmte Versuchungen zu überwinden und größere Herausforderungen mit der Möglichkeit des Scheiterns, Zweifelns und mangelnder Ausdauer zu bestehen. Es gibt also auch in dieser Befindlichkeit keine Automatik der willenslosen Entwicklung von Heiligung und Gottseligkeit.

Aber der Heilige Geist, dem wir Raum geben, schafft dennoch eine Atmosphäre von Freude und Lust an Gott und an seinem Willen über die Tätigkeit unseres erstarkten und reifenden Geistes. Das äußert sich in spontaner Willigkeit, Gott durch Gehorsam gefallen zu wollen und überhaupt in der überraschenden Erfahrung, dass seine Gebote nicht schwer sind. Ein entscheidender Faktor ist die Stimmung in der Person, die diesen Drang zur Heiligung erlebt. Diese ist von Begeisterung, Liebe und dem leidenschaftlichen Antrieb bestimmt, Gott dienen zu wollen: Paulus redet in Römer 1,9 davon, dass er mit seinem Geist Gott diene.

Will man diese Erfahrungen und ihre Begründung auf einen Nenner bringen, so stehen zwei Grundbefindlichkeiten im Vordergrund. Es ist eine neue Liebe zur Wahrheit bei dem Nachfolger vorhanden und dann Liebe überhaupt, Liebe zu Gott und Liebe zu den Menschen. Mit diesem Hinweis ist schon zum Teil das Geheimnis gelüftet, was hinter dem neuen Lebensstil steht. Die Überwindung des alten Modells von Gehorsam ist gleichbedeutend ist mit der Erfahrung des Gestorbenseins dem Gesetz und der Sünde und der daraus resultierenden Erfahrung der Liebe Gottes. Liebe ist der Kern der neuen Lebensweise.

Sie ist nicht gekennzeichnet von der Schwere, der Bedrückung und dem Hang zur Gesetzlichkeit und Enge, die den meisten Christen anhaftet und ihr Zeugnis vor der Welt ruiniert. Vielmehr bestimmen Freude, Leichtigkeit und Begeisterung sowie auch Liebe und Erbarmen die Erscheinungsweise solcher Gläubigen. Sie bringen Hingabe, Ausdauer und Opferbereitschaft bei der Verfolgung ihrer Ziele auf, zu denen sie früher nicht befähigt waren, weil sie von Liebe und übernatürlichen Kräften getrieben werden. Bei allem sind sie genauso begeistert wie sympathisch.

Diese Beschreibung der Auswirkungen der Mündigkeit unseres Geistes erinnern sicher viele Leser an die Zeit ihrer ersten Liebe direkt nach ihrer Bekehrung oder an das, was sie bei anderen Frisch-Bekehrten beobachtet haben. In der Tat, an der Begeisterung kann man diese neue Lebenslust und Lebensart besonders gut studieren. Aber wir müssen es nicht resignierend tun, indem wir mit Trauer registrieren, wie unser alter Schwung dahin ist. Vielmehr soll und kann diese sprudelnde und begeisterte Lebensweise bei allen, deren Geist zur Reifung gekommen ist, erneut Wirklichkeit werden.

Doch untersuchen wir kurz die Herkunft dieser ersten Liebe. Sie ist ja die sichtbarste und sprühendste Form von Liebeslust und Liebesfreude unter uns Christen. Sie kommt durch das Kontrast-Erleben zustande, dass man vor kurzem noch am Ende war, leer, kaputt, belastet und ohne Hoffnung und nun errettet, angenommen und von Gottes Gnade und Erbarmen umströmt ist. Sich so geliebt zu fühlen, und das ohne eigene Verdienste, macht glücklich, füllt uns mit Liebe an und macht uns zu Liebenden, die ihre Liebe und Barmherzigkeit ohne Anstrengung und in erstaunlicher und kreativer Weise durch allerlei Handlungen und Liebeswerke ausdrücken. Die Mitte dieser beglückenden Erfahrung ist zweifellos die empfangene Gnade, die alles Notwendige und Schöne geschenkt hat und aus der heraus das Leben so leicht wird.

In Offenbarung 2,4 tadelt der Herr die Gemeinde von Ephesus, dass sie die erste Liebe verlassen habe (andere Übersetzung: verlässt!) und sie wird aufgefordert zu bedenken, wovon sie gefallen sei und Buße zu tun, um die ersten Werke wieder zu tun. Man kann also zu der ersten Liebe wieder zurückkehren und auch zu den Werken der ersten Liebe. Das soll unser Standard von Dauer sein. Es ist immens mutmachend, dass die Schrift eine derartige Lebensweise auf einem so hohen Niveau als Norm in Aussicht stellt.

Wir sollen bedenken, wovon wir gefallen sind. Wovon wir uns entfernt haben, das ist etwas einzigartig Schönes und Erstrebenswertes, das Verliebtsein und der Rausch der Gnade und der Freude. Wenn es aber stimmt, dass man zur ersten Liebe zurückkommen kann und wenn es ferner stimmt, dass unser Weg mit Christus am Anfang prinzipiell fleischlich ist, weil unser Geist seine Position noch nicht voll eingenommen hat und erst im Verlauf von Monaten und Jahren des Wachstum zur Reife gelangt, dann dürfen wir annehmen, dass die Liebeserfahrung und die Gna-dentiefe des reifen Christen sogar noch intensiver sein müssen als die des Neubekehrten.

Wir alle sind uns einig, dass die Liebe das höchste Gut, das schönste Ziel und die erstrebenswerteste Erfahrung ist, in der unser Glaubensleben kulminieren soll. Es ist recht, davon zu schwärmen und das mit allen Kräften verfolgen zu wollen. Und doch hinterlässt ein bestimmter Stil des Umgangs mit diesem Thema bei mir einen faden Beigeschmack. Wir geistlichen Leiter können uns zu schnell zu diesem Thema hinflüchten und Liebe fordern und den Weg zur Liebe genau erklären, ohne sie doch in dem Maße selbst auszuleben, wie wir es von anderen erwarten.

Im Hinblick auf diesen beklagenswerten Zustand ist doch mit bohrender Dringlichkeit zu fragen: Worin unterscheidet sich dieser Anmarschweg zur Liebe von all den anderen, die unter uns angeboten werden? Die Antwort ist folgende: Nur in der Lehre des Paulus wird herausgearbeitet, dass es eine selbständige Instanz Geist in uns gibt, die nicht nur da sein muss und nach der Wiedergeburt auch da ist, sondern wachsen und zur vollen Reife gelangen kann. Dieser Geist ist nicht ein Teil unserer alten natürlichen Ausstattung, er ist durch und durch göttlich und deswegen die einzige Instanz, die dem Fleisch Paroli bieten kann, ihm überlegen ist und zum Abbau und Tod veranlassen kann. Alle anderen Methoden stellen in letzter Konsequenz nur den von vornherein zum Scheitern verurteilten Versuch dar, dass das Fleisch sich in irgendeiner Form selbst abschaffen oder disziplinieren soll. Das funktioniert grundsätzlich nicht, auch wenn es in der frömmsten und edelsten Erscheinungsform zum Einsatz gebracht wird. Das Fleisch kann nicht lieben und das Fleisch kann sich selbst nicht dezimieren.Dazu noch einmal die lakonische Äußerung des Wortes Gottes:

> Römer 8,
> 7 Denn fleischlich gesinnt sein ist Feindschaft gegen Gott, weil das Fleisch dem Gesetz Gottes nicht untertan ist; denn es vermag es auch nicht.

Somit läuft alles darauf hinaus, dass wir die Realität unseres Geistes erkennen, zum Wachstum bringen, in uns erleben und spüren und aus diesem Geist heraus die göttlichen Kräfte in uns zur Entfaltung kommen und fließen lassen.

Der Unterschied der erneuerten Liebe und frischen Begeisterung des Christen, der schon in die Jahre gekommen und zur Abgeklärtheit gelangt ist, liegt vermutlich darin, dass er nicht spontan wie der junge Christ in Begeisterung, Schwärmen und Liebe gerät, sondern mit Vorsatz bestimmte Schritte gehen muss, um dann auch erneut und sogar dauernd von Liebe entflammt zu sein. Diese

Schritte wollen wir gehen, der Gewinn ist einfach zu verlockend. Wir untersuchen also nachfolgend die biblischen Erwähnungen und Beispiele, in denen dieser Prozess beschrieben wird. Wir wollen diese Erfahrung von mehreren Ansatzpunkten aus anstreben, damit wir sicher sein können, auch die wichtigsten Gesichtspunkte erfasst zu haben.

Die Sünderin, das leuchtende Beispiel

Ein schönes und überaus lehrhaftes Beispiel, wie jemand von Liebe und Zartheit erfasst wird und dann auch zu jedem Opfer willig wird, steht in Lukas 7. Es ist die Geschichte der Salbung Jesu durch die Sünderin. Wir können wohl davon ausgehen, dass diese Prostituierte durch die vielen Jahre des Umgangs mit ihren Freiern – und wahrscheinlich noch mehr durch entbehrungsreiche Kindheitsjahre mit Mangel an Liebe, Zuwendung und Schutz – eine bittere und kalte Frau geworden war. Der Ablauf der Geschichte setzt voraus, dass diese Frau schon vorher eine dramatische Begegnung mit Jesus gehabt haben muss, die ihr Denken und ihre Lebensziele verändert hat.

Erschüttert und bewegt von dieser Vorerfahrung mit Jesus wagt sie es, in das Haus des Pharisäers zu kommen, obwohl sie selbst nicht eingeladen war. Was sie an Vergebung, Liebe und Achtung durch Jesus erfahren hat, hat solche Kräfte der Liebe in ihr freigesetzt, dass sie den Hass und die Verachtung des Pharisäers gerne in Kauf nahm, um Jesus frei von Menschenfurcht, in beispielloser Dankbarkeit und Demut zu dienen. Sie weinte über seinen Füßen, benetzte sie mit ihren Tränen, wusch sie regelrecht damit, trocknete sie mit ihren Haaren ab, küsste sie und salbte sie mit teurer Salbe.

Jesus gibt uns dann in einem kleinen Gleichnis, das er als Antwort auf die unausgesprochenen Fragen des Pharisäers formulierte, die entscheidende Deutung: Wem viele Schulden erlassen werden, der liebt viel, wem aber wenig vergeben wird, der liebt wenig. Und dann die Hauptlehre: Ihr sind viele Sünden vergeben, deswegen liebt sie viel.

Das ist eine zentrale Botschaft, zwar nicht die einzige, die uns mitteilt, wie wir feurige Liebhaber werden können und mittels der Erfahrung der Liebe und Hingabe an sie gleichsam nebenbei gehorsam werden. Noch einmal die Botschaft: Viel Erfahrung der Gnade Gottes im Sinne der Vergebung öffnet uns für die Liebe Gottes und befähigt uns, andere zu lieben. Diese Wahrheit gilt allen Menschen unter allen Umständen und zu allen Zeiten. Sie trifft auch für erkaltete und erstarrte Christen zu. Das ist ein Schlüssel, aber noch nicht der ganze Aufschluss darüber, wie Christen Menschen der Liebe werden können.

Diese so genannte Sünderin war also Jesus vorher schon begegnet. Nun wollte sie ihm ihren Dank abstatten. Das verband sie mit dem Erweis großer Demut. Sie machte sich in ihrer Vorgehensweise verwundbar, indem sie ihr Herz in Gegenwart des abweisenden Pharisäers mit Emotionen von Weichheit und Ergriffenheit zusammen mit Tränen öffnete. Sie gab allen Schutz auf und offenbarte restlos ihr Inneres. Diese praktische Demut war der zweite Schlüssel für ihre intensive Liebeserfahrung.

Demut ist charakterlich ausgelebte Wahrhaftigkeit. Der Demütige kennt seine Grenzen und Schwächen. Er steht zu ihnen und bekennt sie auch. Deswegen bekommt der Demütige Gnade – und nur er allein –, denn Gnade wird immer nur nach Anerkennung der Wahrheit gegeben.

Das bedeutet aber auch gleichzeitig, dass der Demütige das Bild von Stärke, Kompetenz und Überlegenheit ablegt und seine wahre Schwäche und Hilfsbedürftigkeit oder Erlösungsbedürftigkeit offenbart. Weil er darin die Wahrheit ehrt, ist ihm diese Handlung nicht einmal peinlich. Gerade mit seiner Entscheidung zur Echtheit und Einfachheit und sogar Schwäche öffnet er sich für den größten Segen: er wird liebesfähig! Denn der Starke, der von sich und seiner Überlegenheit überzeugt ist, ist grundsätzlich zur Liebe unfähig. Er kann sie weder empfangen, noch geben, ja darf als Starker nicht einmal zugeben, dass er Liebe bräuchte. Dann wäre er eben doch nicht ganz stark und gehörte ebenfalls zu den Bedürftigen.

In dieser Aussage offenbart sich versteckt die geistliche Logik, dass jede natürliche menschliche Stärke ein Stück Selbstbetrug ist. Ihre Unechtheit wird im Alltag nicht so schnell durchschaut. Erst in Grenzsituationen wie der Begegnung mit dem liebenden Herrn wird die Lügennatur menschlicher Stärke erkennbar. Sie ist so korrupt und so falsch, dass sie Liebe nicht ertragen und zulassen und erst recht nicht geben kann.

Die anthropologische Deutung dieser Grunderfahrung ist ganz einfach. Wenn sich jemand, der Jesus begegnet ist, demütigt, vollziehen sich gleichzeitig zwei Abläufe. Der Geist dieses Menschen drängt auf völlige Entmachtung der Seele, die diesem Ansinnen nachkommt. Das Fleisch wird weiter entzaubert und verliert noch mehr Einfluss und die Aura von Fähigkeit und sittlicher Qualität. Das Fleisch ist zum Guten nicht fähig, so dass dessen Abbau den Raum- und Wirkungsbereich des Geistes vermehrt und den Zutritt von Gottes Kräften erleichtert. Der erneuerte menschliche Geist erfährt Förderung und Stärkung, wodurch der Geist Gottes noch mehr Zugang zu der Person bekommt.

Das alles ist an dem Beispiel der Sünderin ablesbar und noch mehr. Sie war eigentlich keine typische „Frisch-Bekehrte“. Das Entscheidende widerfuhr ihr, als sie erneut zu Jesus zurückkehrte, um dem Herrn Liebe, Dankbarkeit und Ehrung zu geben, wobei sie selbst am meisten empfing. Durch ihre Haltung wurde nämlich der Prozess der Sündenvergebung fortgesetzt (Lukas 7,48), wodurch ihr noch mehr Heilung und Frieden zuteil wurde.

Fassen wir die Lehre dieser Schriftstelle zusammen. Die Ausgangssituation ist folgende: Wir sind zu abgeklärt und zu kalt. Wohl lieben wir unseren Herrn, aber das geht sehr rational und kopflastig vonstatten. Von Getriebensein durch den Heiligen Geist und Lust am Herrn und vom Überwältigtsein durch seine Liebe kann keine Rede sein. Bei allem bereiten uns dann zusätzlich die Gebote nicht geringe Mühe. Das Beispiel der Sünderin zeigt, wie der Weg zur Leidenschaft der Nachfolge aussehen kann. Wir erweisen Gott Dank für das, was er uns gegeben hat. Wir demütigen uns vor ihm und dann auch vor Menschen. Wir verzichten auf allen Schutz, den uns

Menschenfurcht oder Menschengefälligkeit gebieten wollen und lassen uns viel Sünde vergeben, weil wir Gott gestatten, viel Sünde in uns aufzudecken. Diese Erlaubnis geben wir ihm, weil wir im Rahmen unserer Demütigung eine neue Liebe zur Wahrheit entdecken.

Aber woher die Sünde nehmen, könnte man fragen. Ich bin doch schließlich keine Prostituierte und auch kein Verbrecher oder Ehebrecher. Aber gemach, an Sünde gibt es keinen Mangel. Wir müssen etwa nur an unsere kritische Art und die Zwanghaftigkeit denken, wie wir in Gedanken und Worten andere verurteilen und herabsetzen oder an unsere Selbstbezogenheit, die Härte und Bitterkeit. Und wie ist es mit unserem Selbstmitleid, unserem raffiniert verdeckten Misstrauen und unserer Eitelkeit? Vermutlich liegt das Feld unserer Sünden in einem anderen Gebiet als bei der Sünderin, aber es ist sicher reichlich Material da.

Im weiteren Verlauf des Buches werden wir viele Haltungen ausfindig machen, die wir unbemerkt in uns haben und deren Autor wir selbst sind. Wenn wir diese Wesenssünden bekennen, werden wir wie die Sünderin wahr werden und empfangen viel Vergebung. Gnade Gottes, die durch Vergebung Eingang findet, wird unser Herz für Gottes Liebe öffnen.

Ich glaube, dass diese Geschichte eine Fundgrube geistlicher Kostbarkeiten ist, die sich zu systematischer Anwendung in unserem Leben und zur Implementierung in unser Heiligungs- und Therapieprogramm vorzüglich eignen. Was hindert uns, nicht die Nachfolger dieser Sünderin, dieser Heiligen, zu werden?

Aber vielleicht sehen wir bei dem Versuch, diese rigorose Erkenntnis umzusetzen, ein Problem auf uns zukommen: Woher nahm nämlich diese Frau die Bereitschaft und die Kraft, sich so zu offenbaren und woher beziehen wir eine derartige Willigkeit, wahr zu werden?

Hunger nach Gott

Die Frage lautet: Ich will lieben können wie diese Prostituierte, ich will weich und demütig werden wie sie, ich will diese Leidenschaft und Hingabe unbedingt in mir erleben, die sie hatte und vor allem dieses totale Verliebtsein, was das Schönste auf dieser Erde ist. Aber woher beziehe ich diese radikale Bereitschaft zur Wahrheit, Echtheit und Demut, die doch offenbar die Voraussetzung zu allem ist? Wir müssen so radikal fragen, damit wir nicht schon durch eine unscharfe und schwammige Fragestellung in die religiöse Strömung beschönigender und beschwichtigender Antworten kommen, die dann doch nur verkappte Selbsterlösungsmaßnahmen darstellen.

Zwei Antworten sehe ich. Je größer der Unterschied zwischen den notwendigen Voraussetzungen zur göttlichen Liebesoffenbarung – also die völlige Hingabe an Wahrheit und die Entscheidung zur Demut – und der eigenen Fähigkeit dazu ist, um so mehr besteht die Chance, dass wir diese Kluft nicht durch eigene Maßnahmen überwinden können, weil es offensichtlich ist, dass diese gar nicht unsererseits aufzubringen sind und um so mehr wird in uns ein Hunger und Verlangen nach ihm und seiner Herrlichkeit entstehen.

Alle, restlos alle Menschen, die die Erfahrung von Gottes überschwänglicher Liebe und seiner Herrlichkeit gemacht haben, sagen uns dasselbe: ohne Hunger und Durst nach ihm, ohne Verlangen und Sehnsucht nach seiner Selbstoffenbarung und manifesten Gegenwart, ohne Ausdruck dieser Sehnsucht durch Beten, Rufen, Weinen und Flehen in Beharrlichkeit kommt es nicht zu diesem Ereignis, dass der Herr in Erscheinung tritt und uns mit seiner Liebe, seinem Glanz und seiner Wonne überschüttet. Aber genau das ist seine Absicht. Sein Wort verrät uns in Römer 3,23, dass alle Menschen mit dieser Herrlichkeit ausgestattet sein sollen. Von seiner Sicht und unserer Berufung her ist ein würdevolles Leben ohne diese Herrlichkeits-Ausstattung gar nicht möglich und auch nicht gedacht. Viele Schriftworte sprechen davon, dass Herrlichkeit die Existenzform ist, die uns Gottes Geist in seiner Agenda zugedacht hat und die auf diese Erde kommen soll:

Psalm 8
6 Du hast ihn wenig niedriger gemacht als Gott, mit Ehre und Herrlichkeit hast du ihn gekrönt.

Römer 8
21 denn auch die Schöpfung wird frei werden von der Knechtschaft der Vergänglichkeit zu der herrlichen Freiheit der Kinder Gottes.

Johannes 17
24 Vater, ich will, dass, wo ich bin, auch die bei mir seien, die du mir gegeben hast, damit sie meine Herrlichkeit sehen, die du mir gegeben hast; denn du hast mich geliebt, ehe der Grund der Welt gelegt war.

2. Korinther 5
17 Darum: Ist jemand in Christus, so ist er eine neue Kreatur; das Alte ist vergangen, siehe, Neues ist geworden.
18 Aber das alles von Gott, der uns mit sich selber versöhnt hat durch Christus und uns das Amt gegeben, das die Versöhnung predigt.

2. Korinther 3
8 wie sollte nicht viel mehr das Amt, das den Geist gibt, Herrlichkeit haben?
9 Denn wenn das Amt, das zur Verdammnis führt, Herrlichkeit hatte, wie viel mehr hat das Amt, das zur Gerechtigkeit führt, überschwängliche Herrlichkeit.
18 Nun aber schauen wir alle mit aufgedecktem Angesicht die Herrlichkeit des Herrn wie in einem Spiegel, und wir werden verklärt in sein Bild von einer Herrlichkeit zur andern von dem Herrn, der der Geist ist.

Psalm 57
6 Erhebe dich, Gott, über den Himmel und deine Herrlichkeit über alle Welt!

Psalm 86
35 Gebt Gott die Macht! Seine Herrlichkeit ist über Israel und seine Macht in den Wolken.

Jesaja 40
4 Alle Täler sollen erhöht werden, und alle Berge und Hügel sollen erniedrigt werden, und was uneben ist, soll gerade, und was hügelig ist, soll eben werden; 5 denn die Herrlichkeit des Herrn soll offenbart werden, und alles Fleisch miteinander wird es sehen; denn des Herrn Mund hat's geredet.

Jesaja 58
8 Dann wir dein Licht hervorbrechen wie die Morgenröte, und deine Heilung wird schnell voranschreiten, und deine Gerechtigkeit wird vor dir hergehen, und die Herrlichkeit des Herrn wird deinen Zug beschließen.

Epheser 1
18 Und er gebe euch erleuchtete Augen des Herzens, damit ihr erkennt, zu welcher Hoffnung ihr von ihm berufen seid, wie reich die Herrlichkeit seines Erbes für die Heiligen ist.

Das ist nur ein kleiner Ausschnitt von vielen weiteren Schriftbelegen. Sie besagen, dass uns Herrlichkeit, die Summe von Gottes Eigenschaften, zugedacht und jetzt im Neuen Testament verfügbar ist. Ein Weg zur Erfahrung dieser Herrlichkeit besteht also in dem Begehren und Sehnen danach, die dann einfach in uns freigesetzt wird, wenn wir unseren geistlichen Zustand ungeschminkt wahrnehmen und im Kontrast dazu unsere Bestimmung gemäß dem Worte Gottes kennen („wen er gerecht gemacht hat, den hat er auch herrlich gemacht“).

Aber auch unter dieser Voraussetzung ist unsere Sehnsucht nach ihm noch zu dürftig und reicht nicht aus, um in unsere Berufung hineinzutreten. Wir bedürfen der Mithilfe des Heiligen Geistes, der uns insofern unterstützt, dass er das Verlangen nach ihm und Jesus und zu unserem Vater gewaltig und übernatürlich in uns entfacht. Niemand unter uns ist auf seinem Weg hin zu diesem Ziel auf sein

eigenes natürliches Maß an Sehnsucht und Hunger angewiesen oder muss resignierend seine Hoffnung auf Begegnung mit Gottes Herrlichkeit begraben, nur weil er selbst keine ausreichende Verzweiflung oder leidenschaftliches Begehren aufbringen kann.
Der Herr schafft in uns beides, das Wollen und das Vollbringen, und zwar durch seinen Heiligen Geist. Wie das geschieht, müssen wir noch ausführlich beschreiben. Aber es ist wichtig, die Gesetzmäßigkeit zu kennen und fest in uns zu verankern: Jeder Erweisung von Gottes Gegenwart und Herrlichkeit unter uns muss auf unserer Seite eine starke Sehnsucht nach ihm vorauslaufen. Also keine Offenbarung Gottes ohne Verlangen nach ihr. Siehe dazu:

> Psalm 145,
> 15 Aller Augen warten auf dich, und du gibst ihnen ihre Speise zur rechten Zeit. 16 Du tust deine Hand auf und sättigst alles, was lebt, nach deinem Wohlgefallen.

> Psalm 104,
> 27 Es warten alle auf dich, dass du ihnen Speise gebest zur rechten Zeit.

> Psalm 123,
> 2 Siehe: Wie die Augen der Knechte auf die Hand ihres Herrn, wie die Augen der Magd auf die Hand ihrer Gebieterin, so sind unsere Augen (gerichtet) auf den Herrn, unseren Gott, bis er uns gnädig ist.

Aber dann gibt es in diesem Zusammenhang noch eine andere Gesetzmäßigkeit: Wenn in uns ausreichender Hunger zustande gekommen ist, dann offenbart er sich auch. Also, nicht nur keine Offenbarung von Gottes Größe und Herrlichkeit ohne zuvor stattfindende zehrende Sehnsucht nach ihm, sondern auch keine Sehnsucht ohne Erfüllung. Die wahre und geistlich tiefe Sehnsucht nach ihm führt immer zur Erfahrung der Befriedung und der Sättigung.

In diesem Zusammenhang entdecken wir eine weitere überraschende Gesetzmäßigkeit: Im Gegensatz zu den Bedingungen weltlicher Suchterfahrung – und der sich dabei einstellenden chemischen und psychischen Abhängigkeit von der jeweiligen Droge – unterliegt die Sehnsucht nach Gott und seiner Herrlichkeit einem Prinzip der Freiheit. Man kann gleichzeitig Erfüllung und Erfahrung göttlicher Wonne erleben und doch auch eine Sehnsucht nach Steigerung dieser Erfahrung, die dann frei von jeglicher Unlust ist. Das scheint das Original von Sucht zu sein, alles andere ist Suchtersatz und ist gekennzeichnet von den obligaten und zwangsläufig stärker werdenden Entzugserscheinungen, die immer mit Leere, Apathie und Lustlosigkeit einhergehen.

Unverhüllt auf Jesus sehen

Die eine Antwort auf die Frage, wie wir so zur Liebe motiviert werden können wie die Sünderin, ist also gegeben. Sie ist gewiss und lässt sich reproduzieren: Gott reagiert auf unser Verlangen, und er ist es, der dieses Wollen und Verlangen auf der einen Seite und das Vollbringen andererseits in uns bewirkt. Ich glaube dieser Zusammenhang ist nicht nur biblisch schlüssig, er ist trostreich und ermutigend und vor uns von Tausenden von Gläubigen auch mit Erfolg beschritten worden.

Die zweite Antwort greift diese Gedanken auf und führt sie weiter. Dazu müssen wir uns die Ausführungen von Paulus im dritten Kapitel seines zweiten Korintherbriefes näher ansehen. Dort wird uns eine detaillierte Anleitung gegeben, wie wir in einzelnen Schritten zur Herrlichkeit Gottes gelangen.

Die Erfahrung der Herrlichkeit Gottes, die sich sicher in einer breiten Spanne von unterschiedlichen Erscheinungsformen und Intensitäten offenbart, ist heute immer noch eine rare Erfahrung, auch wenn unverkennbar eine zunehmende Sehnsucht nach ihr unter uns zu beobachten ist. Weltweit ist in vielen Ländern und unterschiedlichen Teilen des Leibes Jesu ein Aufbruch hin zur Betonung einer neuen Intimität mit Gott und des Verweilens in seiner Ruhe und Herrlichkeit zu spüren. Dahinter steht offensichtlich die Regie des Heiligen Geistes, der uns zu unserer eigentlichen Berufung vorbereiten möchte, die darin liegt, dass wir schon hier unter irdischen Bedingungen die intensive Gemeinschaft mit Gott suchen und erleben sollen.

Und doch ist dem durchschnittlichen Gläubigen diese Sicht und die Erkenntnis seiner Bestimmung so fern, dass er einen kräftigen Anstoß braucht, die Normalität und Regelrechtheit des Lebens in Freude und in Gottes Herrlichkeit zu verstehen und zu bejahen. Wir müssen sie tatsächlich auch verstehen, das heißt ihre Bedeutung und ihre Funktion erkennen. Die immer massiver werdenden Herausforderungen im Umgang mit einer finsterer werdenden Welt kann nur durch die Zunahme von Gottes Herrlichkeit siegreich bewältigt werden. Deswegen zunächst die Erklärungen des Paulus, die klar machen sollen, dass die Herrlichkeit Gottes eine Normalerfahrung für jeden Gläubigen werden soll.

2. Korinther 3,
7 Wenn aber schon das Amt, das den Tod bringt und das mit Buchstaben in Stein gehauen war, Herrlichkeit hatte, so dass die Israeliten das Angesicht des Mose nicht ansehen konnten wegen der Herrlichkeit auf seinem Angesicht, die doch aufhörte, 8 wie
sollte nicht viel mehr das Amt, das den Geist gibt, Herrlichkeit
haben? 9 Denn wenn das Amt, das zur Verdammnis führt,
Herrlichkeit hatte, wie viel mehr hat das Amt, das zur
Gerechtigkeit führt, überschwängliche Herrlichkeit. 10 Ja, jene
Herrlichkeit ist nicht für Herrlichkeit zu achten gegenüber dieser
überschwänglichen Herrlichkeit. 11 Denn wenn das Herrlichkeit
hatte, was aufhört, wie viel mehr wird das Herrlichkeit haben,
was bleibt.

Ich lese aus diesen Worten heraus, dass die Herrlichkeit Gottes im Neuen Testament viel größer, ja unvergleichlich größer sein soll als jene im Alten Testament bei Mose und dass sie sich bleibend manifestieren soll. Ferner wird im Neuen Testament an keiner Stelle erwähnt, dass sie nur vereinzelt oder nur unter besonderen Bedingungen, also sehr eingeschränkt, in Erscheinung treten soll. Vielmehr wird die Schilderung der Wirksamkeit und der außerordentlichen Qualität von Gottes sich offenbarender Herrlichkeit im dicken Implikativ vorgenommen, was anzeigt, dass sie für uns die schönste, aber auch selbstverständlichste Sache in der Welt sein soll. Jesus sagt im hohepriesterlichen Gebet einfach, dass er den Seinen die Herrlichkeit gegeben hat, die er vom Vater empfangen hat und dass sie seine Herrlichkeit sehen sollen (Johannes 17,22 u. 24).

Wie Paulus das Thema angeht, das kommt fast einem Verfahren gleich, das ähnliche Ergebnisse ermöglichen soll:

> 2. Korinther 3,
> 12 Weil wir nun solche Hoffnung haben, sind wir voll großer Zuversicht 13 und tun nicht wie Mose, der eine Decke vor sein Angesicht hängte, damit die Israeliten nicht sehen konnten das Ende der Herrlichkeit, die aufhört.

Die Ausführungen von Paulus zu dem Thema Herrlichkeit sind außerordentlich ermutigend und hoffnungsgebend. Aus dieser Hoffnung sollen wir große Kühnheit (wörtlich: Freimut statt Zuversicht) schöpfen. Hoffnung und Kühnheit sind ein Geschwisterpaar. Paulus will uns wohl klar machen, dass der nachfolgend von ihm gewiesene Weg ohne diese Kühnheit nicht zu gehen ist.

Wir wollen ihn aber beschreiten. Er nimmt seinen Anfang damit, dass wir nicht das wiederholen sollen, was Mose tat und offensichtlich immer wieder tat. Wenn er eine Begegnung mit Gott hatte, sei es auf dem Berg, sei es im Zelt der Begegnung oder später in der Stiftshütte, hatte die Herrlichkeit Gottes ihre Spuren im Gesicht Moses zurückgelassen, es glänzte.

Aber dieses Glänzen ließ regelmäßig nach einiger Zeit nach und verschwand dann völlig, bis Mose ein nächstes Mal Gott begegnete.

Dann erstrahlte anschließend erneut sein Gesicht, um nach einiger Zeit wieder zu verblassen. Weil sich das regelmäßig wiederholte, griff Mose, der das als ehrenrüchig und unerträglich ansah, weil es seinem Ruf und seiner Position abträglich war, zu einer List. Er verhüllte sein Angesicht, so dass niemand sein Gesicht sehen konnte und alle Kinder Israels den Eindruck haben mussten, dass der Glanz auf seinem Angesicht nie versiegt.

Mose täuschte also fortwährenden Glanz, Qualität, Erhabenheit und Herrlichkeit vor, die so doch nicht andauernd vorhanden waren. Indem er mit dieser Maßnahme seinem Ruhm nachhalf und zur Lüge ohne Worte griff und den Schein statt des wahren Scheinens aufrecht erhielt, begab er sich auf den Weg der Täuschung, der Selbsthilfe und der Selbstverherrlichung. Und das tat ein Mose! Niemand auf der ganzen Erde war demütiger und sanftmütiger als er, wie uns das Wort ausdrücklich versichert.
Wie war das nur möglich? Wie konnte der Größte und der Demütigste, der Gesprächspartner Gottes, der Gott von Angesicht zu Angesicht sah, derartig der zwanghaften Unehrlichkeit und Überheblichkeit verfallen sein?

Das Wort Gottes will uns mit dieser exakten Hintergrundbeschreibung wohl nahe bringen, das Mose, der moralische Gigant, gar nicht im Stande war, anders zu reagieren. Selbst er musste sich dem Diktat des Fleisches in sich beugen, das nicht auf fleischliche Mithilfe und Nachhilfe verzichten wollte und zwanghaft ein Image der Erhabenheit über Schwächlichkeit und Durchschnittlichkeit durchsetzen wollte.

Diese Geschichte finden wir nur im Neuen Testament, nicht in der Originalberichterstattung vom 2. Mose. Diese frische Offenbarung des Paulus über den Beginn des Gesetzes hat eine grundsätzliche Bedeutung. Sie will uns sagen, dass es unter den Bedingungen des Alten Testamentes grundsätzlich ausgeschlossen war, ohne fleischliche Tricks und Machenschaften auszukommen. Keiner konnte der Versuchung entkommen, das eigene Image auf Kosten der Wahrheit mit allen möglichen Mitteln vorgetäuschter Stärke, Kompetenz und Überlegenheit aufzubessern. Auch Mose nicht, der vielleicht der Stärkste unter den Menschen war, und erst recht kein anderer, der nach ihm kam.

Dann sagt uns das Wort, dass diese Jagd auf Größe, Anerkennung, Selbstdarstellung und vorgetäuschter Überlegenheit erst in Christus ein Ende findet. Ohne Beziehung zu ihm ist es grundsätzlich ausgeschlossen, dieser Sucht der Selbstinszenierung und Selbstverherrlichung zu entkommen. Sie kann nicht mit eigener sittlicher Anstrengung überwunden werden und sei diese noch so groß. Dazu bedarf es des Lebens und Verweilens in der Gnade Jesu. Das klingt alles so einsichtig und so logisch und völlig zu dem passend, was uns in diesem und im vorherigen Kapitel beschäftigte.

Aber nun kommt im weiteren Fortgang der Erläuterung der Clou, eine Überraschung, die gerade wir Christen mit ganzer Aufmerksamkeit registrieren sollten. Wir lesen weiter:

> 2. Korinther 3,
> 15 Aber bis auf den heutigen Tag, wenn Mose gelesen wird, hängt die Decke vor ihrem Herzen. 16 Wenn Israel aber sich bekehrt zu dem Herrn, so wird die Decke abgetan. 17 Der Herr ist der Geist; wo aber der Geist des Herrn ist, da ist Freiheit. 18 Nun aber schauen wir alle mit aufgedecktem Angesicht die Herrlichkeit des Herrn wie in einem Spiegel, und wir werden verklärt in sein Bild von einer Herrlichkeit zur andern von dem Herrn, der der Geist ist.

Die Überraschung gliedert sich in drei Feststellungen:
1. Nicht nur Mose hat die Decke benutzt. Nach ihm hatten sie alle anderen Gläubigen vor ihrem Angesicht, das meint ihr Seh- und Hörvermögen verdeckend. Darin liegt noch nicht die Überraschung. Das Erstaunliche und auch Nachvollziehbare ist die Konsequenz der Decke vor dem eigenen Gesicht, die über den Effekt bei Mose hinaus das Verstehen des Wortes und den Zugang der Herrlichkeit Gottes überhaupt verhindert. Es wird also nicht nur die eigene Ausstrahlung und die Abnahme des Glanzes verdeckt, es kommt überhaupt gar kein Glanz und keine Herrlichkeit hinein!

2. Die andere Konsequenz, die sich indirekt daraus ergibt, steht in der Auswirkung des Prinzips auf die an Christus Gläubigen. Auch sie können nach der Theologie des Paulus dieselbe Einbuße erleben. Und wir können es bestätigen, wenn wir nach links und rechts in der Christenheit und auf uns selbst schauen: Die allermeisten mangeln dieser Herrlichkeit, die wir als Jünger des Neuen Testamentes ganz selbstverständlich haben sollten.

Aber es heißt doch, dass die Decke in Christus abgetan wird? Dazu ist zu sagen, dass „in Christus" bei weitem nicht identisch ist mit dem üblichen Christsein. „In Christus" steht für Abhängigkeit von ihm und meint Nachfolge in verbindlicher Jüngerschaft (siehe das Kapitel 10 und insbesondere die dort formulierten Gleichzeitigkeitserfahrungen). Aber die entscheidende Erwiderung auf diesen Einwand hängt mit der dritten Feststellung dieses Textes zusammen.

3. Bei diesem Prozess spielt der Heilige Geist eine herausragende und wirklich entscheidende Rolle. Das Wort sagt es deutlich: In Christus-Sein ist die Voraussetzung für das nachfolgende Handeln des Heiligen Geistes, sofern er darum gebeten wird.

Der Heilige Geist übernimmt in diesem Fall eine spezifische Aufgabe. Wenn wir die Gemeinschaft mit ihm suchen, wenn wir uns für ihn öffnen und im Geiste beten, also unter anderem Gott in Sprachen verherrlichen, dann kommt ein Prozess in uns in Gang – im 1. Korinther 14,4 wird er Auferbauung der Person genannt – der hochspezifisch eine ganz konkrete Freisetzung bewirkt. Dieses wohlbekannte und gern zitierte Wort: „Wo der Geist des Herrn ist, da ist Freiheit" hat gewiss jene großartige und allgemeine Bedeutung, dass der Heilige Geist Freiheit schafft.

Aber hier in diesem konkreten Kontext ist die Aussage eine besondere, die eben im Zusammenhang mit dieser Argumentation steht, die Paulus hier vorlegt. Der Heilige Geist schafft, wenn wir in Christus sind und im Geist beten und leben, in uns die Fähigkeit, ohne große Anstrengungen, ohne schmerzhafte Verzichte und Opfer auf das ganze Arsenal von Selbsthilfemaßnahmen und Selbstsicherung zu verzichten. Wir werden durch seine Anwesenheit und seinen Beitrag an Liebe, Lust und Geborgenheit so erfüllt und befriedigt, dass wir auf alle vorgetäuschte Anständigkeit, eigene Vortrefflichkeit und der Öffentlichkeit vorgespielte moralische Integrität verzichten können.

Alles, was unter der Rubrik von demonstrierter Gesetzestreue steht, wie Verlässlichkeit, bürgerlicher Moral, Menschenfreundlichkeit und Selbstbezogenheit, alle diese Tugenden, die wir vorgeben zu verfolgen und zu lieben, und die wir doch nicht beherzigen, werden wir durch die Hilfe des Heiligen Geistes als Scheinblüten ohne ehrliche Moral durchschauen und einfach darauf verzichten.

Diese Freisetzung erfolgt in aller Regel unmerklich. Wir geben uns dem Heiligen Geist hin, wir beten viel in Sprachen, wir richten unseren Sinn auf ihn und den Herrn und genießen zunehmenden Frieden, Erleichterung und Entspannung und merken dann rückwirkend, dass bestimmte Unarten und Unehrlichkeiten von uns fallen oder schon abgefallen sind. Wir machen uns und anderen Leuten nichts mehr vor. Wir sind erquickt und gesättigt durch die Gegenwart des Heiligen Geistes und können es uns erstmals erlauben, uns so zu verhalten wie wir wirklich sind. Wir haben keine Anstandsdecke und Moralfassade vor unserem Gesicht, wir sind frei davon und es geht uns gut.

Das ist ein gewaltiger Einschnitt in unserem Leben, auch wenn das Ganze wenig spektakulär anmutet. Und doch drückt sich darin ein gewaltiger Beitrag des Heiligen Geistes in einem speziellen Sinne aus. Der Heilige Geist macht uns frei von dem Zwang der Nachhilfe, der religiösen und moralischen Koketterie und dem Drang, ununterbrochen unsere Vortrefflichkeiten und Überlegenheiten beweisen zu wollen und doch nur vorzutäuschen.

Wer auf diese Hilfe des Heiligen Geistes verzichtet, kommt nicht weiter und ganz sicher nicht über diesen Punkt hinaus, ja nicht einmal heran. Das sanfte Vorgehen des Heiligen Geistes geht regelmäßig noch mit einer anderen Wirkung einher, die dieses Ergebnis erst ermöglicht. Als unser Helfer wird er nur tätig, wenn wir unsere Hilfsbedürftigkeit einsehen. Diesem Auftrag zu helfen wird er in einem solchen Maß gerecht, dass derjenige, der sich dem Heiligen Geist ergibt, diese Auswirkung in einer geradezu systematischen Weise erfährt. Er sieht in der Gegenwart des Heiligen Geistes immer Mängel, Fehler und Unvollkommenheiten bei sich, ohne in Anbetracht von so viel erkannter Wahrheit über sich zusammenzuschrecken. Im Gegenteil, je mehr der Heilige Geist diese Arbeit leisten darf, umso mehr Geborgenheit und Liebe zur Wahrheit und zu Jesus erfährt der Gläubige. Ohne diese herrliche und paradoxe Grunderfahrung kommt kein Fortschritt zustande!

Niemand unter uns ist fähig und willig, sich auf Dauer gegen das Lustgefälle für die Wahrheit zu entscheiden. Es bedarf dieser einzigartigen Konstellation von Beten im Geist, Erfahrung des Heiligen Geistes, Sättigung durch seine behutsame und bestätigende Sanftmut und der Aufgeschlossenheit für Wahrheit über uns ohne Angst, die dieses Ergebnis erst möglich macht.

Im Universum gibt es sonst keine Stelle und kein Angebot, das diese Erfahrung ermöglicht oder überflüssig macht. Die Lehre des Paulus, die wir die ganze Zeit verfolgen und die uns den Weg zur Herrlichkeit zeigen will, weist dem Heiligen Geist einen besonderen Platz zu. Durch Jesus werden wir vorbereitet, der Heilige Geist übernimmt dann die Aufgabe der Motivierung und der Befähigung zur Wahrheit und gibt sie dann gleichsam wieder weiter und zurück an Jesus.

Was wir bis jetzt betrachtet haben, entspricht im weiteren Textverlauf dem Begriff „mit aufgedecktem Angesicht“ sehen. Durch diese eben geschilderte Freisetzung von der Selbsttäuschung und Selbsterlösung werden wir sehfähig. Jetzt kommt der dritte Akt der Handlung.

Der Heilige Geist bleibt nicht bei sich selbst stehen, sondern weist auf Jesus hin und führt zu ihm. Unter der erfahrenen Vorbereitung erleben wir aber Jesus jetzt anders. Wir sehen ihn, möglicherweise buchstäblich in Bildern und Visionen. Wir nehmen ihn in seiner Herrlichkeit wahr und werden sehend in das Bild von ihm und seiner Herrlichkeit, was wir anschauen, verwandelt. Je mehr wir auf ihn sehen, umso mehr Herrlichkeit geht auf uns über. Wir gelangen von Herrlichkeit zu Herrlichkeit, was sicher eine zunehmende Herrlichkeit in uns und um uns bedeutet.

Der Leser muss unbedingt verstehen, dass ich nicht von Einsichten und Erkenntnis im theologischen Sinne rede. Natürlich sind diese auch von Nöten und hier sicher reichlich gegeben, ist doch dieser ganze Prozess auch eine Abfolge von Erkenntnis-Schritten. Aber dieses Geschehen ist mehr. Wir erleben, wir spüren den Herrn, wir werden emotional und körperlich berührt. Wir empfangen Erquickung, Freude und Frieden, erleben seine Kraft, die bestimmte Auswirkungen in unserem Zeugnis und Dienst nach sich zieht. Mit einem Wort, am Ende ist es auch eine sinnenkundige Erfahrung, die uns völlig umkrempelt: eben Herrlichkeit auf Erden, eine Herrlichkeit, die sogar bleibt.

Das gesamte Geschehen des Umbaus unserer Persönlichkeit mit Demontage unserer Anstandsdecke und Selbstdarstellung wurde eben ausschließlich als ein Werk des Heiligen Geistes dargestellt. Es ist aber gleichzeitig auch ein Vorgang von anthropologischer Bedeutung. Paulus lässt uns an dieser Stelle erleben, was der Heilige Geist mit uns macht, aber wir müssen auch gleichzeitig erkennen, was in uns geschieht. Unser Geist erlebt durch den Umgang mit dem Heiligen Geist und durch Beten im Geist ein dramatisches Wachstum, was zu seiner Mündigkeit führt. Gegebene geistliche Reife ist aber auch gleichbedeutend mit faktischem Tod des Fleisches, so dass sich seine Regungen nicht mehr durchsetzen können.

Dieselbe anthropologische Dimension ist auch bei der Transformation unseres eigenen Wesens in das Bild Jesu und dem Erfasstwerden von seiner Herrlichkeit zu bedenken. Jesus zu sehen und weg von den Umständen zu schauen, vermittelt außer-ordentliche Wachstumsimpulse für unseren Geist. Jesus und das Wort Gottes sind die entscheidenden Größen, die unseren Geist stimulieren und das Fleisch schwächen. Unter diesen Bedingungen wird der Nachfolger Jesu erfahren, wie er mit Leichtigkeit und ohne Anstrengung auf fleischliche Regungen und Genüsse verzichten kann und durch Gottes Wort und seinen Geist zum Gehorsam befähigt wird.

Das Besondere an dieser Botschaft, das wahrhaft Revolutionäre, ist indessen die Tatsache, dass hier nicht eine Ausnahmesituation beschrieben wird, sondern der neue Standard, den sich Gott schon von Anfang an gewünscht hat. Das ist auch der Standard für unsere Patienten. Sie brauchen mehr als alle anderen die übernatürliche Kraftzufuhr, um den Weg aus bisherigen Zwängen und Gewohnheiten zur Gesundung zu finden. Es ist schon etwas dran an den Bedenken, die manche Therapeuten im Hinblick auf die absolut hohen Zielsetzungen der Heilung haben und den dadurch bedingten Energie- und Motivationsbedarf, der dafür notwendig ist und viele Patienten überfordert. Sie fragen mit Recht: Wer soll das alles leisten und wie können ausgesprochen unsere Kranken sich zu einem solchen elitären Weg der Heilung aufraffen. Aber nicht nur sie, wir alle brauchen die ermutigende Erfahrung, dass die entscheidenden Hilfen geschenkt und nicht mühsam errungen werden.

In einem gewissen Sinne sieht unser Herr hier eine segensreiche Abkürzung vor. Unsere Kranken sollen nicht erst im bürgerlichen Sinne gesund und normal werden, um dann anschließend zu lernen, wie sie auf ihre eigene Stärke verzichten sollen, um sich dem Kräftefluss des Heiligen Geistes zu ergeben.

Schwäche als Schlüssel zu den Schätzen

Wo wir jetzt konzeptionell angekommen sind und was praktisch erfahren werden soll, ist ungefähr das Irrsinnigste und Paradoxeste, was in der christlichen Lehre angeboten werden kann. Kein Wunder, dass sich dieser Anteil biblischer Lehre so wenig verbreitet hat. Damit sind selbstverständlich allen denkbaren Missverständnissen nach allen Seiten Tür und Tor geöffnet. Das erscheint so verrückt und so abgehoben, dass es alle möglichen Einwände und affektgeladene Abwehrstürme nur so herbeiruft.

Der stärkste und am häufigsten anzutreffende Fehler in der Bewertung dieser geistlichen Position liegt in dem Vorwurf, dass wir damit Mangel, Defizit und Schwäche glorifizieren und so dazu beitragen, dass das schwache und elende Bild, das die Christenheit heute und seit Jahrhunderten abgibt, verfestigt und bestätigt wird.

Dem will ich mit aller Entschiedenheit entgegentreten. Ich rede hier nicht der Schwäche um der Schwäche willen oder aus Freude an ihr das Wort. Vielmehr träume ich von der Gemeinde Jesu und den individuellen Christen als Träger von Kraft, Energie und Freude und glaube, dass wir uns in eine Ära hineinbegeben, in der alle Bekundungen des Glaubens von Zeichen, Wundern, Heilungen und übernatürlicher Kraft begleitet sein werden. Für mich ist die kommende Entwicklung der Gemeinde Jesu als eine herrliche Gemeinde, die in einer immer finsterer werdenden Welt voll Chaos und Orientierungslosigkeit der einzige Glanzpunkt und Rettungsanker der Gesellschaft sein wird, eine ausgemachte Sache.

Weder Schwäche und Hoffnungslosigkeit im Sinne des landläufigen Verständnisses noch in der humanistischen Version eines verkehrten Verständnisses von Demut haben für mich Platz in der biblischen Lehre von Schwäche. Diese ist lediglich eine Durchgangserfahrung oder besser eine Hintergrunderfahrung, die die totale Entmachtung des Fleisches ausdrückt. Gleichzeitig geht damit eine Übermantelung und Durchdringung mit göttlichen Kräften und Freuden einher, besonders aber mit Liebe und Herrlichkeit Gottes, ohne die niemand diesen „Schwächezustand“ erstreben und aushalten könnte und die das Erscheinungsbild des „schwachen“ Gläubigen nach außen entscheidend bestimmen.

Ein derartiger Umbau der Persönlichkeit ist das Ziel des Heiligen Geistes bei allen Gläubigen. Ihr Fleisch soll schwach, ja gestorben sein, ihr Geist durch Wort und Heiligen Geist gestärkt. Wir alle, nicht nur einige wenige Ausnahme-Gläubigen, sollen durch Wahrheit, Ehrlichkeit und dem Eingeständnis unserer Schwäche und Unfähigkeit zu solchen Höhen von Herrlichkeit und Lust am Herrn geführt werden. Es sind zurzeit weltweit noch wenige, die diesen Weg gehen, aber es werden immer mehr. Es spricht sich doch herum, und der Heilige Geist wirkt daran an allen Plätzen, dass diese Lebensweise nichts mit Weltflucht und Lebensverneinung oder gar kranker Freude am Mangel zu tun hat.

Es wird mehr und mehr offensichtlich, dass die Aussagen Jesu über uns als die Reben an ihm, dem Weinstock, die nichts aus sich selber können, praktisch mit allen schönen Konsequenzen erlebbar sind. Die gebrochenen Christen, die durch manche schwere Enttäuschung gegangen sind und die nichts mehr von eigener Leistung, eigener Stärke und eigenen Fähigkeiten erwarten, sind ein zu deutlicher Beweis, dass sie mit ihrer Weichheit und Sanftheit in Gnade und Liebe viel besser leben als die Starken oder die vermeintlich Starken. Ihr Dasein ist Freude, sie sind entspannt und glücklich, und der Herr bestätigt sie mit seinen Gaben und Kräften an allen Orten. Sie sind es, die auf der Sonnenseite des Lebens wohnen, sie sind die Klugen, sie sind die Lebenskünstler.

Dem Demütigen schenkt Gott Gnade, das ist eine zentrale Wahrheit der Heiligen Schrift. Der wirklich Demütige wird erkennen, dass er selbst nichts kann, was vor Gott bestehen kann. Unvermeidbar wird er im Rahmen seiner stärker werdenden Selbsterkenntnis (der Stolze ist blind, dem Demütigen gehen die Augen für sich auf) wahrnehmen, dass er schwach ist. Diese Einsicht ist aber auf Grund ihrer Herkunft gleichzeitig von der Erfahrung der Geborgenheit in Gott ausbalanciert und von einem wohligen Frieden begleitet, der weit über die Normalerfahrung des Friedens mit Gott hinausgeht.

So wird der Demütige in seinem Kurs auf zunehmende Wahrhaftigkeit unweigerlich bei der Position ankommen, die auch Paulus schon fand und im 2. Korintherbrief beschrieben hat:

2. Korinther 11

30 Wenn ich mich denn rühmen soll, will ich mich meiner Schwachheit rühmen.

2. Korinther 12

9 Und er hat zu mir gesagt: Lass dir an meiner Gnade genügen; denn meine Kraft ist in den Schwachen mächtig. Darum will ich

mich am allerliebsten rühmen meiner Schwachheit, damit die Kraft Christi bei mir wohne. 10 Darum bin ich guten Mutes in Schwachheit, in Misshandlungen, in Nöten, in Verfolgung und Ängsten, um Christi willen; denn wenn ich schwach bin, so bin ich stark.

Das ist fraglos die Mitte des Affronts gegen jegliche bürgerliche, humanistische Norm, aber auch gegen unechte, fromme und scheinchristliche Religiosität: Wenn ich schwach bin, schwach im Sinne der biblischen Definition, dann bin ich stark. Deswegen, wirklich nur aus diesem Grund, sollen wir uns am liebsten unserer Schwachheit rühmen, denn Gottes Kraft ist *nur* in den Schwachen mächtig.

Es ist von entscheidender Bedeutung, dass wir uns an dieser Stelle keine religiöse Unredlichkeit erlauben, indem wir etwas bejahen oder bejubeln, was wir doch mit unserem Herzen nicht ernstlich meinen. Die Schwäche an und für sich ist keine Tugend. Wir müssen verstanden haben, dass sie nicht eine Schwäche der Gesamt-Person darstellt, sondern dass sie der absolute und faktische Tod des Fleisches ist, worauf Gott ohne Widerstand aus unserer Person seine ganze Macht in uns entfalten kann, weil dieser Zustand gleichzeitig mit voller Entfaltung unseres Geistes einher geht. Deswegen ist Schwäche im biblischen Sinne immer gleichzeitig mit der Erfahrung von Gottes Gnade verbunden, die sich subjektiv in dem Gläubigen auswirkt und auch objektiv von seiner Umgebung wahrgenommen wird.

Demut und die Erfahrung der Gnade sind unzertrennlich. Wer das eine hat, dem ist gleichzeitig auch das andere zuteil geworden. Noch eine weitere Gleichzeitigkeit gesellt sich dazu. Wer in der Gnade lebt, ist auch frei vom Gesetz, also dem anstrengenden moralischen Lebensstil. Wie sieht das in der Praxis aus?

Wir gehen davon aus, dass eine Entscheidung für Jesus und den Heiligen Geist schon erfolgt ist. Aber im weiteren Verlauf ertappen wir uns regelmäßig bei bestimmten alten Sünden und Gewohnheiten. Natürlich liefern wir sie an Jesus aus, indem wir ihm unsere Schuld bekennen und Vergebung empfangen. So weit, so gut. Aber dann wird uns gesagt, dass wir auch diese Sünde lassen sollen. Jetzt wird es schwierig und in aller Regel auch fehlerhaft. Wir stellen uns gegen die Sünde, bekämpfen sie und beten auch gegen sie an. Schließlich merken wir, dass wir immer wieder unterliegen und dass wir es eigentlich nicht schaffen. Schuldgefühle, Verdammnisgefühle und die Einsicht, ein Versager zu sein, bemächtigen sich unser.

Dann kommt der Heilige Geist doch durch. Unter Sprachengebet, Entspannung und innerer Neuorientierung setzt sich eine Serie von Einsichten durch: Er hat mir die Schuld vergeben, jetzt soll ich sie noch lassen. Aber ich schaffe es augenscheinlich nicht, denn ich werde immer wieder rückfällig. Doch dann dämmert es mir: Ich muss es auch gar nicht schaffen. Der Heilige Geist legt nach: Du sollst es auch nicht schaffen. *Du* sollst nicht gehorsam sein. Gehorsam ist die Folge der Überwältigung von Gottes Gnade, Liebe und Kraft. Gib dich mir hin. Du bist für mich da und nicht für das Gesetz (Gebote halten). Ich in dir werde dafür sorgen, dass du liebst und damit alle Gebote hältst.

Es ist immer wieder der Heilige Geist, der uns befähigt, sündige Gewohnheiten zu lassen und der uns dann näher zu Jesus führt. Davor steht regelmäßig die Erfahrung des Zerbruchs von Eitelkeit und Eigenwillen, aber nicht des eigenen Willens. Alle Menschen, die Gott für besondere Aufgaben hat gebrauchen können, mussten durch diesen Zerbruch hindurch. Keiner wurde dabei unglücklich, niemand kam zu Schaden, sie wurden gesegnet und wurden ein Segen.

Diese Mitte des Evangeliums stellt wohl die größte Zumutung dar. Der Gnadenbegriff und die Erfahrung der Gnade werden so ins Extreme gezogen, dass erkennbar wird, dass der volle Segen nur bei voller Schwäche unsererseits zustande kommt. Die Liste dieser ungemütlichen Qualitäten geht weiter: Sich nichts zugute halten auf Herkunft, sittliche, religiöse und berufliche Qualifikationen.

Philipper 3
3 Denn wir sind die Beschneidung, die wir im Geist Gottes dienen und uns Christi Jesu rühmen und uns nicht verlassen auf Fleisch, 4 obwohl ich mich auch des Fleisches rühmen könnte. Wenn ein anderer meint, er könne sich auf Fleisch verlassen, so könnte ich es viel mehr, 5 der ich am achten Tag beschnitten bin, aus dem Volk Israel, vom Stamm Benjamin, ein Hebräer von Hebräern, nach dem Gesetz ein Pharisäer, 6 nach dem Eifer ein Verfolger der Gemeinde, nach der Gerechtigkeit, die das Gesetz fordert, untadelig gewesen. 7 Aber was mir Gewinn war, das habe ich um Christi willen für Schaden erachtet.

Kein Verlass auf militärische Stärke oder andere Stärke:

Psalm 60
12 Wirst du es nicht tun, Gott, der du uns verstoßen hast. Du ziehst nicht aus, Gott, mit unserm Heer.
14 Mit Gott wollen wir Taten tun. Er wird unsre Feinde niedertreten.

Trennung von allem, was wir haben und was uns hat:

Lukas 14
33 So auch jeder unter euch, der sich nicht lossagt von allem, was er hat, der kann nicht mein Jünger sein.

Immer heißt es Verzicht, Opfer, Entbehrung – scheinbar! Es bleibt nämlich dabei, dass uns das Wort Gottes kein Opfer zumutet, das einen mühevollen, mit Schweiß und Angst verbundenen Verzicht auf Freuden und normale Lebensansprüche vorsieht. Die Opfer, die Gott verlangt, sind vorbereitet. Der Heilige Geist will in uns jene Haltung erzeugen, in der Verzicht keine moralische Leistung, sondern nur noch eine Willensentscheidung für den größeren Segen darstellt, und das zu einem Zeitpunkt, in dem wir diesen größeren Segen, diese größere Lust auch schon in uns empfinden!

Im Alten Testament musste jedes Opfer mit Salz gewürzt werden (3. Mose 2,13). Das führt Jesus fort, indem er fordert (Markus 9,49): „Denn jeder wird mit Feuer gesalzen werden." Also nicht nur das Opfer, sondern auch der Opfernde muss mit Feuer gesalzen werden. Salz steht für Feuer. Das macht den Nachsatz aus dem oben zitierten Wort aus Lukas 14, 33 erst verstehbar:

> Lukas 14
> 33 So auch jeder unter euch, der sich nicht lossagt von allem, was er hat, der kann nicht mein Jünger sein.

Dann heißt es weiter:

> Lukas 14
> 34 Das Salz ist etwas Gutes; wenn aber das Salz nicht mehr salzt, womit soll man würzen? 35 Es ist weder für den Acker noch für den Mist zu gebrauchen, sondern man wird's wegwerfen. Wer Ohren hat zu hören, der höre!

Die geistliche Feldformel, die allem zugrunde liegt, lautet etwa wie folgt: Gott ist ein eifernder Gott. Alles, was gut ist und zählt, kommt von ihm. Es gibt unsererseits keine sittliche Voraussetzung, die wir als wichtigen komplementären Faktor noch beisteuern müssten. Vorbedingungen zum Hauptsegen gibt es wohl, aber auch sie kommen von ihm. Wir kommen über die Entscheidung, diese im Glauben abzuholen, nicht hinaus.

Die Praxis zu dieser Theorie lautet so: Wenn unsere Selbstherrlichkeit und Selbstgefälligkeit total zerbrochen sind, wenn wir auch selbst gebrochen sind und enttäuscht über unser Versagen und Unvermögen, indem wir nichts mehr von uns erwarten, dann offenbart Gott seine ganze Kraft, seine Liebe, ja sein Leben und fällt wie ein sanfter, kraftvoller Regen auf uns, um uns mit seinem Wesen, seinem Geist und seinem Feuer zu erfüllen.

In Bezug auf die Forderung des Herrn in Lukas 14, allem abzusagen, was wir haben, um so sein Jünger werden zu können, hat das folgende Bewandtnis: Wir können nur das aufgeben, was uns wichtig ist, was wir haben und was uns hat, wenn uns der Heilige Geist ergriffen und beglückt hat und wir schon starke Lust-Vorerfahrungen gemacht haben, die in uns den Schmerz des Verzichtens gar nicht mehr aufkommen lassen. Diese Erfahrung ist aber nur unter der Voraussetzung in Reichweite, dass wir auf dem Weg zur geistlichen Mündigkeit sind. Das Fleisch hat seinen Einfluss verloren und unser Geist ist dominant, beglückend, und er ist unser Leben.

Man könnte denken, dass diese Bedingung der Schwäche dem sehr nahe kommt, was wir bei den seelisch schwachen Menschen vorfinden. In der Tat gibt es gewisse Ähnlichkeiten, die uns hoffen lassen, dass der neurotisch erkrankte Gläubige von seiner wahren geistlichen Berufung gar nicht so weit entfernt ist. Jesus ist ja auch für die Kranken und nicht für die Gesunden gekommen. Auf der anderen Seite trennen diese beiden Formen von Schwäche Welten. Es ist leider so, dass die Weigerung der seelisch Kranken zu erkennen, wer sie wirklich sind und ihr krampfartiges Festhalten an einem Zerrbild ihrer Selbst, die entscheidenden Ursachen für das Krankwerden und -bleiben sind. Diese Einstellung enthält das Festhalten an Selbsttäuschung und Lüge, was Gottes Gnade ausschließt und damit auch die Heilung. Daraus muss man folgern – und das nicht nur in der Theorie, ich habe es in Hunderten von Beispielen bewahrheitet gesehen – dass der Aufbruch zur Demut immer der Anfang des Gesundungsprozesses ist.

Vom Wort zur Liebe

Es kann die Verheißung nicht genug betont werden, dass ein gewöhnlicher Nachfolger Jesu zu der ungewöhnlichsten und schönsten Lebensweise, zur Liebe fähig werden kann. Das Besondere an dieser Verwandlung zum Liebhaber, die der Durchschnittschrist erfahren kann, ist die Bedingung, unter der sie geschieht. Das darf auf keinen Fall mit seiner eigenen Leistung zusammenhängen, weil Liebe nicht durch Anstrengung und Leistung erworben werden kann und weil sie unbedingt ein Ausfluss von erfahrener Erlösung sein muss. Sie muss geschenkt sein, sonst ist sie keine Liebe. Eine Liebe, Liebe im Sinne von *Agape*, die ihren Ursprung in uns selbst hat, gibt es nicht.

Ich habe es in diesem Buch nun schon hinreichend betont, dass Liebe der einzige Weg ist, der uns zum Gehorsam befähigen soll. Die anderen Maßnahmen, durch die wir uns bemühen, gehorsam zu werden, sind, wiewohl sich fast alle Christen so verhalten, verboten und gefährlich, weil sie in sich den Keim der Gesetzlichkeit tragen. Wenn Gottes Liebe uns nicht zum Halten der Gebote treibt, dann sind es halt wir selbst, die die Gehorsamsleistung aufbringen. Und darin liegt das ganze Problem. Das mag überzogen klingen, aber genau das ist der Kern der biblischen Wahrheit über das mit Christus Gestorbensein und damit dem Gesetz gestorben sein.

Das Ermutigende an dieser Lehre liegt in der Tatsache, dass dadurch wirklich Hoffnung für uns gegeben ist, Liebhaber Christi und der Menschen zu werden, weil das Gebot zur Liebe nicht mehr von unserer Leistungsfähigkeit abhängt. Aber wovon denn sonst? Von unserer Empfangswilligkeit, zum Beispiel davon, ob wir die Liebe zur Wahrheit annehmen (2. Tessalonicher 2,10) und damit verbunden Gnade um Gnade aus seiner Fülle nehmen (Johannes 1,16).

Im Folgenden will ich den Anmarschweg zur Liebe unter der Voraussetzung, dass wir dem Gesetz gestorben sind, von einem anderen Blickwinkel aus beschreiben.

Jakobus 1,
21 Darum legt ab alle Unsauberkeit und alle Bosheit und nehmt
das Wort an mit Sanftmut, das in euch gepflanzt ist und Kraft
hat, eure Seelen selig zu machen. 22 Seid aber Täter des Wortes
und nicht Hörer allein; sonst betrügt ihr euch selbst. 23 Denn
wenn jemand ein Hörer des Wortes ist und nicht ein Täter, der
gleicht einem Mann, der sein leibliches Angesicht im Spiegel
beschaut; 24 denn nachdem er sich beschaut hat, geht er davon
und vergisst von Stund an, wie er aussah. 25 Wer aber
durchschaut in das vollkommene Gesetz der Freiheit und dabei

beharrt und ist nicht ein vergesslicher Hörer, sondern ein Täter, der wird selig sein in seiner Tat. 26 Wenn jemand meint, er diene Gott, und hält seine Zunge nicht im Zaum, sondern betrügt sein Herz, so ist sein Gottesdienst nichtig. 27 Ein reiner und unbefleckter Gottesdienst vor Gott, dem Vater, ist der: die Waisen und Witwen in ihrer Trübsal besuchen und sich selbst von der Welt unbefleckt halten.

Dieses Bibelzitat beginnt mit der Aufforderung, die wir schon kennen gelernt haben, die Heilung unserer Seele durch erneute sanftmütige Annahme des Wortes Gottes zu suchen. Das könnte gleichsam die Überschrift für die nachfolgenden Ausführungen sein, die im Einzelnen erklären, wie es zur Heilung exakt kommen soll.

Diese Erklärung beginnt mit dem Kernsatz: Seid aber Täter des Wortes, und nicht Hörer allein. Dieser Satz kann zu einem großen Missverständnis Anlass geben, welches, wenn man ihm zum Opfer fällt, den gesamten Segen dieses Wortes verhindert. Er besteht darin, zu glauben, dass wir aufgefordert werden, mit aller Kraft das in die Tat umzusetzen, was das Wort inhaltlich aussagt. Aber das ist nicht gemeint, das wäre wieder jener tragische Irrtum, der von der Erfüllbarkeit des Wortes Gottes durch eigene sittliche Kraft ausgeht.

Es heißt nämlich nicht, dass wir dem Wort gemäß handeln sollen, sondern das Wort tun sollen (griechisch: poiein) im Sinne von das Wort bearbeiten. Das Erste wäre wortgebundener moralischer Rigorismus, das Letzte bedeutet, das Wort lesen, das Wort bedenken, es glauben, es auswendig lernen, es wiederholen, es säen, damit die Fantasie füllen, es festhalten, bebrüten, darüber medi-tieren, es verinnerlichen und bekennen.

Hören allein schafft den Effekt nicht, den diese umfassende und stetige Beschäftigung mit dem Wort auslöst. Vor allem erzielt es nicht die Wirkung der subjektiv erlebten Veränderung des Selbstbewusstseins und Selbstverständnisses als einer neuen Schöpfung. Wenn wir nur hören, was die Schrift sagt, was wir in Jesus sind, dann stellt sich dieser Aspekt der bleibenden

Veränderung unseres Selbstbildes nicht ein. Wir vergessen nach dem kurzen Blick in den Spiegel, wie wir aussehen. Aber das ist der entscheidende Punkt und der Hauptgewinn des Umganges mit dem Wort. Liegt dieses veränderte und erlebte Selbstverständnis nicht vor und treten dann neue Ereignisse in unser Leben, besonders solche von unerfreulicher Natur, dann ist die Gewissheit bald geschwunden Kraft unserer neuen Natur, über den Dingen zu stehen. Es gibt einfach keinen Sieg über das System dieser Welt, wenn wir uns faktisch, erkennbar an unserer Befindlichkeit als ein Teil von ihr erleben.

Nachfolgend will ich nun anhand des gegebenen Schriftwortes in konkreten und erlernbaren Schritten darlegen, wie unser Selbstverständnis umgeformt wird und daraus ein erneuertes Tun resultiert. Es soll ersichtlich werden, dass es im Gegensatz zum moralisierenden und humanistischen Verständnis von Gehorsam nicht einzelne herausragende Anstrengungsmaßnahmen sind, sondern Fleiß in kleinen möglichen Schritten, der zur Veränderung unseres Charakters führt.

1. Die richtige Sicht entscheidet

Der erste Schritt besteht im Anschauen des richtigen Objektes. Das ist nicht das Wort Gottes als Leistungsgebot, sondern das vollkommene Gesetz der Freiheit. Dieses gilt es anzuschauen oder wie auch übersetzt wird, hineinzuschauen und durchzuschauen. Im Griechischen wird durch den Satzbau herausgehoben, dass es unbedingt das Gesetz der Freiheit ist, das angeschaut werden muss. Wir müssen beim Lesen etwas sehen, das ist sogar entscheidend.

Das vollkommene Gesetz der Freiheit ist eigentlich von uns schon definiert worden. Nach 2. Korinther 3,17-18 ist es die durch das Wort und den Heiligen Geist in uns bewirkte Abkoppelung von dem Zwang, mit eigenen Mitteln und Kräften ständig uns selbst und unsere Überlegenheit und sittliche Integrität beweisen zu müssen. Uns widerfährt die echte Freisetzung von allen Lasten der Selbsterlösung und verbunden damit die subjektiv erfahrbare Freude von Entspannung und Erquickung.

In Galater 5,1 ermahnt Paulus uns, dass wir von Christus zur Freiheit berufen sind und dass wir darauf achten sollen, nicht erneut unter das knechtische Joch des Gesetzes gefangen genommen zu werden. Dann wäre man aus der Gnade gefallen und hätte Christus verloren (Vers 4). Es ist somit offensichtlich, dass die Freiheit Christi eine Freisetzung von dem Gesetz ist.

Allerdings ist das für die meisten Christen lediglich eine theologische Formulierung, der sie ohne Bedenken zustimmen. Aber diese Freiheit soll sich in unserem Leben auswirken. Sie ist die eindringliche Einladung zu einem neuen Lebensstil. Wir sollen durch Gnade und durch die Gegenwart des Heiligen Geistes so enthusiastisch sein (Enthusiasmus heißt wörtlich übersetzt in Gott sein), so von Freude, Erleichterung und Beglückung erfasst sein, dass in Folge davon der Herr in uns die entscheidenden Tugenden zur Geltung bringen kann. Es geht dabei also nicht nur um eine neue Herkunft unseres Gehorsams. Jesus und der Heilige Geist bewirken sie, statt wir selbst. Das Entscheidende an dieser Art von Gehorsamserfahrung ist, dass sich die gesamte Befindlichkeit und geistlich-seelische Verfassung eines solchen Jüngers obendrein verändert. Er lebt kindgemäß, unbekümmert und sorgenfrei und weist eine Mischung von Beschwinglichkeit, Leichtigkeit und Gnade auf, die ungemein attraktiv ist und nicht aus dieser Welt kommt.

Wie kann ich es dem Leser vermitteln, dass ich das alles nicht als eine Art Option für besonders Engagierte ansehe? Es ist auch kein Prinzip oder irgendetwas, was hinter bestimmten Wahrheiten stünde aber selbst unsichtbar bleibt. Ich glaube, dass das Wort Gottes einen Standard setzt, den wir exakt beschreiben müssen, weil er unter uns kaum gelebt wird. Aber in Wirklichkeit ist er von Anbeginn als die Lebensweise vorgesehen, die den Unterschied zu allen anderen Weltanschauungen und Lebensformen darstellt und durch die allein wir zu einem erlösten Wandel fähig werden.

Meine Ermutigung zu einem neuen Stil der Nachfolge ist also buchstäblich zu verstehen. Ohne die Erfahrung der Leichtigkeit unseres neuen Seins (im Unterschied zu jener berühmten Leichtigkeit des Seins der Philosophen) und ohne die unerhörte

Entspanntheit und Freude, die aus der konsequent ausgelebten Gnade fließt, kann kein neuer Umgang mit den Geboten zustande kommen.

Ich selbst erlebe manchmal diese Entwicklung in mir, als ob ich als Zeuge neben mir stünde. Von Hause aus mit dem Hang zum akribischen und logischen Denken ausgestattet, entfaltete sich meine Persönlichkeit in akademischer Manier. Ernsthaftigkeit, eine verborgene Neigung zur Depression und große Sachlichkeit waren die entscheidenden Elemente meines Verhaltens. Aber in dem Maße, wie ich die Welt der Gnade und die Befreiung vom Gesetz in diesem konkreten Sinne entdeckte, erlebte ich in mir eine Wandlung zur kindlichen Unbekümmertheit, zur Gelassenheit, Freude und Toleranz. Ich genieße es, nicht mehr von Würde, Ernsthaftigkeit und dem Gewicht vermeintlicher eigener Bedeutung erdrückt zu werden. Diese Freiheit schafft Lebenslust, bekommt dem Körper hervorragend, bewahrt vor Erschöpfung und steigert Lebenslust und Kreativität.

2. Verweilen bei dem, was wir sehen

Das Wort aus Jakobus 1, das wir untersuchen, enthält eine Argumentationsreihe. Wir sollen nicht nur die Gesetzmäßigkeit dieser Freiheit vom Gesetz anschauen, wir sollen auch darin verharren. Ohne dauerhafte Anwendung der Verheißung Gottes läuft wenig. So sahen wir es schon im Wort Jesu aus Johannes 8,31: Wir müssen an seinem Wort bleiben, wenn wir wirklich seine Jünger werden wollen. Und dann werden wir die Wahrheit im Wort erkennen, und die erkannte Wahrheit wird uns freisetzen.

Es sollte uns indessen nicht schwer fallen beim Anschauen der Freiheit zu verweilen, wenn wir das vollkommene Gesetz der Freiheit richtig verstanden haben. Was wir sehen, muss uns doch begeistern und motivieren, denn unsere geistlichen Augen sehen die Erlösung des Alltages. Von uns wird nicht erwartet, dass wir uns zu allen Lasten, die wir schon haben, auch noch die Bürde des Befolgens der absoluten christlichen Tugenden auferlegen. Wer sieht und verstanden hat, was er sieht, wird von dem, was er wahrnimmt, fasziniert sein und kaum loskommen.

Das Gesetz der Freiheit beschreibt nicht nur die Befreiung von dem Zwang der Selbsterlösung, es ist auch ein anderes Wort für Liebe, mit der wir uns füllen sollen. Im nächsten Kapitel (Jakobus 2,12) wird die Liebe als das Gesetz der Freiheit beschrieben. Wir werden im Zusammenhang mit dem Gebot, bei diesem Schauen auszuharren, darauf eingehen und erkennen, dass es wichtig ist, ständig Gottes Liebe anzuschauen. Das meint, wir sollen uns damit beschäftigen, was er für uns getan hat, wie er an uns denkt, wie er voller Zuwendung, Zartheit und Liebe für uns da ist und dass er in uns alles Entscheidende tun will.

3. Das Geheimnis der Verwandlung

Der nächste Schritt führt uns hinein in das Geheimnis einer Metamorphose, der Wandlung unseres Charakters. Der Zugang zu dieser Offenbarung ist allerdings unnötig erschwert durch die unzulängliche Übersetzung, die die meisten Bibelübersetzungen liefern und damit die Pointe totschlagen. Ich muss deswegen an der Übersetzung eine kleine, aber überaus bedeutsame Veränderung vornehmen. Es muss heißen (Vers 25):

> Jakobus 1 (eigene Übersetzung)
> 25 Wer aber durchschaut in das vollkommene Gesetz der Freiheit und dabei beharrt nicht ein vergesslicher Hörer zu werden, sondern ein Täter, der wird selig sein in seiner Tat.

Die Veränderungen in der wörtlichen Übersetzung sind gegenüber manchen tradierten Übersetzungen folgende und haben jeweils die nachfolgend ausgeführte Bewandtnis.

1. Das „und“ vor dem Satzteil „ist nicht ein vergesslicher Hörer“ fehlt im Griechischen. Das heißt, dieser Satzteil ist nicht ein Teil der Aufzählung von Bedingungen für Täterschaft, sondern schon die Auswirkung der beiden oben genannten Bedingungen unter

zwei und drei, also des Hineinschauens in das Gesetz der Freiheit und des Verharrens darin.

2. Es heißt im Griechischen nicht „er ist kein vergesslicher Hörer", sondern „er wird kein vergesslicher Hörer werden, sondern ein Täter des Werkes werden". (Wenn man ist oder sein übersetzen würde, müsste im Griechischen das einfache Hilfswort *eimi* stehen. Es steht aber im Griechischen das Wort *ginomai* in der Zukunfts-Zeitform, was mit werden oder bekommen übersetzt werden muss.)

3. Bei vielen Lutherfassungen fehlt der richtige Bezug der Täterschaft, nämlich Täter des Werkes zu werden.
Was wie Haarspalterei aussieht, ist in Wirklichkeit von größter Relevanz: In der korrigierten Fassung enthält dieses Wort für uns folgende Botschaft: Unter den beiden oben genannten Bedingungen (Sehen auf Gesetzmäßigkeit der Freiheit und das Verharren darin) – mehr ist nicht nötig – werden wir verwandelt von dem vergesslichen Hörer des Wortes zu dem Täter des Werkes. Bei den gängigen deutschen Übersetzungen wird der Eindruck erzeugt, dass wir unsererseits noch die Leistung beisteuern müssen, ein Täter zu sein, um dann das Resultat zu erlangen, glückselig zu werden in unserem Tun.

Das ist aber grob falsch und eine massive Verstellung des Zuganges zu einem großen Erkenntnisschatz![1] Wir werden Täter des Werkes durch Verweilen bei dem Gesetz der Freiheit und Hineinschauen in die Fülle der Liebe Gottes. Das ist kostbar, das ist die Erlösung von den Qualen der Nachfolge in eigener Mühe. Und nur so können wir glückselig werden in unserem Tun. Die Motivation und die Energie dazu kommen also nicht von uns selbst.

[1] Dieser Fehler wird wahrscheinlich durch die Partizipform von *ginomai* zustande gekommen sein, die die Übersetzer im Sinne von „indem" oder „nachdem" übersetzt haben, was durchaus richtig sein kann, sofern man nicht die sinnentstellenden Hinzufügung des Wortes „und" hineinmogelt.

4. Allerdings muss diese Verwandlung vollständig sein. Sie muss also auch die Kontrolle über unser schwierigstes Organ, die Zunge einschließen. Diese soll nicht nur an zerstörerischen und kritisierenden Äußerungen gehindert werden. Sie soll sich auch positiv in den Dienst der Veränderung stellen, indem sie das Gute, das wir sehen, ausspricht, um so den Erfolg sichtbar zu machen.

5. Dieses Programm hat noch eine weitere bestimmte Qualität, die es tauglich macht, ein Dauerbrenner zu werden. Es konditioniert sich gleichsam selbst durch seine Frucht. Es macht glückselig und befähigt zu einer reinen Lust (sich von der Welt unbefleckt halten) und senkt Liebe ins Herz. Das findet in diesem Kontext seinen Ausdruck darin, dass wir aufgefordert werden, die Witwen und Waisen in ihrer Bedrängnis zu besuchen, was ein vernünftiger, das heißt in diesem Zusammenhang logischer Gottesdienst ist.

Der gesamte Ablauf ist also eine Kette von Befähigungen. Wir fangen mit der richtigen Erkenntnis an, verharren im Schauen und Lernen, denn Sehen ist ein Erfassen mit den Augen. Wir tun und produzieren selbst nichts, es bleibt lediglich ein sehendes und glaubendes Empfangen und wir werden dabei zu Menschen verwandelt, die lieben und die aus Liebe handeln.

Das königliche Gesetz

Liebe ist erneut das Stichwort. Im nachstehenden Kapitel des Jakobusbriefes wird es aufgegriffen.

Jakobus 2,
8 Wenn ihr das königliche Gesetz erfüllt nach der Schrift (3.
Mose 19,18): „Liebe deinen Nächsten wie dich selbst“, so tut ihr
recht; 9 wenn ihr aber die Person anseht, tut ihr Sünde und
werdet überführt vom Gesetz als Übertreter. 10 Denn wenn
jemand das ganze Gesetz hält und sündigt gegen ein einziges
Gebot, der ist am ganzen Gesetz schuldig. 11 Denn der gesagt hat

(2. Mose 20,13-14): „Du sollst nicht ehebrechen", der hat auch gesagt: „Du sollst nicht töten." Wenn du nun nicht die Ehe brichst, tötest aber, bist du ein Übertreter des Gesetzes. 12 Redet so und handelt so wie Leute, die durchs Gesetz der Freiheit gerichtet werden sollen. 13 Denn es wird ein unbarmherziges Gericht über den ergehen, der nicht Barmherzigkeit getan hat; Barmherzigkeit aber triumphiert über das Gericht.

Das königliche Gebot ist das Liebesgebot: „Liebe deinen Nächsten wie dich selbst, so tut ihr recht." Siehe dazu auch:

Römer 13,
8 Seid niemandem etwas schuldig, außer, dass ihr euch untereinander liebt; denn wer den andern liebt, der hat das Gesetz erfüllt. 9 Denn was da gesagt ist (2. Mose 20,13-17): „Du sollst nicht ehebrechen; du sollst nicht töten; du sollst nicht stehlen; du sollst nicht begehren", und was da sonst an Geboten ist, das wird in diesem Wort zusammengefasst (3. Mose 19,18): „Du sollst deinen Nächsten lieben wie dich selbst." 10 Die Liebe tut dem Nächsten nichts Böses. So ist nun die Liebe des Gesetzes Erfüllung. 11 Alle Gebote sind in der Liebe enthalten. Wer liebt, hat das Gesetz erfüllt. Die Liebe tut nichts Böses. Wer liebt, hält und erfüllt gleichzeitig alle Gebote.

Wir müssen uns dessen bewusst sein, dass es so etwas wie einen unehrlichen Umgang mit dem Begriff und dem Gebot der Liebe gibt. Es macht sich in Literatur und Predigt immer gut, wenn man zum entscheidenden Zeitpunkt auf die große Wahrheit verweist, dass die Liebe das Entscheidende ist, dass Liebe göttlich ist und dass wir lieben sollen.

Von diesem allgemeinen Gerede über Liebe will ich mich ganz scharf absetzen. Fast immer geschieht dies in einem Zusammenhang, dass wir natürlicherweise zur Liebe fähig seien und dass wir uns nur dessen bewusst sein und uns für sie entscheiden sollen. Ein solcher Lehransatz verwischt und zerstört alle Konturen biblischer Lehre über die Liebe. Er ist durch und durch humanistisch und verkehrt. Stattdessen will uns das Wort Gottes in einer sanftmütigen und keuschen Weise vermitteln, dass wir selbst nicht lieben können und es deswegen gar nicht erst versuchen sollen.

Wenn wir unsere totale Unfähigkeit zur Liebe einsehen und in dem beschriebenen Sinn auf ihn sehen, werden wir von seiner Liebe erfüllt, und seine Liebe in uns führt zum Halten der Gebote. Das ist ein grundsätzlich anderes Konzept der Nachfolge Jesu als es sonst in den meisten mir bekannten Heiligungslehren beschrieben wird.

Zurück zum zweiten Kapitel des Jakobusbriefes. In Vers 12 wird die Liebe auch als Gesetz der Freiheit bezeichnet. Von diesem Gesetz sollen wir uns in unserem Reden und Handeln beurteilen lassen, das heißt, sie sei unser Maßstab. Dass die Liebe überhaupt als ein Gesetz der Freiheit genannt werden kann, macht noch einmal klar, dass in unserer Liebe nichts Anstrengendes, keine Forderung und keine harte Leistung enthalten ist. In der Liebe ist vielmehr Barmherzigkeit enthalten. Barmherzigkeit ist gleichsam Liebe in der aktuellen Tat aus einem warmen Affekt des Mitleidens heraus. Gegen Barmherzigkeit vermag aber kein Gericht anzukommen. Sie überwindet das Gesetz und jeden Schuldbruch des Gesetzes.

Nachfolgend noch einmal die Zusammenstellung der verschiedenen Gesetze und ihrer Auswirkungen:

Das Gesetz im Sinne des mosaischen Gesetzes: Wer es tut, der wird leben. Weil es aber keiner schafft, bewirkt es Sünde(!), Tod und Verdammnis und bringt uns unter den Fluch (Römer 7,5;8 u. 12; Galater 3,13).	Gesetz des Geistes des Lebens: Unser erneuerter und gereifter Geist ist Leben und schafft Leben in einer gesetzmäßigen Regelhaftigkeit (Römer 8,1).	Freiheit vom Gesetz kommt durch den Heiligen Geist zustande. Sie drückt aus, dass uns der Heilige Geist in gesetzmäßiger Verlässlichkeit vom Zwang der Selbsterlösung und Selbsttäuschung befreit (2. Korinther 3,17).	Gesetz der Freiheit enthält die Aussage, dass wir durch den Heiligen Geist zur Liebe befähigt werden, was gleichzeitig bedeutet, dass wir von der Last befreit werden, gutes aus eigener Kraft zu tun (Jakobus 1,25; Jakobus 2,12).	Das königliche Gesetz: Es ist ein anderes Wort für die Agape, die Liebe. Wir sind dazu gesetzt, die Liebe Gottes anzunehmen und keine eigene Liebe zu produzieren. Wer liebt, hält das Gesetz (Jakobus 2,8; Römer 13,8-10).

Das Christentum ist keine Morallehre. Auch die Liebe selbst darf nicht zu einer wohlfeilen Moralforderung erhoben werden nach dem Motto: Nun lieb doch endlich mal! Diese moralisierenden Aufforderungen kann ich nicht mehr hören. Sie sind mir ein Gräuel, weil sie die übelste Verdrehung der Tatsache ist, dass wir selbst nicht lieben können. Wer so redet, geht aber davon aus, dass er die Quelle von göttlicher Liebe sein kann. Aber wir müssen uns wohl damit abfinden, dass die schönsten Wahrheiten immer die kräftigste Verdrehung erfahren.

Alles, was in diesem Buch bisher im Hinblick auf Liebe ausgedrückt worden ist, geht davon aus, dass die Menschen aus ihrer Substanz heraus zur Liebe nicht fähig sind. Bestenfalls bringen sie es zu einer bürgerlichen Anständigkeit. Das ist auch etwas wert, aber es ist eben keine Liebe. Liebe muss geschenkt werden. Um sie entgegennehmen zu können, brauchen wir die richtige Haltung der Empfangsfähigkeit. Das ist nun mein leidenschaftliches Votum, dass dieses ganze Buch bestimmt, dass es einen Prozess des Abbaus und Aufbaus unserer Person gibt, den die Bibel sehr ausführlich beschreibt. Er ist für jeden von uns gangbar und an seinem Ende steht die Erfahrung, dass wir göttliche Liebe verstehen, glauben und erfassen.

Es bringt uns nichts, sondern frustriert nur umso mehr, ist primitiv, lästig und fruchtlos, wenn wir uns die Forderung nach Liebe gegenseitig um die Ohren schlagen. Meine Sehnsucht und mein Gebet ist, dass jeder Leser ermutigt wird, sich auf die einzelnen Stationen des Beschenktwerdens und der Verwandlung einzulassen und an der Hand des Heiligen Geistes immer tiefer in die Erlösung und Liebe hineinzugehen.

Im Hinblick auf das Hauptanliegen dieses Buches, Heilung des lädierten Gläubigen, muss gefragt werden, ob die bisherigen Ausführungen nicht einen sehr großen Umweg darstellen. Ich glaube nicht, dass es an dem ist. Zunächst muss nämlich der Weg des normalen Reifungsprozesses aufgezeigt werden, und der ist so wenig bekannt. Haben wir ihn vor Augen, dann gilt: Der Weg ist das Ziel. Da müssen wir hin. Obendrein haben wir ein neues Werte-Fundament für unsere christliche Therapie gewonnen. Wer es verstanden hat und sich darauf bewegt, ist hervorragend ausgestattet und fast genötigt, gesund zu werden.

Jede Phase des Heilungsprozesses hat ihren Bezug zu den gelegten anthropologischen Positionen. Wir haben erkannt und werden es noch deutlicher sehen, dass es keine zu großen Unterschiede zwischen dem unmündigen Christen und manchen Gläubigen gibt, die an offenbaren seelischen Symptomen leiden. Beide Gruppen müssen vorankommen. Wir wollen doch weiter und nicht nur gerade unsere Symptome verloren haben, nicht wahr?

Kapitel 6

KRANKHEITSLEID

In diesem Kapitel will ich einige Krankheitserscheinungen vorstellen und die allgemeinen Ursachen, die hinter ihnen stehen, aufzeigen. Die spezielle Beziehung von Ursache zu Symptom werde ich in den beiden nächsten Kapiteln abhandeln, die sich mehr mit der Therapie von Krankheitsstörungen beschäftigen. Das hat seinen Grund darin, dass die Therapie, wie noch zu beweisen ist, die exakte Revision der jeweiligen Krankheitsursache darstellt. Insofern ist es sinnvoll, beides zusammenhängend zu behandeln.

Wenn ich wieder den Vergleich zur Schulmedizin heranziehen darf, dann ist festzustellen, dass es dort eigentlich keine eigenständige Disziplin gibt, die allein die Symptome abhandelt. Diese werden vielmehr in den klinischen Lehrbüchern beschrieben, die Ursache, Entstehungsablauf, Symptom und Therapie im Zusammenhang behandeln. Das, was ich in diesem Kapitel darstellen will, hätte in der Medizin den Platz in der so genannten allgemeinen Pathologie oder Pathosphysiologie (Krankheitslehre und Lehre über die krankheitlichen Abläufe), die die Krankheitsverläufe bei der grundsätzlichen Störung wie Entzündungen, Tumorausbildungen und Hormonfehlstörung usw. mehr grundsätzlich beschreiben. Um das Grundsätzliche soll es auch in diesem Kapitel gehen, aber nur natürlich im Hinblick auf seelische Erkrankungen.

Wo kommen die krankmachenden Kräfte her, wo setzen sie an und weshalb bekommen sie überhaupt Zugang zu einem Menschen? Das sind die Fragen, die uns in diesem Zusammenhang beschäftigen. Wen könnten wir dazu befragen, wenn nicht die Bibel?

Die Untersuchungen säkularer Quellen können uns kaum weiterhelfen. Ihre Antworten auf äthiologische Fragestellungen (Fragen nach den Krankheitsursachen) sind mehr als dürftig. Abgesehen von der alten Psychoanalyse und der Individualpsychologie nach Adler und auch dem Ansatz von C. G. Jung – alles Disziplinen, die heute deutlich an Einfluss verloren haben, sich aber doch um Ursachenerhellung, allerdings in ihrem Sinne bemühen – gibt es kaum noch moderne Psychotherapie-Schulen, die die Gründe zu seelischen Erkrankungen genauer untersuchen. Aber selbst wenn die psychotherapeutischen Schulen Hintergrund-Aufschlüsse hervorbringen würden, sie könnten uns nicht helfen. Wir gehen von weltanschaulichen Voraussetzungen aus, die hinsichtlich ihrer Werte- und Denkvoraussetzungen im durchgehenden Gegensatz zu allem stehen, was die säkulare Psychotherapie glaubt oder zulässt.

Die Szenerie an Krankheitsursachen und Einwirkungen, die das Wort Gottes hinter den Krankheitserscheinungen sieht, ist gleichzeitig einfach und komplex. Das Wort Gottes sagt:

> Sprüche 14,
> 34 ... aber die Sünde ist der Leute Verderben.

oder

> Galater 6,
> 7 Irret euch nicht! Gott lässt sich nicht spotten. Denn was der Mensch sät, das wird er ernten. 8 Wer auf sein Fleisch sät, der wird von dem Fleisch das Verderben ernten; wer aber auf den Geist sät, der wird von dem Geist das ewige Leben ernten.

Wir füttern den Teil unseres Wesens, der sich selbst erhebt und mit den Trieben des Leibes paktiert, der in Feindschaft gegen Gott steht und Tod bringt, unser Fleisch (Römer 8,6-7), und wir werden Verderben im breitesten Sinne ernten, unter anderem auch Krankheitsnot.

Beide Aussagen der Schrift zielen auf die Folgen verkehrter Entscheidungen, die sich gegen Gottes Willen richten und Sünde sind. Sünde führt zur Krankheit und schließlich zum Tod. Der Sünde Belohnung ist der Tod (Römer 6,23).

Die Verbindung von Sünde und Krankheit ist nicht selten in dem Sinne gegeben, dass eine bestimmte Sünde bestimmte Krankheitsfolgen nach sich zieht. Häufiger indessen liegt ein Zusammenhang zwischen chronischen sündhaften Haltungen und Krankheitserscheinungen vor und in jedem Fall ist eine Beziehung zwischen unserer Sündhaftigkeit und dem Umstand, dass wir dadurch erst krank werden können, gegeben.

Das ist die eine Erklärungslinie. Die andere wird durch das Wort Jesu aus Johannes 10,10 abgesteckt:

> Johannes 10
> 10 Ein Dieb kommt nur, um zu stehlen, zu schlachten und umzubringen. Ich bin gekommen, damit sie das Leben und volle Genüge haben sollen.

Der Teufel, den Jesus in diesem Wort den Dieb nennt, kann nur stehlen, würgen und töten. Die Bibel geht von der Existenz eines personalen Gegenspielers Gottes, des Teufels, aus, der das personifizierte Übel ist. Sein Sinnen ist darauf gerichtet, Schaden anzurichten, wo und wie er nur kann. Er raubt, was sich unter anderem in der Beseitigung von Wohlbefinden, Leistungsfähigkeit, Bewegungseinschränkung und anderen Defiziten bei Krankheiten ausdrückt. Mit Würgen sind alle Freiheitseinschränkungen, besonders Ängste (der Begriff Angst hängt sprachlich mit dem Wort Enge zusammen) und tiefe Eingriffe in unsere Lebensfunktionen gemeint. Alles, was er an Zerstörung bewirkt, mündet schließlich in den Tod.

Der Teufel ist nur der Ausführende aller Störungs- und Zerstörungsmaßnahmen, er ist nicht der eigentlich Schuldige. Er ist so zwanghaft böse, dass er keine ihm gegebene Chance auslässt, uns Schaden zuzufügen. Aber er braucht unsererseits ein Anrecht für seine bösen Taten, eben unsere Sünde. So seltsam es klingt, niemals ist das Unheil, das er uns zufügt, unverdient. Ohne unsere Schuld hat er keine Handhabe gegen uns.

Nur eine üble Tat, die schlimmste unter allen, allerdings eine mit der größtmöglichen Segensauswirkung, übte er an jemandem aus, der sie nicht verdiente. Als der Teufel unter Zuhilfenahme von Menschen Jesus am Kreuz plagte, hatte er nicht verstanden, dass Jesus zwar wegen der Sünde litt, aber nicht wegen seiner eigenen. Er richtete jemanden und vergegenwärtigte sich nicht, dass er kein Recht hatte, einen Unschuldigen zu strafen. Was am Kreuz geschah, war Justizmord, in einer Weise unverdienter Mord, durch den der Teufel sich selbst verurteilt hat.

So ist die Krankheit zwar die Folge von Sünde, aber nicht die Strafe auf die Sünde, zumindest nicht aus der Sicht Gottes. Selbst dann, wenn es so erscheint, dass Gott Sünde mit Krankheit straft, ist es nur die Zulassung von Krankheit, ein Gericht, das die Sünde selbst nach sich zieht, aber keine von Gott ausgehende aktive und willentliche Strafmaßnahme. Immer steht dahinter das Prinzip, das der Sünder mit seiner Schuld aus dem Schutzbereich Gottes herausgetreten ist, so dass Gott ihn nicht völlig gegen die Angriffe des Teufels schützen kann. Aber selbst unter solchen Gegebenheiten greift Gott noch ein, indem er die Umstände der Erkrankung und andere Folgen so dosiert und gestaltet, dass sie zur Veränderung der Einstellung des Kranken gereichen und nachfolgend zu dessen Segen, also Heilung.

Gott kann zwar die Krankheit gebrauchen, indem er aus ihr, wenn sie einmal da ist, in kunstvoller Anwendung seiner Barmherzigkeit gegen die Absichten des Teufels einen Segen werden lässt, aber er veredelt und adelt damit die Krankheit selbst nicht. Sie bleibt eine Minuserfahrung, die niemals zu Gottes Primär-Handwerk gehört. Hier einige biblische Beispiele, die die Zusammenhänge von Schuld, Stolz, Krankheit, Aufwachen aus dem Irrtum und Heilung illustrieren.

Psalm 107,
2 So sollen sagen, die erlöst sind durch den Herrn, die er aus der
Not erlöst hat, 3 die er aus den Ländern zusammengebracht hat
von Osten und Westen, von Norden und Süden. 4 Die irregingen

in der Wüste, auf ungebahntem Wege, und fanden keine Stadt, in der sie wohnen konnten, 5 die hungrig und durstig waren und deren Seele verschmachtete, 6 Die dann zum Herrn riefen in ihrer Not, und er errettete sie aus ihren Ängsten 7 und führte sie den richtigen Weg, dass sie kamen zur Stadt, in der sie wohnen konnten: 8 Die sollen dem Herrn danken für seine Güte und für seine Wunder, die er an den Menschenkindern tut, 9 dass er sättigt die durstige Seele und die Hungrigen füllt mit Gutem. 10 Die da sitzen mussten in Finsternis und Dunkel, gefangen in Zwang und Eisen, 11 weil sie Gottes Geboten ungehorsam waren und den Ratschluss des Höchsten verachtet hatten, 12 so dass er ihr Herz durch Unglück beugte und sie dalagen und ihnen niemand half, 13 die dann zum Herrn riefen in ihrer Not, und er half ihnen aus ihren Ängsten 14 und führte sie aus Finsternis und Dunkel und zerriss ihre Bande: 15 Die sollen dem Herrn danken für seine Güte und für seine Wunder, die er an den Menschenkindern tut, 16 dass er zerbricht eherne Türen und zerschlägt eiserne Riegel. 17 Die Toren, die geplagt waren um ihrer Übertretung und um ihrer Sünde willen, 18 dass ihnen ekelte vor aller Speise und sie todkrank wurden. 19 Die dann zum Herrn riefen in ihrer Not, und er half ihnen aus ihren Ängsten, 20 er sandte sein Wort und machte sie gesund und errettete sie, dass sie nicht starben:

Das sind drei Beispiele von Orientierungslosigkeit, Torheit und Ungehorsam, bei denen die genannten Hintergründe deutlich werden. Das ist nicht das ganze Spektrum von Faktoren und Rahmenbedingungen, das bei der Entstehung von Störungen und Krankheiten gegeben ist. Aber zweifelsfrei spiegelt sich in diesen Verläufen die Mitte biblischer Botschaft zum Kranksein wider.

Die beiden Bußpsalmen von David, Psalm 32 und Psalm 51, schildern in eindringlichen Worten, wie sogar eine einzelne Tatsünde krank machen kann, aber auch wie einfach der Weg heraus aus dem jämmerlichen Dasein nach einem solchen Fehltritt ist.

Dass ein ganzes Volk krank werden kann oder wild und wüst, beweist Sprüche 29:

Sprüche 29
18 Wo keine Offenbarung ist, wird das Volk wild und wüst; aber wohl dem, der auf die Weisung achtet!

Was für ein Volk gilt, trifft natürlich erst recht für den Einzelnen zu. Orientierungslosigkeit und Leben ohne Vision und Offenbarung sind schuldhaft, weil Gott ein redender Gott ist, der sich jedem offenbart, der ihn aufrichtig sucht und ihn vor Verwirrung und Verelendung bewahren will.

Finstere Systematik

Es gibt ein bestimmtes Muster, nach dem der Teufel seinen Einfluss bei uns Menschen zu erweitern versucht, bis sein Zerstörungswerk mit dem Tod abschließt. Er ist dabei weder wählerisch noch ein Anhänger einer geordneten Systematik. Dass er es dennoch versucht mit System zu zerstören, hat nichts mit seiner Umsicht zu tun oder der Fähigkeit, warten zu können und in Ruhe seine Opfer in seine Fänge kommen zu lassen.

Die Gier Satans und seines Reiches zu quälen und zu verderben, ist so ungezähmt und so gewaltig, dass er jede Chance nutzt, sein finsteres Werk zu betreiben. Ginge es nach ihm, so würde sein Fahrplan von vornherein feststehen: Wenn wir morgens die Wohnung verlassen, sofern wir überhaupt noch so weit gekommen sind, sollten wir unter seiner Mithilfe auf der Treppe stolpern und uns den Hals brechen. Sollten wir das überleben, so würde er uns gerne vor der Haustüre durch einen herunterfallenden Dachziegel erschlagen wollen. Könnten wir auch dem noch entkommen, so sollten wir nach seiner Planung ein Opfer einer Schießerei auf der Straße werden. Wenn wir auch das irgendwie überlebt hätten, müsste ein Verkehrsunfall heran, um uns etwa zum Krüppel zu machen oder gleich auf der Stelle zu töten.

Sollten wir es doch schaffen ins Büro zu kommen, so würde die längst gestartete Mobbing-Kampagne die nächste Drangsal sein, die über uns herfallen soll, gesteigert durch den Effekt der sofortigen Kündigung durch unseren Chef. Das wäre natürlich der Absturz in eine ausweglose Verzweiflung, so dass der Selbstmord das nächste Angebot des Teufels sein würde.

So primitiv laufen bekanntlich die Anschläge des Satans nicht. Er wird nämlich ständig ausgebremst durch die fortwährenden Schutzmaßnahmen Gottes, der seine Güte sprechen und durch seine Engel ausführen lässt. Gott schützt uns vor der Willkür des Teufels. Kein Übergriff, den er plant und der nicht verdient ist, darf stattfinden.

Daraus ergibt sich das folgende Muster. Weil der Teufel nicht direkt zuschlagen darf, versucht er es auf dem Weg der Verführung, das heißt durch Verdrehung der Wahrheit und Ausnutzen unserer Ignoranz, von der wir bereits festgestellt haben, dass sie schuldhaft ist. Dieses Verfahren wählte er schon ganz am Anfang, als er Eva und Adam durch Lüge verführte und gebraucht es seitdem mit vielen Modifikationen bis zum heutigen Tag. Er ist der Vater der Lüge, in dem keine Wahrheit ist.

Das Vorgehen des Teufels zur Zerstörung der Menschen und der Gesellschaft folgt einem Drei-Stufen-Plan. In formaler Ähnlichkeit sehen wir eine derartige Strategie in fast jedem größeren Krieg der letzten sechzig Jahre.

Phase 1 - Propagandakampagne - Eroberung der Lufthoheit

Weil dem Feind die direkte Zerstörung nicht erlaubt ist, beginnt er seinen Angriff mit Lügenattacken. Er treibt sein Opfer in die Enge, indem er alle möglichen Anschuldigungen, Verdächtigungen und Unterstellungen gegen ihn mobilisiert. In raffinierter Weise werden tatsächliche Fehler und Mängel schonungslos ausgenutzt und zu einem intriganten Netz scheinbar gesicherter Beweise zusammengefügt. Nach der Weise Absaloms werden Menschen gekauft, die diese Lügen übernehmen, ausweiten und sich als Zeugen anbieten.

Diese Treibjagd und Lügenkampagne wird mit großer Raffinesse vorgetragen. Der Feind bietet dabei regelmäßig Menschen auf, die über erstaunliche Wortgewandtheit verfügen, er mobilisiert für diesen Zweck auch die Presse, über die zum richtigen Zeitpunkt die Öffentlichkeit einbezogen wird. Das Opfer ist machtlos, total verunsichert und verstört und reagiert häufig linkisch und unbeholfen, was den Schaden nur vermehrt.

Diese Szene gibt den Modellfall einer gesellschaftlichen Ächtung wieder, wie er tatsächlich viele Male vorgekommen ist. Betroffen waren etwa evangelikale oder charismatische Leiter oder auch Firmen und ihre Chefs, die von der Konkurrenz diskreditiert wurden, um sie zu schwächen oder reif zu machen für eine Übernahme. Derartiges geschieht auf allen Ebenen, im Beruf im Rahmen von Mobbing-Aktionen, in der Politik, in wissenschaftlichen Kreisen und natürlich auch im privaten Umfeld.

Aber das sind alles nur Anschauungsbeispiele. Die Mitte des Verfahrens ist manipulative Lüge, die das Opfer unterläuft, unsicher macht und jegliche Gegenmaßnahmen erschwert, weil man kaum weiß, wo die Lüge herkommt, wer dahinter steckt und welche Erscheinungsformen sie beim nächsten Mal wählen wird.

Wenn der Teufel, der Gott dieser gefallenen Welt, Menschen erobern will, geht er so vor, dass er sie nach dem gleichen Muster durch andere Menschen, durch Informationen, Gerüchte und Verdächtigungen erschüttert, verunsichert und in Frage stellt. Darüber hinaus schneidet er sie von hilfreichen Informationen ab, isoliert sie und lässt die Anschuldigungen und Verdächtigungen in ihrer Gedankenwelt zwanghaft kreisen, so dass sie zur Obsession werden.

Das ist der Augenblick, in dem eine seelische Störung ihren Anfang nehmen kann. Der so in die Enge getriebene Mensch erlebt, wie er die feindlichen Gedanken übernimmt und ihnen glaubt, so dass diese sich verselbständigen und sich gegen ihn stellen. Das verunsicherte Opfer, dem kein Korrektiv einer gesicherten Information zur Verfügung steht, überlässt sich regelmäßig der Unwahrheit und macht sie sich zu Eigen. Dazu bedarf es keinesfalls eines so ausgearbeiteten Komplottes an Intrigen, wie eben beschrieben. Es reichen häufig schon relativ geringe Reize aus, die vielleicht nur von einer Person ausgehen, welche aber einen großen Einfluss auf den Empfänger ausübt. Das ist besonders dann der Fall, wenn diese Person die Mutter oder der Vater ist oder ein anderer nahe stehender Mensch, der in der Kindheit prägend und dominierend auf das jeweilige Opfer einwirkte.

Der verwundete Mensch, der sich zu Abwehrmaßnahmen wie Misstrauen, Verachtung, Selbstmitleid oder Flucht entscheidet, wird in nachfolgenden Jahren alle ähnlichen Reize oder von außen kommende Belastungen, so klein sie auch sein mögen, so gezielt gegen sich gerichtet erleben, dass er aus ihnen immer dieselbe verheerende Botschaft herausliest: Sie sind alle gegen mich, alle haben Dreck am Stecken, so dass man ihnen nicht trauen darf. Ich bin in meinem Edelmut offenbar das Opfer von bösen und primitiven Zeitgenossen, so dass die einzige Form des Überlebens die der Flucht, der Isolierung oder der produktiven Rache ist.

So entwickelt sich der Zustand der fixen Ideen, die die Person fixiert und geistig einkerkert. Ein solcher Mensch ist das Opfer seiner eigenen Gedanken geworden. Er befindet sich in einem Gefängnis von verkehrten Gewissheiten, die nach und nach zu krankmachenden Haltungen werden.

In der geistlichen Bewertung eines derartigen Zustandes, der alle Ausprägungsformen von minimal und unmerklich bis zu zwanghaft und total lebensbehindernd einnehmen kann, steht die Feststellung im Vordergrund, dass es zunächst wirklich nur Gedanken sind, die auf einen Menschen abgeschossen worden sind, die getroffen haben und dann in seiner Gedankenwelt und Phantasie weiterwirken. Auch wenn es Menschen waren, die diese lügenhaften Unterstellungen auf den Weg gebracht haben, der wahre Absender ist aber immer der Vater der Lüge, der Teufel.

Mir kommt es darauf an festzustellen, dass man durch Gedanken seelisch krank werden kann. Verkehrte Gedanken gleichen Festungen, die nicht so ohne weiteres eingenommen werden können. Sie stellen ab einem bestimmten Ausmaß bereits für sich eine seelische Krankheit dar, können und werden sich dann mit der Zeit ausweiten und zusätzliche seelische Areale unter ihre Herrschaft bringen. Darüber hinaus haben sie Auswirkungen auf den Körper, besonders auf das autonome Nervensystem und produzieren psychosomatische Symptome.

In 2. Korinther 10 spricht Paulus unter anderem auch von derartigen Gedankensystemen. Aber er fügt gleich hinzu, wie man ihrer Herr werden kann.

> 2. Korinther 10
> 3 Denn obwohl wir im Fleisch leben, kämpfen wir doch nicht auf fleischliche Weise. 4 Denn die Waffen unsres Kampfes sind nicht fleischlich, sondern mächtig im Dienste Gottes, Festungen zu zerstören. 5 Wir zerstören damit Gedanken und alles Hohe, das sich erhebt gegen die Erkenntnis Gottes, und nehmen gefangen alles Denken in den Gehorsam gegen Christus. 6 So sind wir bereit, zu strafen allen Ungehorsam, sobald euer Gehorsam vollkommen geworden ist.

In allen modernen Kriegen sehen wir einen entsprechenden Ablauf. Ganz am Anfang steht ein Propagandafeldzug. Der eigentliche Krieg beginnt dann mit unbemannten Raketen, Geschossen und weiteren luftoffensiven Maßnahmen. Flugblätter, Bomben oder Feuer erzeugende Brandbomben werden abgeworfen, um das Land zu schwächen und mürbe zu machen für die nachfolgenden personenbezogenen Kriegshandlungen.

Phase 2 - Bodentruppen greifen ein

Phase 1 war also der personenfreie Abschnitt des Krieges. Personenfrei meint in unserem Zusammenhang Frei-Sein von präsenten dämonischen Kräften. Sie haben ihre Geschosse abgesandt, Gedanken voller Unwahrheit, Häme und Täuschungen. Diese enthalten die Natur der Absender, Lüge. Sie tun ihr Werk dann selbständig. So entstehen die meisten seelischen Störungen und körperlichen Krankheiten.

Mit der Phase 2 beginnt in der physischen Welt der militärischen Auseinandersetzung der Teil der Kriegsführung, in dem die Gegenwart von Soldaten, die den Krieg aktuell in das Land hineinbringen, unerlässlich ist. Das führt aber noch nicht unbedingt zur landesweiten Besetzung. In der zweiten Phase werden Panzerverbände, unterstützt von Artillerie und Luftwaffe ins Land vordringen, um wichtige Kommandozonen durch Außerkraftsetzung und Einnahme zu besetzen. Das ist noch nicht die Zeit der Infanterie.

Die Analogie der geistlichen Anwendung dieses Kampfprinzips schafft den Skandal. Ich habe ihn bereits durch mein Buch „Befreiung“ ausgelöst und erlitten. Die Personen bei den geistigen und geistlichen Auseinandersetzungen auf der Ebene der privaten Lebensführung sind die dämonischen Geister. Das darf aber nach dem Urteil der Welt und eines Teils der christlichen Presse nicht sein. Das ist unanständig, unerwünscht, bedrohlich und überhaupt völlig unpassend in der gegenwärtigen geistlichen Landschaft, das sei Mittelalter.

Wenn ich einmal davon absehe, dass viele Millionen aufgeklärter Zeitgenossen anders denken, erkennbar daran, dass sie in Scharen zu den Hexen, Wahrsagern, Magiern und Okkultisten wandern – wir weigern uns aber, eine Bestätigung für biblische Positionen aus der Existenz der Finsternis zu ziehen – bleibt einfach festzustellen, dass wir doch übereinkommen, nicht das zu sagen, was die Menschen denken und fordern, sondern Gottes Wort sprechen zu lassen.

Unstrittig ist in diesem Zusammenhang, dass das Handeln Jesu, wie es uns in den vier Evangelien übermittelt wird, besonders aussagekräftig ist. In seinem Dienst haben sich regelmäßig und in großer Zahl die Dämonen zu erkennen gegeben. Wir müssen aufgrund der Schilderungen in den Evangelien davon ausgehen, dass in der Gegenwart Jesu und unter seiner Autorität die Dämonen zu Tausenden aus den Menschen wichen. In den Beschreibungen der Evangelien wird das Austreten von bösen Geistern ganz selbstverständlich neben Krankheitsheilungen gestellt. Obendrein hat Jesus seine Jünger aufgefordert, den gleichen Dienst zu tun. Die

Tatsache indessen, dass alle diese finsteren unsichtbaren Wesen restlos besiegt sind, ist die leuchtende Überschrift über dieses unschöne Kapitel.

Für unsere zusammengefasste Systematik der Krankheitserscheinungen ist folgendes wichtig. Dämonische Mächte kommen in großer Zahl vor und können krank machen. Sie sind aber alle besiegt. Eigentlich können sie nur lügen. Erst nach angenommener Lüge sind sie im Stande, den Schaden zu bewirken, den die Lüge enthält. Insofern ist es gar nicht ausgemacht, dass diese Kräfte selbst aktiv seelische und körperliche Schäden hervorrufen. Vielleicht kommt ein Teil der Zerstörung auch auf das Konto der Lüge, die wir übernommen haben. Aber letztlich läuft beides auf dasselbe hinaus. Deswegen ist die Wahrheit der Weg zur Lösung. Diese Wahrheit, also Jesus, macht frei.

Schließlich ist noch festzustellen, dass uns die Dämonen gar nicht weiter interessieren sollten. Wir sehen in ihnen nur die Produzenten der Symptomatik. Sobald eine Person von der Lüge zur Wahrheit übergeht, haben diese Geister keine Handhabe mehr. Uns interessieren die kranken Menschen und die Veränderung ihrer Haltung. Wenn sie ihre Schuld, das Eingehen auf die Lüge, erkannt und bekannt haben und von Jesus Vergebung angenommen haben, fallen die finsteren Kräfte von ihnen ab wie stumpf gewordene Kletten.

In der Phase 2 mischen sich also dämonische Kräfte selbst in den Kampf ein. Der Übergang von der ersten zur zweiten Phase ist durchaus nicht so ohne weiteres erkennbar. Die Autoren der Lügennachrichten gesellen sich zu ihren Informationen aber bleiben zunächst außerhalb der Person. Sie belagern sie, umstellen sie, bedrängen und beschweren sie. Menschen, die so geplagt sind, sind erkennbar unfrei. Die Zwänge sind deutlicher geworden, die Belagerung chronisch und allgegenwärtig.

Phase 3 – Die Besetzung

Diese Phase entspricht dem Zustand nach Besetzung von seelischen Arealen oder einem körperlichen Organ durch böse Geister, die dem besetzten Gebiet ihre eigenen Defekte oder Fehlfunktionen aufzwingen. Der Unterschied zu Phase 2 ist nicht sehr offensichtlich. Für die Analyse und Therapie ist er sogar völlig unerheblich. In beiden Fällen hat der Kranke seine Freiheit eingebüßt und leidet. Was die Feststellung eines solchen Sachverhaltes anlangt, sollten wir nicht unbedingt den Ehrgeiz haben, schlimme Diagnosen äußern zu wollen. Es ist überhaupt anzustreben, das gesamte Thema der Dämonie so niedrig wie möglich aufzuhängen. Dem Feind sollte keine Ehre zukommen, weder im Hinblick auf seine Erwähnung noch die, dass er dadurch den Menschen Ängste und Schrecken verschafft. Unser Ansatz einer Deutung von Symptomen ist gewiss für manchen Leser sehr gewöhnungsbedürftig. Wer gänzlich außerhalb des Konzeptes des biblischen Menschenbildes steht, wird das wahrscheinlich überhaupt nicht bejahen können. Allerdings wird er auch nicht bis zu dieser Stelle in seiner Lektüre vorgedrungen sein.

Unsere Überlegungen müssten eigentlich noch weiter gehen, denn wir müssten herausfinden, welcher Art die Einwirkung dämonischer Mächte auf körperliche Krankheiten ist. Es wäre zu untersuchen, wie eine körperliche Krankheit ihren Anfang nimmt, wenn Keime, Bakterien oder Viren auf einen Körper treffen, und was z. B. solche Organismen selbst in den Zellen an Verletzungen bewirken und was das dahinter befindliche geistige Wirk-Prinzip tut. Zu diesen Fragen gehört auch die Überlegung der Empfänglichkeit des menschlichen Körpers für entartete einzelne Tumorzellen und die Bedingungen der Wirksamkeit des Immunsystems bzw. ihrer fehlerhaften Umprogrammierung bei den heute so vielfach diagnostizierten Auto-Immunerkrankungen. Alle diese Fragen verlangen nach Antworten. Zu einem kleineren Teil haben wir sie schon, aber sie sind für das Anliegen dieses Buches nicht so sehr von Belang.

Indessen muss eine Feststellung aus den Evangelien noch unbedingt genannt werden. In der Frage nach den Ursachen von Krankheiten hat neben dem Warum, das rückwärts gerichtet ist, auch das Wozu einen Platz. Jesus sagt in Anbetracht eines Blindgeborenen, über dessen Erkrankungshintergrund die Jünger

sich sehr vordergründig und wissend ihre Gedanken gemacht hatten, dass an dieser Krankheit, natürlich an der Heilung, die Werke Gottes offenbar werden sollen (Johannes 9, 1-3).
Gottes Liebe und Heilungskraft kontrastiert deutlich zu den Phänomenen von Zerstörung in diesem Weltsystem und in den einzelnen Kranken. In der Not und Ausweglosigkeit menschlichen Seins will der Herr besonders seine Macht und seine Güte beweisen, damit wir Hoffnung bekommen. Es ist atemberaubend genial und bezeichnend für die Weisheit Gottes, dass er den Teufel gegen seine Absichten missbraucht, indem dieser durch seine zerstörerische Agitation Menschen in Leid und Krankheit stürzt, so dass sie sich in Folge dessen in ihrer Verzweiflung und Ausweglosigkeit doch zu Gott wenden und seine Hilfe und Heilung begehren. Das böse Wirken des Widersachers sorgt dafür, dass der Glanz Jesu umso heller erstrahlt, weil er gekommen ist, die Werke des Teufels zu zerstören. Er ist umhergegangen und hat alle gesund gemacht, die vom Teufel überwältigt waren (Apostelgeschichte 10, 38).

Diese Schriftstelle jedoch, in der Jesus ausdrücklich nicht auf die Ursachen einer bestimmten Krankheit einging, berechtigt uns nicht, diese Frage gänzlich zu vernachlässigen. Im Gegenteil, das Wort Gottes berichtet von der ersten bis zur letzten Seite nicht nur Fakten, sondern schildert auch die Kräfte und Ursachen dahinter. Wenn wir viel und möglichst umfassend helfen wollen, können wir nicht auf die Erhellung des Ursachenhintergrundes von Krankheitserscheinungen verzichten. Es ist ein Gebot der Wahrheit und Liebe herauszufinden, was im Einzelfall krank macht. Ohne diese Forderung wird die Seelsorge nicht wesentlich weiter kommen. Diesem Bemühen sollen die nächsten beiden Kapitel besonders dienen.

Kapitel 7

GRUNDWAHRHEITEN DER ENTSTEHUNG VON KRANKHEIT UND DER BEDINGUNG VON HEILUNG

Nachdem die Grundlagen der biblischen Lehre vom Menschen gelegt worden sind, ist es relativ leicht, die hinter Krankheit und Heilung stehenden Prinzipien zu verstehen.

Zu diesem Zweck müssen wir noch genauer in den Prozess der Entstehung von seelischen Störungen hineinsehen. Dabei werden wir festzustellen, dass die Therapie dieser Störungen im Wesentlichen darin besteht, die krankmachenden Faktoren zu beseitigen. Weil der Mensch nach dem Bilde Gottes und zu ihm hin geschaffen ist, bedeutet Beseitigung der krankmachenden Ursachen und Kräfte auch gleichzeitig, dem Betreffenden die heilsame Wahrheit Gottes und seine Gnade anzubieten. Das alleinige Eliminieren von Schadensfaktoren reicht nicht aus, zumal es dem Menschen gar nicht möglich ist, sich ohne den Beistand des Heiligen Geistes von diesen frei zu machen und frei zu halten. Das war ja die Quintessenz des vorigen Kapitels. Die folgenden zwei Worte stellen so etwas wie Eckwerte der Lehre über Krankenheilung in der Schrift dar:

> 1. Johannes 5
> 8 Wir wissen, dass, wer von Gott geboren ist, der sündigt nicht, sondern wer von Gott geboren ist, den bewahrt er, und der Böse tastet ihn nicht an.
>
> Epheser 4
> 26 Zürnt ihr, so sündigt nicht; lasst die Sonne nicht über eurem Zorn untergehen, 27 und gebt nicht Raum dem Teufel.

Das Wort aus dem Johannesbrief ist außerordentlich ermutigend und trostreich, macht es doch deutlich, dass der Teufel und sein System eine erstaunlich geringe Macht über uns haben. Fast keine, denn sie dürfen aufgrund eigenen Vorsatzes uns Gläubigen keinerlei Schaden zufügen. Nicht einmal antasten dürfen sie uns!

Natürlich stellt sich angesichts dieser Aussage sofort die Frage, woher denn die vielen Nöte und Krankheiten der Menschen, auch der Christen, kommen. Darauf gibt uns das Pauluswort aus dem Epheserbrief, so kurz es ist, eine schlüssige Antwort. Indem es uns auffordert, dem Teufel keinen Raum zu gewähren, macht es indirekt deutlich, dass dies möglich ist. Aber die Wortwahl von Paulus ist wohl von Bewandtnis, der Raum muss ihm gegeben werden, von sich aus kann er ihn nicht nehmen, nicht einmal mit Gewalt.

Der Teufel verschafft sich in unserem Leben durch Lüge und Verlockung Raum, indem er uns mit Angeboten verführt, auf die wir uns ignoranterweise einlassen. Er kann sich also nur in unserem Leben ausbreiten, wenn zuvor eine aktive, meistens indirekte Einladung von uns an ihn ergangen ist. In den seltensten Fällen dürfte diese Einladung derart sein, dass man ihn anspricht und zur Invasion auffordert. Das kommt aber in satanischen Kreisen durchaus vor.

Die nonverbale Form einer Einladung vollzieht sich durch eine Willenserklärung, die mittels einer Handlung oder Haltung Übereinstimmung mit teuflischen Zielen ausdrückt und insofern eine Einladung darstellt. Im Neuen Testament werden im Kolosser- und Epheserbrief Einstellungen bei wiedergeborenen Gläubigen beschrieben, die entweder als Gemeinschaft mit den Werken der Finsternis bezeichnet oder als derartig böse und zerstörerisch bewertet werden, dass man sie unbedingt ablegen und als böse Glieder an der eigenen Person töten soll (es sind natürlich nicht Amputationen oder Organverstümmelungen gemeint, was der Kontext in Matthäus 5, 29-30 beweisend plausibel macht). Diese Haltungen werden zum Teil als Dienst an Dämonen bezeichnet.

Kolosser 3

5 So tötet nun die Glieder, die auf Erden sind, Unzucht, Unreinheit, schändliche Leidenschaft, böse Begierde und die Habsucht, die Götzendienst ist. 6 Um solcher Dinge willen kommt der Zorn

Gottes über die Kinder des Ungehorsams. 7 In dem allen seid
auch ihr einst gewandelt, als ihr noch darin lebtet. 8 Nun aber
legt alles ab von euch: Zorn, Grimm, Bosheit, Lästerung,
schandbare Worte aus eurem Munde.

Epheser 5
3 Von Unzucht aber und jeder Art Unreinheit oder Habsucht soll
bei euch nicht einmal die Rede sein, wie es sich für die Heiligen
gehört. 4 Auch schandbare und närrische oder lose Reden stehen
euch nicht an, sondern vielmehr Danksagung. 5 Denn das sollt
ihr wissen, dass kein Unzüchtiger oder Unreiner oder Habsüchti-
ger – das sind Götzendiener – ein Erbteil hat im Reich Christi
und Gottes.

Es ist wohl der Schluss erlaubt, dass wenn schon Habsucht Götzendienst genannt wird, die anderen frevelhaften Haltungen erst recht dieser Natur sein müssen. Nach 1. Korinther 10,19-20 sieht Paulus im Götzenopfer einen Dienst an Dämonen. Paulus will uns also sagen, dass uns bestimmte Handlungen und Einstellungen in Liaison mit bösen Mächten bringen. Das erfüllt den Tatbestand der Einladung an die Finsternis, ungeachtet der Frage, wie und wo diese Kräfte wirken. Aber die Finsternis ist immer zerstörerisch.

Im Fortlauf der Stelle aus Kolosser 3 werden dann aber auch die Voraussetzungen für die Befreiung aus diesen Bindungen genannt: zur Wahrheit zurückkehren, sich nichts auf Herkunft, Bildung und Nationalität einbilden, also einstehen für Demut, Erbarmen und Sanftmut, Vergeben und in der Gnade leben und über alles das Band der Liebe legen.

Kolosser 3
8 Nun aber leget alles ab von euch: den Zorn, Grimm, Bosheit,
Lästerung, schandbare Worte aus eurem Munde. 9 Lüget nicht
untereinander; zieht den alten Menschen mit seinen Werken aus
10 und ziehet den neuen an, der da erneuert wird zur Erkenntnis

nach dem Ebenbilde des, der ihn geschaffen hat; 11 da nicht ist
Grieche, Jude, Beschnittener, Unbeschnittener, Ungrieche,
Scythe, Knecht, Freier, sondern alles und in allen Christus. 12
So ziehet nun an, als die Auserwählten Gottes, Heiligen und Geliebten, herzliches Erbarmen, Freundlichkeit, Demut, Sanftmut,
Geduld; 13 und vertrage einer den andern und vergebet euch untereinander, so jemand Klage hat wider den andern; gleichwie
Christus euch vergeben hat, also auch ihr. 14 Über alles aber
ziehet an die Liebe, die da ist das Band der Vollkommenheit.

Dieses Wort trägt ein großes Geheimnis in sich, das aufzudecken ein wesentliches Anliegen dieses Buches ist. Als Beladener und Gebundener attackiere ich nicht direkt meine Fehler und Zwänge und versuche sie in irgendeiner Weise abzuarbeiten oder aufzulösen, sondern ich töte sie oder lege sie einfach ab, nachdem ich praktische Entscheidungen bezüglich Wahrheit, Gnade, Demut und Liebe getroffen habe. Das heißt doch, wir haben keine Handhabe über diese Untugenden und die dahinter befindlichen Krankheitserscheinungen, wenn wir uns nicht zuvor aus dem Griff der dämonischen Mächte durch Wahrheit und Gnade befreit haben.

Diese Zusammenhänge sind missverständlich und dienen leider immer noch manchen Christen in bestimmten denominationellen Lagern als Munition für ihre aggressiven theologischen Scharmützel. Der Affront liegt darin, dass in der dogmatischen Sicht mancher Theologen und geistlichen Schulen dämonische Kräfte im Leben eines wiedergeborenen Menschen noch wirken können. Eine gewissenhafte Terminologie kann diesen Konflikt mindern oder gänzlich beseitigen. Nach der in diesem Buche eingenommen Position ist unser Ich unser Geist. Unsere Seele ist nicht die Mitte unserer Person. Zu dem Geistesbereich unserer Person haben aber finstere Kräfte tatsächlich keinen Zugang. Sie bleiben auf seelische und körperliche Areale beschränkt und befallen in diesem spezifischen terminologischen Verständnis nicht den Kern unserer Person, unser Ich.

Im Übrigen wollen wir uns noch einmal daran erinnern, dass alles Dämonische nur als Produzent von Symptomen belangvoll ist. Uns interessieren aber nicht so sehr diese, sondern vielmehr die Umstände und Bedingungen, durch die sie zu ihrem finsteren Geschäft eingeladen werden. Es geht also dabei doch wieder um die Menschen und ihre Entscheidungen und nicht um diese finsteren Gesellen.

Einladungen an die Krankmacher

Wenn wir uns einige markante Aussagen der Heiligen Schrift zum Thema Sünde, etwa im Umkreis der Gesetzgebung des Mose anschauen, dann werden wir gewahr, dass die Übertretungen der Gebote Gottes doch ein unterschiedliches Gewicht haben.

Natürlich ist Sünde Sünde. Sie bricht uns immer das Genick, auch das harmlose Kavaliersdelikt, wenn wir nicht zur Gnade Jesu hinfliehen. Und doch können wir in der Schrift den erstaunlichen Befund erheben, dass sie zwischen verschiedenen Formen von Sünde unterscheidet, so etwa zwischen Sünde und Gräuelsünde. Die Gräuelsünde ist ein Vergehen an Gottes Gebot, das so frontal dem Willen Gottes entgegentritt, dass es nicht nur zur Schuld führt, sondern einen Fluch oder Bann nach sich zieht, der sich bis zu vier Generationen danach noch belastend auswirken kann. Also alles, was zu einer Gräuelsünde, einem Fluch oder Bann führt oder ist, stellt die entscheidende Rahmenbedingung für die Wirksamkeit dämonischer Kräfte dar:

2. Mose 20
2 Ich bin der Herr, dein Gott, der ich dich aus Ägyptenland, aus
der Knechtschaft, geführt habe. 3 Du sollst keine anderen Götter
haben neben mir. 4 Du sollst dir kein Bildnis noch irgendein
Gleichnis machen, weder von dem, was oben im Himmel, noch
von dem, was unten auf Erden, noch von dem, was im Wasser
unter der Erde ist: 5 Bete sie nicht an und diene ihnen nicht!
Denn ich, der Herr, dein Gott, bin ein eifernder Gott, der die
Missetat der Väter heimsucht bis ins dritte und vierte Glied an
den Kindern derer, die mich hassen, 6 aber Barmherzigkeit er-

weist an vielen Tausenden, die mich lieben und meine Gebote halten. 7 Du sollst den Namen des Herrn, deines Gottes, nicht missbrauchen; denn der Herr wird den nicht ungestraft lassen, der seinen Namen missbraucht.

5. Mose 12
29 Wenn der Herr, dein Gott, vor dir her die Völker ausrottet, zu denen du kommst, ihr Land einzunehmen, und du es eingenommen hast und darin wohnst, 30 so hüte dich, dass du dich nicht verführen lässt, es ihnen nachzutun, nachdem sie vertilgt sind vor dir, und dass du nicht fragst nach ihren Göttern und sprichst: Wie haben diese Völker ihren Göttern gedient? Ebenso will auch ich es tun! 31 So sollst du dem Herrn, deinem Gott, nicht dienen; denn sie haben ihren Göttern alles getan, was dem Herrn ein Gräuel ist und was er hasst; denn sie haben ihren Göttern sogar ihre Söhne und Töchter mit Feuer verbrannt.

Das abgöttische Abfallen von Gott und das Anbeten anderer Götter, die keine Götter sind, also die Einlassung auf okkulte Tätigkeiten, wie wir das heute beschreiben würden, zählt zu diesen Gräuelsünden, die Auswirkungen bis in die nachfolgenden vier Generationen haben können.

Gräuelsünden sind ferner Wahrsagerei (5. Mose 13,15), Missbrauch der Opfer für eigene Zwecke, die für Gott vorgesehen sind (3. Mose 7,18), Umgang mit Unreinem (3. Mose 7,21), Perversion (3. Mose 18,22-26), Umgang mit Götzenbildern (5. Mose 7,25-26), Götzendienst, Zauberei und Okkultismus (5. Mose 18,9). Die Seelsorge beweist immer wieder, wie wahr und real diese Flüche sind, die sich jene aufbürden, die sich mit diesen oder ähnlichen okkulten, esoterischen oder abgöttischen Themen und Sachen beschäftigt haben. Sie sind erkennbar unfrei, belastet und in tiefsten seelischen Nöten und Verstrickungen.

Über das Übertreten des 1. Gebotes hinaus scheint die Verletzung aller wichtigen Gebote, die das Strafgesetzbuch abhandelt, wie z. B. Mord und darüber hinaus Hingabe an Bosheit und Falschheit, Lüge,

Wirtschaftsvergehen, Perversion, Transvestizismus dem Herrn ein Gräuel zu sein (Psalm 5,5 u.7; Sprüche 3,31-32; Sprüche 12,22; Sprüche 11,1; Sprüche 20,10; 5. Mose 22,5).

Die Verwünschung und der ausgesprochene Fluch

Die Wirkung ausgesprochener Flüche ist real. Das sind Willensentscheidungen böser Menschen, die anderen Böses zusprechen und deren Fluch durch einen Pakt mit dem Teufel und Hingabe an Bitterkeit und Hass Macht in sich hat. Allerdings trifft ein Fluch, der nicht verdient ist, nicht ein.

> Sprüche 26
> 2 Wie ein Vogel dahinfliegt und eine Schwalbe enteilt, so ist ein unverdienter Fluch: er trifft nicht ein.

Was das Wort Gottes zum Thema Fluch zu sagen weiß, ist erstaunlich umfänglich und zum Teil ausgesprochen überraschend. Es gibt fast so etwas wie eine Theologie des Fluches. Die ersten Flüche kamen aus dem Munde Gottes und galten der Schlange und dem Teufel, aber auch Kain und dem Acker, jedoch nicht Adam. Ein Teil des Fluches Gottes hat den Keim kommenden Segens in sich (die Ehefrau, die ihrem Mann anhangen wird). Der Fluch (in nachfolgenden Bibelstellen zum Teil als Synonym für Gräueltat verstanden) kann aber auch aus verkehrten Handlungen und Haltungen resultieren, so dass man sich selbst damit einen Fluch auferlegt.

> 5. Mose 28
> 15 Wenn du aber nicht gehorchen wirst der Stimme des Herrn, deines Gottes, und wirst nicht halten und tun alle seine Gebote und Rechte, die ich dir heute gebiete, so werden alle diese Flüche über dich kommen und dich treffen: 16 Verflucht wirst du sein in der Stadt, verflucht wirst du sein auf dem Acker. 17 Verflucht wird sein dein Korb und dein Backtrog. 18 Verflucht wird sein die Frucht deines Leibes, der Ertrag deines Ackers, das Jungvieh deiner Rinder und Schafe.

Psalm 109
15 Der Herr soll sie (die gottlosen Lügenmäuler) nie mehr aus den Augen lassen, und ihr Andenken soll ausgerottet werden auf Erden, 16 weil er so gar keine Barmherzigkeit übte, sondern verfolgte den Elenden und Armen und den Betrübten, ihn zu töten. 17 Er liebte den Fluch, so komme er auch über ihn; er wollte den Segen nicht, so bleibe er auch fern von ihm. 18 Er zog den Fluch an wie sein Hemd; der dringe in ihn hinein wie Wasser und wie Öl in seine Gebeine;

Die grundlegendsten Aussagen zu dem Thema Fluch, den man sich selbst auflädt, stehen in:

Jeremia 17
5 So spricht der Herr: Verflucht ist der Mann, der sich auf Menschen verlässt und hält Fleisch für seinen Arm und weicht mit seinem Herzen vom Herrn.

Matthäus 18
32 Da forderte ihn sein Herr vor sich und sprach zu ihm: Du böser Knecht! Deine ganze Schuld habe ich dir erlassen, weil du mich gebeten hast; 33 hättest du dich da nicht auch erbarmen sollen über deinen Mitknecht, wie ich mich über dich erbarmt habe? 34 Und sein Herr wurde zornig und überantwortete ihn den Peinigern, bis er alles bezahlt hätte, was er ihm schuldig war. 35 So wird auch mein himmlischer Vater an euch tun, wenn ihr einander nicht von Herzen vergebt, ein jeder seinem Bruder.

Galater 3
13 Christus aber hat uns erlöst von dem Fluch des Gesetzes, da er zum Fluch wurde für uns; denn es steht geschrieben: „Verflucht ist jeder, der am Holz hängt", 14 damit der Segen Abrahams unter die Heiden komme in Christus Jesus und wir den verheißenen Geist empfingen durch den Glauben.

Wir werden am Ende dieses Kapitels die Bedeutung dieser letztgenannten Schriftstellen gebührend würdigen. Sie stellen das Rückgrat für das gesamte Lehrgefüge von Seelsorge dar, das diesem Buch zugrunde liegt und das sich in über 25 Jahren Seelsorge bewährt hat.

Unabhängigkeit zieht den Fluch auf sich, der sich in allen Bereichen des Lebens zeigen kann, natürlich auch besonders in unserem seelischen Verhalten. Mit Unabhängigkeit meine ich hier, dass man glaubt, alles Entscheidende selbst tun zu können, so dass man niemanden braucht, auch Gott nicht. Das ist mit Sicherheit ein entscheidendes krankmachendes Prinzip.

Genauso wichtig ist der Komplex Rache, Vergeltung, Gnadenlosigkeit und Unversöhnlichkeit, von dem Jesus in Matthäus 18 redet. Diese Einstellungen sind lebensgeschichtlich als Krankheitsursache sogar meist eher wirksam, Die Lebensweise der Gesetzlichkeit ist beiden zerstörerischen Lebenskonzepten gemein. Das Gesetz, das nicht aus Gnaden- und Liebeserfahrung nebenbei gehalten wird, sondern das durch bewusste einzelne Sittlichkeitsbemühungen erfüllt werden soll, erweist sich ebenfalls als Fluch und nicht erst das Übertreten des Gesetzes! Das Gesetz soll vielmehr durch Gnaden- und Liebeserfahrung gehalten werden.

Fast alles, was zur Krankenheilung aus biblischer Sicht zu sagen ist, dreht sich um die Inhalte der drei letzten Schriftstellen. Sie sind der absolute Schlüssel zu Einsicht, Ordnung und Überwindung aller seelischen Krankheiten, im Prinzip sogar allen menschlichen Leides.

Familienvorgeschichte

Über lange Zeit habe ich mich dagegen gesträubt, die krankmachende Wirkung von Flüchen und Gräuelsünden in dem primitiven Sinne anzuerkennen, dass sie direkt auf die nächste Generation übergehen. Ich bin davon ausgegangen, dass sie vielmehr indirekt an die nächste Generation übergehen, weil die Eltern durch ihr eigenes Zerstörtsein und verkehrtes Verhalten die Kinder zu falschen Reaktionen nötigen.

Der Fluch, der sich bei den Eltern in Gestalt von Leid und Verwüstung äußerte, wird die Kinder also zwangsläufig prägen und verletzen. Nach meiner früheren Anschauung war es also nicht der Fluch selbst, der krankheitliches Reagieren auslöst, sondern das Verhalten derer, die selbst unter dem Fluch leben.

Ich musste einsehen, dass sich Flüche, Schuld und die Tradition von Krankheit und Desaster in einer Familie auch ohne die von mir zugestandene Deutung durchsetzen. Die Wirksamkeit eines Familienfluches habe ich mittlerweile so viele Male nachweisen können, dass kein Zweifel mehr daran bestehen kann. Diese Gesetzmäßigkeit ist in einem derartigen Maße gültig, dass z. B. viele Millionen Deutsche in Bezug auf die Nazivergangenheit ihrer Eltern oder Großeltern davon betroffen sind. Viele Seelsorger haben die Erfahrung gemacht, dass niemand, dessen Vorfahren sich praktisch auf die Nazi-Ideologie eingelassen haben, von bestimmten Bindungen und Behinderungen frei ist. Diese liegen in dem Spektrum von Hass, Härte, Bitterkeit, Todeskräften, Mordgier, Aggression und dergleichen.

Wer aber den Nachweis derartiger Befangenheit in der Seelsorge in Hunderten von Fällen gemacht hat und umgekehrt in vielen Einzelfällen eine Belastung der Eltern und Großeltern feststellt und durch entsprechendes therapeutisches Vorgehen die nachfolgende Freisetzung bei den Kindern und Kindeskindern erlebte, kann nicht mehr durch wohlmeinende Beschwichtigungen von seiner Erfahrung abgebracht werden. Wir müssen bei der Erhebung der Familien-Vorgeschichte nach Auffälligkeiten fahnden, um so die Spuren und zum Teil auch weit zurückliegende Ursachen gegenwärtiger Verwüstungen ausfindig machen zu können. Darauf zu verzichten, ist ein Kunstfehler.

Die Therapie-Mitte

Die Mitte unseres therapeutischen Ansatzes setzt bei dem hauptsächlichen Ursprung allen Krankwerdens an. Dieser ist in den drei Schriftstellen aus Jesaja 17, Matthäus 18 und Galater 3 beschrieben. Der Mensch, der sich auf seine eigene Stärke verlässt und mit seiner Intelligenz andere menschliche Hilfe sucht, ergibt sich dem Fluch der Unabhängigkeit von Gott, die in sich eine Entscheidung des Absehens von Gottes Schutz darstellt. Gott wird dadurch faktisch ausgeladen, so dass dieser Mensch in gänzlicher Verkennung seiner Kräfte dem Verhängnis ausgeliefert ist, das das System dieser Welt über ihn bringen wird.

Die Schrift vergleicht einen solch törichten Menschen mit einem Dornbusch in der Wüste, der ohne Leben und in Einsamkeit ist. Er kann Gottes Güte nicht erkennen, selbst wenn sie kommt und ist deswegen gezwungen, in Dürre und Unfruchtbarkeit zu verharren.
Der Fluch wird also auch als Zustand der Blindheit beschrieben und damit wird auch eine wichtige Komponente von ihm genannt. Es ist nämlich der Stolze und Hochmütige, der in der Lüge lebt und insofern grundsätzlich erkenntnismäßig blind ist (Jeremia 17,5; Jesaja 29, 9 ff.).

Über einen solchen Menschen sagt das Wort an einer anderen Stelle in Sprüche 16,5:

> Sprüche 16 (Elberfelder Bibel)
> 5 Ein Gräuel für den Herrn ist jeder Hochmütige. Die Hand darauf! Er bleibt nicht ungestraft.

Wir fassen also zusammen, dass Unabhängigkeit, Stolz und Hochmut Gott ein Gräuel sind und Fluch mit allen seinen Auswirkungen nach sich ziehen. In letzter Konsequenz ist Stolz Selbsthilfe, Selbstherrlichkeit und eigentlich auch Selbstgerechtigkeit und bedeutet ein Verstoß gegen das 1. Gebot.

Diese Sünde ist die Ursünde, die im Herzen Luzifers und anschließend bei den Engeln geschah, die ihm folgten, als er sich überhob und höher als Gott sein wollte. Die gleiche Sünde war es, die Eva verführte, von der verbotenen Frucht zu essen. Es war ihr und Adam in Aussicht gestellt worden, danach wie Gott zu sein. So sehen wir es an diesem Beispiel – und es gilt für alle anderen Fälle von Hochmut – dass dieser immer mit der Lüge einhergeht.
Der Stolze lebt grundsätzlich in der Unwahrheit. Entweder erkennt er die Lüge nicht, weil Stolz blind macht, und nimmt sie als Wahrheit an und ist somit betrogen. Oder er bedient sich der Lüge, um

vorzutäuschen, was er nicht ist, hat oder kann. Immer bewegt er sich im Schein oder im Irrealen und befindet sich damit im Verbund mit dem Teufel, dem Vater der Lüge. Diese Lüge lässt ihn glauben, dass er alles Entscheidende selbst bewerkstelligen kann, bis eines Tages der große Absturz kommt und er dadurch vielleicht aus seiner Täuschung aufwacht.

Die „Ent-Täuschung" durch Fall und Schmerz, was häufig auch Krankheitsschmerz ist, kann der Anfang der Heilung sein, weil der Betroffene merkt, dass alle Hoffnungen und Errungenschaften auf einem trügerischen Fundament ruhten. Wenn er diese Katastrophe, die Gott dosierend und formend zulässt, nutzt und zu einer vernünftigen Schlussfolgerung ausweitet, dann kann die Katastrophe, vielleicht eine seelisch-körperliche Erkrankung, zum Segen gereichen. Der Kranke wird durch Einsicht und Wahrheit aufwachen, seine Fehlhaltung korrigieren und mehr an Heilung erfahren, als nur die Beseitigung seiner Symptome. Seine ganze Persönlichkeit wird erneuert und bereichert werden können.

Dieser Prozess ist indessen, wie noch genauer darzulegen sein wird, in Wirklichkeit um einiges komplexer. Der Seelsorger muss nämlich das undurchschaubare und verzweigte Gebilde von Stolz und Unabhängigkeit, das in unzähligen Erscheinungsformen und Verästelungen das ganze Wesen des Kranken durchdrungen und korrumpiert hat, mit dessen Unterstützung und Autorisierung ans Licht ziehen und durch Bekennen von Schuld und Demütigung zur Auflösung bringen.

In diesem Geschehen ist die Hilfe des Heiligen Geistes von ausschlaggebender Bedeutung. Ohne ihn könnte weder der Kranke noch sein seelsorgerlicher Helfer gegen die Tücken und Täuschungen ankommen. Aber durch den souveränen Beistand des Geistes der Wahrheit wird die Seele überführt und der Teufel aus dem Feld geschlagen. In einer Aufeinanderfolge von Erkennen, Bekennen, Erfahrung von Vergebung, Gewährung von Vergebung, Erleben der Gnade und Heraustreten aus den Selbsterlösungs-Arrangements wird der hoffnungslos in Lüge und Selbstverherrlichung verstrickte Kranke unter der Einwirkung zunehmenden Friedens und spürbarer Entlastung immer mehr konditioniert (Die Motivation des Genesenden wird durch die einsetzende Entlastung zunehmend gestärkt), sich auf diesen Prozess einzulassen, weil er die wohltuenden Wirkungen dieser Freisetzung in sich spürt.

In dieser Auseinandersetzung ist auch eine weitere Kraft verwoben, die wir schon ausgiebig untersucht haben, das Gesetz. Das trifft naturgemäß besonders für Gläubige zu, aber nicht nur für diese. Dieser Fluch hat nicht nur zum Zustandekommen des bestehenden Schadens beigetragen, er hat in sich auch die verheerende Kraft, den Prozess der anstehenden Heilung zu unterlaufen und zu verhindern. Damit hat es eine besondere Bewandtnis, die sehr subtil ist und die nur durch Kenntnis der biblischen Anthropologie (Lehre des Menschen) aufzudecken ist.

Die an der Heilung scheinbar interessierte Seele mobilisiert in Anbetracht der moralischen Forderung des Gesetzes ihre sittlichen Kräfte und bietet sich als Mithelfer am Heilungsprozess an. Dass ist ein raffinierter Betrug, der natürlich, wenn er nicht entdeckt wird, zur gänzlichen Blockade des Heilungsgeschehens führt, so dass nachher niemand weiß, woran der Misserfolg gelegen hat. Die auf Selbstbetrug angelegte Seele wollte ihre demütigen Dienste anbieten. Das gleicht dem Bock, der zum Gärtner bestellt wird.

Es bedarf größter Mithilfe des Heiligen Geistes und wohl auch eines gewissen Fortschrittes in der Entwicklung des eigenen erneuerten Geistes, um aus diesem Labyrinth und dem Komplott herauszukommen. Selbstverständlich ist dabei auch die Fürbitte lieber Freunde von größter Hilfe.

Im engen Zusammenhang mit diesem krankmachenden Prinzip steht auch die zerstörerische Wirkung von Rache und Gnadenlosigkeit, wie sie in Matthäus 18 beschrieben ist. Jesus erläutert die Auswirkung der Unversöhnlichkeit so anschaulich, dass man darin exakt die Hauptmerkmale der meisten seelischen Erkrankungen entdecken kann.

Die Schulden, die dem untreuen Verwalter zunächst erlassen worden sind, werden ihm von dem erzürnten König wieder auferlegt, weil er gegenüber einem anderen Schuldner, der ihm nur eine kleine Summe schuldig war, nachweislich gnadenlos gehandelt hatte.

Er **verliert seine Freiheit**, wird ins **Gefängnis** geworfen, von **Folterknechten gepeinigt** und muss sich obendrein der Mühsal des **Abzahlens aller Schulden** unterwerfen, was ihm nie gelingen wird. Das ist die Beschreibung des Elends und des Krankheitsbildes fast aller seelischen Erkrankungen. Immer kommt es in irgendeiner Weise zum Freiheitsverlust und zur Einbuße des Bewegungs- und Handlungsspielraums, der sich in einer unterschiedlichen Symptomatik äußert. Ob nun depressive Phänomene oder Angst, ob eine Zwangssymptomatik im Vordergrund steht oder auch nur eine psychosomatische Behinderung vorliegt, es wird in jedem Fall der Sachverhalt des Freiheitsverlustes gegeben sein. Dazu treten Schmerzen und Pein in vielfältiger Form. Seelische Schmerzen können viel verheerender sein als körperliche, obwohl diese häufig noch zusätzlich auftreten.

Dazu tritt die Pein der Hoffnungslosigkeit. Es ist kein Ende abzusehen. So sehr man sich bemüht, es eröffnet sich kein Ausweg. Chronische Mühsal und vergebliches Anrennen gegen das nicht enden wollende Leid ist das Schicksal dieser Patienten. Aber der Hintergrund dieses Leidensweges ist nicht so diffus und unergründlich, wie es scheinen mag, er ist die Folge des Prinzips der Unabhängigkeit und der Selbsterlösung, der Haltung von Rache, Gnadenlosigkeit und Unversöhnlichkeit. Diese beiden Grundelemente sind die entscheidenden Mittel von Zerstörung und Verwüstung, deren sich die dämonische Welt bedient.

In der Reihenfolge des Wirksamwerdens dieser Zerstörungskräfte übernehmen Rache und Unversöhnlichkeit so gut wie immer zuerst das Kommando. In einer abgestimmten, raffinierten und sadistischen Weise ordnet der Gott dieser Welt, der Teufel, sein Instrumentarium so, dass der eine Unheilmodus dem anderen das Feld vorbereitet. Das müssen wir noch im Einzelnen untersuchen.

Es kann für mich kein Zweifel daran bestehen, dass die abgestufte Wirksamkeit dieser dämonischen Wirkprinzipien der absolute Kern allen menschlichen Elends und damit auch aller seelischen

Erkrankungen ist. Alle anderen in der Literatur beschriebenen Primärursachen greifen für mich zu kurz und sind bestenfalls Auswirkungen dieser Ursachen-Konstellation. Wenn die Heilige Schrift als Quelle und Maßstab aller Informationen dienen soll und wenn wir überhaupt überzeugt sind, dass wir die absolute Wahrheit brauchen, dann geht kein Weg an dieser Festlegung vorbei. In unzähligen Ausführungen, Beispielen, Kommentaren und Erläuterungen beschreibt die Bibel, dass nicht nur allgemein die Sünde das Verderben der Menschen sei. Die Organisation des Unglückes beginnt vielmehr bei Stolz, Hochmut und Selbsterlösung und nimmt im Zusammenwirken von Verletzung (bzw. der daraus resultierenden Rache und Gnadenlosigkeit) und wieder aufgenommener Selbstbefreiung und -erlösung seinen Fortgang. „Hochmut kommt vor dem Fall", sagt das Wort fast lakonisch. Oder drehen wir das Wort um, damit die Wirkung noch anschaulicher wird: Bevor es zum Fall kommt, muss Hochmut vorgelegen haben. So ist es immer.

Diesen biblischen Feststellungen nachzugehen und daraus eine detaillierte Lösung zu entwickeln, wie im Einzelfall der Krankheitsaufbau zustande kam und wie er rückgängig gemacht werden kann, das ist die Aufgabe des Seelsorgers. Wir haben mit den Hinweisen der Schrift so exakte und schlüssige Vorgaben, dass es möglich sein muss, daraus ein praktikables Gesamtkonzept zu formen.

Ich halte einen derartigen Versuch für überfällig. In einigen früheren Büchern, die ich zu diesem Thema geschrieben habe, sind erste Ansätze dazu vorhanden. Mittlerweile kann ich auf Tausende von seelsorgerlichen Kontakten zurücksehen, bei denen dieser Ansatz sich als sehr verheißungsvoll erwiesen hat. Das Beste daran erscheint mir, dass dieser Ansatz, wenn man erst einmal gelernt hat, biblisch konsequent zu denken, leicht erlernbar ist.

Ein finsterer Doppelschlag und die Antwort des Evangeliums

Die bereits angedeutete Verschachtelung der beiden übergeordneten Zerstörungsprinzipien sieht wie folgt aus: Vorbereitung und Hinführung einer zukünftigen seelischen Störung ist Leid, das in irgendeiner Form aus der direkten Umgebung, zumeist durch die Eltern, zugefügt wurde. Das können Verletzungen, aggressives oder angsterzeugendes Verhalten sein, das durch massive Charakterfehler und durch egoistische Einstellungen zustande kam. Oder es werden solchen Menschen in ihrer Kindheit einfach Dinge und Wohltaten vorenthalten, die in einem familiären Umfeld selbstverständlich sind. Das kann verweigertes Lob oder Zuwendung sein, mangelnde Aufmerksamkeit und Liebe oder auch unterlassenes Training in Disziplin und Haushaltspraxis oder in der Vermittlung von technischen Alltagsfertigkeiten. Manchmal liegt auch einfach nur das Fehlen von Anerkennung, Lob und Ermutigung vor. Stattdessen dominieren Tadel, ständige Kritik und die Versicherung, eine Niete oder ein Versager zu sein.

Solche Behandlungen und Unwertzuweisungen haben verheerende Auswirkungen beim Empfänger dieser Botschaften. Schauen wir es uns an einem Einzelfall an. Die Fülle solcher Ursachen-Wirkungs-Komplexe werden wir weiter unten sowieso noch ausführlich darstellen und charakterisieren. Gehen wir von dem leider sehr häufigen Fall aus, dass jemand in seiner Kindheit ständige Ablehnung von seinen Eltern erfährt. Vielleicht war das Kind gar nicht gewollt oder sollte statt eines Mädchens ein Junge werden oder das Kind behindert allein durch seine Existenz die berufliche Karriere der Eltern oder dem Kind haften objektiv irgendwelche Mängel in Charakter, Begabung und Erscheinen an. Welche Gründe im Einzelnen auch vorgelegen haben, die Eltern verströmen ununterbrochen Ablehnung.

Das Kind spürt die Ablehnung, auch wenn sie nicht durch Worte seitens der Eltern ausgedrückt wird. Es fühlt sich abgelehnt und leidet darunter. Mit einiger Wahrscheinlichkeit wird es nicht der Versuchung entkommen können, sich dem Schmerz der Ablehnung hinzugeben, um dadurch in eine Märtyrerrolle hineinzutreten und bald dem Selbstmitleid zu verfallen. Es zieht sich aus seiner Umgebung zurück, gerät in eine völlige Isolierung, um dadurch weiteren Berührungen mit den Personen zu entgehen, die es ablehnen, oder es wird selbst im Sinne der Ablehnung aktiv, indem es die erlittene Ablehnung umdreht, um nun andere abzulehnen, allen voran die Verursacher der selbst erlittenen Zurückweisung.

Die Reaktion des so Geplagten wird also immer die selbst erlebte schmerzhafte Ablehnung sein, die im Rahmen einer Selbstbestrafung noch gesteigert wird. Dazu kommt die nach außen gewandte Ablehnung, die im Regelfall einzelne Personen besonders betrifft und sich dann auf alle Menschen ausweitet.

So gut wie immer ist beides vorhanden, wenn auch im unterschiedlichen Ausmaß. Manchmal kann eine der beiden Reaktionsformen so schwach ausgeprägt sein, dass man sie gar nicht wahrnimmt. Und doch ist sie auch in solchen Fällen immer nachweisbar, wenn man nur intensiv genug hinsieht.

Neben diesen grundsätzlichen und stets nachweisbaren Reaktionsformen, die bei gegebener Ausgangsschädigung, in unserem Fall Ablehnung, immer vorkommen, können je nach Kraft, Stärke und Durchsetzungsvermögen sowie weiterer Verwundungen und Beeinträchtigungen noch andere Reaktionen hinzutreten, die dann ein umfangreiches Symptombild entstehen lassen können.
In dem hier vorgelegten Fall war es Selbstmitleid, Isolierung und Meidung. Es können auch Fluchttendenzen, Angst, Misstrauen oder Verachtung sein sowie die Entscheidung, die Eltern mit Suizidgedanken und Arbeitsverweigerung strafen zu wollen oder sie durch Höchstleistungen in Schule und Sport eines Besseren zu belehren und somit zu demütigen.

Ein derartiges Reaktionsmuster in dem man sich im Kern die zugefügte Verletzung regelrecht aneignet und auslebt oder sie nimmt, um sie gegen andere zu richten, trifft in sinngemäßer Anwendung nicht nur für das Beispiel Ablehnung zu, sondern für alle anderen Arten von Verwundungen und Beeinträchtigungen. Die Summe der so zustande kommenden Krankheitszeichen kann sehr vielfältig sein, weil es nicht nur zur Addition von Reaktion und Symptomen kommt, sondern weil sich diese gegenseitig unterstreichen, schwächen bis aufheben können oder zu spezifischen Reaktionsfärbungen beitragen.

Wenn auch auf diesem Weg das Krankheitsbild eine fast unbeschränkte Mannigfaltigkeit erfahren kann, ist doch die Zahl der unterschiedlichen Auslösung eine endliche und auch das Symptombild wiederholt sich in den typischen Ausprägungen immer wieder. Die Vielfalt der göttlichen Schöpfungsformen ist unbeschränkt, die Zerstörungsmuster seines Nachahmers, des Teufels, keineswegs.

Weil sich viele Muster wiederholen und weil wir nicht von den Symptomen ausgehen, sondern von den Ursachen, ist in das scheinbar komplexe und verwirrende Bild durchaus Ordnung hineinzubringen. Obendrein haben wir in dem Heiligen Geist auch einen mächtigen Beistand, der uns dieses Labyrinth zu entwirren hilft. Natürlich sollten wir alle Kriterien und Diagnoseschlüssel nutzen, um zu gliedern und zu systematisieren und zu ordnen, wo wir nur können. Auch hierbei können wir mit der Hilfe des Heiligen Geistes rechnen, bloß müssen wir darauf achten, unsere diagnostischen und therapeutischen Maßnahmen nicht zu wissend aufzubieten. Nicht nur die Kranken brauchen Demut, auch wir Seelsorger. Ohne sie schweigt nämlich der Heilige Geist. Dann kann aber unser Verfahren sehr mechanisch und trocken werden und dementsprechend auch die Resultate.

Ein hässlicher Einschub – die dämonische Komponente

Bevor ich auf die Schilderung der Verbindung der beiden hauptsächlichen Zerstörungsformen eingehe und den gestaffelten Aufbau dieser Konstruktion erläutere, muss ich noch einen Einschub vornehmen, an dem wir leider nicht vorbei können.

Das hat etwas mit einem Thema zu tun, das ich eigentlich meiden möchte. Ich finde es unangenehm, unappetitlich und abstoßend. Die Rede ist von der Stellung des Dämonischen in der Entwicklung von chronischen seelischen Krankheiten. Wenn wir das Thema der Heilung von seelischen Störungen schriftgemäß abhandeln wollen, müssen wir uns mit diesem Ursachenanteil, der im Dämonischen liegt, auseinandersetzen. Das habe ich in früheren Büchern schon einige Male angesprochen und es hat mir nicht wenig Prügel, herbe Kritik und üble Verleumdung eingebracht.

Wir haben bereits eine Einsicht gewonnen: Bei vielen Krankheitsfällen liegt eine dämonische Komponente vor. Bislang haben wir den dämonischen Kräften allein die Position zugeschrieben, dass sie Produzenten der Symptomatik sind, mehr nicht. Dabei soll es auch bleiben.

Wir müssen uns nun fragen, wie und wann diese Kräfte dazu kommen dieses Werk zu betreiben. Bleiben wir zur Erklärung dieses Geschehens bei unserem geschilderten Fall. Wenn jemand in seinen frühen Lebensjahren immer wieder abgelehnt worden ist, so ist das für ihn sehr schmerzhaft. Die beiden beschriebenen Reaktionsformen sind zunächst nichts anderes als die Antwort der Seele des Geplagten. Es ist wirklich wichtig festzuhalten, dass die Reaktion auf erlittenes Unrecht oder Leid zunächst eine ausschließlich menschliche und natürliche ist. Sie ist psychologisch ohne Mühe nachzuempfinden. Dabei kann es über Wochen, Monate und sogar Jahre bleiben.

Solange es sich nur um eine menschliche Reaktion handelt, die verstehbar und nachfühlbar ist und die wir wahrscheinlich alle so entwickeln würden, ist diese Reaktionsweise korrigierbar und umkehrbar. Aber weil der Inhalt dieses Reagierens doch eigentlich von Rache und Heimzahlung bestimmt ist, muss das Gesetz der Gnadenlosigkeit greifen. Durch das unversöhnliche Racheverhalten des verwundeten Kindes werden jene bösen Kräfte gerufen, die ihrerseits nicht zur Gnade, Vergebung und Liebe, ja nicht einmal zur Wahrheit fähig sind. Unversöhnlichkeit und Gnadenlosigkeit sind zusammen mit Stolz und Selbsterlösung der ideale Nährboden für die dämonische Welt. Daran kommt diese einfach nicht vorbei, selbst wenn sie es wollte. Diese Haltungen, wenn sie auf Dauer nicht korrigiert werden, sind Einladungen an sie.

Nun kommt folgender Prozess in Gang. Ab einer bestimmten zeitlichen Dauer des Festhaltens an Gnadenlosigkeit als führendem Lebensprinzip mindert sich der Schutz Gottes. Gnadenlosigkeit macht es Gott unmöglich, Gnade zu geben. Zu dem Verhalten „Ablehnung“, das bis dahin ein ausschließlich psychisches Phänomen war, gesellt sich nun eine finstere Kraft mit dem Namen und der

Funktion „Ablehnung“ unmerklich dazu. Sie fühlt sich gerufen, kriecht in das Symptombild hinein und übernimmt das Symptom, um es auszuweiten und zu verselbstständigen.

Von dem Augenblick an, in dem das geschieht, kann das Symptom nicht mehr rückgängig gemacht werden, es wird chronisch und zwanghaft. Obendrein wird ihm die Eigenschaft zuteil, nicht mehr zu altern. Der dahinter befindliche Geist, der entweder außerhalb oder in der Person wirksam wird, kann nur das eine: Ablehnung erzeugen. Er ist eine Fremdperson von extrem begrenzter Fähigkeit und er ist besiegt, obwohl er zum Erzeugen von Terror angetreten ist. Er ist ja gerufen worden und wirklich nur ein Symptomerzeuger, der sich in dem Symptom selbst auslebt und darin seine Genugtuung und Befriedigung und vielleicht so etwas wie eine Entlastung von der eigenen Qual der Ablehnung erfährt.

Für den wiedergeborenen Christen, der doch vom Sieg Jesu ausgeht, werden diese Abläufe und Zusammenhänge, die anderen Angst machen können, frei sein von allem Geruch der Gruseligkeit und Absurdität. Irgendwie erscheint das Bild schlüssig und verliert seinen Schrecken. Denn wir wissen, dass wir Macht über alle Kräfte des Bösen haben und dass sie uns nichts anhaben können, wenn wir selbst Menschen der Wahrheit und der Gnade sind.

Wir müssen also davon ausgehen, dass es sich bei manchen Symptomen um die Summe einer menschlich-psychologischen und einer dämonischen Komponente handelt. Das muss die Art unseres Vorgehens bestimmen. Wir wenden uns in unserem therapeutischen Bemühen an den Willen des Erkrankten und an seine Verantwortlichkeit. Dieser verfügt nämlich trotz der Einwirkung dämonischer Kräfte durchaus noch über Willensfähigkeit und kann seine Verantwortung für sich voll wahrnehmen. Zwar kann er nicht auf direktem Wege die dazugetretenen fremden Kräfte in die Wüste schicken, aber er kann mit seiner Schuld umgehen, indem er sich zu ihr stellt und diese dann durch Umkehr unter das Blut Jesu bringt, um dann Vergebung zu empfangen. Mit dieser Handlung hat er den fremden Kräften die Anrechte für ihr Verweilen genommen und kann sich nun mit seinem Willen und Glauben gegen sie stellen und die Trennung seines eigenen Ichs von Fremd-Egos herbeiführen. Sie müssen ihr Opfer aufgeben.

Aus dem hässlichen Einschub wird ein glorreiches Verfahren des Überwindens von chronischen und zwanghaften Krankheitsphänomenen, für die es sonst in der therapeutischen Welt kaum Hoffnung gibt. Das alles kann, wie später noch auszuführen ist, in einem lockeren und seriösen Rahmen erfolgen. Wir geben der Finsternis an keiner Stelle die Chance, sich bedrohlich und einschüchternd aufzuführen, am allerwenigsten in dem Rahmen unseres therapeutischen Handelns.

Der Gewinn, den wir mit diesem Konzept im Hinblick auf die Einordnung der Symptome im Rahmen eines umfassenden Verständnisses des biblischen Menschenbildes gefunden haben, ist beachtlich. Was Sigmund Freud mit viel Aufwand anstrebte und doch nicht erreicht hat, die Chronizität und Zwanghaftigkeit der meisten seelischen Symptome zu erklären, ist mit diesem biblischen Modell schlüssig möglich. Es erklärt die Zusammenhänge, die ohne diese Hintergründe einfach unverstehbar bleiben müssen, geschweige, dass sie gelöst werden können. Im Hinblick auf die Schwierigkeit und offensichtlich auch Unmöglichkeit, ohne die Zuhilfenahme des biblischen Erklärungsmodels die Symptome erklären zu wollen, müssen wir aber auch Verständnis dafür haben, dass die meisten gängigen Psychotherapieschulen von dem Ansinnen, überhaupt noch die ursächlichen Hintergründe von seelischen Störungen aufzuklären, Abstand genommen haben.

Der zweite Schlag

Kehren wir zu der Doppelschlag-These zurück. Bislang ist erörtert worden, wie der Verwundete nach erfolgter seelischer Verletzung mit eigenen Mitteln und Kräften Rache an seinen Peinigern nimmt, indem er bestimmte Abwehrhaltungen aufbaut, mit denen er diese straft und dabei auch sich selbst bestraft. Und weil das Maßnahmen der Gnadenlosigkeit und Unversöhnlichkeit sind, entzieht er damit Gott das Mandat, ihn zu schützen, so dass zusätzlich finstere Kräfte derselben Unheilsqualität Zugang zu ihm bekommen. Ablehnung zieht Ablehnungskräfte, Depression depressive Geister, Misstrauen misstrauische Mächte usw. an.

Aber dabei bleibt es leider nicht. Alle Bedrängnisse und seelischen Verwundungen, die jemandem widerfahren und auf die dieser reagiert, entwickeln neben den beschriebenen spezifischen Wirkungen immer einen weiteren Schaden von verheerender Auswirkung. Unabhängig davon, was jemand an Zurückweisung erleidet, sei es Ablehnung, Hass, Lieblosigkeit, Gleichgültigkeit, körperliche Gewalt oder auch jede andere Beeinträchtigung, er wird das immer als einen Beweis dafür auffassen, dass er nichts wert sei. **Der unvermeidbare Eindruck der eigenen Wert- und Bedeutungslosigkeit ist neben allen anderen Folgen immer ein zusätzliches Nebenprodukt jeder seelischen Beeinträchtigung.**

Mit unabweisbarer Logik und Regelmäßigkeit leitet jeder geschundene oder vernachlässigte Mensch, erst recht das wehrlose Kind, aus dem erlittenen Unrecht die Folgerung ab, dass es nichts wert sein könne, wenn es so behandelt wird. Und in letzter Konsequenz stimmt diese Rechnung sogar, zumindest was die Aussagekraft menschlicher Unheilsmaßnahmen anbelangt. Denn unter uns Menschen gilt es als unbestrittene Tatsache, dass wir das, was wir lieben, mit besonderer Wertschätzung, Zuwendung und Sorgfalt behandeln.

Es gibt kaum etwas, was mehr Schmerz, Unlust und Verzweiflung erzeugt, als das Empfinden, nichts wert zu sein. Der Eindruck, bedeutungslos und unerwünscht zu sein, der dem Geplagten und Vernachlässigten aus der Misshandlung ganz selbstverständlich deutlich wird, stellt einen Angriff auf die Mitte seiner Person dar und entzieht ihm jegliche Berechtigung seiner Existenz. Dieses Gefühl ist vernichtend. Kein Angriff wird als bedrohlicher erlebt als die totale Infragestellung der eigenen Person, die aus Lieblosigkeit und Abweisung seitens ihrer Nächsten erfolgt.

Wenn so viel Leid aus all dem resultiert, nimmt es nicht Wunder, dass niemand das ertragen und unwidersprochen hinnehmen kann. Der Schmerz, abgewiesen zu sein und nichts zu sein, veranlasst einen solchen Menschen reflexartig, nach Abhilfe zu suchen und alle eigenen Kräfte und Fähigkeiten zu mobilisieren um nachzuweisen, dass er doch etwas kann, hat und ist, um daraus seine Bedeutung und Existenzberechtigung vor sich selbst und anderen zu begründen. Am liebsten will aber ein derartig Betroffener zeigen, dass er anderen sogar überlegen ist, was den Nachweis seiner Wichtigkeit und seines Wertes endgültig sichert.

Alle Maßnahmen, die der an seiner Minderwertigkeit Leidende trifft, haben das Ziel der Selbstsicherung, der Selbsterlösung und Selbsthilfe. In einem gewissen Sinne sind sie Bestandteile der Selbstverwirklichung, also des Bemühens, Autonomie zu erreichen, was das ausgemachte Ziel des Humanismus darstellt. Die Heilige Schrift bewertet aber dieses Begehren als Sünde.

David hatte schon erkannt, dass sich selbst zu helfen Sünde ist (1. Samuel 25,32-33). In der gesamten Schrift wird Selbsthilfe als eine Form des Aufbegehrens gegen Gott bewertet. Es enthält in sich die Aussage, dass der Mensch gut sei oder zumindest nicht ganz gefallen ist und dass er sich aus eigenen Kräften entwickeln und retten kann, weil es ja in ihm einen Kern von Gutem gibt. Alle Maßnahmen der Selbsthilfe machen nicht nur theologisch, sondern auch in der praktischen Wirklichkeit deutlich, wie alle unsere Gegenmaßnahmen gegen Wertlosigkeit und Bedeutungsmangel uns immer tiefer ins Unglück hineinreißen.

Nicht nur, dass wir Höchstleistungen vollbringen und unsere Fähigkeiten demonstrieren, um uns dabei doch bis hin zur Erschöpfung und Verkrampfung zu übernehmen, wir versündigen uns auch an dem Gebot Gottes, nicht auf das eigene Fleisch zu vertrauen (Jeremia 17,5) und setzen uns in all dem dem Fluch der Unabhängigkeit aus.

Das Unfassliche geschieht dann: Wir, die wir durch unsere Gegenmaßnahmen das Beste für uns zu erreichen suchten, zapfen, ohne es zu wissen und zu merken, erneut finstere Quellen an, die uns tatsächlich in unseren Strebungen unterstützen, aber damit auch immer tiefer ins Unglück und in die Verfehlung unserer Ziele treiben. Die zunehmende Unfreiheit und Frustration nehmen wir anfangs gar nicht wahr, aber wenn es dann doch offenbar wird, dass wir nichts von dem erreicht haben, was uns angetrieben hat, dann ist das Desaster offensichtlich.

Noch schlimmer dran sind die Erfolgreichen, denn sie merken über ihren Erfolg nicht, was sie alles eingebüßt haben: Freiheit und die Fähigkeit auszuruhen, um das Erreichte zu genießen. Darüber hinaus wird der Erfolg mit einem hohen Preis bezahlt, der in Härte, Bitterkeit und einem bohrenden Ehrgeiz besteht, der auch über Leichen geht und uns alle erlittenen Charakterdeformierungen übersehen lässt. Menschen, die diesen Weg einschlagen, leben bald nach dem Motto, dass der Zweck die Mittel heiligt. Die Katastrophe liegt eigentlich darin, fremdbestimmt zu sein, unter Zwängen zu stehen und das nicht zu merken, sondern das als Gipfel der Entwicklung und Karriere anzusehen.

In formaler Hinsicht folgt der zweite Schlag dem Muster, das wir schon in der ersten Phase der Krankheitsentstehung gesehen haben. Nach der verkehrten Entscheidung zur Selbsthilfe, die zunächst nur Sünde ist, kommt es nach einiger Zeit zu einem Beitritt fremder Kräfte, die durch das Konzept zur Selbsterlösung gerufen werden und Anrechte erhalten. Ihr Einstieg in das Geschehen kommt noch unmerklicher zustande als bei ihrer Annäherung im Umfeld der Unversöhnlichkeit.

Dementsprechend sind sie auch diagnostisch schwerer auszumachen. Sie arbeiten darauf hin, unerkannt zu bleiben und den Beweis ihrer Abwesenheit zu betreiben. Die Hauptsache ist, sie können unbeschwert ihre beraubende und verstümmelnde Arbeit an der Seele ihrer Opfer fortsetzen. Dafür sind sie durchaus auch bereit, beruflichen, intellektuellen oder auch sozialen Erfolg zuzulassen.

Wir müssen erkennen, dass diese beiden Arten der Verursachung seelischer Krankheiten in letzter Konsequenz eine Einheit darstellen. Beide Reaktionsformen werden von Gnadenlosigkeit und Unabhängigkeit gesteuert. Die Rachereaktion bezieht ihre Kraft aus der Gewissheit, sich selbst auf diesem Weg angemessen helfen zu können, während die Entscheidung zur Selbsterlösung einen bewussten Verzicht darstellt, sich beschenken zu lassen und sich auf Gnade zu verlassen.

Es gibt eine gewisse formale Ähnlichkeit dieses Deutungsansatzes seelischer Krankheiten mit der Psychologie von Adler, die davon ausgeht, dass der übermäßige Ausgleich wahrgenommener Schwächen der Faktor ist, der krank macht. Aber diese Berührungszonen sind recht gering. Das Wort Gottes erklärt, dass jedes eigene Bemühen im Sinne der Selbstverwirklichung und nicht nur ein Übermaß davon krank macht. Obendrein bleibt die Individual-Psychologie Adlers naturgemäß ganz in der diesseitigen Dimension. Dass Kranksein auch eine geistliche Komponente enthält, bleibt ihr völlig verschlossen.

Das folgende Kapitel enthält eine Übersicht der gängigsten Erscheinungsformen und krankheitlichen Störungen, die durch diese beiden Kategorien zustande kommen. Aus didaktischen Gründen werden sie, obwohl sie immer gemeinsam auftreten, getrennt behandelt. Aber zuvor muss noch ein weiterer Gesichtspunkt geklärt werden, der bereits mehrfach erwähnt worden war, aber nicht geistlich begründet worden ist: Welche Rolle kommt der Kindheit in der Entwicklung neurotischer oder überhaupt aller psychogenen Störungen zu?

In der Kindheit fängt das Unheil an

Die Seelsorge und viele psychotherapeutischen Schulen sind sich einig, dass der Kindheitszeit die größte Bedeutung für die Ausbildung von späteren Krankheitszuständen zukommt. Unsere frühen Jahre können die unbeschwertesten Jahre sein, aber häufig sind sie auch die Zeit, in der die Grundlagen für spätere abnorme Entwicklungen gelegt werden.

Siegmund Freud hat zum Beispiel schon früh erkannt, dass die entscheidenden Ursachen für die Entstehung seelischer Störungen nicht allein auf eine bestimmte Ursache zurück zu führen sind. In der Regel entstehen sie, wenn in der Kindheit ungünstige familiäre Verhältnisse vorgelegen haben, die zur Ausbildung eines krankhaften Zustandes anregten. Mehr und mehr engte Freud die Möglichkeit einer so genannten Aktual-Neurose ein, die durch ein punktuelles Geschehen, etwa einem seelischen Schock, allein bedingt sei. Auch ich glaube an seelische Störungen, die allein durch ein einziges Ereignis zustande gekommen sind, nur sehr bedingt. Dass eine seelische Erkrankung sich ausbildet, ohne dass sie durch spezifische Faktoren und Belastungen in der Kindheitszeit vorbereitet ist, wird eher eine Ausnahme sein, wenn sie überhaupt vorkommt.

Die besondere Rolle, die die Kindheit bei dem Zustandekommen seelischer Erkrankung einnimmt, hat mehrere Gründe. Ich will sie in geraffter Form aufzählen. Das Baby und auch das Kind bis etwa zu seinem sechzehnten Lebensjahr ist nicht mit den Reflexen und Instinkten ausgestattet, wie die Tiere, die sich durch ihre Hilfe schon nach kurzer Zeit selbständig durch das Leben schlagen können. Der Mensch ist eben nicht fest programmiert, sondern weit offen für jede Form von seelischer, charakterlicher und wertebezogener Prägung und er ist in dieser Zeit seiner Entwicklung bar jeglichen Selbstschutzes.

Dem Kind Schutz zu gewähren, es für das Leben vorzubereiten und zu trainieren und ihm zu vermitteln, wer es eigentlich ist, kommt den Eltern zu, die für das Kind in den ersten ein bis zwei Jahren die einzige Repräsentanz der Welt überhaupt sind.

Fast alles, was das Kind an Selbstverständnis und Selbstwert erlebt, ist ihm von seinen Eltern zugesprochen und zugewandt oder vorgelebt worden. Die Ich-Formung resultiert weitaus mehr aus dem, was die Eltern in das Kind hineinlegen, als aus den Quellen in der Tiefe der eigenen Person. Der Charakter des jungen Menschen ist strukturgewordene Beziehung zu den Bezugspersonen der Kindheit, welche meistens die Eltern sind. Was die Eltern in das Kind hineinsäen, geht in ihm als Identität, Charakter, Prägung und Persönlichkeitsfärbung auf.

Insofern ist zu fragen, was die angemessene Saat ist, die eine gesunde Entwicklung des Kindes gewährleistet und später psychogene Störungen verhindert. Die Bibel sagt, das ist Liebe, Bestätigung und Zärtlichkeit, aber auch die Belehrung über gefährliche Grenzen, die beobachtet werden müssen. Das Training besteht aus Unterweisung, Ermutigung und praktischer Einübung mit vielen Wiederholungen.

Übertretungen der gewiesenen Grenzen müssen liebevoll und bestimmt korrigiert, die negativen Folgen nach Überschreitung warnend beschrieben und bei bleibender Uneinsicht und wiederholter Zuwiderhandlung Ahndungsmaßnahmen erlassen werden. Das Konzept muss so angelegt sein, dass die dadurch bedingte dosierte und kurzzeitige Unlusterfahrung das Kind zur Abkehr von verbotenen Wegen veranlasst, die viel schmerzhafter sein würden als die durch die Eltern auferlegten kurzzeitigen Beschränkungen. In diesem Zusammenhang möchte ich sehr ungern den Begriff Strafe benutzen. Wenn uns unser himmlischer Vater nicht straft, weil die Strafe auf Jesus, seinen Sohn, gelegt worden ist, dann sollten wir unsere Erziehungsmaßnahmen auch anders begründen. Den Worten und auch den Absichten nach.

Weil der Selbstschutz dem Kind über viele Jahre nicht möglich ist, hat Gott eine besondere Konstruktion vorgesehen, die diesen Schutz gewährleisten soll. Die Eltern und ihr Kind sind gleichsam durch eine gemeinsame geistliche Haut umgeben und verbunden. Sie sind eine Einheit, so dass keine von draußen kommende Aggression das kleine Kind isoliert treffen kann. Jeder Angriff auf das Kind erreicht zuerst die Eltern. Unter der Voraussetzung einer durchschnittlichen seelischen Stabilität und Gesundheit wird die besondere Liebe, welche die Eltern für ihr Kind natürlicherweise schon empfinden und die eine ungesuchte und nicht erworbene, sondern ihnen spontan zufließende Liebe ist, der größte Schutz für den jungen Menschen sein.

Und ganz nebenbei erweist sich die gemeinsame Aufgabe beider Elternteile an ihrem Kind als eine zusätzliche Klammer der Verbindung und der Liebe zueinander, durch die sie umso leichter feindliche, von draußen kommende Einflüsse abwehren können.

Diese Liebes- und Schutzbeziehung, die unter den Eltern und zwischen Eltern und Kind besteht, veranlasst letzteres zu einer regelhaften sympathischen Reaktion. Es wird sich gedrängt fühlen, dankbar zu sein und mit Freude und kindlicher Ehrerweisung auf das Lieben und die Fürsorge der Eltern zu antworten. Daraus resultiert ein Arrangement von herzlichem Verstehen aller Beteiligten untereinander, was auch andere vorhandene Geschwisterkinder einbezieht und es den Kindern überhaupt leicht macht, den Eltern in mühelosem Gehorsam Achtung und Liebe zu erweisen.

Auf diese Art und Weise wird fast nebenbei die Erfüllung des 4. Gebotes gesichert, auf dem besondere Verheißungen des Wohlergehens und des langen Lebens ruhen. Das alles imponiert wie ein geschlossener Segenskreislauf: Gott erlässt sinnvolle Gebote, die uns vor den vorhandenen Gefahren einer gefallenen Welt bewahren sollen, er ermöglicht die Einhaltung dieser Gebote, in dem er selbst die dafür notwendigen Voraussetzungen schafft und honoriert dann anschließend noch das Befolgen dieser Gebote mit besonderen Segnungen. Für manchen mag das kitschig und irreal erscheinen. Aber es ist nun einmal das Bild, das Gott für die Familie entworfen hat und das selbst unter den Voraussetzungen, dass die Beteiligten nicht an Christus glauben, zu weiten Teilen Erfolg vermittelt und die Vorbedingung für eine konfliktarme Entwicklung der neuen Generation darstellt.

Auf der anderen Seite wird das Verfehlen dieser Ordnung von besonderem Unheil gefolgt sein, das keineswegs durch aktive Strafmaßnahmen Gottes zustande kommt. Die „Strafe" entwickelt die Zuwiderhandlung selbst, indem sie sich von den Segensabsichten Gottes ausschließt und aus dem Schutzbereich Gottes herausführt. Aus dem Unheil wird schließlich ein Fluch, der das Schicksal eines Menschen ein Leben lang bestimmen kann, wenn die göttliche Einrichtung des Eltern-Kind-Verbundes ins Gegenteil der ursprünglichen Absichten verkehrt wird, weil sich die Eltern nicht mehr als Schützer und Versorger erweisen, sondern als Aggressor und Peiniger ihrer Kinder. Anstatt ihrem Kind Vorrang vor allem einzuräumen, es zu lieben, zu herzen, zu bestätigen und zu schützen, denken sie nur an sich, sehen die Kinder als lästiges Übel an, vernachlässigen sie und gleichen ihr Desinteresse mit materieller Überversorgung oder Overprotection (übertriebener Obhut) aus.

Dem Kind bleibt nichts anderes übrig, als diese Art von Zuwendungsdefizit mangels Vergleichsmöglichkeiten als Norm hinzunehmen und es in seinen Charakter einzubauen. Aber das hindert es doch nicht daran, den darin enthaltenen Mangel oder die Aggression als leidvoll zu empfinden oder dagegen zu rebellieren. Der Kreislauf der Rebellion ist geschlossen, denn schon das Verhalten der Eltern war eine Art Rebellion gegen den göttlichen Schöpfungsauftrag, die Familie zu sichern und die Kinder zu schützen.

Wird der Egoismus der Eltern und die Verfehlung ihres Erziehungs- und Liebesauftrages praktisch der Standard, dann gerät die gesamte Szene auf das Werteniveau der Dämonie. Alle Werte werden umgekehrt. So kommt es erneut zu dem verhängnisvollen Einzug des Bösen. Bereitstehende dämonische Kräfte erleben die Situation als Einladung zur stillen Invasion, deren Opfer beide Parteien werden, die Eltern wie die Kinder, nur dass letztere den größeren Schaden erleiden.

Wie systematisch und regelmäßig dieses grausame Geschehen abläuft, habe ich in der Seelsorge in unzähligen Fällen beobachten können, was naturgemäß an den kindlichen Opfern, die später als Erwachsene in die Seelsorge kamen, besonders häufig zur Beobachtung gelangte. Es ist dabei immer wieder zu bedenken, dass es dabei nicht um eine laute Besetzung handelt. Das gilt eigentlich für alle Fälle und Formen einer dämonischen Beeinflussung, die in diesem Buch an irgendeiner Stelle erwähnt werden.

Das Märchen vom Teufel mit Pferdefuß und Dreizackstab, der mit Rauch und Feuer einkehrt, geht gänzlich an der Wirklichkeit vorbei, zumindest in den Fällen von seelischen Störungen, die wir im Abendland zu sehen bekommen. Wir haben es fast immer mit dem Modell der stillen Invasion zu tun. Es kommt zu einer Verfestigung und Verstetigung von Symptomen und Haltungen, die schon durch die verkehrten Entscheidungen des Betroffenen hervorgerufen waren. Sie werden eben nur stärker und schleichend zwanghaft. Der säkulare Therapeut, der an einen solchen Fall herangesetzt würde, könnte mit seinem Instrumentarium keine Auffälligkeit feststellen, die mehr als das ihm bekannte Krankheitsbild darstellen würde.

Die letzte diagnostische Sicherung dieses Anteils der Symptomatik kommt erst durch die Freisetzung von den Verursachern der Krankheit mit dem Nachweis der Heilung zustande, wozu der weltliche Therapeut sowieso nicht fähig wäre. Natürlich erwarten wir von keiner psychotherapeutischen Schulung die Anerkennung dieses Erklärungsmodells. Weltliche Psychotherapeuten können im Hinblick auf ihre weltanschauliche Denk- und Wertevoraussetzungen grundsätzlich nicht so argumentieren und konsequenterweise niemals die geistlichen Hintergründe menschlichen Krankseins erkennen oder irgendeinen diagnostischen oder therapeutischen Nachweis dieser Dimension menschlichen Leidens führen. Sie sind Gefangene ihrer Axiome (Grundüberzeugungen) und werden uns allerdings auch genau diese als Argumente entgegenhalten. Aber sollten wir uns davon in Frage stellen lassen? Sie können doch gar nicht anders. Wir müssen nur unsererseits darauf achten, dass wir uns nicht von der Einseitigkeit ihres Standpunktes fälschlich bedrängen lassen und die Breite und Schlüssigkeit des biblischen Konzeptes von ihnen als irreal oder absurd ausreden lassen.

Wer diesem Druck standhalten will, braucht ein gutes biblisches Fundament mit der Bereitschaft, erkannte Wahrheiten nicht zu verleugnen und noch etwas: die Willigkeit, etwas Verfolgung hinzunehmen, etwa die Verspottung als engstirniger Sektierer oder die Verächtlichmachung als bornierter Fundamentalist oder dergleichen. Oder sollte es ein Terrain geben, in dem wir uns mutig zu Christus stellen und doch keinerlei Ablehnung erfahren? Das gibt es nicht, auch die Seelsorge, die biblisch sein will, ist keine Ausnahme. Weil wir uns immer wieder auf biblische Aussagen als letzten Untergrund unseres Vorgehens berufen, will ich auf eine hochinteressante Schriftstelle hinweisen, die sich auf der Höhe bisheriger Argumentation bewegt und uns einen letzten Aufschluss darüber gibt, weswegen unsichtbare Mächte Zugang zu den Kindern haben können, die von ihren Eltern vernachlässigt werden.

Hebräer 12
5 Mein Sohn, achte nicht gering die Erziehung des Herrn und
verzage nicht, wenn du von ihm gestraft wirst. 6 Denn welchen
der Herr liebhat, den züchtigt er; und straft einen jeglichen Sohn,
den er aufnimmt. 7 So ihr die Züchtigung erduldet, so erbietet

sich euch Gott als Kindern; denn wo ist ein Sohn, den der Vater
nicht züchtigt? 8 Seid ihr aber ohne Züchtigung, welcher sind al-
le teilhaftig geworden, so seid ihr Bastarde und nicht Kinder. 9
Und so wir haben unsre leiblichen Väter zu Züchtigern gehabt
und sie gescheut, sollten wir denn nicht viel mehr untertan sein
dem Vater der Geister, dass wir leben?

Dieses Schriftwort handelt von Gott als dem Vater, wie er uns geistliche Kinder erzieht, und von den irdischen Vätern mit ihrer Erziehungsaufgabe. Es ist in diesem Zusammenhang darauf hinzuweisen, dass der Ausdruck „strafen", der in Vers 6 steht, auch in Vers 5 keine korrekte Übersetzung der beiden hier im Griechischen vorliegenden Tätigkeitsworte darstellt. In Vers 5 steht für „strafen" ein Wort, das am besten mit zurechtweisen, überführen oder auch tadeln zu übersetzen ist. In Vers 6 beschreibt das griechische Wort, das im Luthertext mit „strafen" übersetzt wird, den Vorgang der Züchtigung selbst. Wenn im griechischen Grundtext also davon die Rede ist, dass der Vater im Himmel züchtigt, dann beinhaltet das nur die Beschreibung des Vorganges, aber nicht sein Motiv! „Strafe" ist die Kennzeichnung eines Motivs einer Züchtigung und hat damit einen völlig anderen Bedeutungsinhalt als die Beschreibung des Vorganges selbst.

Der himmlische Vater straft seine Kinder nicht, er züchtigt sie. Die Strafe liegt auf seinem Sohn Jesus; deswegen brauchen wir sie nicht zu erleiden; obendrein sollte neu darauf hingewiesen werden, dass das griechische Wort für züchtigen in Vers 6 auch schlicht *erziehen* heißt.

Die göttliche Züchtigung bzw. Erziehung ist eine vorbeugende Maßnahme. Wir sollen durch Gottes Eingreifen für unsere Zukunft geprägt werden. Es ist nicht ein rückwärts gerichtetes Reagieren auf unser Fehlverhalten. Dieses hat der Herr auf sich genommen. Strafe ist insofern überflüssig.

Aber dieser Abschnitt sagt noch etwas darüber, was Erziehung eigentlich beinhaltet. Ich zitiere noch einmal aus diesem Abschnitt:

Hebräer 12
7 So ihr die Züchtigung erduldet, so erbietet sich euch Gott als
Kindern; denn wo ist ein Sohn, den der Vater nicht züchtigt? 8
Seid ihr aber ohne Züchtigung, welcher sind alle teilhaftig geworden, so seid ihr Bastarde und nicht Kinder.

Dieser Satz wird nachfolgend (Vers 9) auch auf die leiblichen Väter und leiblichen Kinder bezogen.

Die Aussage in diesem Abschnitt ist bemerkenswert. Geliebt und gezüchtigt zu sein, das bedeutet, angenommen zu sein. Keine Liebe oder keine Züchtigung zu erfahren, das ist gleichbedeutend mit dem Zustand, ausgestoßen und kein Kind zu sein. Oder anders ausgedrückt: Kind sein bedeutet untertan sein unter die elterliche Erziehung, das heißt geliebt und gezüchtigt sein. Und das wiederum ist identisch mit angenommen sein.

So dürfen wir also sagen, dass nur der, der unter der elterlichen Erziehung ist, Anteil hat an den Eltern und ihnen zugehörig, angenommen und ein echtes Kind der Eltern ist. Nicht-Erziehung führt zur Auflösung dieser Verbindung. Und das ist der Hintergrund für die von uns beobachtete geistliche Gesetzmäßigkeit, dass Eltern, wenn sie nicht Liebe geben und Grenzen setzen, ihre Kinder schutzlos lassen und regelrecht ausstoßen. Ein solches Kind ist frei für den Angriff von außen.

Gott erwartet offensichtlich, dass die Eltern kraft ihrer Liebe und ihrer Autorität soviel Interesse und Verpflichtung verspüren, dass sie sich des schutzlosen Kindes annehmen. Das ungeschützte Kind nicht unter seinen Schutz zu nehmen, ist in den Augen Gottes gleichbedeutend mit Auslieferung des Kindes an gierige Mächte.

Fassen wir diesen ganzen Fragenkomplex um die Bedeutung der Eltern-Kind-Beziehung für die Ausbildung von seelischen Störungen zusammen: Fast alle psychotherapeutischen Schulen sind sich einig über die Relevanz dieses Lebensabschnittes im Hinblick auf die Konditionierung des Seelenlebens für die Entwicklung von Krankheit im späteren Leben. Die biblisch fundierte Seelsorge hält darüber hinaus ein konkretes Modell der Deutung aller in dieser

Lebensepoche stattfindenden Anbahnungen späterer Krankheitsprozesse bereit, das sich auch in der Therapie als tragfähig erweist. In einem späteren Kapitel wird noch besonders auf den Vorzug dieses Ansatzes einzugehen sein.

Therapie-Prinzipien

Eine Bemerkung vorweg: Wer sich angesichts der eben beschriebenen Auswirkungen elterlichen Fehlverhaltens auf das Kind unwohl fühlte, weil er die Möglichkeit schwersten Unrechts wittert, dem Gott Vorschub leistet, dem seien zwei Dinge gesagt. Zum einen kann Gott nichts dafür, dass ein geniales Segensinstrument, als welches es dienen sollte, von Menschen ins Gegenteil verkehrt wird. Zum anderen gilt, dass Gott dennoch in solchen Fällen nicht untätig bleibt.

Wo die Sünde mächtig geworden ist, wird die Gnade noch viel mächtiger. Auf unser Thema bezogen bedeutet dies, dass ich in unzähligen Fällen sehen konnte, wie Gott in signifikanter Häufung in das Leben von Menschen eingegriffen hat, die in ihrer Kindheit besonderem Leid oder gar blühendem Okkultismus ausgesetzt waren. Es steht für mich außer Frage, dass solche Menschen statistisch eine viel häufigere Chance der Begegnung mit Gott bekommen als Normalbürger aus behütetem Hause. Aus der Chance einer solchen Konfrontation mit der Gnade Gottes ergeben sich für derartige Menschen ganz andere Möglichkeiten, in ihr Leben Ordnung hineinzubringen und seelische Heilung zu erfahren.

Die Therapie seelischer Störung gehorcht, wenn wir unserem biblischen Ansatz treu bleiben wollen, einer Wahrheit, die versteckt im Römerbrief gleichermaßen für die alltägliche Nachfolge seelisch Gesunder wie auch für die Heilung seelisch Kranker gilt:

Römer 5 (Elberfelder Bibel)

16 Und mit der Gabe ist es nicht so, wie es durch den einen kam, der sündigte. Denn das Urteil führte von einem zur Verdammnis, die Gnadengabe aber von vielen Übertretungen zur Gerechtigkeit.

Die Kernaussage dieses etwas verklausuliert und unverständlich anmutenden Wortes ist folgende: Das Verderben hat sich zwar ausgehend von einer Quelle, nämlich Adam, zu allen Menschen hin ausgebreitet und sich dann jeweils auf viele Einzelsünden verzweigt. Aber der Segen Gottes setzt über Gnade an jeder einzelnen Sünde an. Und das bedeutet: Viel Sünde + Gnade ergibt viel Segen und, was die Ausprägung dieses Segens anlangt, vielfältigen Segen. Im Umkreis von seelsorgerlichen Herausforderungen meint das: Aus der Menge von unterschiedlichen Fehlern und Mängeln will der Herr den Kranken einen besonderen Reichtum von Segen, Erlösung und Lösungen zukommen lassen. Wenn Gott therapieren darf, dann setzt er bei jedem einzelnen Missstand und den dahinter befindlichen Fehlern an, um sie zu vielen Einzelsegen-Erfahrungen umzukehren.

Ich sehe so etwas wie eine Basis-Therapie-Formel: Jede Symptomatik hat irgendwie eine Verbindung zu schuldhaftem Verhalten, sei es durch die Schuld des Erkrankten selbst oder in seiner Familienvorgeschichte. Wenn ein solcher Kranker mit Gottes Güte und seiner Gnade konfrontiert wird und dabei die Bonuserfahrung von göttlicher Zuwendung subjektiv erlebt, kann er sich der Wahrheit seiner Sünde angstfrei stellen, weil er spürt, dass es eine heilsame Wahrheit ist, die voll von Gnade ist. Er wird die Sünde, die in letzter Konsequenz immer ein Eingehen auf angebotene Lüge darstellt, als solche erkennen und bekennen und sofort Gottes Gnade erfahren.

Diese Erfahrung ist in aller Regel als sofortige Entlastung spürbar und beruht tatsächlich darauf, dass Lasten in der unsichtbaren Welt von den Schultern des Geplagten genommen werden und dass die Peiniger, die sich auf die Schuld berufen haben, gehen müssen. Sollten sie es nicht spontan tun, dann ist es der Autorität des Seelsorgers überlassen, nachzusetzen und im Namen Jesu diese Symptome unterhaltenden Kräfte zu identifizieren und herauszuweisen.

Sollten die Krankheitserscheinungen von funktioneller Art gewesen sein, also noch nicht zu Organschädigungen geführt haben, dann reichen diese Maßnahmen bereits aus, Wohlergehen, Syptombeseitigung und Frieden herzustellen. Die Quintessenz dieser einfachen Zusammenhänge lautet: Das Eingreifen der Gnade Gottes nach der Entscheidung, unbedingt und durchgehend im Lichte Gottes wahrhaftig zu werden, schafft für sich schon Freiheit und Heilung. Ein weiterer Prozess des mühseligen Erarbeitens neuer Freiheitsspielräume, durch den dann nach und nach erst die Gesundung eintreten kann, ist nicht nötig.

Dass praktisch in den meisten Fällen der Heilungsverlauf doch prozesshaft verläuft, steht nicht im Gegensatz zu dieser Feststellung. Er ist einfach dadurch bedingt, dass der Kranke häufig nur in Schritten und Portionen die Wahrheit entdeckt und sich für sie entscheidet. Dann wird die Heilung eben doch zu einem Prozess, dessen Länge und Intensität davon abhängig ist, wie radikal der Kranke sich auf den Weg der Wahrheit eingelassen hat.

Alles, was der Förderung von Wahrheit und der Erfahrung von Gnade dient, beschleunigt und intensiviert das Heilungsgeschehen. Es muss nur darauf geachtet werden, dass nicht zu viel menschliche Hilfe im Sinne von fleischlicher Nachhilfe angeboten wird, weil das schnell zu einem Erarbeiten von Heilung wird, was ein anderes Wort für Verlust von Gnade ist. Jedem Therapie-Ansinnen, das versteckt humanistische Regungen enthält, wohnt eine derartige Gefahr inne, die dann sogar zum Stillstand des Heilungsprozesses führen kann.

Es ist mir völlig fern, weltliche Therapeuten und auch christliche Seelsorger, die sich bewusst einer anderen Psychotherapie-Methodik bedienen, mit solchen wiederholten Hinweisen zu ärgern. Aber es geht doch darum, dass Heilung eintritt, und nicht darum, dass wir Recht haben oder diese oder jene Therapie-Ergänzung doch noch hilfreich sei. Ich komme einfach nicht an dem Befund vorbei, dass alle meine Versuche, das biblische Seelsorge-Konzept mit anderen Methodik-Anteilen anzureichern, am Ende doch nur zu deren Schwächung und meist sogar zum Wirkungsverlust beigetragen haben.

Dahinter liegt noch ein anderes Prinzip, das wir schon einmal kurz gestreift haben. Gott, der durch Wahrheit, Gnade, Vergebung und Autorität über das Böse helfen will, möchte seine Ehre mit keinem anderen teilen, am wenigsten mit einer Methodik. Wer dieses aber als Kranker oder Therapeut dennoch versucht, wird dann eben erleben müssen, dass sich Gott aus diesem Verfahren zurückzieht.

Was nun die praktische Vorgehensweise anlangt, untersuchen wir in einem Vorgespräch, dass mitunter eine Stunde und länger dauern kann, die Menge von Entscheidungen, Handlungen und Haltungen des Kranken mit größter Genauigkeit, um herauszufinden, wo dem Feind, dem Heer der Symptomproduzenten, Anrechte für ihr Geschäft der Peinigung gegeben worden sind. Solche Unheil erzeugenden Entscheidungen können schon durch die Eltern oder Großeltern bis hin zur vierten zurückliegenden Generation getroffen worden sein und natürlich auch im Leben des Hilfe Begehrenden selbst.

Bei der Erhebung der Anamnese (Vorgeschichte) ist es wichtig, sich nicht in der Menge von einzelnen Handlungen oder Tatsünden zu verlieren. Natürlich müssen wir sie registrieren, vor allem wenn sie zu den Gräuelsünden gehören, von denen die Schrift und die seelsorgerliche Praxis feststellen, dass sie nie ohne Langzeitfolgen bleiben. Aber wichtiger als Tatsünden, die jeweils alle vor Gott und Menschen bekannt und zur Vergebung geführt werden müssen, sind die Haltungen, aus denen Taten erwachsen sind. Die Fülle von unterschiedlichsten Haltungen und Einstellungen schließlich muss dann zurückgeführt werden auf die beiden letzten Grundprinzipien rebellischen Denkens und Verhaltens, das Prinzip der Unversöhnlichkeit und der Gnadenlosigkeit und das Prinzip der Selbst-Erlösung und der Selbstgerechtigkeit

Aber auch dann, wenn alles gelungen zu sein scheint und wir dem Kranken geholfen haben, das leiderzeugende Material aus seinem bisherigen Leben durch Erkennen und Bekennen vor Gott zu löschen, kann der Erfolg ausbleiben. Wir haben dann zwar die vergangene Schuld minutiös aufgedeckt, und unser Patient hat auch kooperiert, aber in die gegenwärtig vorliegenden Regungen und Antriebe seines Stolzes und seiner möglicherweise religiös motivierten Unabhängigkeit hat er uns nicht hineinblicken lassen. Er speiste uns und Gott ab mit einer mechanischen Wahrheitsliebe, die alle Fakten der Vergangenheit offenbarte, hat sich aber aktuell nicht für Demut und Transparenz entschieden.

So müssen wir auf der Hut bleiben, wenn wir die Anamnese erheben. In völliger Hingabe an den Kranken stellen wir uns ständig die Frage – während wir alle Fakten und Umstände seiner Vorgeschichte an uns vorüberziehen lassen – wo die eigentlichen Krankheitsursachen in Gegenwart und Vergangenheit sind. Wir fragen nicht nur, was ihn gemäß unserer biblischen Erklärung krank gemacht hat, sondern auch, was bislang seine Heilung verhindert hat und was heute an Haltungen seiner Heilung entgegensteht.

Es ist außerordentlich hilfreich, während der Sondierung der Vorgeschichte in dem Frage- und Antwortverfahren intensiv mit dem Heiligen Geist zu kommunizieren, um wach auf seine Anregungen, Hinweise und Fragen einzugehen. Er will uns helfen, die Matrix an hintergründigen Ursachen-Verflechtungen zu entwirren. Wenn wir uns auf ihn verlassen und zuvor die gängigsten Mechanismen des Stolzes und der Selbstverwirklichung erlernt haben, wird sich uns hinter der vordergründigen Szene immer wieder das Szenario der wahren Ursachen auftun.

Allerdings, eine gute Anamnese will gelernt sein. Wir sollten schon einem Raster folgen, um die wichtigsten Fakten aus der bürgerlichen Lebensebene und auch die geistlich relevanten Fakten herauszufinden.
Folgende Reihenfolge der abzuklärenden Fragen empfiehlt sich:

1. Die wichtigsten biographischen Eckdaten wie Alter, Herkunft, Wohnort, Beruf, gewählter Familienstand und Lebensweise.
2. Genaue Abklärung von Krankheitserscheinungen in Zusammenhang mit anderen situativen Besonderheiten und Bestimmung des Zeitpunktes ihres Auftretens, der begleitenden Lebensumstände und des weiteren Verlaufs der Symptomatik.
3. Es ist auch nach Auffälligkeiten aller Art in der Familienvorgeschichte zu fragen, auch politischer, religiöser und rassischer Art. Besonders wichtig sind Aufschlüsse und Beob-

achtungen, die Ähnlichkeit mit den bei dem Kranken vorliegenden Symptomen oder Krankheiten haben.

4. Den breitesten Raum in der Anamnese wird die persönliche Lebensgeschichte ausmachen. Wir fragen nach den Lebensverhältnissen in der Kindheit und besonders nach dem Verhalten der Eltern, ihrer beruflichen Karriere, ihren Stärken und Schwächen, nach offensichtlichen Fehlern und auch charakterlichen Defiziten. Aber mehr als alles andere interessiert uns die Beziehung von Vater und Mutter zu dem Kranken in dessen Kindheit und seine Beziehung zu ihnen in seinen Kindheitsjahren wie auch in der Gegenwart.

Um die wirklich krankheitsrelevanten Informationen zu bekommen, dürfen wir die Gesprächsführung nicht dem Patienten überlassen, weil er uns kaum ganz wichtige Aufschlüsse geben wird, wenn wir nicht ausdrücklich danach fragen. So werden wir vielleicht von ihm hören, was die Eltern getan oder Verkehrtes begangen haben, aber weniger oder gar nicht, was sie unterlassen haben, was dann möglicherweise von ausschlaggebender Bedeutung ist.

Solche wichtigen Tatsachen im Sinne von Unterlassungen, die unter Umständen das ganze Krankheitsbild erklären können, sind verwehrte Liebe, fehlende Zärtlichkeit, mangelnde Bestätigung und Anerkennung sowie vorenthaltenes Lob, was möglicherweise durch eine übermäßige materielle Versorgung überdeckt wurde. Der gütige kindliche Kompensations-Drang, der genau genommen nicht aus Güte, sondern aus dem Harmoniebedürfnis und dem Verklärungswunsch des Kindes resultiert, sorgt dafür, dass das Schreckliche leichter zu ertragen war, und verbiegt so die Wirklichkeit.

Würde der Patient plaudern, wie er wollte, würde er uns als Opfer dieses Mechanismus neben vielen Worten die Verdrehungen, Kompensationsmaßnahmen seiner Seele und Vergoldungen mitteilen, die zwar auch etwas über ihn verraten, aber doch den wahren Sachverhalt nicht widerspiegeln. So müssen wir in Kenntnis der schon erfragten Symptome und uns bekannten leidvollen Außenumstände mit behutsamen, aber direkten Fragen das verdrängte Innenbild und die wahren Motive hinter den mitgeteilten Selbstauskünften erspüren.

Im nächsten Kapitel werden wir die häufigsten Ursachen-Symptomenkomplexe als immer wieder zu beobachtende Reaktionsmuster kennen lernen. Wer sie kennt und den Vorgang der Anamnese-Erhebung betend begleitet, wird sie ohne große Mühe aufspüren. Der Seelsorger wird das dem Kranken von außen zugefügte Leid bis hin zur Verhaltensantwort des Patienten verfolgen und dabei beharrlich nach den Reaktionen im Sinne von Rache oder Selbstbefreiung fahnden. Mit Kenntnis der wichtigsten Ursachen-Wirkungs-Konstellationen im Hinterkopf und dem absoluten Vorsatz, auch die unscheinbaren Formen von Unversöhnlichkeiten und Selbsthilfe aufzuspüren, wird er nach und nach die Stationen von Außenleid und Krankheit auslösender Gegenreaktionen aufdecken und zu einem Gesamtbild formen, das das vorliegende Krankheitsgeschehen zu erklären vermag.

Dass bei aller Vordringlichkeit der Aufgabe, dem Kranken zu helfen, auch für den Seelsorger ein gewisser Gewinn oder sogar Genuss abfällt, indem er immer wieder erlebt, dass sich so auch die seltsamsten Symptome entwirren, sei nur am Rande vermerkt. Ich habe durch gewissenhafte Anwendung dieser Deutungsprinzipien in meiner ganzen Praxis nicht einen Fall erlebt, bei dem die Symptomatik rätselhaft blieb. Es ist mit den Mitteln einer schriftzentrierten Methodik immer möglich, die logische Verbindung zwischen der Art der Symptomatik und den aufgedeckten Hintergründen herzustellen. Leider gilt das nicht im selben Ausmaß für die Heilungsquote, weil wir für den Therapieerfolg nun einmal die Mitarbeit des Patienten in einem viel größeren Umfang benötigen als für die alleinige Diagnose-Stellung.

Die Psychoanalyse und auch die psychotherapeutischen Schulen, die sich aus dieser entwickelt haben, waren non-direktiv. Sie gaben keine Weisungen – das galt unter ihnen als ein Kunstfehler und als unverzeihlicher Rückfall in einen entmündigenden Therapieansatz. Sie enthielten sich jeder aktiven Mithilfe beim Finden der Diagnose und bei der Therapie. Die Begründung für diese Weigerung haben wir schon kennen gelernt und verworfen.

Wenn der Seelsorger die wichtigen Ursachen für das Zustandekommen der gegebenen seelischen Störung aus der Schilderung der leidvollen Lebenserfahrung und ihrer Fehlverarbeitung herausgelesen hat und für sich schon ein Bild des Zusammenspiels von Außenleid und Krankheit auslösender Reaktion erkennen kann, dann wird er, im schroffen Gegensatz zu den anderen Psychotherapien, dem Kranken seine Deutung mitteilen. Er wird schrittweise und gegebenenfalls auch chronologisch den Aufbau der Neurose beschreiben und den Patienten so in alle relevanten Stadien und Teilursachen seiner seelischen Erkrankung einweihen.

Weil aber alle Aspekte der Krankheitsentstehung mit dem sittlichen Tun und Versagen des Kranken verbunden sind, wird er das behutsam bewerkstelligen, seine Interpretation mit eigenem Gebet unterstützen und genau darauf achten, dass jeder einzelne Schritt dieser Aufklärung verstanden und bejaht wird. Sollte der Patient einer bestimmten Einsicht nicht folgen können oder sogar widersprechen, muss dieser Punkt noch genauer abgeklärt und gegebenenfalls modifiziert werden, was häufiger vorkommt und durchaus den Prozess des Verstehens fördern kann.

Im Regelfall überrascht und überzeugt die geistliche Logik der Untersuchungsergebnisse den Kranken so sehr, dass er diesem Deutungsprozess willig folgt und mit eigenen Erinnerungen und Einfällen das Bild abrundet. Auf der anderen Seite kann dieser Vorgang ins Stocken geraten, wenn erkennbar wird, dass der Kranke die Enttarnung seiner selbstbetrügerischen Maßnahmen der Vergangenheit nicht nachvollzieht. Das muss dann das Signal für den Therapeuten sein innezuhalten. Er darf auf keinen Fall weiter gehen, als ihm das die bekundete Einsicht des Hilfesuchenden gestattet. Selbstverständlich wird er mit einem anderen Ansatz von Deutung und einem anderen Anmarschweg zur Hintergrund-Erhellung des neurotischen Leides erneut versuchen, die Kooperation des Patienten zu erringen.

Allerdings hat mich viele Male die Erfahrung gelehrt, dass die dem Patienten mit Ach und Krach abgerungene Bejahung bestimmter Hintergründe und Lebenslügen nicht zur Heilung ausreicht, wenn sie nicht auf wirklicher Buße und ehrlicher Demütigung angesichts der vorliegenden Fakten beruht. Das dann doch nachweisbare Sträuben gegen Wahrheit und die Unwilligkeit, sich im Lichte des Evangeliums so zu erkennen, wie man ist, führt weder zum Entsetzen über sich selbst noch zur Sehnsucht nach Vergebung und der reinigenden Begegnung mit dem Herrn. Aber ohne eine derartige Gesinnung tritt die Heilung nicht ein.

Das ganze Buch fußt auf dem Ansatz, dass wir nicht einzelne Symptome wegtherapieren, während die restliche Person bleibt, wie sie ist. Ich habe in meinem gesamten Erfahrungsschatz an Seelsorge eigentlich keinen einzigen Fall gesehen, bei dem das so funktioniert hätte. Vielleicht ist derartiges in anderen Therapieansätzen möglich, etwa bei verhaltenstherapeutischen Maßnahmen, aber selbst das bezweifle ich. Göttliche Therapie, die von der Offenbarung der Wahrheit und der Gnade in Christus ausgeht (Johannes 1,17), kann Hilfe gegen die Wahrheit nicht anbieten, was natürlich nicht ausschließt, dass manche Freisetzungen doch erst nach und nach erfolgen. Aber auch dann muss eine Grundentscheidung zur Wahrhaftigkeit und Demut unbedingt vorliegen.

Ich möchte diesen letzten Teil des Verfahrens, der direkt vor dem Therapiegeschehen im eigentlichen Sinne liegt, noch einmal abschließend bewerten. Für mich ist die Erörterung aller Fakten und Deutungen gegenüber dem Kranken, die der Seelsorger bis dahin für sich im Gespräch mit dem Hilfe Begehrenden gefunden hat, ein Akt der Würde und des Respekts diesem gegenüber. Das hat nichts mit Bevormundung zu tun, wie uns das bestimmte Schulen vorhalten, und erst recht nichts mit erneuter Freiheitsberaubung, die angeblich dadurch geschieht, dass wir unsere überlegene Position als Therapeuten gegenüber der Notlage des Patienten ausnutzen.

Das ganze Gegenteil ist vorhanden. Die Menschheit braucht einen Maßstab für Gut und Böse, für Recht und Unrecht, um danach ihr Verhalten auszurichten. Nun ist es offenbar, dass das Gros der

Menschen unter Einschluss der Mehrheit der seelisch Gesunden, die ihre Sinne beisammen haben und nicht unter einem Diktat von frühkindlicher Fehlprägung stehen, es auch nicht schafft herauszufinden, was für sie gut und förderlich ist. Wenn aber schon die seelisch Intakten sich offensichtlich überwiegend verkehrt orientieren, wie viel schwerer und vermutlich unmöglich wird es dem seelisch Kranken sein, der Kraft seiner Fehlorientierung und Zwanghaftigkeit zu entkommen und zur wahren Sicht der Welt und seiner selbst zu finden.

Nein, dem Kranken die Wahrheit über sich vorzuenthalten und ihm nicht den Weg aus seiner Gefangenschaft zu weisen, ist unbarmherzig und grausam. Wir erwarten von ihm etwas, was wir Gesunde unter viel besseren Bedingungen selbst nicht schaffen. Und überhaupt wird der Wille eines Menschen nie freier sein, sich für das Richtige zu entscheiden, als dann, wenn wir ihm die Alternative von Gut und Böse vorgelegt haben und obendrein liebend für den richtigen Weg des Evangeliums und nicht für unsere eigene private Sicht werben. Es ist ein böser Trugschluss der säkularen Therapien, wenn sie uns vorwerfen, dass schon das Formulieren von klaren Zielen unfrei mache. Eine Bevormundung ist vielmehr dann vorhanden oder ihr wird Vorschub geleistet, wenn der Entscheidungswillige über das, was für ihn richtig und heilsam ist, im Unklaren gelassen wird. Dieses muss man natürlich begrifflich von dem törichten Versuch trennen, dem Kranken ohne seine Einsicht oder gegen seine Billigung eine bestimmte Entscheidung aufzuzwingen. Das ist würdelos und ein seelsorgerlicher Kunstfehler, der nie ungestraft bleibt. Nach kurzer Zeit wird der Heilungsprozess ins Stocken geraten.

Bei allem bleibt zu bedenken, dass das ganze Evangelium total direktiv ist. Das Wort sagt uns genau, was unserem Heil dient. Was also im Reiche Gottes generell gilt, kann im Therapiegeschehen nicht auf ein Mal verkehrt sein. Wir haben allen Grund, diese Diskussion für uns als eine Scheindebatte zu durchschauen und beiseite zu tun. Ohne die Maßnahme der offiziellen und würdevollen Erörterung von Ursachen und Wirkung kann es zu keiner Mitwirkung des Patienten kommen. Er bleibt sonst ein Objekt und Opfer von Mechanismen, seiner Einflussnahme beraubt, und kann nicht zur Heilung gelangen, weil er keine Chance bekommt, seinen Willen sprechen zu lassen.

Therapie-Erfahrungen

Mit dem Erreichen dieses Stadiums des Gespräches hat längst die Heilung begonnen. Zwar kommen die meisten Resultate erst bei dem nachfolgenden Gebet zustande. Aber weil die Wahrheit, wie Jesus sagte, frei macht, wird die anerkannte Wahrheit über Jesus und uns selbst, wie sie im Verlauf des Gespräches zutage getreten ist, bereits Lockerung, Entspannung und möglicherweise die erste Freisetzung angestoßen haben.

Folgende gruselige Geschichte mag den Nutzen des vorgelegten Deutungs- und Therapiemodells illustrieren: Eine gläubige Frau, von Beruf Apothekerin, mit kultiviertem Auftreten, kommt in meine Sprechstunde und berichtet von ihrem Zwang, ihren Mann mit einem Messer erstechen zu wollen. Alle bisherigen Bemühungen konnten keine Abhilfe bringen. Das seelsorgerliche Gespräch ergab folgende Vorgeschichte: Die Symptome bestanden seit achtzehn Monaten und traten das erste Mal beim gemeinsamen Anschauen eines Fernsehfilms im Familienkreis auf. Die Ehe war schon lange gespannt, die Frau wurde von ihrem Mann wie Luft behandelt. Er ging seinen Hobbys nach und zeigte kein Interesse an ihr.

Nachdem sie sich zu Christus bekehrt hatte, entwickelte der Ehemann einen nicht enden wollenden Spott über ihren obskuren Glauben und verletzte sie obendrein, weil sie ziemlich korpulent war, immer wieder durch Anspielungen auf ihre Figur. Bei einer Auseinandersetzung zwischen den beiden hatte er sie auch schon einmal am Hals gefasst und andeutungsweise gewürgt. Frühere seelsorgerliche und psycho-therapeutische Bemühungen, die daraufhin eingeleitet wurden, hatten nichts erreicht, wiewohl der Zusammenhang doch eindeutig erschien. Damit ist dieser Verlauf ein Beweis dafür, dass Hintergrundsursachen vorliegen mussten, die so stark waren, dass ihre Außerachtlassung es unmöglich machte, den

Zwang durch einfache Erörterung der Fakten im therapeutischen Gespräch oder durch Gebet zu beseitigen.

Diese Hintergrund-Ursachen lagen reichlich in der Kindheit vor. Der Vater war von tyrannischer Natur, autoritär und übermächtig und bar jeglicher väterlicher Zuwendung. Und doch war sie an ihn gebunden, was sich darin zeigte, dass sie nach seinem Tod, der viele Jahre zurücklag, nervlich zusammenbrach. Sie hatte Angst vor ihm, weil er sie kontrollierte und es zum Beispiel eine Unart von ihm war, sich immer wieder von hinten an sie heranzuschleichen und sie zu erschrecken. Er war ohne Gefühle und doch fühlte sie sich paradoxerweise von ihm geliebt und auch zu ihm hingezogen.
Bei näherem Befragen gab sie zu, dass sie von einer allgemeinen Abneigung gegen Männer, die an Männerhass grenzte, erfüllt war. Auch ihre Mutter hatte schon diese Einstellung. Sie hatte sie in ihrer Kindheit zur Parteinahme gegen ihren Vater gezwungen und sie systematisch auf Männerhass programmiert. Sie überzog ihre Tochter mit einer geballten Mischung von übermäßiger Obhut, Manipulation, Kontrolle und Reglementierung durch Schmollen, Schweigen, Krankheits-, Todes- und Verlassen-Drohung. Die Mutter hatte sie auch immer wieder zum Essen gezwungen und zur Strafe bei Verweigerung in den dunklen Keller eingesperrt.

Die Deutung ist nicht schwer: Alle Grausamkeiten, die sie erlitten hatte, waren in ihr noch präsent, weil sie trotz ihrer Bekehrung die alten Rache- und Gegenmaßnahmen nicht erkannt und durch einen Gnadenprozess aufgelöst hatte. Sie hasste sich selbst, den Vater, die Mutter und ihren Mann. Die sonderbare, hochgradig ambivalente Beziehung zum Vater, der sie terrorisiert und sich von hinten an sie angeschlichen hatte, erzeugte, indem sie Verhaltensanteile von ihm übernahm und ihn gleichzeitig ablehnte, den gedanklichen Reflex, ihren Mann zu erstechen.

Hinzu kam noch, dass diese Patientin Mitglied in einer sehr gesetzlichen Gemeinde war und wenig von Gnade wusste. Nach theologischer Kurskorrektur, gewissenhafter Revision aller Schuldmomente in Gegenwart und Vergangenheit und nach intensiver geistlicher Behandlung ihrer Haltungen wie Selbstmitleid, Härte,

Bitterkeit und Gnadenlosigkeit kam es zu einer sofortigen Freisetzung, deren Effekt auch anhielt.

Die Lektion, die sich aus dieser anscheinend einfach zu deutenden Geschichte ergibt, lautet: Wer therapeutisch nur in der Gegenwart agiert, wird häufig das Problem nicht lösen können, weil uralte Positionen von Rache und Selbstbefreiung gar nicht berührt werden. Man bleibt dann auf der Oberfläche des Problems, so dass die Symptomatik ungerührt weiter bestehen bleiben kann.

Allerdings gilt auch: Wer nur die Mechanismen in der Vorgeschichte aufspürt und nicht die Verbindung zu einem neuen Lebensentwurf in der Gegenwart herstellt, wird auch nicht sonderlichen Erfolg haben. Das Hauptziel dieses Buches liegt in dem Anliegen, beide diagnostischen und therapeutischen Kategorien zu vereinen. Wie dieses Ziel erreicht werden kann, sollte dieses Kapitel darstellen. Aber bevor wir diese Erkenntnis praktisch nutzen können, müssen wir erst einmal lernen, welches die wichtigsten Ursachen-Wirkungskomplexe in Einzeldarstellung sind.

Kapitel 8

KRANKHEITSWEGE

Nachdem die wichtigsten Reaktionsformen der Seele beschrieben worden sind, sollen nun häufig auftretende Krankheitsbilder in Einzeldarstellung aufgeführt werden. Wir gehen aus didaktischen Gründen nach dem bereits beschriebenen Verteilungsmuster vor, indem wir zwischen den Krankheitsentwicklungen nach seelischen Beeinträchtigungen und den Selbsthilfemaßnahmen aufgrund erlittenen Selbstwertverlustes unterscheiden.

In der Realität kommen diese Mechanismen natürlich nicht voneinander getrennt vor. Aber zum Zweck des besseren Verstehens ist diese Gliederung nützlich. Bei der Beschreibung und Systematisierung dieser Reaktionsmuster gehen wir aus denselben Gründen jeweils von der Schädigungsquelle und nicht von der resultierenden Symptomatik aus. Wir müssen das Zustande-kommen eines Symptoms verstanden haben, um im praktischen Fall der Untersuchung eines seelischen Notzustandes auf den entscheidenden Einfall zu kommen. In der Medizin gibt es das Prinzip: Man muss nur daran denken. Gemeint ist, dass man bei dem Erstellen einer Diagnose von der Kenntnis bestimmter Krankheiten und deren spezifischen Symptomatik ausgehen muss, um auf die richtige Spur zu kommen. Allerdings kann man nur an etwas denken, wenn man von dessen Existenz überhaupt weiß.

So soll die nachfolgende Auflistung den Leser zunächst mit den wichtigsten Ursachen-Symptomen-Komplexen vertraut machen, um dann im Umgang mit den Patienten für die notwendigen Aha-Erlebnisse im Sinne des Wiederentdeckens der beschriebenen Zusammenhänge zu sorgen. Geht es also darum, die genaue Diagnose zu ermitteln, wird man zuerst die Symptome verfolgen, weil in ihnen viele Aufschlüsse enthalten sind. Das ist der praktische Weg, der im nächsten Kapitel eingehend dargestellt wird.

Aber auch die genaue Untersuchung der Schadensquellen bringt uns weiter. In der Nutzung auch dieses Gesichtspunktes, zusammen mit der Verwertung der Symptomaussage, liegt ein Charakteristikum des Anliegens dieses Buches. Wir bewegen uns von zwei Seiten auf die Diagnose zu. Führen wir bei dem Erheben der Vorgeschichte den Nachweis von starken negativen Reizen und Leidfaktoren in der Vergangenheit unseres Patienten, dann müssen wir davon ausgehen, dass der Erleidende darauf reagiert haben wird und zwar in einer negativen und zerstörerischen Abwehrhaltung.

Die durchschnittliche kindliche und auch erwachsene Seele ist eben ohne Christus nicht fähig, starke und länger anhaltende Belastungen abzufedern. Sie ist bald überlastet, weil sie dazu nicht geschaffen wurde, und reagiert mit Aufstand, Streit oder gezielten Gegenmaßnahmen. Indem wir von dem biblischen Menschenbild und dem Gefallen-Sein aller Menschen ausgehen, können und müssen wir es uns erlauben, diese Reaktionsweise zu verallgemeinern. Es gibt unter uns einfach keinen Ausnahmemenschen, kein sittliches Genie, das etwa im Fall von langfristig erlittener Ablehnung anders als die anderen reagiert. Das abgelehnte „Genie“ wird genauso darunter leiden wie alle anderen und auch seine Gegenmaßnahmen entwickeln, nur dass diese möglicherweise um einiges raffinierter verdeckt und sozial angepasst sind.

Die üblichen Rachemaßnahmen im Fall einer Ablehnung sind, wie wir gesehen haben, übernommene und angeeignete Ablehnung, mit der sich das Kind gegen den oder die wendet, die es abgelehnt haben. Das ist der einfache und auch häufigste Fall: Ablehnung erzeugt Ablehnung und über das Gefühl, abgelehnt zu sein, auch den Eindruck, nichts wert zu sein.

Diese Reaktion kann jedoch auch komplizierter gestaltet sein, so dass man sie nicht so leicht erkennt. Das abgelehnte Kind kann sich an die Mutter klammern, was mitunter wie eine besonders intensive Liebe zur Mutter imponiert, aber in Wirklichkeit eine Bestrafungsmaßnahme ist. Es kann sich aber auch diskret von den Eltern abwenden und sich früh anspruchsvollen Spielen und später intellektuellen Aufgaben zuwenden. Wenn diese Reaktion nicht zu grob ausfällt, könnten ein Beobachter und erst recht die Beteiligten zu dem Ergebnis kommen, dass hier keinerlei Abweichung von der Norm vorliegt. Und doch kann das schon der Anfang einer massiven Fehlorientierung und die Bahnung einer späteren Krankheit sein, die mit Gefühlsarmut, Perfektionismus und Partnerschaftsunfähigkeit einhergeht. Ob nun so oder so oder ganz anders, immer wird eine massive und anhaltende Belastung eines Menschen durch andere Menschen zu einer aggressiven oder defensiven oder auch ausweichenden Reaktion führen, die nach einiger Zeit noch die oben beschriebene Überlagerung durch Fremdkräfte derselben Verhaltensqualität erfährt und die Persönlichkeit zunehmend deformiert.

Gesetzmäßigkeiten seelischer Reaktionen

Wenn man die Reaktionen von bedrängten Kindern oder Erwachsenen untersucht, entdeckt man bald immer wiederkehrende Reaktionsmechanismen.

1. Wir haben bereits kennen gelernt: Übernahme der Untugend oder des Unrechtes, das einem durch die Eltern zuteil wird, in einer Art Lernverhalten. Das ist die häufigste Reaktionsform: Wer abgelehnt wird, lehnt andere ab, besonders denjenigen, der ihm das Leid direkt verschafft hat. Das trifft für viele Ursachen-Wirkungs-Komplexe zu: Hass erzeugt Hass, Verachtung produziert Verachtung und so pflanzen sich Ängste, Verwahrlosung, Sorgen, Selbstmitleid, Misstrauen und viele Untugenden fort.

2. Ein anderes Muster, das für viele seelische Reaktionen typisch ist, besteht darin, dass man die Aggression oder das Unrecht, das man erleidet, nimmt und gegen sich selbst richtet. Man erleidet das Unrecht, glaubt dabei trotz allen Protestes doch an die Berechtigung der erlittenen Unbillen und straft sich, indem man sie gegen sich selbst richtet. Insofern gibt man sich dem Schmerz, dem Unrecht und der Minderwertigkeit hin. Aber das ist nur die Vorbereitung einer weiteren internen Maßnahme der Entwicklung eines Märtyrer-Bewusstseins und gleichzeitig der Feststellung der groben Gemeinheit derer, die das Leid ausgelöst haben. Dieses komplizierte Arrangement verschafft sich der Leidtragende, um dadurch die

Aggressoren als böse und primitiv zu verurteilen und sich selbst im Kontrast dazu in einem besseren Licht erscheinen zu lassen. Obendrein holt er sich das Anrecht für Selbstbefreiungsmaßnahmen. Diese Reaktionsform ist ein führendes Verbindungsglied zwischen den beiden Grundmustern seelischer Erkrankung, der Rache und dem Selbsterlösungsprinzip.

3. Ein weiterer häufig beschrittener Weg, den die kindliche Seele einschlägt, um sich zu rächen und dabei gleichzeitig ihre Überlegenheit über die Gemeinheit oder Vernachlässigung der Eltern zu beweisen, ist die Umkehrung des zugefügten Leids in dessen Gegenteil. Das Kind, das mangelnde Liebe oder Zuwendung bzw. Versorgung erlebt, kann sich unter bestimmten Umständen zu Entscheidungen aufraffen, wie z.B. sich selbst zu versorgen, ein Streber in der Schule zu werden oder höchste berufliche Ziele anzustreben und zu erreichen, um sich selbst, den Eltern und allen anderen zu beweisen, dass es die anderen nicht braucht und die Eltern schon gar nicht und das es sie mit seinem Einsatz aussticht und beschämt.

4. Zu den ganz häufigen Modalitäten der Symptomerzeugung gehört die Verallgemeinerung, die ein konsequent eingesetztes Mittel ist, um sich zu verteidigen und möglichst viele zu strafen. Die Tochter, die unter einem harten, autoritären und ungerechten oder vielleicht auch zu weichen Vater gelitten hat, wird später alle Männer so einschätzen wie ihren Vater. Selbst wenn sie sich in ihrem bewussten Verhalten den Männern sehr zugewandt zeigt und sogar ihren absoluten Traum-Mann gefunden hat, die Verallgemeinerung, die ein böses und lügenhaftes Prinzip darstellt, steckt in ihr und wird ihre Beziehung zum anderen Geschlecht immer unterlaufen. Eine gute Illustration dafür ist die Charakterisierung Salomos in Sprüche 30,21-23, wo er sogar von einer nationalen Katastrophe spricht, wenn die immer Verschmähte schließlich doch einen Mann findet.

Dieses Prinzip findet natürlich auch für den umgekehrten Fall seine Anwendung, wenn ein Sohn durch seine Mutter keine gesunde vorgeschlechtliche Liebe und Ermutigung findet. Es erstreckt sich eigentlich auf alle aufzählbaren Reaktionsinhalte und bedingt einen großen Teil allen neurotischen Leids.

5. Für einen Teil der unten aufzuführenden Symptombildungen gilt das System der Somatisierung. Darunter versteht man den Drang von krankmachender Energie, sich aus dem seelischen Erlebnisbereich in den Körper zu verlagern, um dort Störungen zu erzeugen. Manche Therapeuten erklären das damit, dass der Körper viel mehr Krankheitsenergie absorbieren kann als die Seele und dass so das Verfahren zur erheblichen Entlastung der Seele von Ängsten, Depressionen oder anderen typischen Störungen beitragen kann. Sicher stimmt es, dass körperliche Pein sich eher ertragen lässt als seelischer Druck.

Dieser Vorgang läuft indessen nicht wahllos ab, indem die geplagte Seele das Übermaß an Pein einfach in den Körper fließen lässt. Dahinter stehen fast immer Anklänge an bestimmte frühere Belastungen oder organische Erkrankungen in der Umgebung des Erkrankten, die unter neuen situativen Beschwernissen einen Ausdruck suchen. Oder es kann auch sein, dass die Symptome eine symbolische Verdeutlichung eines tiefer liegenden Konfliktes darstellen. Die hysterische Blindheit oder Lähmung – Symptome, die heute sehr selten auftreten – weisen zum Beispiel auf eine unzulänglich gemeisterte Versuchungssituation hin. Ähnliches gilt für Neuralgien, Herzbeschwerden, Darmfunktionsstörungen und viele andere psychosomatische Beschwerden.

6. Abstufungen und Untergliederung in aktive und passive Reaktionsformen. Dieses Gestaltungsmittel schafft ein weites Repertoire an Möglichkeiten, die Rache auf erlittenes Unrecht so kunstvoll zu dimensionieren und zu tarnen, dass sie kaum noch als solche erkennbar ist. Es imponiert wie ein interessantes Kolorit der Persönlichkeit und breitet sich unterhalb der Oberfläche der Person unentdeckt und zerstörerisch aus, bis das Leben des Betroffenen oder seiner Umgebung ruiniert ist. Je nach mitgegebener charakterlicher Disposition und Vitalität kann die Antwort eines Kindes auf elterliches Unrecht, wie etwa Härte oder Missbrauch des entgegengebrachten Vertrauens, eine robuste Aggressivität, offene Rebellion

oder ein ausweichendes Verhalten im Sinne von Selbstmitleid, Flucht oder Isolation sein. Letztere Rachereaktionen sind weniger offensichtlich, können fälschlicherweise als leichtere Abwehrmaßnahme eingeschätzt oder sogar gänzlich übersehen werden. Ihre Bedeutung als Beginn einer seelischen Störung kann aber sogar noch größer sein als die laute und plump rebellische Reaktion, was sich aber erst später herausstellt.

Neben dem Schweregrad der Racheantwort des gekränkten Kindes, die tatsächlich hinsichtlich Ausmaß und zeitlicher Dauer sehr schwankend sein kann, muss man, wie eben schon angedeutet, drei Ausdrucksformen der Rachereaktion und auch von Selbsterlösungsmechanismen unterscheiden: die grob rebellische und die offensichtlich lärmende Reaktion, die produktive Reaktion, die weniger dramatisch erscheint und umschriebene Auffälligkeiten als Früh-Symptom produziert, und die passiv-ausweichende Verhaltensreaktion.

a. Die grob rebellische und lärmende Reaktion. Sie besteht aus jenen dramatischen und lauten Gegenmaßnahmen eines Kindes, die auch in einem nicht-christlichen Haushalt als Rebellion bezeichnet würden. Das Kind ist ungehorsam, nimmt keine Ermahnung und Zurechtweisung an, ist ausgesprochen negativistisch und eigenbrötlerisch und hat Lust an Schrei- und Zornesausbrüchen und zerstörerischen Reaktionen, besteht fast nur aus Zuwiderhandlungen und ausgeprägten Egoismen. Es geht früh seine eigenen Wege, schließt sich zweifelhaften Personen an und landet regelmäßig in Drogen, sei es dauerhaft oder nur periodisch. Dieses Muster oder Teile davon können sich mit Abschwächung allen anderen Ausdrucksformen von kindlichen Gegenmaßnahmen beimengen, die nachfolgend erwähnt werden.

b. Die produktive Reaktion ist deutlich ruhiger und ähnelt dem späteren Bild der fertigen Symptomatik schon erheblich. Beispiele sind frühe psychosomatische Beschwerden, das heute so häufig genannte und fast als moderne Krankheit anzusprechende ADS- oder ADHS-Syndrom, Ängste, Depressionen, zwanghafte Erscheinungen, Denkstörungen, Leistungs- und Arbeitsunfähigkeit, vielleicht auch autistische Phänomene und viele ähnliche Beschwerden.

c. Die passiv-ausweichende Verhaltens-Antwort. Sie ist durch Meidung, Flucht, Abtauchen in Träume und Phantasien, Auf-Distanz-Gehen und Isolationismus bestimmt. Dazu gehören die unbewusste Entscheidung gegen Gemeinschaft und für Gefühlsentzug, aber auch die platte Faulheit und ungeschminkte Passivität, vielleicht schon von Anfang an verbunden mit passivem Genussausgleich wie Essen, Lust an Fernsehen, Computer und andere Freuden, die keinen aktiven Einsatz erfordern.

7. Affekt-Verdrängung und Affekt-Scheinüberwindung. Im Unterschied zu den Vorstellungen Siegmund Freuds glaube ich, dass fast jede Rache- oder Selbsterlösungsmaßnahme des Kindes wie auch des Erwachsenen ihren Ausgang von einem Affekt des Verletzten nimmt, den dieser sehr wohl spürt. Darunter verstehe ich Gefühlserfahrungen wie Schmerz, Empörung, Racheempfinden, Strafgedanken, Trauer mit und ohne Aggression gegen die Autoren des erlittenen Unrechtes. Diese Gefühlswahrnehmung mag von sehr kurzer Dauer und möglicherweise sehr gering ausgeprägt sein, aber in den meisten Fällen war sie doch vorhanden und war der Motor für die nachfolgenden Gegenmaßnahmen.

Aber unstrittig erleidet dieser Initialaffekt, der gegen den Aggressor gewandt ist, in den allermeisten Fällen einen schnellen Abbau und verschwindet nach Tagen bis Wochen, manchmal erst nach Jahren vollends. Ich bezeichne dieses Geschehen als Affekt-Verdrängung bzw. Affekt-Scheinüberwindung. Weil der Begriff Verdrängung definiert ist und nach der Freudschen Psychoanalyse einen bestimmten mit einer spezifischen Theorie verbundenen Vorgang meint, in welchem wesentliche Anteile der Freudschen Ideologie enthalten sind, ist es nicht so ratsam von Verdrängung schlechthin zu reden, sondern eher von Verdrängung von Affekten. Darunter verstehe ich also die Verminderung oder das gänzliche Schwinden der ursprünglichen Wut oder Entrüstung nach der Leiderfahrung.

Diesem Geschehen wohnt ein Komplex unterschiedlicher Kräfte und Ziele inne. Zum einen wird dadurch das Zusammenleben der Menschen, die sich gegenseitig verwunden, doch erträglich und möglich. Aber es bleibt trotz dieses Segens ein Akt der Lüge, der die Affekte und ihre Auswirkungen umverteilt und zu einem großen Teil auf den Erleidenden selbst lenkt. Schließlich macht dieser Mechanismus dazu Unrecht und die Verantwortung dafür unsichtbar, so dass man die Ursachen gar nicht mehr richtig handhaben kann. Der innere Antrieb für diesen Vorgang ist die Angst vor der Wahrnehmung eigener Schuld. Der Verdrängende will sich den Schuld- und Verdammnisgefühlen entziehen, was er meint durch diesen Mechanismus erreichen zu können. Er landet damit erneut in der Lüge und gibt dem Teufel und seinem eigenen Gewissen nur umso mehr Anrechte, ihn bestrafen zu dürfen. Ein anderer Grund für diesen Verdrängungsvorgang ist die Angst vor den übermächtigen Eltern oder dem jeweiligen Partner bzw. Chef, die die Symptomen-Strafmaßnahme so gestaltet, dass keiner der Beteiligten eine dahinter befindliche böse Absicht merkt. Der Segen dieses Mechanismus ist also recht fragwürdig. Die allseitig wirksame Lüge verhindert die klare Wahrnehmung der Zusam-menhänge und sabotiert eine seriöse Lösung.

Das erweist sich gerade in der Therapiesituation. Hier macht uns die Affekt-Scheinüberwindung besonders zu schaffen. Wenn jemand zum Beispiel aus Hass gegen seine Eltern in eine Schul-, Lern- oder Arbeitsverweigerungshaltung geraten ist und sich in einem christlichen Haushalt befindet bzw. zu einem späteren Zeitpunkt Christ geworden ist, dann wird er diesen bewussten Hass nicht mehr zulassen. Entweder hat er spontan den Hass verdrängt oder als Christ, nachdem er von der Notwendigkeit der Vergebung gehört hat, diese praktiziert, bis er merkt, dass in ihm kein weiterer wahrnehmbarer Hass mehr vorhanden ist.

Wie wichtig dieser Gesichtspunkt ist, wird praktisch in fünfzig Prozent oder mehr aller Fälle deutlich, wenn man im Rahmen der Anamnese nach der Beziehung fragt, die der Kranke heute zu seinen Eltern hat. Der Seelsorger kam längst zu dem Ergebnis, dass die massive Verletzung des Kranken in seiner Kindheitszeit durch die Eltern nach Lage der beschriebenen Umstände nicht geheilt ist, und hört dann regelmäßig, dass der Kranke sich heute gut mit dem Vater oder der Mutter verstünde, dass sie keinerlei Probleme mehr haben und dass heute eigentlich so etwas wie Liebe vorliegt. Wenn das der Seelsorger glaubt, dann hat er an einer ganz wichtigen Stelle des Prozesses schon verloren und wird kaum wesentliche Fortschritte erreichen. Er ist einer Lüge aufgesessen, in die der Hilfe Suchende nicht bewusst eingegangen ist, die aber dennoch da und wirksam ist.

So wahr es ist, dass man eine böse Erfahrung durch völlige Hingabe an Jesus und seine Gnade und die darauf erfahrene Vergebung beenden und so allen Hass bewusst verlieren kann, so wahr ist es aber auch, dass die meisten Christen diese Erfahrung nie bis zu ihrem völligen Abschluss gebracht haben. Sie spüren subjektiv keine Hass- oder Ablehnungsempfindungen und folgern daraus, dass sie davon frei sind.

Aber das ist häufig ein großer Trugschluss, ja sogar eine Katastrophe, weil dieser fehlerhafte Eindruck die Fortdauer der Unfreiheit sichert, die mit bestimmten Krankheitsäußerungen verbunden sein wird, welche niemand mit dem unbewältigten Hass-Untergrund bei dem Kranken in Verbindung bringt. Er sagt ja und spürt auch, dass er keinen Hass mehr gegen seine Eltern hat.

Dieser allgegenwärtige unheilvolle Mechanismus, der bei so gut wie allen Kranken und sicher bei vielen gläubigen Christen vorliegt, ohne dass diese eine Symptomatik von klinischem Ausmaß mit sich herumtragen, ist die große Herausforderung für den Seelsorger und den Pastor. Wenn diese ihr Wissen über diesen Sachverhalt, das sie aus unsäglich vielen Erfahrungen ähnlicher Natur gewonnen haben, mit Liebe und Mut verbinden, dann kann allein dadurch die durchschnittliche Gesundheit einer ganzen Ortsgemeinde einen signifikanten Schub zum Guten erfahren.

Die Aufgabe, Schein-Vergebung zu durchschauen ist eine gemeinsame Herausforderung von Seelsorger und Verkündiger. Dieser kann von der Kanzel dazu beitragen, dass das beschriebene Lügen-System bekannt und Heilung dadurch möglich wird. Nachfolgend also einige Hinweise auf verdächtige Konstellationen, hinter denen eine Schein-Heilung bestehen kann.

1. Allein der Nachweis von seelischen Auffälligkeiten ist für sich ein wichtiges Indiz, dass noch zwischenmenschliche Verspannungen vorliegen müssen.
2. Auffallend rarer oder fehlender Kontakt zu den Eltern oder in Frage kommenden Bezugspersonen ist hochgradig verdächtig für eine ungelöste Beziehungsproblematik.
3. Die geographische Verlegung des Lebensmittelpunktes ganz weit weg von dem Wohnort der Eltern ist zumindest verdächtig dafür, dass hier eine Meidungs-Situation vorliegen könnte. Die beinhaltet wieder, dass ein Konflikt noch vorhanden ist.
4. Komisches und geziertes Verhalten bei Begrüßung und Begegnungen mit den Eltern oder den Bezugspersonen haben immer einen Hintergrund und sind extrem aussagekräftig. Wer eine Umarmung als unangenehm empfindet, sich dabei dünn macht und die körperliche Berührung meidet oder auf ein Mindestmaß beschränkt, verrät eine ungeklärte Haltung. Dahinter sind letztlich doch wieder ablehnende Kräfte wirksam, also Hass in irgendeinem Ausmaß.
5. Unverträglichkeit mit Menschen, die nach Art und Alter Ähnlichkeiten mit den primären Konfliktpersonen haben, sind weitere wichtige Hinweise.
6. Verlorenheit in der Gesellschaft, Partnerprobleme und Beziehungsstörungen haben in den meisten Fällen diesen Hin-

tergrund und beweisen, dass eine Gegenkraft am Werk ist, hinter der ein Motiv stehen muss. Es ist Hass.

7. Wir sind aber nicht nur auf Indizien angewiesen, der Heilige Geist will auch in direkter Rede diese Hintergründe aufdecken, damit Versöhnung erfolgen kann.

Schließlich ist noch die Mischung aller dieser Formen und Richtungen, die z. B. auch das gleichzeitige Vorhandensein von Gegensätzen wie Pedanterie und Unordnung zulassen, zu erwähnen. Dadurch entstehen Reaktionsformen, bei denen die genannten Muster modifiziert, vermengt, einseitig akzentuiert und abgeschwächt werden, so dass sich eine große Zahl von möglichen Kombinationen ergibt. Und doch ist die Anzahl der zumeist auftretenden Konstellationen endlich und wiederholt sich in erstaunlicher Häufigkeit. Wie schon gesagt, führen Fehlformen von Leben doch nicht zur Mehrung der Mannigfaltigkeit, sondern zum Abbau von Differenzierung und Vielfältigkeit.

Diese Krankheitsbilder sind also hinsichtlich ihrer Ursachen und Gestaltung deformierten Lebens glieder- und einordbar und damit auch zu erlernen.

Das Verletzungsbild und die Symptomantwort im Kindesalter

Nachdem die Grundmuster von Reaktionen auf Verwundung und Unrecht im Wesentlichen beschrieben sind, können wir uns auf die Verletzungsbilder konzentrieren, die die Menschen in ihrer Kindheit erfahren und ihnen die statistisch häufigsten Symptomantworten zuordnen. Der Leser darf dabei auf keinen Fall die Tatsache vergessen, dass bei manchen der nachfolgend aufgeführten Reaktionsmuster auch die dämonische Wirkkraft dazu kommt, die das Symptom verfestigt und chronifiziert, das heißt die Selbstheilungskraft raubt. Ich werde sie deswegen nicht mehr extra aufführen, da sie sich sowieso jeweils regelmäßig dazu addiert.

Die Verbindung von Verletzungsart und nachfolgender Symptomausbildung wird weitgehend im Hinblick auf ihre statistische Häufigkeit vorgenommen. Es kommen sehr viel mehr Symptomformen pro Verletzungsart zustande als von mir ausgeführt, was vor allem durch zusätzliche Verwundungen und Beeinträchtigungen bedingt ist. Denn nur selten haben wir es mit einer isolierten Schädigung zu tun. Fast immer ist es ein Bündel von Peinigungen, das auf ein Kind einwirkt und vielfältige Reaktionsantworten mit potenzierender oder sich gegenseitig abschwächender Wirkung produziert.

So kann die nachfolgende Aufzählung nur einen Anhalt davon geben, was an Symptombildern möglich ist. Die Liste ist nicht vollständig, aber was aufgezählt ist, sollte der Seelsorger sich schon einprägen, damit er in der konkreten Aufgabe der Diagnose-Stellung leichter auf den oder die entscheidenden Einfälle kommt.

1. Ablehnung[1]

Eine der häufigsten Verwundungen. Wie fast alle anderen aufgeführten Einwirkungen ist sie krankheitauslösend, wenn sie ständig wirksam ist. Nicht Ereignisse machen krank, sondern eine Kette von Handlungen und Haltungen.

Die Erscheinungsweise von Ablehnung ist vielfältig: die direkt ausgesprochene, die non-verbale Ablehnung durch Haltung und Meidung seitens der Eltern, die Ablehnung in dem Sinne, dass man nicht erwünscht war oder ein Abtreibungsversuch vorgenommen wurde, Ablehnung in Gestalt eines bestimmten Geschlechtswunsches bezüglich des erwarteten Kindes, der sich nicht erfüllt, Tochter statt Sohn oder Sohn statt Tochter.

---

[1] Viele Aussagen dieses Kapitels sind identisch mit dem Kapitel 5 und 6 meines Buches „Befreiung". Die damals gemachten Beobachtungen und formulierten Zusammenhänge haben sich im Verlauf der Jahre als verlässlich bewiesen und müssen nicht revidiert werden. Die Auflistung in diesem Buch wurde zum Teil gestrafft, einige Abschnitte wurden auch hinzugefügt. Eigentlich wäre es wünschenswert, die Reaktionsmuster noch weiter zu detaillieren, was aber das Volumen dieses Buches nicht zulässt. Ich glaube, dass mit etwas Einfühlungsvermögen das Prinzipielle an den Korrelationen (Wechselbeziehungen) von Ursache und Wirkung deutlich wird und leicht auf alle weiteren Fälle ausgeweitet werden kann, die ich nicht ausgeführt habe.

Auswirkungen auf der Kindesseite: Das Kind fühlt sich abgelehnt und lehnt die Eltern ab, von denen die Ablehnung ausgeht. Verallgemeinerung auf alle Menschen des gleichen Geschlechtes und überhaupt auf jedermann. Das Kind fühlt sich nicht angenommen und ausgegrenzt, deswegen Beziehungsstörung, Partnerschaftsproblematik, Menschenverachtung, sich zurückziehen in die Einsamkeit. Typisch ist die Verbindung mit vielen anderen Verletzungen und Symptomantworten.

2. Hass

Erscheinungsform auf der Elternseite: Das Kind wird von den Eltern in Gestalt von Haltungen, Worten und Vermeidungen gehasst; Eifersucht auf das Kind, was meistens von Stiefvater oder Stiefmutter ausgeht.

Auswirkungen auf der Kindesseite: Das Kind übernimmt die gleichsinnigen Haltungen wie Hassen und Eifersucht. Es kommt zu zwanghaften Vorstellungen, ausgeschlossen zu sein: „Jeder ist gegen mich, ich werde bekämpft." Das Kind entwickelt Selbstzerstörungsprägungen, Haltung der Passivität. Das Kind wagt nichts. Kriminelle Neigungen, Verwahrlosungserscheinungen und viele andere schwer zu systematisierende Symptomantworten.

3. Vernachlässigung

Erscheinungsform auf der Elternseite: Vernachlässigung bezüglich Zuwendung, Zeit, nicht zugestandener Freizeitgestaltung und mangelnder Versorgung.

Auswirkungen auf der Kindesseite: Verlassenheit, Isolierungstendenzen. Das Kind oder der spätere Erwachsene zieht sich zurück. Lern- und Denkstörungen, Partnerschaftsprobleme. Später mit großer Wahrscheinlichkeit Unfähigkeit zu lieben.

4. Verwahrlosung

Erscheinungsform auf der Elternseite: Verwahrlosung in der Erscheinungsform von mangelnder Fürsorge im Bereich von Versorgung, Kleidung und Wohnung, kein Taschengeld. Abwesenheit der

Eltern entweder durch Desinteresse, Absorbierung durch den Beruf oder eigene Verwahrlosung mit dem Fehlen jeglicher Erziehungsrichtlinien, Drogen in der Familie, Herrschaft von Krankheit, Alkohol, kriminelle Grundeinstellung der Eltern und Vorherrschaft des Fernsehens.

Auswirkungen auf der Kindesseite: Kind übernimmt Verwahrlosungstendenzen der Eltern, entwickelt kein Feingefühl und Taktgefühl, völlige moralische Verflachung oder Fehlentwicklung (moral insanity), Hass, kriminelle Neigungen, Menschenverachtung, Rachegefühl, Gefühllosigkeit oder Kaltblütigkeit, Todesgeister.

5. Schutzlosigkeit

Erscheinungsform auf der Elternseite: Eltern gewähren keinen Schutz gegenüber anderen Menschen, negativen Umständen oder Gleichaltrigen; keine eigene Aufmerksamkeit und lieblose oder unzulängliche Versorgung, was ebenfalls als Schutzlosigkeit von Kindern erlebt wird.

Auswirkungen auf der Kindesseite: Gefühl der Schutzlosigkeit; zwanghafte Vorstellung, unbedeutend zu sein; Minderwertigkeitsgefühle, Misstrauen, Angst, zwanghaft Maßnahmen, sich mit Höchstanstrengungen intellektuell und beruflich zu sichern, Asthma.

Die kindliche Seele reagiert logisch, wenn auch nicht mit berechnender Bewusstheit. Sie folgert aus der Tatsache, dass die Eltern keinen Schutz gewähren, dass sie nichts wert ist. Normalerweise pflegt man nämlich das zu schützen, was kostbar ist. Man will es auf keinen Fall vermissen oder verlieren. Minderwertigkeitsgefühle kommen also bei unterschiedlichen elterlichen Störungsmomenten vor. Sie sind immer ein Ausdruck davon, dass das Kind sich in der Mitte seines Daseins und seiner Person getroffen und bedroht fühlt. Sie sind als Nebenreaktion bei vielen unterschiedlichen Schuldformen der Eltern nachweisbar.

Schutzlosigkeit kann auch zu einer Haltung von Misstrauen führen, die immer eine Bedrohung oder Aggression von anderen voraussetzt. Wir finden hier eine polare Doppelreaktion vor, die in sehr vielen Fällen zu verzeichnen ist. Schon unter dem Komplex Ablehnung (1.) sahen wir sie. Ein Kind, das keinen Schutz erfährt, wird gleichzeitig Schutzlosigkeitsgedanken entwickeln und sich zusätzlich gegen Menschen stellen oder ihnen Schutz vorenthalten, also von vornherein gegen sie sein und sich Regungen des Misstrauens öffnen. Ob das eine oder das andere Element einer solchen Doppelreaktion führend ist, hängt davon ab, wie stark oder schwach das Kind aufgrund anderer Störeinwirkungen ist. Je schwächer es ist, umso weniger wird es ausdrücklich aktive Regungen aufbringen. Also in diesem Fall wird sich das Kind mehr auf den Zwang verlegen, sich schutzlos zu fühlen, statt ein aktives Misstrauen oder offensive Aggression zu entwickeln.

Angst hat unterschiedliche Ursachen. Die häufigste ist die Erfahrung, nicht geschützt zu sein oder instinktiv zu spüren, dass die Bedrohung von draußen größer ist als der Schutz. Insofern ist Schutzlosigkeit die häufigste Ursache von Angst. Wir werden noch andere Ursachen kennen lernen.

Asthma ist eine psychosomatische Erkrankung, die immer einen bestimmten seelischen Untergrund hat, ohne den diese Störung der Bronchien gar nicht zustande kommt. Die Einbettung von Asthma ist folgende: Angst, Minderwertigkeit und ein Komplex von Misstrauen und dem Gefühl des Ungeborgenseins in einer feindlichen Umwelt.

Wenn diese seelischen Komponenten entmachtet sind, kommt es zur Ausheilung von Asthma.

Ferner ist noch wichtig, von welchem Elternteil das schuldhafte Verhalten überwiegend ausgeht. Ist es der gegengeschlechtliche Elternteil, dann kann zusätzlich eine Einwirkung auf das spätere Partnerschaftsverhalten gegeben sein: Bindungsunfähigkeit, Neigung zum homosexuellen oder lesbischen Reagieren; Zwang, untreu sein zu müssen oder Angst vor dem anderen Geschlecht.

6. Streit im Hause

Erscheinungsform auf der Elternseite: Ungeborgenheit in der Familie, Zank und Streit zwischen den Eltern, häufige Auseinanderset-

zungen mit einer Atmosphäre von Vertrauensmangel und Spannung, keine Einheit, Drohung von Scheidung und vollzogene Scheidung.
Auswirkungen auf der Kindesseite: Ängste, Ungeborgenheit, Hoffnungslosigkeit, Unfrieden, Misstrauen, Unsicherheit, Leistungsstörungen, Gefühlsverweigerung oder Gefühlsarmut. Gelegentlich exzessiver Leistungsdrang.

Zank und Streit im Elternhaus erzeugen einen aggressiven Charakter und Streitsüchtigkeit. Sehr häufig findet man auch bei den Kindern folgende Haltung: „Ich habe es bei meinen Eltern erlebt, wie verheerend Auseinandersetzungen im Elternhaus sind. Das soll in meiner Ehe nie geschehen!" Aber weil sie in einer Protesthaltung verharren und nicht vergeben haben, entwickelt sich nach einiger Zeit genau das, was sie auf jeden Fall vermeiden wollten, eine eigene streitsüchtige Einstellung.

Ängste sind Wahrnehmungen einer kommenden Bedrohung. Wenn der Schutz, den die Eltern gewähren sollen, durch die Wahrnehmung von Zank und Streit lädiert erscheint, entwickelt das Kind Ängste.

Wenn es keinen Frieden im elterlichen Haushalt gibt, dann fühlt sich das Kind so bedroht, dass es alle Energie in die Abwehr dieser Bedrohung hineinstecken muss. Es fühlt sich schutzlos und hilflos und unmotiviert. In den Augen des Kindes lohnt es sich nicht mehr, sich dann in der Schule noch anzustrengen, weil das ein Nebenschauplatz ist. Andere reagieren exakt gegensinnig. Sie suchen Sicherheit in Höchstleistungen, um durch Unabhängigkeit sich von allen externen Fakten abzukoppeln.

7. Mangel an körperlicher Liebe
Erscheinungsform auf der Elternseite: Zu wenig Liebe im Sinne von körperlich gezeigter Liebe, wenig oder keine Zärtlichkeit, kein Schmusen. Es fehlen Küssen, Drücken, Spielen, mit Gestik und Mimik bewiesene Zuwendung. Zeitmangel.
Auswirkungen auf der Kindesseite: Das Kind fühlt sich nicht geliebt und nicht angenommen und kann deswegen andere nicht lieben. Unterschiedlich starke Ausmaße von Minderwertigkeitsgefühl,

Ich-Schwäche, Untauglichkeit, Wertlosigkeit, Sinnlosigkeit. Das Kind kämpft mit dem Zwang, fehlplatziert zu sein. Geradlinige Vorbereitung von Selbstmitleid und Depression. Unterschiedliche Grade von Misstrauen, Schutzlosigkeit und Ungeborgenheit. Zusätzliche Partnerschaftsproblematik - abhängig davon, welcher Elternteil Liebe verwehrt hat.

Mangel an körperlicher Liebe und Zärtlichkeit ist keine produktive Verletzung. Der Sachverhalt ist schlicht durch die Abwesenheit von etwas gekennzeichnet. Wer nur nach traumatischen Ereignissen oder Haltungen fragt, wird diesen Komplex mit Sicherheit übersehen. Aber dieser ist der häufigste und damit die schlimmste Schadensquelle überhaupt! Nichts braucht der Mensch mehr als Liebe. Und Liebe muss erklärt werden mit Worten, mit dem Körper und mit Zeit!

Liebe, die nicht in der Form von körperlichen Äußerungen angeboten wird, ist keine echte Liebe. Aber Zärtlichkeit, Zuwendung, Wärme und Liebkosen braucht der Mensch genauso wie Versorgung und gute Außenumstände und alle anderen von den Eltern kommenden Angebote. Verweigerung von Zärtlichkeit ist somit der schwerste Anschlag auf die Integrität der kindlichen Seele. Fehlt diese Zärtlichkeit oder ist sie nicht in ausreichendem Maß vorhanden, dann kommt das Kind wieder unvermeidbar zu dem Schluss, den wir bereits kennen gelernt haben: „Ich bin nichts wert, ich tauge nichts. Was hat das alles für einen Zweck, ich bin einer von vielen; ich bin austauschbar, weil meine Eltern in ihrem Verhalten nichts zeigen, was meine Kostbarkeit und Einzigartigkeit beweist.“

Dieser Mangel, der gleichbedeutend ist mit der schlimmsten Verunsicherung und gröbsten Verwundung und Zerstörung des seelischen Lebens, ja der ganzen Person, ist ungeheuer häufig! Gut achtzig bis neunzig Prozent aller Gläubigen, die in meine Seelsorge kommen und Befreiung suchen oder sonst eine irgendwie geartete Auffälligkeit haben, sind an dieser Stelle lädiert. Diese Form von Defizit ist wenig auffällig, weil die Eltern in der Regel einen Liebes- und Zärtlichkeitsersatz in Gestalt von Fürsorge oder Versorgung geben. Ein solcher Ersatz wird nach allgemeiner gesellschaftlicher

Norm als Liebe anerkannt, obwohl er im eigentlichen Sinne keine Liebe ist. Fürsorge kann wohl Ausdruck von Liebe sein, aber sie kann auch nur Ausdruck von Sorgfaltspflicht sein.

Weil Lieben mit Herz und der ganzen Person so selten ist, hat sich das Ersatzprodukt als ausreichend und gesellschaftlich normgemäß durchgesetzt. Aber die Auswirkungen von Liebesdefiziten auf das Kind sind regelmäßig verheerend. Ab einem gewissen Ausmaß von Mangel an Zärtlichkeit und körperlicher Liebe bildet sich beim Kind der Eindruck aus, dass es gar keine Liebe empfangen hat. Wenn man regelmäßig die Erwachsenen fragt, ob sie sich daran erinnern können, dass sie einmal bei Vater oder Mutter auf dem Arm oder Schoß waren und gedrückt oder geküsst wurden, kann man in deprimierender Häufigkeit die Antwort bekommen: „Nein, aber ich glaube sehr wohl, dass meine Eltern mich geliebt haben." Die Befragten rationalisieren also sofort, dass es doch Liebe und Zärtlichkeit gegeben haben wird, aber sie können sich nicht aktuell daran erinnern.

Mittlerweile habe ich festgestellt, dass dies ein Kriterium ist und als ein Beweis dafür gelten kann, dass tatsächlich die von den Eltern empfangene Zärtlichkeit und Liebeszuwendung von der Seele des Kindes nicht als ausreichend angesehen worden ist. Sie führte zu keiner bleibenden Speicherung im Erinnerungsvermögen. Die Seele hat also entschieden – was sich im fehlenden Erinnerungsvermögen ausdrückt –, Zuwendung war nicht da oder nicht ausreichend vorhanden. Das ist wie ein Menetekel der instinktiv beurteilenden Kinderseele: Gewogen und zu leicht befunden.

Man kann die Auswirkungen von vorenthaltener Liebe und körperlicher Zuwendung nicht kräftig genug schildern. In diesem harmlos anmutenden Sachverhalt erkennt das Kind, wie wir es schon bei der Ablehnung gesehen haben, einen Anschlag auf das Ich und auf seine Bedeutung und die Infragestellung seiner Existenz überhaupt.

Auch hier folgert das Kind messerscharf: „Wer nicht geliebt wird, hat keine Bedeutung und ist es nicht wert, geliebt zu werden." So ist auch in diesem Fall die Entwicklung von vielfältigen Störungen der Identität, der Ich-Beziehung und des Selbstwertempfindens die unausbleibliche Folge. Und weil der Schaden so häufig ist, ist diese Folge auch so erschreckend häufig festzustellen, was gravierende Auswirkungen auf die Volksgesundheit hat.

Ausgehend von diesem Leid ergeben sich auf der Kindesseite eine große Anzahl von negativen Reaktionen, die gar nicht alle im Einzelfall zu berechnen sind. Dazu gehören Bahnungen zur Depression, Labilität, Isoliertheitsverhalten und Menschenfurcht bis hin zu psychotischen Phänomenen. Diese kindlichen Verhaltensreaktionen mit den dazu gehörigen dämonischen Einflüssen sind so regelmäßig vorhanden, und treten auch in der Reihenfolge ihrer Entstehung sehr früh zu Tage, dass in vielen Fällen der Befreiungsdienst an dieser Stelle ansetzen sollte.

8. Geringschätzung und Verwöhnung

Erscheinungsform auf der Elternseite: Verhalten der Geringschätzung und der Abfälligkeit gegenüber dem Kind, Vorwurf des Versagens, der Nichtsnutzigkeit, Nichtswürdigkeit („Du machst alles verkehrt. Ich kann dir nichts überlassen. Kannst du nie was ordentlich abschließen? Ich mache es lieber selber. Ich kann nicht warten, bis du so weit bist:"). Es gehört also dazu, Fertigkeiten nicht anzulernen und zu vermitteln, weil man vom Kind sowieso nichts erwartet. Dazu gehört auch die Haltung von Overprotection (das Kind vor allem bewahren, weil es immer Fehler machen und zu Schaden kommen könnte), Verwöhnung und Verweichlichung.

Auswirkungen auf der Kindesseite: Versagerbewusstsein, zwanghafter Komplex des Scheiterns, der Untauglichkeit, Verlierer zu sein. Angst vor Aufgaben, Leistungsunfähigkeit, Arbeits-, Denk- und Verhaltensstörungen. Besonders großer Ehrgeiz, Beweisungssucht, extremer Fleiß und Lernwilligkeit, Karrierestreben.

An diesem Schadenskomplex wird besonders deutlich, wie unterschiedlich die Reaktionen des Kindes sein können. Ist das Kind nicht zu sehr durch andere Beeinträchtigungen geschwächt und ist die negative Erwartungshaltung der Eltern nicht zu groß, dann kann genau das Gegenteil der elterlichen Einwirkung zustande kommen. Das Kind will beweisen, dass es doch etwas kann und entwickelt einen krampfhaften und zwanghaften Ehrgeiz, hinter dem ein starker Leistungswille und auch Racheimpulse stehen. Ist der Druck aber zu groß und ist das kindliche Ich durch andere Einwirkungen zu sehr geschwächt, dann wird es sich zum Versager und lebensuntauglichen Schwächling entwickeln müssen.

Beispiel: Beate, eine gläubige geisterfüllte Christin, glücklich verheiratet, Mutter von drei Kindern, tut sich schwer mit dem Haushalt. Es gibt keinen Hinweis darauf, dass sie allgemein ungeschickt oder uninteressiert sei. Sie ist flink, von schnellem Auffassungsvermögen, liebt ihre Familie und zeigt keinerlei Symptomatik, die etwas mit Flucht vor Mutterverantwortung, Ablehnung der Frauenrolle oder dergleichen beinhaltet. Aber sie hat keinen Spaß an der Hausarbeit und ist auch nicht geschickt dazu.

In ihrer Vorgeschichte war bemerkenswert, dass ihre Mutter, die sie sonst durchaus förderte, im Bereich des Haushaltes von ihr keine Hilfe erbat, keine Anleitung gab, alles selbst machen wollte und bei gelegentlichen Versuchen von Beate, doch helfen zu wollen, diese abwies. Zum Teil sagte sie, dass das nicht Beates Berufung sei, zum Teil äußerte sie, dass Beate ungeschickt sei und übrigens sie als Mutter auch keine Zeit hätte, auf den Abschluss von Beates Kochversuchen zu warten.

Die Folge war eine selektive Störung im Bereich der hausfraulichen Tätigkeit in Küche und Wohnung. Beate begann zu vergeben, holte Gnade für diese neue Aufgabe und stellte sich gegen die erfolgte Programmierung. Sie konnte dann tatsächlich erste Erfolge von Motivation und Fertigkeit in diesem früher gemiedenen Bereich erringen.

9. Angst

Erscheinungsform auf der Elternseite: Angst, Ängstlichkeit.

Auswirkungen auf der Kindesseite: Angst, Ängstlichkeit, Vertrauensmangel, Fixierung darauf, sich selbst nichts zuzutrauen, Unsicherheit, Ungeborgenheit, vielfältige körperliche und psychosomatische Beschwerden, Verkrampfungszustände, Neuralgien.

Angst erzeugt Angst. Ich rede nicht von dem einzelnen Angstimpuls aufgrund einer abrupten Bedrohung. Angst ist der Glaube an das Nicht-Geschütz-Sein, weil die bedrohenden Kräfte größer sind als die schutzgebenden. Angst ist also insofern Unglaube gegenüber den Schutz in Aussicht stellenden Verheißungen Gottes und damit gleichzeitig eine indirekte Einladung an die Welt der Finsternis, sich überlegen zu erweisen. Insofern ist Angst als Haltung Ausdruck der Wirksamkeit eines Geistes (2. Timotheus 1,7). Es gibt viele verschiedene Ängste.

Hier einige der häufigsten Angstmanifestationen (die u. U. durchaus einem entsprechenden Angstgeist entsprechen können): Angst vor der Zukunft, Angst vor dem Tod, Angst vor dem Sterben, Angst vor Krankheit, Angst, wahnsinnig zu werden, Existenzangst (was eine besondere Form der Sorge in Hinblick auf die berufliche Situation ist), Angst vor Menschen, Angst vor Autoritäten, Angst vor der Behörde, Angst vor Dunkelheit, Angst vor Plätzen, Fahrstuhl, U-Bahn usw. (das sind eigentlich mehr Zwänge als Ängste), Angst vor Insekten, Hunden, Tauben, Schlangen, Angst vor Ansteckung usw. Ängste, denen man nachgibt, werden stärker und erfassen immer mehr Bereiche. Wer sich von ihnen kommandieren lässt, übernimmt ihren Charakter und wird dann schon von den kleinsten Auffälligkeiten beunruhigt.

Beispiel: Christina war fünf Jahre alt und lag wegen eines harmlosen Scharlachs, der schon im Abklingen war, auf meiner Station in der Infektionsabteilung. Sie war das hübscheste und netteste Mädchen auf der ganzen Station. Alle Ärzte und Schwestern liebten sie besonders. An einem strahlend schönen Tag stand sie auf einmal im Korridor der Station, nachdem sie alle Sperren vom Behandlungszimmer zum Gang überwunden hatte, und weinte erbarmungswürdig. Die ganze Station lief zusammen und stand fassungslos um das kleine Mädchen, das so herzzerreißend schluchzte und weinte. Wir alle waren von der Szene so gerührt, weil dieses blonde und blauäugige Mädchen einfach unser Herz erobert hatte. Wir versuchten zu erfragen, was es so ängstigte und konnten es lange nicht herausfinden. Schließlich zog sie mich zurück in das Krankenzimmer, führte mich ans Fenster und wies auf eine kleine niedliche Wolke, die an dem ansonsten strahlend blauen Himmel zu erkennen war. Sie sagte: „Schau; die Wolke, Doktor, schau auf die Wolke. Ich habe so große Angst". Dann erst begriffen wir: Christina hatte in der Klinik in den Tagen davor, getrennt von ihren Eltern, ein oder zwei schwere Gewitter mitgemacht, die natürlich immer etwas mit Wolken zu tun hatten. Sie war diesen Ängsten schutzlos ausgeliefert, weil sie durch die Isolierung der Krankenhausbedingung allein war. Und so kam eine zwanghafte Angst vor Wolken (!) über sie, ein klassisches Beispiel, wie sich Angst an geringfügigen Anlässen festmachen kann.

Angst gehört mit zu den größten Geißeln der Menschheit. Angst ist eine Erscheinungsform von Geistern! Angst hat es an sich, nicht alleine bleiben zu wollen. Wo Geister der Angst sind, suchen sie immer ihresgleichen und haben offenbar auch das Verlangen, sich zu somatisieren, das heißt, sie ziehen andere Mächte an, die auf dem vorbereiteten Feld dann den Körper befallen und alle möglichen Krankheiten erzeugen. Bevor ein Krebs sich in jemand ausbildet, bedarf es einer Anbahnung durch Angst vor dem Krebs und Angst vor der Krankheit oder allgemeiner Ängstlichkeit. Es muss nicht jeder Krebs auf dieser Grundlage entstanden sein. Aber wenn Krebs vorhanden ist und er geistlich besiegt werden soll, dann sollte die Frage nach einer derartigen Vorgeschichte gestellt werden. Sehr häufig finden wir dann diese Zusammenhänge.

Beispiel: In einer sehr starken Gemeindebewegung in Skandinavien wurde einem geistlichen Leiter in der Bewegung gesagt, dass die Satanisten des Landes gegen ihn beten und ihm Krankheit auf den Leib hexen wollen. Dieser Leiter wurde tatsächlich krank. Dann ging die Nachricht an die Gläubigen, dass auch die anderen Leiter dran seien. Und in der Tat, eine weitere bekannte Persönlichkeit aus dieser Gemeindebewegung bekam eine Krebserkrankung und starb auch daran. Nicht alle Einzelheiten von diesem Geschehen sind mir geläufig. Beides waren große Männer Gottes, die ihrem Herrn treu dienten. Die Bedeutung der Angst und der negativen Erwartung in diesen Fällen ist unübersehbar. Wir dürfen und wir brauchen der

Angst keinen Raum zu geben. Jesus ist stärker als alle Dämonen der Angst.

10. Sorge

Erscheinungsform auf der Elternseite: Sorge in jeder Form, auch in Gestalt von Ruhelosigkeit, hektischer Betriebsamkeit und Workoholic-Tendenzen.

Auswirkungen auf der Kindesseite: Sorgenhaltung, Hektik, Betriebsamkeit, Arbeitshöchstleistungen.

Die einzelne Sorge für sich ist eine auf Alltagsexistenz-Bedingungen bezogene Sonderform von Angst. Nach biblischer Schau ist sie Ausdruck einer Haltung von Unabhängigkeit und Stolz, die sich alles zutraut und die Grenzen ihrer Leistungsfähigkeit verkennt (1. Petrus 5,6-7 in der Elberfelder Übersetzung). Sind Sorgen bei den Eltern vorhanden, werden sie den Kindern mitgegeben. Die Zusammenhänge sind zwingend. Wie häufig habe ich gehört, dass die Belasteten sagten: „Meine Eltern waren Weltmeister im Sorgen." Sorgen sind ansteckend. Fast alles, was für die Angst gesagt worden ist, gilt auch für die Sorge.

11. Jammern und Klagen

Erscheinungsform auf der Elternseite: Weinerlichkeit, Lamentieren, Schmollen, Jammern, Beklagen.

Auswirkungen auf der Kindesseite: Der Geist des Jammerns und der Weinerlichkeit steckt an. Es treten beim Kind durch diese Infektion genau dieselben Erscheinungen auf; zum Teil aber auch ein Aggressionsverhalten und Fluchttendenzen, weil man genau spürt, dass die Eltern durch ein solches Verhalten ihre Aggressivität äußern, die Kinder belasten und sich auf deren Kosten ausleben.

Weinerliche und schmollende Elternteile können im Familienverband funktionell völlig ausfallen. Von ihnen kommt keine Leistung. Das merken die Kinder, und sie entwickeln in ihrer Rache und Aggression vielfältige dagegen gerichtete Symptome.

12. Despotismus

Erscheinungsform auf der Elternseite: Autoritäres Verhalten, Despotismus, Forderung der Unterwerfung, Herrschsüchtigkeit, den Willen brechen, erziehen und dirigieren durch Angst, keinen Widerspruch dulden.

Auswirkungen auf der Kindesseite: Angst, Unsicherheit, Unterwürfigkeit, Angst vor Behörden und Autoritäten, sich nichts zutrauen, scheu sein, Homosexualität. Aber auch die Gegenreaktion: aggressives Verhalten, Härte und Strenge.

Das war der preußische Erziehungsstil. Die Resultate waren entsprechend. Die Mentalität unseres Volkes wurde dadurch entscheidend geprägt. Zwei typische Wesensmerkmale - kritiklose Unterordnung und Gehorsam unter alles und alle auf der einen Seite und unberechenbares Ausbrechen auf der anderen Seite - sind letztlich die kollektiven Folgen von Wirkungen auf der individuellen Erfahrungsebene. Es ist unmöglich, bei solchen Voraussetzungen im Elternhaus eine gesunde seelische Entwicklung zu erleben. Die Verbiegung des Charakters ist unausbleiblich. Wenn z. B. der Vater autoritär war und keinen Widerspruch duldete und seine Devise war, dass Erziehung bedeutet, den Willen der Kinder zu brechen, dann sind die Spuren dieser Haltung in Gestalt vom verwüsteten Menschenleben schier durchgängig zu erwarten und nachzuweisen. Das Ausmaß der Verheerung in der folgenden Generation ist ungeheuerlich.

Bei dieser Schadensgruppe ist die unterschiedliche oder gar polare Entwicklung der Kinder besonders deutlich zu verfolgen: Sind die Auswüchse bei dem autoritären Erziehungselternteil nicht zu stark und liegt auf der Kindesseite eine gute Konstitution vor und sind andere Schwächungen nicht vorhanden, dann findet man sehr häufig bei dem Kind nicht das Devote, Unsicherheit oder Scheusein, sondern Aufsässigkeit, Härte und Strenge. Das ist dann der Ausdruck des Selbstbehauptungswillens, der zwar im Prinzip gesund ist, aber doch von einer negativen Kraft aufrechterhalten wird. Dieses Verhalten ist nur scheinbar positiv.

Beispiel: Der Vater der Familie K. war ein typisch autoritärer, unbeherrschter Mann, der schnell explodierte, keinen Widerspruch duldete und gerne schlug. Seine älteste Tochter, ein sehr ansprechendes Wesen, keck und lebensbejahend, hatte den Kampf mit dem Vater aufgenommen und kam nicht mit zerbrochenem Rückgrat aus dieser Beziehung heraus, weil sie schon mit 16 Jahren den elterlichen Haushalt verließ.

Sie machte ihren Weg. Aber später fand ihr Ehemann heraus, dass sie immer ein wenig zu hart, ein wenig zu streng, ein wenig zu offensiv, ein wenig zu aggressiv war. Sie hatte Mühe zu vergeben und auch Schwierigkeiten, bei anderen gute Motive zu entdecken. Ihr Ehemann antwortete mit Liebe und Gebet. In der Seelsorge wurden diese Haltungen, die sonst alle Welt als natürliche, psychologisch verstehbare Gegenreaktionen gedeutet hätte, als Ausdruck von handfesten dämonischen Kräften erkannt. Die dämonischen Mächte mussten gehen, und sie wurde sanft und zugänglich. Vergebung war natürlich hier einer der Schlüssel.

Die zweite Tochter der Familie K. war schwächer in ihrer Konstitution, sei es durch Veranlagung oder durch das Vorhandensein anderer schwächender Faktoren. Sie blieb etwas länger im Elternhaus, sie hatte sich häufiger gebeugt. Sie wurde freundlicher und sanfter als ihre Schwester, aber entwickelte bald vielfältige seelische und körperliche Symptome. Sie wurde anfällig für Depressionen, entwickelte leichte Beziehungsstörungen und wurde von Kopfschmerzen geplagt. Ihre Reaktion war also nicht eine aktive (kein aggressives, offensives und beherrschendes Wesen), sondern mehr ein hinnehmendes, sanftes Verhalten. Aber die Sanftheit war nicht echt, sie war antrainiert und enthielt den Mechanismus, durch Nachgeben und Freundlichkeit den Beifall anderer zu erkaufen und durch Freundlichkeit ihr Gegenüber auf ihre Seite zu ziehen.

Die Auswirkungen der oben beschriebenen elterlichen Verhaltensweisen auf zwischengeschlechtliche Beziehungen und Partnerschaftsfragen sind vielfältig, aber immer katastrophal. Ist der Vater autoritär und hart, so wird die Tochter Hingabestörungen, Angst, Prüderie, Männerhass und dergleichen entwickeln. Der Sohn ist in

Gefahr, lebensuntüchtig zu werden. Er kann auch homosexuell werden. Die Homosexualität hat dann folgende Ursachen-Wirkungs-Kette: Die männliche Behauptung gegen den Vater war nicht möglich. Um sich überhaupt arrangieren zu können und seine Billigung zu erfahren, musste er sich unterordnen und devot sein. So erschleicht er sich Wohlverhalten seitens des Vaters und Zuneigung. Aber mit diesem Preis hat er auch seine Männlichkeit verraten.

Kommen dann noch weitere belastende Faktoren dazu, wie etwa eine zusätzlich relativ zu harte oder unansprechbare Mutter, so ist den homosexuellen Kräften der Weg gebahnt: Lust bei dem Sohn oder späteren Mann durch Unterordnung und Hingabe. Aber das ist nur eine Entstehungsform der Homosexualität. Die andere und häufigste sieht so aus: Ist die Mutter zu hart und zeigt damit wenig weibliche Eigenschaften, so kann beim Kind die erste Beziehung zu einer Frau (nämlich der Mutter) nicht im Sinne einer schönen und lustvollen Beziehung gebahnt werden. Lust aber braucht der Mensch, also kommen auf dem Boden dieser Vorbereitung die homosexuellen Kräfte zum Zuge, denn wenn die gegengeschlechtliche Beziehung nichts an Gewinn einbringt, wird die gleichgeschlechtliche dafür erschlossen. Aber so gut wie immer sind noch viele weitere, krankmachende Umstände mit beteiligt.

13. Unberechenbarkeit

Erscheinungsform auf der Elternseite: Ungerechtigkeit, launisch sein, Unberechenbarkeit, andere Menschen oder Kinder vorziehen, Sprunghaftigkeit, Unzuverlässigkeit.

Auswirkungen auf der Kindesseite: dieselben Verhaltensweisen wie bei den Eltern, Unsicherheit, Angst.

14. Aggressivität

Erscheinungsform auf der Elternseite: Aggressivität, Heftigkeit, Jähzorn, Wut und Grollen.

Auswirkungen auf der Kindesseite: Aggression, Heftigkeit, Jähzorn (dieselben Geister gehen über auf die Kinder). War dem Kind Widerstand möglich und lohnend, entwickelt es eine Haltung der Rebellion und Aggression. Ferner Homosexualität, Epilepsie.

Ein ausgemachter Jähzorn als eine typische und durchgehende Verhaltensweise hat etwas Todbringendes an sich. Auffallend ist die Häufigkeit von Epilepsie bei Kindern jähzorniger Eltern. Epilepsie ist eine neurologische Krankheit, in der periodisch das normale bioelektrische Spannungspotential der Hirntätigkeit zusammenbricht. Mit jedem epileptischen Anfall gehen Gehirnzellen zugrunde. Epilepsien sind also häufig Innenentsprechungen der Außenaggression des Jähzorns. In diesem Fall dürfen dämonische Kräfte periodisch zuschlagen und Hirnmasse zerstören. Allerdings gibt es viele Formen von Epilepsie, die sehr unterschiedliche Ursachen haben können. Offenbar können Epilepsie oder andere Gehirnerkrankungen wie vorzeitiger Schlaganfall auch Manifestationsformen von Todesgeistern sein.

15. Gefühllosigkeit

Erscheinungsform auf der Elternseite: Zwänge, Gefühllosigkeit, Härte, Sachlichkeit.

Auswirkungen auf der Kindesseite: Exakt dieselben Erscheinungen: Zwänge, Gefühllosigkeit, Härte, Pedanterie, Partnerschaftsstörungen, extreme Genauigkeit, Gesetzlichkeit.

Man könnte erwarten, dass bei geringerem Grad von Zwanghaftigkeit seitens der Eltern die Kinder mit Übermaß an Burschikosität, Unverbindlichkeit und Lockerheit reagieren. Das mag es geben. Ich habe indessen keine Beispiele dafür vor Augen. Ansonsten gilt, dass diese Charaktereigenschaften ganz eindeutig eine dämonische Begründung und Hinterlegung haben. Zwang erzeugt Zwang. Andererseits können sich auf der Kindesseite Zwänge auch durch andere Schädigungen entwickeln, z. B. durch starke Dominanz eines Elternteils und durch Verwahrlosung oder gänzlichen Liebesmangel. Was hier das seelsorgerlich aufgeschlossene Evangelium erreichen kann, ist schlechthin gewaltig.

16. Dominanz eines Elternteils

Erscheinungsform auf der Elternseite: Dominanz eines Elternteils. Das Kind nimmt wahr, was Dominanz zwischen den Eltern bewirkt:

Bevormundung, dirigiert werden, starkes Leiden des unterdrückten Elternteiles, Unterdrückung durch Moralisieren, Heftigkeit oder erdrückende Überlegenheit.

Auswirkungen auf der Kindesseite: Weil Dominanz Lieblosigkeit ist, gelten alle Reaktionen, die wir bei diesen Rubriken festgestellt haben. Ferner Gefühllosigkeit und Angst. Fast immer Partnerschaftsproblematik, Homosexualität. Dominanz.

Wenn ein Elternteil dominiert, drückt sich in letzter Konsequenz damit ein Drängen zum Beherrschen aus. Dieser will herrschen, zerstören und unterwerfen. Diese Kräfte müssen sich bei den Kindern auswirken.

Ich kenne eigentlich keinen einzigen Seelsorgefall, in dem bei dieser Problematik nicht recht schwerwiegende Störungen bei den Kindern entstanden sind. Das Kind, das die Balancestörung bei den Eltern gesehen hat, schwört, nie denselben Fehler zu begehen. Indem es nicht vergibt, entwickelt es nach einiger Zeit aber genau dieselben Verhaltensweisen wie die Eltern, möglicherweise nur in etwas verschleierter Form.

17. Zerrüttung der Ehe

Erscheinungsform auf der Elternseite: Alkoholismus, Ehezerrüttung und Eheauflösung bzw. Scheidung, Missbrauch des Kindes durch ein Elternteil als Trostspender.

Auswirkungen auf der Kindesseite: Starrheit, Bitterkeit, totale Abstinenz oder, was noch häufiger ist, Alkoholismus, Ängste. Hass auf ein oder beide Elternteile, Misstrauen, Bindungsunfähigkeit.

Die Folgen einer zerstörten Ehe, häufig unter Beteiligung von Alkoholismus und seelischem Missbrauch der Kinder als Trostgeber, gleichsam zwangsverpflichtete Koalitionäre, sind sehr vielfältig, so dass man kaum alle Zerstörungs- oder Störformen auf der Kindesseite aufzählen kann. Selbst wenn nur ein Partner Alkoholiker ist und ansonsten die Ehe einigermaßen intakt ist, gibt es bei den Kindern immer schwere seelische Deformierungen. Alkoholismus ist keine Krankheit im eigentlichen Sinne, sondern eine Form von Unfreiheit, in der man im Rahmen seiner Bitterkeit, Härte und Verzweiflung seine Verantwortung abgibt und sich durch verkehrte Tröstungen zerstörerischen Kräften überlässt. Der Alkoholiker wird gelenkt und gelebt und zerstört. Weil Alkoholismus so gut wie nie alleine vorkommt, muss das Bild auf der Kindesseite vielfältig sein. Alkoholiker-Familien ohne Befreiungsdienst helfen zu wollen, ist für beide Generationen (Eltern und Kinder) nicht sehr gewinnbringend.

18. Fehlen eines Elternteils

Erscheinungsformen auf der Elternseite: Ehescheidung, Weggehen von einem Elternteil, früher Tod eines Elternteils, Abschieben des Kindes an Großeltern, Internat oder Heim. Abwesenheit des Vaters wegen starker beruflicher Beanspruchung, viel Reisen, Mutter arbeitet mit, kaum Familienleben.

Auswirkungen auf der Kindesseite: Verlassenheit, Verlorenheit, Minderwertigkeitsgefühle, Hass, Bindungsängste oder Bindungssucht.

Dieses Bild wird in aller Regel vielfältig abgewandelt durch zusätzlich vorhandene Schadenswirkungen. Manchmal ist die Symptomatik oder die Charakterveränderung sehr diskret. Kinder können auf den frühen Tod der Eltern so reagieren, als ob das schuldhaft sei. Das bot mir im Anfang einige theologische Schwierigkeiten. Dann wurde aber offensichtlich, dass früher Tod in der Tat durchaus häufig auf schuldhaftes Verhalten eines oder beider Elternteile zurückgeführt werden kann, was im Einklang damit steht, dass uns das Wort Gottes verheißt, dass wir alt und lebenssatt sterben sollen. So wird die Wandlung der Vorstellung von dem reinen Faktum „Tod eines Elternteiles“, das durch scheinbar zufällige Umstände zustande kam, in die Reaktionsform der zwanghaften Verlassenheit und des Vorwurfs gegenüber den verstorbenen Eltern dann doch verstehbar.

19. Liebe gegen Leistung

Erscheinungsformen auf der Elternseite: Liebe gegen Leistung, Liebe gegen Wohlverhalten, Liebe, die nur auf strikte Unterordnung seitens der Kinder gewährt wird.

Auswirkungen auf der Kindesseite: Liebesunfähigkeit, Liebesunwilligkeit, Hass auf Menschen, Gemeinschaftsunfähigkeit, Leistungsverweigerung, Leistungsexzess, Angst, Einsamkeit, Partnerschaftsprobleme. Gefühllosigkeit mit hervorragendem Funktionieren in allen Alltagsbereichen aber ohne Herz.

Diese Ursachen-Wirkungs-Verhältnisse können sehr schwierig zu ermitteln sein, weil die Ursachen verborgen sind. Selten ist das Fehlverhalten der Eltern sehr offensichtlich. Das kann eingebettet sein in so unauffällige oder freundliche Familienverhältnisse, dass es dem Auge des Seelsorgers entgeht. Die geschädigten Kinder selbst, mit denen man dann in der Seelsorge zu tun hat, sehen es am allerwenigsten. Es sind in diesem Fall so gut wie alle Auswirkungen möglich, die etwas mit Liebesmangel, Vernachlässigung, autoritärem Verhalten und Zärtlichkeitsentzug zu tun haben.

Beispiel: Hildegard war die Mutter von sechs Kindern und galt als glücklich verheiratet. Sie und ihr Mann folgten bereits seit vielen Jahren dem Herrn nach und hatten im Verlauf der zurückliegenden Jahre manche Aufgaben in unterschiedlichen Gemeinden übernommen. Zu Hause funktionierte alles hervorragend. Aber doch stellte sich heraus, dass die Kinder sehr unausgeglichen waren, indem sie Zeichen von Aggression und beginnender Autistik boten.

Mit beiden Elternteilen habe ich seelsorgerliche Gespräche geführt. Beide hatten eine ähnliche charakterliche Auffälligkeit: starke Verminderung von spontaner Emotionalität. Bei Hildegard wurde das nach einiger Untersuchung besonders deutlich: Sie funktionierte hervorragend, sie war schnell und geschickt, war fröhlich und sehr beliebt, aber ihre Verhaltensweisen waren angelernt. Es gab keine echten Gefühle, ja, es gab gar keine Gefühle bei ihr. Ihr Lächeln, ihre Zuwendung, alles war eine perfekte Imitation. Die Befreiung erfolgte bei ihr nach und nach. Am Ende bot Hildegard deutliche Zeichen einer neuen Haltung.

20. Sexuelle Verführung

Erscheinungsformen auf der Elternseite: Sexuelle Verführung (meistens durch den Stiefvater), Eltern lassen die Kinder Zeuge ihrer eigenen sexuellen Beziehung werden. Kinder werden zur vorzeitigen Partnerschaft und sexuellen Beziehung ermutigt.

Auswirkungen auf der Kindesseite: Vielfältige sexuelle Zwangshaltungen und -entgleisungen. Inzestuöse Geister sind allgegenwärtig und führen zu vielfältigen Perversionen. Sodomieanfälligkeit und Sodomie-Erfahrungen, Hypersexualität, Prostitution, Hingabestörung, Frigidität, auffällige Okkult-Anfälligkeit, sexuelle Organstörungen, vielfältige Unterleibsbeschwerden.

Die Auswirkungen der oben beschriebenen elterlichen Fehlhaltungen im Sexualbereich sind trostlos mannigfaltig. Unter der Kette von Folgeerscheinungen bei den Kindern ist besonders auffällig, dass auf dem Boden dieser Vorschädigung eine starke Neigung zu Okkultbetätigungen vorliegt. In diesem Zusammenhang offenbart sich besonders deutlich der Zusammenhang von Unreinheit, Perversion und dämonischer Auffälligkeit.

21. Misshandlung

Erscheinungsformen auf der Elternseite: Körperliche Misshandlung der Kinder durch die Eltern, übermäßige Strenge in der Erziehung, abnorme Züchtigung, Kadavergehorsam. Verfehlte Erziehungsformen im Sinne von Freiheitsentzug und Lustentzug.

Auswirkungen auf der Kindesseite: Je nach Ausmaß der elterlichen Misshandlung: seelische Verkrüppelung, Liebesunfähigkeit, Psychosen, Lebensuntüchtigkeit, keinerlei Belastbarkeit.

22. Überbelastung durch Aufgaben

Erscheinungsform auf der Elternseite: Eltern untersagen oder verhindern Spielen, sie lassen das Kind nicht zu Freunden oder die Freunde nicht zu sich in die Wohnung. Stetige Belastung des Kindes mit der Auflage, auf die eigenen Geschwister aufzupassen. Viel arbeiten und zu große Belastung im Haushalt. Missbrauch durch Vater oder Mutter, indem das Kind deren Probleme mittragen und trösten soll (siehe auch „17. Zerrüttung der Ehe“).

Auswirkungen auf der Kindesseite: Freudlosigkeit und Unwilligkeit als direkte Folge des elterlichen Fehlverhaltens. Misstrauen, Leistungsknick oder Leistungsdrang – je nach Ausmaß des Druckes.

Depression, suchtartige Bindung an Menschen, häufig gestörte Emotionalität, Gefühlsarmut.

23. Drohungen

Erscheinungsform auf der Elternseite: Reglementierung durch Angst und Bedrohung: „Wenn du das tust, dann bringe ich dich in den Keller, dann straft dich Gott, dann holt dich der Teufel, dann wird es dir schlecht gehen, dann werden deine Eltern früh sterben..."
Auswirkungen auf der Kindesseite: Natürlich Angst, Misstrauen, Beziehungsstörungen, Zwangssymptomatik verschiedenster Art, Asthma.

Die Asthma-Erkrankung kann hier und auch an anderen Stellen auf dem Boden von Angst und Misstrauen bei einer Umgebungsatmosphäre des Verbietens, Verweigerns und des Bedrohens entstehen. Asthma ist nie allein! Wer die Heilung von Asthma durch den Befreiungsdienst erreichen will, sollte erst einmal die Einbettung der Asthma-Erkrankung in andere Charakterstrukturen und Haltungsdeformierungen aufspüren und beseitigen. Zu diesem Komplex gehört auch noch eine abnorme Unfähigkeit zum Glauben, weil die nahe stehenden Kontaktpersonen, die ein Abbild von göttlicher Güte und Väterlichkeit darstellen sollten, das exakte Gegenteil darstellen.

24. Reglementieren durch Verdammnisgefühle

Erscheinungsform auf der Elternseite: Disziplinierung durch Schweigen, Schmollen, Eingeschnapptsein. Ein Hauptanteil der Erziehungsmethode besteht darin, Schuldgefühle zu erzeugen. Bedrohung durch Alleinlassen, Liebes- und Aufmerksamkeitsentzug.
Auswirkungen auf der Kindesseite: Auflehnung, Rebellion, Schuldgefühle, Verdammnisgefühle, Depression, Suizidtendenzen, Zwang, exakt dasselbe zu tun, was die Eltern geboten haben. Bei Christen gehäuftes Auftreten von Defiziten in der Liebeserfahrung Gottes, mangelnde Heilsgewissheit und generell Religiosität, Gott wird als harter und strafender Gott erlebt, den man durch Wohlverhalten gnädig stimmen muss.

25. Disziplinieren durch Krankheit

Erscheinungsform auf der Elternseite: Disziplinierung mit Krankheit und Androhung der Verschlimmerung der Krankheit, wenn das Kind ungehorsam ist, oder: „Du bist schuld an meinem frühen Tod. Durch dich muss ich so sehr leiden. Du bist mein Sargnagel." Das Kind muss sich stetig in Acht nehmen wegen der schwachen Nerven, der Depression und Belastungsunfähigkeit von Mutter, Vater oder einem kranken Geschwisterkind.

Auswirkungen auf der Kindesseite: Auflehnung, Hass gegen die Eltern, abnorme Schuldgefühle, Depression, Todesgedanken, Lähmung, Freudlosigkeit, Spontaneitätsmangel, sich nichts zutrauen, Minderwertigkeitsgefühle.

Der Zusammenhang mit etwaigen dämonischen Kräften ist hier weniger deutlich erkennbar. Aber dennoch sind solche Kräfte hintergründig am Werk. Die Eltern sind beraubt durch die vorliegenden Krankheiten, die kultiviert werden und die sie sich zu Nutze machen. Sie holen sich durh sie Lust durch Unterjochung und Bedrückung. Das Kind wird beraubt, überwiegend durch den Mechanismus der Schuldgefühle.

26. Hysterie

Erscheinungsformen auf der Elternseite: Theatralik, Unechtheit, Hysterie, Lüge.

Auswirkungen auf der Kindesseite: Die Entsprechungen: Theatralik, Unechtheit, Hysterie, vielfältige körperliche und vegetative Symptome. Minderwertigkeitsgefühl, Depressivität, Selbstunsicherheit, Misstrauen. Das Misstrauen resultiert aus der gestörten Beziehung zu den hysterischen und unechten Eltern. Partnerschaftsproblematik, Angst, Angst vor Bindung, Zwang, untreu sein zu müssen. Gefühlsflachheit.

Die Auswirkungen des elterlichen Fehlverhaltens im Bereich dieses Komplexes sind vielfältig und nicht immer auf Anhieb erkennbar. Beispielsweise sind die Gefühlsstörungen und die Unechtheit der Liebe schwer wahrnehmbar. Der Betreffende selbst merkt es am allerwenigsten. Die meisten Auswirkungen auf der Kindesseite sind zu Tugenden oder ausgeprägten Eigenschaften umprägbar, die der Person so etwas wie einen Schein von Originalität geben. Im Umkreis dieses Verhaltens herrscht Lüge, Stolz und Flucht vor der Realität. Nur wer tief in die Wahrheit des Evangeliums eingedrungen ist, wird das erkennen und Anlass finden, seinen Eltern von Herzen vergeben zu müssen und zu wollen.

27. Verführung zur Unsittlichkeit

Erscheinungsformen auf der Elternseite: Lüge, Verführung zur Amoralität.

Auswirkungen auf der Kindesseite: Der elterliche Lügengeist wird zum Geist der Lüge bei den Kindern. Die Verführung zum Ungehorsam, zur Rebellion, zum Lügen und Stehlen, die als Saat auf der Elternseite gesät wird, geht auf der Kindesseite voll in diesem Sinne auf. Abdriften ins Kriminelle, Asoziale und in die Amoralität ist die regelmäßige Folge. Hinter allem steht eine Mechanik böser Kräfte.

28. Missachten der Intimsphäre

Erscheinungsform auf der Elternseite: Die Eltern zerstören die Vertrauensbeziehung durch Einbruch in die Privatsphäre, seelische Entblößung, seelische Vergewaltigung, Spionieren in Intimbereichen, Aufdecken oder Verrat von Geheimnissen (Tagebuch, Briefe, usw.). Manipulierendes Verhalten der Eltern.

Auswirkungen auf der Kindesseite: Misstrauen, Angst, Flucht, Hingabestörung. Bei geringerem Ausmaß der Einwirkung zwanghafte Entwicklung zur Frühreife. Starres und aggressives Selbstschutzverhalten, Partnerschaftsproblematik.

Diese elterlichen Verhaltensweisen können Kinder sehr treffen. Hier ist wieder die Polarität der Entwicklung (hinnehmende Resignation oder aggressive Selbstbehauptung und schnelles Verlassen des Elternhauses) deutlich erkennbar.

29. Gleichgültigkeit

Erscheinungsform auf der Elternseite: Gleichgültigkeit, innere Emigration aus der Familie. Dominanz von Geld und Materiellem.

Die Familie bleibt wohl zusammen, Elternteile sind nicht abwesend, aber nur ihrem Hobby, dem Materialismus oder Partyleben, Luxus und Reisen ergeben. Keine ausdrücklichen Erklärungen gegen Beziehung und Kinder, aber stillschweigender Entzug von Liebe.
Auswirkungen auf der Kindesseite: Das elterliche Verhalten ist indirekte Ablehnung und führt zu ähnlichen Resultaten, wie dort festgestellt: sich abgelehnt fühlen und andere ablehnen. Minderwertigkeitsgefühle, Einsamkeit. Natürlich gibt es auch den direkten Abdruck des elterlichen Beispiels: Gleichgültigkeit, Verfallensein an Geld und Materielles, Gemeinschaftsunwilligkeit und -unfähigkeit.

30. Pedanterie

Erscheinungsform auf der Elternseite: Pedanterie, Genauigkeit, steifes und starres Verhalten, flache Beziehungen und reduziertes Gefühlsleben Zwanghaftigkeit.
Auswirkungen auf der Kindesseite: Gleichsinnige Verhaltensweisen als Abdruck des Elternverhaltens, also ebenfalls Pedanterie und Genauigkeit, aber auch das Gegenteil wie Unordentlichkeit, Protestverhalten, Aggressivität, Flucht in Unverbindlichkeit, Zügellosigkeit, Drogenszene usw., Zwanghaftigkeit, Partnerschaftsprobleme, Bindungsunfähigkeit oder Bindungssucht, Gefühllosigkeit.

31. Moralisieren

Erscheinungsform auf der Elternseite: Moralismus und Pharisäertum in der Familie. Missbrauch der Moral, um zu reglementieren und zu unterdrücken.
Auswirkungen auf der Kindesseite: Unsicherheit, Angst, Misstrauen, Bitterkeit, Protestverhalten, Aggressionen, Ausbruchs-Tendenzen.

Moral als Unterdrückungsmittel ist hoch explosiv in der Auswirkung. Dahinter steht seitens der Eltern Stolz und Machtmissbrauch auf der Ebene von Lüge und unechter bürgerlicher Moral. Das ist ein idealer Nährboden für alle dämonischen Kräfte. Die Auswirkungen auf der Kindesseite sind verheerend. Alle Übergänge von Aktivreaktionen (Zorn, Aggressivität, Widerstand, Ausbruchs- und Verweigerungsverhalten) bis zu Passiv-Varianten (Unterwerfung,

Übernahme der Haltung der Eltern, Selbstunsicherheit usw.) sind denkbar.

Moralisieren ist die beste Form, um den Kindern und der gesamten Umgebung einen natürlichen und konfliktfreien Zugang zu Gott zu verwehren. Moralisieren verzeichnet immer Gottes Charakter und führt entweder zur Ablehnung aller echten Religiosität oder zu einer verdrehten Form von Religiosität mit Angst, Unfreiheit, Gesetzlichkeit und Verkennung von Gottes gnädigem Charakter.

32. Religiosität

Erscheinungsform auf der Elternseite: Scheinfrömmigkeit, Religiosität, Gesetzlichkeit. Dieses verbunden mit autoritärem Verhalten.

Auswirkungen auf der Kindesseite: Die Erscheinungen sind dieselben wie unter „Moralisieren", jedoch raffinierter und weniger oberflächlich.

Das Religiöse ist die raffinierteste Form der Verkleidung des Dämonischen. Dahinter steht Selbsterlösung und Leistungsfrömmigkeit, was eine Absage an Gnade und der von Gott geschenkten Gerechtigkeit ist. Deswegen vielfältige Störungen im Glaubensleben, Glaubensunfähigkeit, zwanghafte Zweifel, verkehrte Gewissheiten, Anfälligkeit für Irrlehren. Die religiöse Denkweise ist meistens eine Folge des Selbsterlösungsversuches, der im Laufe des Erwachsenwerdens oder -seins selbst entwickelt wird. Gelegentlich wird sie aber auch als System direkt von den Eltern übernommen. Wer sich davon nicht getrennt hat und nicht lernt, die Fehlprägung durch die Eltern zu durchschauen - und diesen zu vergeben - wird nie in die ganze Freiheit treten.

33. Todesprinzip in der Familie

Erscheinungsform auf der Elternseite: Das Todesprinzip in der Familie in Gestalt der Häufung von vorzeitigem Tod in der Familienvorgeschichte, Suizide und Suizidgedanken, Todes-Sehnsucht, Verherrlichung des Todes, schwere Krankheiten.

Auswirkungen auf der Kindesseite: Die Erscheinungsformen in der Kindergeneration haben häufig eine erstaunliche Ähnlichkeit mit dem Todesprinzip, das schon in der Familie waltete. Bei allen schweren Krankheiten muss man an Todeskräfte denken, vor allem wenn diese gehäuft auftreten und über Generationen in ähnlicher Weise nachweisbar waren.

Es gibt zwei Kanäle, wie der Geist des Todes auf das Kind übergehen kann. Erstens: durch Reden, Andeutungen, Äußerungen und Verhalten in diesem Sinne seitens der Eltern. Zweitens: der Todesgeist ist einfach in der Familie wirksam und wird nicht durch bewusstes Verhalten oder durch verbale Kommunikation, sondern einfach dadurch vermittelt, dass das Kind ein Mitglied der so geplagten Familie ist.

Dieser Geist ist leicht zu übersehen. In den wenigsten Fällen ist seine Wirksamkeit mühelos an den Symptomen ablesbar. Hier braucht man die Gabe der Geisterunterscheidung oder das Wort der Erkenntnis, um ihn wahrzunehmen. Aber er ist viel häufiger da, als man das meinen könnte. Im Regelfall wird er, wenn mehrere dämonische Kräfte vorhanden sind, als letzter oder als einer der letzten sichtbar und zu beseitigen sein. Der so befreite Gläubige ist dann körperlich natürlich nicht unsterblich. Aber die Macht, die gegen das Leben ist und zum vorzeitigen Ableben oder zur Gebrechlichkeit führen will, ist beseitigt. Danach kann der Betroffene ganz anders und viel freier leben. Sein späterer Tod nach einem langen und gesättigten Leben ist dann ein glorreicher Übergang in die Herrlichkeit.

Erscheinungsformen der Selbsterlösung

Der abgelehnte und vielfach zurückgewiesene Mensch kann diese Demütigung und Verneinung seines Wertes nicht ertragen. Mit unerbittlicher Zwangsläufigkeit sinnt er nach Gegenmaßnahmen oder entwickelt reflexhaft Gedanken und Strategien, mit denen er das Gegenteil nachweisen will.

Alle Selbsthilfehaltungen und -maßnahmen haben im letzten Grunde etwas mit Selbstgerechtigkeit zu tun oder sind blanke Selbstgerechtigkeit. Damit erweisen sie sich in ihrer letzten Konsequenz als Rebellion gegen Gottes Hilfsangebot und als ausgelebte Unabhängigkeit von Gott. Das trifft auch dann zu, wenn diese Haltungen der Selbstbefreiung sehr edel und moralisch aussehen, ja vielleicht sogar religiös sind. Letztere sind die raffiniertesten und feinsten Formen von Unabhängigkeit von Gott.

Ich möchte dem Leser noch einmal ins Gedächtnis rufen, was wir schon im Grundsätzlichen gesehen haben: Alle diese Maßnahmen sind Ausdruck einer Haltung des Stolzes und der Selbstvergötterung. Damit stellen wir uns quasi gegen Gott, und dadurch bekommt der Feind Anrechte, dämonische Kräfte der Verwirrung, der Schwächung und der Zerstörung auf uns zu legen, um uns dadurch zu bedrängen und unfrei zu machen. Somit sind alle unsere Reaktionsformen, mit denen wir auf die Schwächung unseres Ichs, unserer Bedeutung und unseres Wertes nach elterlichen Verletzungen reagieren, Verstöße gegen das erste Gebot.

Während die seelischen Verletzungen häufig in der Kindheitszeit ihren Anfang und Höhepunkt haben, erstreckt sich der zeitliche Ablauf unserer Selbsthilfemaßnahmen auf unser ganzes Leben. Wer die Biographie von vielen Menschen daraufhin untersucht, wird feststellen, dass unsere Selbsthilfemaßnahmen bereits mit den ersten Lebensjahren einsetzen, um sich dann zu steigern und allmählich umzuformen und immer neue Bereiche von Fehlverhalten einzubeziehen. Beim genauen Hinsehen ist schon die erste Reaktion nach jeder seelischen Verletzung gefolgt von einer Selbsthilfemaßnahme. Bereits das Eingeschnapptsein oder Beleidigtsein, jeder Racheimpuls oder auch die Haltung der Isolierung drücken nicht nur Feindsinnigkeit und Verletztsein aus, sondern sind bereits Maßnahmen, durch die man sich schützt und gegen den Aggressor oder Bedränger zur Wehr setzt. Wer sich z. B. verletzt zurückzieht, greift damit zu einer Haltung des Herrschens über denjenigen, der ihn verwundet hat. Er lässt ihn leer laufen, er erzeugt Schuldgefühle und erringt damit eine Position relativer Überlegenheit.
Diese Momente bleiben jedoch bei vielen seelischen Verwundungen und auch bei längeren Prozessen so im Hintergrund, dass man sie kaum wahrnimmt.

Unter dem Eindruck vielfältiger Unlustgefühle, Minderwertigkeit und Unzulänglichkeit entwickelt ein so Geschädigter kompensatorisch neue Stärken und Fähigkeiten, um so seine Balance und sein Selbstwertgefühl wieder zu gewinnen. Er hilft sich selbst, indem er sich auf seine eigene Kraft verlässt oder verschafft sich die Gewissheit von Eigenwert und Kompetenz durch andere Menschen, die er in raffinierter Weise dazu verführt, ihm Liebe, Applaus und Anerkennung zu zollen.

Solange diese Strukturen der Selbsterlösung vorliegen, kann das Licht Gottes nicht in eine Persönlichkeit hineinscheinen. Der Fluch bleibt auf ihr, und die dämonischen Mächte haben das Recht zu wirken und zu zerstören. Die Mächte verweisen schlicht auf den Fluch, den die Person selbst bewirkt hat. Sie argumentieren keck, dass der Betreffende durch seine eigene Haltung und Denkweise ihre Art verfolgt und praktiziert und leiten davon das Recht ab zu kommen und zu bleiben. Das ist also der geistliche Hintergrund der Rechtsprechung in der unsichtbaren Welt. Die dämonischen Kräfte können ihre Wirksamkeit entfalten, weil die Menschen sich in ihrer Haltung auf eine Ebene mit ihnen begeben haben.

So finden wir bei jedem Zustand der Unfreiheit den eigenen menschlichen Beitrag im Sinne einer verkehrten Haltung und Einstellung, der mit dem eigenen Willen ausgeführt wird. Daneben finden wir die dämonische Komponente, die dadurch erst Eingang gefunden hat. Sie hat dieselbe Benennung und dieselbe Wirk-Richtung, aber von ihr kommt die Chronizität, die Zwanghaftigkeit und das unaufhörlich Zerstörerische.

Wenn wir diesen Zusammenhang verstanden haben, dann wird der Befreiungsdienst nicht mehr, wie es so häufig geschieht, zu einer geistlichen Prügelszene degradiert, in welcher der oder die Seelsorger ununterbrochen auf die dämonischen Kräfte einsprechen oder brüllen, als ob die Befreiung nur vom Willens- und Stimmeneinsatz des Seelsorgers abhängig sei. Das ist mitnichten der Fall! Die entscheidende Person ist der Geplagte und Gebundene selbst. Wenn er aufhört, den dämonischen Kräften mit seinem Fehlverhalten Deckung und Unterschlupf zu geben, dann gehen diese mit Leichtigkeit. Vielleicht braucht der Seelsorger dann nur einen Satz sprechen – und häufig nicht einmal das. Diese Kräfte gehen dann von alleine!

Es ist die erkannte und angenommene Wahrheit über sich und über den Herrn, die frei macht. Es ist nicht die Kunst und eigentlich auch nicht die Vollmacht des Seelsorgers, die entscheidend ist.

So sind die einzelnen Komplexe von Selbsthilfemaßnahmen unterschiedliche Formen der einen großen Lüge, nämlich dass wir uns selbst helfen könnten. Sobald diese Lüge durchschaut und die Wahrheit des Herrn angenommen wird, kommt es augenblicklich zur Befreiung. Ein solcher Ablauf des Befreiungsdienstes hat nichts von den häufig würdelosen Kampfszenen an sich, die einfach entstehen müssen, wenn man nicht weiß, unter welchen Voraussetzungen dämonische Kräfte kommen oder gehen.

Eine gute Vorbereitung der eigentlichen Befreiung zahlt sich nachher aus. Dadurch bekommt nicht nur das Befreiungsgeschehen selbst Schub, Ziel und Erfolg. Darüber hinaus erfährt der bis dahin Beladene und Gebundene in so vielen anderen Bereichen, in denen er es sich nicht hätte träumen lassen, Reinigung und Hilfe, weil die Vorbereitung ja nichts anderes darstellt als eine groß angelegte und in die Tiefe gehende Umkehr. Sie ist also das, was die Bibel Buße nennt.

Wenn wir ruhig und gewissenhaft und unter der Assistenz des Heiligen Geistes durch diese einzelnen Gebiete hindurchschreiten, geht es um Wahrheit und um den Menschen, dem wir helfen wollen. Es geht dabei nicht um Dämonen! Das Thema Befreiung bedingt nun einmal, dass wir von dämonischen Kräften reden müssen. Aber bei genauer Bewertung aller Abläufe, die zur Befreiung führen, wird dann doch deutlich, dass das Dämonische selbst von untergeordneter Bedeutung ist. Wir müssen alle Betonung darauf legen, dass die Gebundenen und Belasteten erkennen, wo und wie sie mit ihren Haltungen dem Feind Anrechte gegeben haben.

So wird also das Verständnis von Eigenverantwortung gefordert. Vom Dämonischen und erst recht von dem Gesichtspunkt, dass der arme Unfreie ja gar nicht anders kann, als von finsteren Kräften geknechtet und geplagt zu werden, ist nicht die Rede! Zu häufig wird der beliebte aber durch und durch unzutreffende Entschuldigungsgrund als Argument genannt, dass ein dämonisch belasteter Mensch nichts zu seiner Befreiung beitragen könne. Damit werden die Verhältnisse auf den Kopf gestellt.

Natürlich, wenn sich erst einmal finstere Mächte eines Menschen bemächtigt haben, dann werden sie versuchen ihn zu knechten, was sich in bestimmten Symptomen und Haltungen ausdrückt. Insofern ist also tatsächlich in einem gewissen Sinne Zwang vorhanden. Aber der Zwang ist nur deswegen da, weil sich der Betreffende vorher in freier Entscheidung seines Willens auf bestimmte Haltungen und Einstellungen eingelassen hat. Werden diese erkannt und korrigiert, wird augenblicklich die Wahrheit Jesu wirksam, dass die dämonischen Mächte bereits besiegt, durch Jesus ihrer Macht und ihrer Waffen beraubt sind und auf ein Kommando unsererseits zu gehen haben. Es gibt nach meiner Erfahrung keinen Zustand von Besetzung, der so fortgeschritten ist, dass der Betroffene seinen Willen dagegen nicht mehr einsetzen könnte und frei von jeder Verantwortung für sich selbst ist. Vielleicht ist das Extrembeispiel des dämonisierten Gardareners in den Evangelien eine Ausnahme.

So können wir also feststellen, dass im gesamten Bereich des Themas Befreiung und Heilung von dämonischen Kräften nicht diese die Hauptrolle spielen, sondern die Personen, die ihnen Einlass gewährt haben. Welches die Pforten und die Wege der Lüge sind, durch die die Zerstörer Eingang genommen haben, das wird nun im Einzelnen ausgeführt werden.

Die große Anzahl der Selbsthilfe- oder Selbstbefreiungsmaßnahmen lässt sich in bestimmte Kategorien aufteilen. Offensichtlich ist hier eine deutlichere Ordnung gegeben als im Bereich der Auswirkungen frühkindlicher Verletzungen. Allerdings wird auch durch diese Gliederung die Notwendigkeit nicht beseitigt, im Einzelfall den Heiligen Geist mit einzubeziehen und in den Gaben des Geistes zu operieren.

Ich sehe acht Bereiche, denen die wichtigsten Erscheinungsformen unseres Selbstbefreiungsstrebens zugeordnet werden können:

1. Profilierung durch Leistung (Das Ego appelliert mit der Leistung an andere, um von ihnen Beifall und damit Luststeigerung und Bestätigung zu bekommen.)

2. Profilierung mit den natürlichen Qualitäten der eigenen Person (Das Ego sucht Bestätigung von anderen im Hinblick auf vorhandene natürliche Qualitäten.)
3. Ich-Bestätigung durch Machtausübung (Das Ego sucht seine Stärkung in der Überlegenheit über andere.)
4. Ich-Stärkung durch soziale Investition (Das Ego gibt zunächst, um nachher von anderen zu empfangen und dadurch seinen Selbstwert abzuleiten.)
5. Selbstbestätigung als Betreuungsfall (Das Ego erzwingt durch ein Minusangebot Zuwendung von anderen über deren Mitleid.)
6. Profilierung durch vorgetäuschte Leistung und Schein (Das ist das Billigangebot von 1. und 2. Das Ego holt Bestätigung durch vorgetäuschte Leistung und Qualität.)
7. Selbsterhöhung in der eigenen Phantasie (Das Ego verzichtet auf jeden ehrlichen Leistungsbeitrag und befriedigt sich in der internen eigenen Scheinwelt.)
8. Selbstprofilierung und Behauptung gegen Gott (Das Ego erheischt Anerkennung von Gott wegen eigener moralischer oder religiöser Leistung.)

1. Profilierung durch Leistung

1.1. Intellektualismus

Selbstbestätigung durch Förderung intellektueller Fähigkeiten. Steht dem Kind eine gewisse intellektuelle Fähigkeit zur Verfügung, dann ist das ein sehr beliebter Weg, sich Anerkennung von anderen, sonderlich von den Eltern zu verschaffen und auch vor sich selbst zu bestehen. Das Kind verschafft sich Überlegenheit über Mitschüler oder seine Umgebung durch ausgeprägte, vielleicht einseitige intellektuelle Fähigkeiten. Hohe Strebsamkeit in der Schule, Intellektualismus in der Oberschule, im Studium und im späteren Leben können dann die Folge sein. Dazu gehört auch ein entsprechender Redestil und Freude am Problematisieren und Theoretisieren.

Kann all das etwas mit dämonischen Kräften zu tun haben? Ich möchte den Leser einladen, hier ganz scharf mitzudenken: Natürlich sind intellektuelle Fähigkeiten göttliche Geschenke. Selbstverständlich sollen diese auch ausgiebig gebraucht werden. Das hat nichts mit Dämonen zu tun, sondern es ist geradezu ein göttlicher Auftrag. Der Missbrauch des Intellekts durch dämonische Kräfte – oder sagen wir es ganz deutlich, durch einen Geist des Intellektualismus und der abnormen intellektuellen Strebsamkeit – tritt durch das verkehrte Motiv ein! Das Kind oder der Erwachsene erfreut sich nicht der von Gott gegebenen intellektuellen Fähigkeit, sondern benutzt sie zur Selbsterhöhung und Flucht oder als Mittel der Befreiung aus Minderwertigkeitsgefühlen und Bedeutungslosigkeit. Hier kommt über das Motiv eine fremde zerstörerische Kraft hinzu. Wesen und Charakter werden durch diese Kraft besetzt und die Funktion des Intellekts erhält Züge von Zwanghaftigkeit, Einseitigkeit und Selbstvergötterung bis hin zum Kriegerischen. Diese Art von Intellektualismus wird immer durch Überheblichkeit gespeist und ist selten frei von Zynismus.

Es liegt hier also eine missbrauchte Intellektualität vor. Unter diesem Antrieb ist der Intellekt nicht mehr ein Diener, sondern er ist versklavt und knechtet mit seiner Dominanz und Eigengesetzlichkeit die gesamte Persönlichkeit. Hier muss in der Tat Befreiung her, damit die Verstandeskräfte wieder ihre eigentliche Aufgabe wahrnehmen können.

1.2. Manager-Mentalität

Es ist hier nicht nur von dem Manager die Rede, der sich in seinem unaufhaltsamen Aufstieg auf der beruflichen Karriereleiter von Spitzenleistung zu Spitzenleistung bewegt. Die Macher, die hier gemeint sind, werden getrieben von dem Zwang, immer auf dem Sprung zu sein, ständig Kontrolle über sich und alles Mögliche zu haben und immer Erfolg haben zu müssen. Der klassische Macher kann sich, auch wenn es sich vielleicht um eine Hausfrau handelt, nicht fallen lassen, nichts schenken lassen und hat auch Mühe mit dem Schlaf.

Der Macher ist wirklich von einer dämonischen Kraft getrieben, die es heute jedoch leichter als früher hat, sich zu tarnen. Denn die

Macher und die Manager sind gesellschaftsfähig geworden, ja zum Teil gilt ihre Arbeitswut als tugendhaft.

Aber hinter dem Rotieren des Machers steht die unersättliche Begierde und der Zwang, sich selbst beweisen zu müssen, dass er etwas schaffen kann und anderen überlegen ist. Er verbindet das mit Beherrschungskräften, Unterjochungsallüren und manchmal auch mit der wahnartigen Vorstellung, möglichst vielen ein Segen zu sein, indem er durch seine Verhaltensweise den Angestellten seiner Firma Brot und Lohn verschafft.

Das alles hat mit einer freien Entfaltung der Persönlichkeit nichts mehr zu tun. Das ist der zwanghafte und dranghafte Prozess der Selbstbefreiung aus qualvoller, instinktiv wahrgenommener Bedeutungslosigkeit. Aber auch hier liegt nicht nur die psychologische Ebene vor. Das Hauptmoment sind dämonische Kräfte dieses Namens und der Funktion, denen sich der Träger mit seinem Willen ergeben hat.

1.3. „Der Philosoph“

Die Philosophen und Grübler dieser Kategorie, die zu den letzten Hintergründen des Seins vordringen wollen, haben keine Liebe zur Weisheit, was eigentlich der griechische Begriff Philosophie meint. Sie sind chronische Sucher um des Suchens willen. Sie stellen alles in Frage und gehen zu allem und allen auf Distanz. Sie dürfen auf keinen Fall finden. Grübeln wird zum Selbstzweck.

Diese Philosophen sind sehr stolze Menschen. Aber auch bei ihnen entstammt das Motiv, so zu werden und zu bleiben, denselben primitiven Ursprüngen. Sie sind lädierte Persönlichkeiten, vielleicht wenig geliebt und emotional ausgehungert. Auf dem Terrain der Beziehungen und Gefühle erwarten sie stillschweigend nichts mehr für sich. Das ist zu gefährlich und zu fremd. So verlegen sie sich auf das Philosophieren und Denken - und das am besten in den Bereichen, wo sie nicht dem Test der Wirklichkeit standhalten müssen.

Sehr häufig kommen echte Zwänge im Sinne des psychiatrischen Begriffes „Anankasmus“ (Zwangsverhalten) dazu: Solche Menschen müssen ununterbrochen über einzelne Begriffe oder unsinnige Logikschritte und -ziele nachdenken. Die Fremdsteuerung wird dann besonders offensichtlich. Ein solches Denken ist leer und fruchtlos. Der Philosoph hat noch seine Lust daran, der zwanghaft Denkende wird dagegen gequält. Aber hinter allem stehen dämonische Kräfte der Selbstverherrlichung. Diese Philosophie führt in den Abgrund. Auch hier ist Befreiung notwendig. Keinesfalls darf der Versuch unternommen werden, in ein solches System einzusteigen und durch Argumentation es aufrollen und überwinden zu wollen.

1.4. Humanismus als Lebensstil

Humanismus als Weltanschauung und Lebensweise ist Ausdruck der Selbsterlösung und der Anschauung, dass der Mensch das Maß aller Dinge sei. Am Humanisten sehen wir die Selbsterlösungsabsichten in deutlichster Form. Hier ist ein Übergang zur Selbstbefreiung durch natürliche Qualitäten vorhanden, indem der Humanist nicht nur mit dem Einsatz von Fähigkeiten und Fertigkeiten, sondern mit seiner Person selbst sein Ziel zu erreichen sucht. Er glaubt, dass er vom Ansatz her und dem Wesen nach gut ist: „Wer immer strebend sich bemüht, den können wir erlösen."

Die Humanisten müssen kraft ihrer Weltanschauung edel sein. Bei ihnen ist in der Tat beim ersten und auch beim zweiten Hinsehen nichts Anrüchiges, Böses oder Gemeines zu erkennen, sofern sie echte Humanisten sind. Aber gerade hier feiert das Dämonische seine Triumphe! Wer nämlich wirklich und mit Vorsatz dieser Lebensweise verpflichtet ist, der lebt im totalen, wirklich im totalen und absoluten Gegensatz zu Gott und seiner Gerechtigkeit. Das lässt sich der Gott dieser Welt, der Teufel, nicht entgehen. Die Lebensweise des Humanismus ist eine einzige Einladung an die dämonische Welt, die eine Welt der Rebellion und der Unabhängigkeit von Gott ist, diese Grundsatzentscheidung mitzutragen und sich darin auszudrücken. Den Humanisten gilt besonders jenes Wort, das einer ihrer Größten einmal formuliert hat, wonach das Volk den Bösen selbst dann nicht merkt, wenn er es bereits am Kragen erfasst hat.

Humanismus macht blind für göttliche Wahrheiten, erst recht für Gottes Gnade. Deswegen kann dieser Zustand auch nicht durch

Argumentation überwunden werden, sondern nur durch das gnädige Eingreifen Gottes, das vom Humanisten selten begehrt wird. Er muss schon in einer tiefen Krise stecken und viel Leid erfahren haben, um zu Gott zu schreien und zu kommen. Erst nachher kann der Humanist in geordneten und freien Bahnen denken. Die Bibel sagt (1. Timotheus 4,1), dass in den letzten Zeiten viele durch die Lehren von bösen Geistern verführt werden.

2. Profilierung mit natürlichen Qualitäten

Die Selbstbefreiungsreaktionen und Ausgleichsmaßnahmen in dieser Rubrik sind nicht scharf abzugrenzen gegenüber anderen Kategorien. Person und Leistung sind ja schwer voneinander zu trennen. Hier gibt es graduelle Übergänge. Aber entscheidend ist, dass wir eine möglichst differenzierte Gliederung im Kopf haben, damit wir in den Augenblicken der Seelsorge schneller zu den entscheidenden Fragen oder Entdeckungen kommen können.

2.1. Die Anbetung der Schönheit

Schönheit ist eine göttliche Qualität. Alles, was von Gott kommt, ist schön, harmonisch und vielgestaltig. Aber Schönheit kann missbraucht werden. Schönheit ist keine Fähigkeit oder Fertigkeit, sie gehört einfach zur Person. Die meisten Menschen, die ihre Schönheit kennen, gebrauchen sie zur Selbstverwirklichung und Selbstbefriedigung, um damit Defizite an anderer Stelle auszugleichen. Man ist sich seiner Schönheit vor den anderen bewusst. Das heißt, der oder die Schöne sucht den Beifall, die Bestätigung, die Anerkennung und Bewunderung der anderen. So wird Schönheit zu einem herausragenden Mittel der Selbst-Profilierung und gibt damit dem Bösen Anrecht zu Attacken und zur Invasion. Wie das aussieht, davon berichten die Klatschspalten der Presse. Den Schönen und Reichen droht nach kurzen Zeiten des Glückes und des Glanzes viel Depression, Elend und Einsamkeit.

2.2. Verführende Leidenschaft

Wenn die Schönheit nicht ausreicht oder wenn die Reaktionen anderer auf die Schönheit zu schwach sind, bietet sich die Steigerung an:

Man verführt die anderen. Die Verführung und das Mittel der Koketterie ist das berechnende Einsetzen von natürlichen Fähigkeiten und Eigenheiten, um andere dadurch zu gewinnen und eine Luststeigerung zu erreichen. Die Methode der Verführung beinhaltet somit auch, Macht und Herrschaft über andere Menschen auszuüben. Aber die Mittel, die man einsetzt, sind weitgehend die der eigenen Person. Man stellt sich zur Verfügung, man bietet sich verführerisch an, um damit gleichzeitig die Lust zu erheischen, die sich im Begehrtwerden anbietet, und auch die Lust in der Wahrnehmung seiner Macht über andere. Das Verführerische ist von Anfang an dämonisch inspiriert. Es ist eine Maßnahme, mit der man andere gefangen setzen will. So begann eigentlich alles Elend auf dieser Erde. Eva wurde verführt. Die Schlange ließ sie so lange die schöne und begehrenswerte Frucht sehen, bis sie ihr nicht mehr widerstehen konnte. Der Hauptinhalt der Verführung war indessen die Lockung zur Macht, um Gott gleich zu sein.

2.3. „Der Ästhet"

Seine Wirksamkeit kann objektiv gut oder zumindest neutral sein, und doch ist er mehr gefährdet als fast alle anderen Menschen. Die Ästheten sprechen geradewegs und von Anfang an die Reaktion anderer an.

Hier ist weniger von dem Berufskünstler die Rede. Ich spreche von dem Ästheten oder dem künstlerisch oder schauspielerisch begabten Menschen, der sich gerne darstellt und damit die Aufmerksamkeit seiner Umgebung auf sich lenkt. Denn das ist der eigentliche Motor hinter den meisten Künstlern, es sei denn, dass sie wirklich vom Heiligen Geist inspiriert sind. Der Ästhet rühmt sich seines untrüglichen Sinnes für Proportion und Schönheit. Er steht über den anderen, und er weiß das und sonnt sich in seiner Vorzüglichkeit. Dabei rühmt er sich einer Sache, die er nicht verdient hat, sondern die ihm gegeben worden ist und die er missbraucht. Ästheten nutzen ihren ästhetischen Sinn gegen Menschen! Damit suchen sie ihre Überlegenheit. Die Künstler setzen sich mit ihrer Kunst vom Durchschnitt ab und kultivieren ihr Ausnahme-

und Grenzsituations-Schicksal. Das Moment des Kompensierens und der Selbstvergötterung ist mit Händen zu greifen.

Wer sich in dieser Haltung befindet, braucht Befreiung. Das Dämonische war nämlich von Anfang an präsent. Wenn unser Ansatz stimmt, dass Selbstherrlichkeit, Stolz und Überheblichkeit die dämonische Welt mobilisiert und einlädt, dann wird auch der Ästhet seinem Schicksal nicht entkommen können.

2.4. Bedeutung als Lebensziel

Selbstbehauptung durch Starksein, das ist der Traum aller Schwachen, wie auch der Starken, die noch stärker sein wollen. Stärke ist ja der Beweis, dass man überlegen, wertvoll, bedeutend ist, dass man etwas hat und kann. Wer also stark ist, der hat das letzte Ziel aller Bemühungen erreicht: Er ist jemand. Wir reden hier von der Stärke aus uns selbst heraus, nicht von der Stärke in Christus. Gott will, dass wir stark sind, aber durch ihn und in ihm. Wer als Christ oder ohne Christus seine Überlegenheit durch Stärke beweisen möchte, die er aus sich selbst gewinnt, tritt in die Auseinandersetzung gegen Gott ein. Er ist ein Rebell, der beweisen möchte, dass er es selbst schafft und Gott nicht nötig hat. Er muss von dämonischen Kräften heimgesucht werden, es gibt gar keine andere Möglichkeit. Er lebt in seiner Gerechtigkeit und in seiner Kraft, was ein idealer Nährboden für die Geister der Bosheit ist, die alle rebellische Geister sind.

Will der Starke und Fähige wirklich befreit sein, dann muss ein großes Wunder geschehen. Denn die Stärke, wenn sie da ist, offeriert ja alles, was man braucht: Lust, Überlegenheit und Bestätigung. Deswegen sagt das Evangelium, dass unter den Starken und Mächtigen kaum jemand zu Jesus kommt. Wer stark ist, also aktuell in seinem irdischen und natürlichen Leben aus eigener Kraft sichtbare Überlegenheit über andere zuwege gebracht hat, braucht die ganze Lehre über Gottes überragende Kraft und Liebe, damit er aus seiner Position zu dennoch höheren Erlebnisformen von Stärke aufbrechen kann. Das ist eine seltene Erfahrung.

2.5. Lust

Der Lüstling ist nicht identisch mit dem ewigen Verführer. Dieser ist aktiv, der Lüstling mehr passiv. Er giert ständig nach Wohlgefallen, sei es sexuell, sei es als Ästhet oder in anderen Bereichen, und er möchte es passiv erleben. Indem er Lust erfährt, wird ihm deutlich, dass er jemand ist. Lust wirkt bestätigend, weswegen die Lüstlinge selten große, produktive Leistungen hervorbringen. Sie sind auf sich selbst bezogen und genießen ihre Bedeutung an ihrer Lusterfahrung. Dass sie Lust haben, reicht ihnen schon. Mehr brauchen sie nicht. Das ist ein finsteres Prinzip, das beraubend ist, weil der Betreffende so fixiert auf ein Minimum an Lebensqualität und Leistungsfähigkeit wird.

2.6. Playboy-Kultur

Dass man ihm eine eigene Gruppe einräumen muss, hängt damit zusammen, dass es ihn als speziellen Typus so häufig gibt. Er ist mehr als die Verbindung von Schönheit, verführerisch sein, Stärke und Lüstling. Im Playboy drückt sich eine ganze Kultur aus: die der westlichen, extrovertierten Zivilisation. Der Playboy will neben den eben genannten Eigenheiten durch seine Jugendlichkeit, Frische, Weltoffenheit und Geld imponieren. Diese strahlenden Jungs (dasselbe trifft auch für die Girls zu) sind das ganze Gegenteil ihrer Erscheinung. Sie treten stark und überlegen auf, spielen ihre natürlichen Fähigkeiten - gesellschaftliche Gewandtheit, Schönheit und Umgang mit Worten – aus, verführen und werden verführt, aber sind in Wirklichkeit ganz arme Kerle.

Der Playboy ist ein Lehrbuchfall in Bezug auf Ausgleichen von katastrophalen Minderwertigkeitsgefühlen und Unzulänglichkeitseindrücken mit einer Vielfalt von Methoden. Dass er es tut, ist so allgemein bekannt, dass es gleichsam ein Standard geworden ist und nicht mehr anrüchig erscheint. Der Playboy wird getrieben, in ihm ist keine Ruhe, keine Entspannung, kein Frieden und kein Verweilen. Auch er setzt die eigenen Mittel und Möglichkeiten ein und gestaltet damit seine Unabhängigkeit. Der Playboy braucht Befreiung.

2.7. Ironie

Der Ironische und Kritische ist eine Variante des Starken, der sich zusätzlich mit Verachtung bewaffnet hat. Die Haupttriebkraft der Ironie ist die wahrgenommene Überlegenheit über den anderen und das Wissen, dass das nicht ausreichend ist und gesteigert werden muss. Der Ironische spielt sein Wesen und seine Position voll aus und geht dabei auf Distanz. Das ist eine der schärfsten Erscheinungsformen des Stolzes überhaupt. Ironie ist beißend, bitter, aggressiv und arrogant. Wer diese Haltung bei sich erkennt, darf wissen, dass dahinter eine fremde Kraft ist.

Aber wir kennen inzwischen die Hintergrundsituation: Nicht ein Dämon der Ironie ist der Schuldige! Vielmehr wird die Person mit ihrer Neigung und bewussten Entscheidung, ironisch zu reagieren und zu herrschen, diesen Kräften Tür und Tor öffnen. Die Verantwortung liegt wieder einmal bei uns und nicht bei den Dämonen. Ironie ist eine der primitiven Formen der Selbstsicherung und Selbstbefreiung, die genau zum Gegenteil führt, nämlich zur Versklavung.

2.8. Clownerie

Die Clownerie könnte genauso gut unter einer anderen Kategorie erscheinen. Sicher, man muss in einer Weise als Clown geboren sein. Die Anlage zum Spielen und zur leichten Handhabung von Problemen und Beziehungen muss da sein. Und doch ist Clownerie mehr als die Perversion eines solchen natürlichen Charakterzuges. Der Clown täuscht sich und andere über Probleme hinweg. Er überdeckt sie und überspielt sie, um damit den Eindruck zu erwecken, dass sie gar nicht da sind. Ein Mensch ohne Probleme indessen ist ein erfolgreicher Mensch. Gleichzeitig will der Clown auch den Beifall und die Anerkennung der Zuschauer haben. Clownerie ist also eine Form von Lüge. Sie kann von einem Menschen nur dann ein Leben lang durchgehalten werden, wenn er von Mächten der Clownerie und der Schauspielerei dazu verführt wird. So kann der arme Kerl, der nachts in seine Kissen weint, doch noch am Tage vor sich und den anderen bestehen. Das Moment der Selbstprofilierung auf der Ebene von Lüge ist doch wohl leicht zu erkennen. Dem Clown ist sein Schicksal besonders bewusst. Er spürt es, wie er die Geister, die er gerufen hat, nicht mehr loswird.

2.9. Arroganz als Lebensprinzip

Arroganz ist eine forcierte und extrovertiert dargestellte Form der Überheblichkeit, die man selbst nicht merkt, aber die andere als peinlich empfinden. Diese Überlegenheit ist abstoßend unecht, sie bedarf der Nachhilfe des übersteigerten Ausdrucks, der überzeichnenden Deutlichkeit und Theatralik und büßt damit sogar den Schein von Überlegenheit ein.

Arroganz ist die unangenehmste Erscheinungsweise von Stolz. Stolz aber wird in der Bibel als Gräuelsünde qualifiziert, die insofern dem Herrn ein Gräuel ist, als sie ohne Gott und im Verlass auf eigene Kräfte Bedeutung schaffen will. Wenn einer im Griff von fremden Mächten ist, dann ist es der Arrogante und der Stolze.

2.10. Der Betrug der Faulheit

Faulheit und damit auch Passivität sind Verbündete des Stolzes, der Arroganz und der Lüge. Die Faulen sind in letzter Konsequenz stolz auf ihre Verweigerungshaltung. Manche klagen über ihre Faulheit, als ob es ihr Schicksal sei, aber sie sind faul, weil sie es wollen.

> Sprüche 26,
> 13 Der Faule spricht: Es ist ein Löwe auf dem Wege, ein Löwe auf den Gassen.
> 16 Ein Fauler dünkt sich weiser als sieben, die da wissen, verständig zu antworten.

Das Wort Gottes ordnet mit diesen beiden Aussagen tatsächlich die Faulheit bei der Arroganz und Ignoranz wie auch bei der Lüge ein. Ein vermuteter aber unwahrer Sachverhalt ist der Grund, nichts zu tun. Das ist hochinteressant, die Paranoia meldet sich an. Der Stolze, der Faule, wird ein Opfer seiner eigenen Einstellung. Faulheit und Passivität sind also kein Schicksal, sondern eine der raffiniertesten Erscheinungsformen des Stolzes. Insofern enthalten sie alles, was für den Stolz typisch ist. Weil der Stolze nichts annehmen kann, kann auch der Passive und Faule nichts nehmen. Solange er bei dieser Grundsatzentscheidung bleibt, kann er sich auch nicht verändern. Eine solche Einstellung ist gleichzeitig die Einladung an entsprechende finstere Kräfte der Faulheit, der Passivität und der Lähmung. Es gibt einen Sieg darüber, wenn man sich entschieden hat, nicht mehr in der Unabhängigkeit zu leben.

Der Faule lacht über die Törichten, die arbeiten und sich mühen und verachtet sie. Dabei wird er selbst beraubt, denn Faulheit führt zum Mangel. Der dämonische Komplott ist vollkommen, aber der Verursacher ist der Mensch selbst!

2.11. Moralismus

Die Selbstgerechtigkeit und Gesetzlichkeit des Moralisten durchzieht, wie wir mit Nachdruck herausgestellt haben, alle Kompensationshaltungen. Hier ist die reine Form des Moralismus gemeint. Wer moralisiert, tut das nicht nur für sich selbst, sondern zielt mit dem Missbrauch von Sittlichkeit auch auf andere. Die Moralisten bedrücken die Menschen wie kaum eine andere Gruppe. Deswegen begegneten wir dieser Haltung bereits, als wir aufzeigten, welche verheerenden Auswirkungen das Moralisieren der Eltern auf die Kinder hat.

Der Moralist glaubt allen Ernstes, dass er die von der Gesellschaft oder von Gott geforderte Sittlichkeit aufbringt und übersieht dabei gänzlich sein vielfältiges Scheitern. Insofern ist er besonders tief in Lüge verwoben. Lüge und Stolz sind ein unzertrennliches Geschwisterpaar. Der Moralist ist unabhängig von Gott und dem Wahn ergeben, dass er in eigener Kraft gut sein kann, wo doch alle Güte in Gott ist und jenseits von ihm nichts Gutes ist.

Die Moralisten können die Täuschung, bedeutend und rein zu sein, nur durch das Verkennen dieser Unzulänglichkeit und ihres Selbstbetruges erreichen, den sie ununterbrochen vollziehen und dessen Opfer sie werden. Sie glauben, anderen gegenüber einen Vorsprung zu haben und sind selbst das Opfer ihrer Scheinsittlichkeit, Lüge, ihres Selbstbetruges und ihrer Machtausübung. Es gibt kaum einen besseren Nährboden für die Kräfte der Unterwelt als diese heillose Melange.

2.12. „Edel sei der Mensch, hilfreich und gut!“

Die Super-Edlen, deren Sittlichkeitsniveau so hoch ist, dass sie sich einen Fehltritt nicht vergeben können, sind die Fortentwicklung der Moralisten, wobei das peinlich Anstößige, das dem Moralisten eigen ist, ihnen nicht so anhaftet. Sie können aber, wenn sie scheitern, einfach keine Vergebung annehmen. Das ist dann wiederum ein Ausdruck ihres Stolzes, der es nicht wahrhaben will, dass man so ist, wie es der begangene Fehler eigentlich beweist. Diese Überskrupelhaften sind Menschen ohne Gnade. Deswegen können sie sich keinen Fehler erlauben und vergeben. Ihre scheinbare Unfähigkeit, Vergebung anzunehmen, beruht nicht auf einem besonders hohen Anspruchsniveau, sondern ist der Ausdruck ihrer Bußarbeit und ihrer edlen Verzweiflung über ihr Versagen. Sie sind die verkappten, aber raffinierteren Moralisten und holen sich mit dieser ihrer Haltung einen großen Zugewinn an moralischer Bedeutung und edler Gesinnung. Sie wollen lieber zugrunde gehen, als sich leichtfertig der Gnade zu überlassen. Diese Arroganz ist von Anfang an gefolgt und gestraft von dämonischen Kräften derselben Art und vielfältig anderer Art wie Depression, Selbstmordgedanken, Lähmung und Minderwertigkeitsgefühlen. Nichts davon kann isoliert vertrieben werden, sofern der Träger dieser Kräfte nicht im Kern seiner Person wahr wird. Die Wahrheit macht ja frei.

2.13. Aus bester Familie

Selbstsicherung und Selbstbestätigung durch Verweis auf Herkunft, Abstammung, Erziehung, Bildung. Auch die Menschen aus bestem Hause, häufig gerade sie, treten verletzt ins Leben. Entstammen sie nun einer adligen Familie oder anderer vorzüglicher Herkunft oder können sie auf exzellente Erziehung und Bildung oder ähnlich Elitäres verweisen, dann verfügen sie über außerordentliche stabilisierende Faktoren ihres Ichs. Sie handhaben also die Stützung ihres

Egos nicht mit Fähigkeiten, sondern mit dem, was die Familie ihnen mitgegeben hat. Für Paulus war das Kot, weil es das im Hinblick auf seine Auswirkungen tatsächlich ist. Wer sich darauf verlässt, der sichert seine Persönlichkeit mit den falschen Mitteln. Er verweist auf menschliche Qualität und macht sich dadurch unabhängig von Gott. Das Unheil in mancherlei Form hängt über solchen Familien.

3. Bestätigung durch Machtausübung

Die nachfolgenden Reaktionsformen unseres Ichs, mit denen wir uns Bedeutung, Wichtigkeit und ein starkes Selbstwertgefühl vermitteln wollen, haben alle gemeinsam, dass sie dieses Ziel über den Weg des Herrschens, Unterdrückens und Bindens von Menschen zu erreichen suchen. Das Verfahren, das unser Ego dabei wählt, ist sehr einfach: Wenn ich mir andere unterwerfe, dann stehe ich über ihnen. Mithin muss ich ein Mensch von Bedeutung und Stärke sein, weil in mir das Kräftepotential ist, andere zu beherrschen. Das ergibt eine Zunahme des Selbstwertes und das tut dem Ich gut. Aber der Preis, der dafür bezahlt werden muss, ist sehr hoch.

Wer sich auf sich selbst und auf seinen Arm verlässt (Jeremia 17,5), der erzielt möglicherweise und kurzzeitig einen Gewinn an subjektivem Wohlbefinden, aber er handelt sich einen Fluch ein. Dieses Konzept ist eine indirekte (nicht in Worten erklärte) Rebellion gegen Gott. Im Umkreis von Machtstrebungen braucht man ihn nicht. Hier macht man alles selbst. Das ist dann erneut die mittelbare, aber voll wirksame Einladung an die Unterwelt, ihre Herrschaft über den auszuüben, der so sein Ich stabilisieren will. Die bösen Geister, die dadurch gerufen werden, werden ihre stille, aber bei näherem Hinsehen unübersehbare Wirksamkeit in vielfältigen Blockaden, Erschwernissen, chronischen Gefühlsstörungen und Zwängen entfalten. Keiner erkennt sie, so wirken sie ungehindert weiter. Allein das Wort Gottes, die Wahrheit, stellt sie bloß und macht uns frei von ihnen, wenn wir uns der Wahrheit unterstellen, das heißt unter die Herrschaft Jesu begeben.

Was bewirkt die Wahrheit Jesu an uns und in uns? Damit wir in der Erörterung der einzelnen Punkte nicht die Perspektive verlieren, will ich es noch einmal zwischendurch verdeutlichen: Die Wahrheit, bei der wir verweilen sollen und die uns dann frei macht (Johannes 8,31-32), sagt uns, dass wir ohne unsere Selbsthilfemaßnahmen bereits Geliebte Gottes sind und durch seine Kraft mit ihm selbst versöhnt worden sind. Sie entlarvt unsere eigenen Methoden als überflüssig, unnötig und unwirksam. Sie sagt uns, dass unsere Bedeutung nicht in unserer eigenen Kraft und Leistung liegt, sondern in der Willensentscheidung Gottes für uns, so dass wir als Geliebte und von Gott Bejahte bedeutungsvoll sind. Wir beziehen unseren Wert also durch glaubendes Annehmen der Gnade Gottes und wir genießen das, weil das Gnadenangebot Gottes zuverlässig ist und seine Annahme lange nicht so anstrengend ist wie alle eigenen Maßnahmen, mit denen wir dasselbe Ziel erreichen wollen und es doch nicht schaffen. Wir sind bedeutend und kostbar, da wir von Gott erwählt sind. Wir sind seine Kinder(!) geworden und sind und haben seine Gerechtigkeit.

So sind die in dieser Rubrik beschriebenen seelischen Reaktionsweisen ebenfalls nichts anderes als die Variation des großen und schwierigen Themas: Ausdrucksformen unserer Unabhängigkeit und unseres Stolzes, mit denen wir uns letztlich gegen Gott profilieren wollen. Alle Probleme und alles Leid in der Menschheit und in jedem einzelnen Individuum hängen mit diesem Kernthema zusammen. So gelten tatsächlich folgende Formeln:

Unabhängig-Sein von Gott = Selbsthilfe → Leid

Abhängigkeit von Gott = Demut = glaubendes Annehmen von Gnade → Wohlergehen

Es kommt eben nur darauf an, dass wir die vielfältigen Formen von Unabhängigkeit, die unser kapriziöses Ich erfindet und entwickelt, bei uns und bei anderen aufdecken.

3.1. Die Natur des Machtmenschen

Macht haben und Einfluss nehmen durch Dominanz, eine starke Persönlichkeit, Reichtum und andere individuelle Machtmittel.

Macht berauscht, weil man sieht, dass dann andere kuschen, kriechen und sich freiwillig unterwerfen. Für denjenigen, der ein inneres Defizit zudecken muss, geht damit die Rechnung zunächst einmal auf. Aber der Machtmensch handelt sich größere Nachteile ein: Dämonische Kräfte vielfältiger Art rauben an anderer Stelle Lust, Emotionalität, Beweglichkeit, Sensibilität, Frieden und Gelassenheit. Der Machtmensch ist um den Genuss gebracht, sich hingeben zu können und von anderen Schutz zu erfahren. Deswegen – und das ist sein größtes Problem – ist er liebesunfähig. Er braucht Befreiung und die bekommt er nur, wenn er seine eigene Unzulänglichkeit und Schwäche einsieht und auf dem Boden dieser Erkenntnis Gnade und Sanftmut erleben kann und sich nicht mehr selbst schützen und durchsetzen muss.

3.2. Launenhaftigkeit

Herrschen mit dem Einsatz von Wut, Zorn, Unberechenbarkeit und launischem Verhalten: Unter diesen Verhaltensmodalitäten leidet der Verursacher selbst schon genug. Bei anderen bewirken sie häufig sichere Resultate in dem gewünschten Sinne: Die Umgebung wird verunsichert und weiß nicht, wie sie mit diesen Verhaltensweisen zu Rande kommen soll. Unsicherheit führt häufig zur Unterwerfung oder Einfallslosigkeit bzw. Passivität. Es ist unter solchen Umständen dann leichter, über seine Mitmenschen zu herrschen. Auch diese Rechnung geht scheinbar wieder glatt auf. Aber der Schein trügt. Der Autor dieses Verhaltens erfährt über die damit eingeladenen Fremd-Egos weitaus mehr Unlust, als er selbst an Lust gewinnt. Das Verhalten verselbständigt sich und versklavt die so handelnde Person selbst. Obendrein kommen vielfältige andere Kräfte dazu. Menschen, die zu diesen Mitteln greifen, sind unglücklich, einsam, unstet, bitter, gefühlsarm oder gefühlsgestört.

3.3. Aggression als Machtmittel

Das ist also die Methode der Einschüchterung durch ungetarnte Aggressivität und rohe Beherrschungssucht. Wenn das von einer Person ausgeht, die zu dem alle anderen notwendigen Mittel wie sicheres Auftreten, Wortgewandtheit und berufliche Fähigkeiten mitbringt, dann sind die Auswirkungen verheerend. Der Aggressor erreicht sein Ziel, aber er selbst sieht sich ausnahmslos eingesperrt in ein Gefängnis von vielfältigen Deformierungen und internen oder äußeren Beraubungssituationen. Wer so vorgeht, ist in Wirklichkeit arm dran. Er hat vielfältige Zwänge am Hals.

3.4. Weltverbesserungs-Ideologie

Der offene Rebell und querulatorische Weltverbesserer, der Eiferer, der mit skurrilen Weltanschauungen seine Umgebung terrorisiert, ist eine Variante der ersten drei Formen der Ich-Sicherung. Scheinbar geht es dem Eiferer und dem Rebell mehr um eine bestimmte Anschauung, die er zum Wohl anderer durchsetzen will. Aber das ist nur der Vordergrund. Dahinter läuft das bekannte Spiel ab: der Rebell oder Revolutionär hat eine Idee gefunden, hinter der sich seine Aggression und sein Hass gut verstecken und sogar als eine edle Regung tarnen lassen. Damit kann er dann die Menschen unterjochen und als Weltbeglücker und Wohltäter auftreten. Solche Menschen sind getrieben. Viele Anhänger der Friedensbewegung, der alternativen Szene und der Dritte-Welt-Bewegung gehören hierher.

3.5. Zynismus

Zynismus und Sarkasmus sind Untugenden, die die Verlängerung und Verstärkung der Ironie darstellen. Hier ist das Zweckgerichtete und Zerstörerische deutlicher erkennbar als bei der Ironie. Will der Ironische noch mehr sich selbst erheben mit seiner überlegenen, distanzierten Reaktionsweise, so wird hier der Mechanismus des Anschlages und der Aggression deutlicher. Zynismus und Sarkasmus stören und zerstören, so dass am Schluss nur noch der Zyniker übrig bleibt. Alle anderen sind im Rundumschlag niedergemäht worden. Wer so die Menschen demütigt, wird selbst gedemütigt. Unfreiheiten an allen Ecken und Enden einer solchen Persönlichkeit sind unübersehbar. Das ist auch dann vorhanden, wenn diese Erscheinungen nur in Ansätzen vorliegen mögen.

3.6. Gefühllosigkeit als Beherrschungsmittel

Gefühllosigkeit ist häufig ein Schicksal, das nach Verweigerung aufgrund von traumatischen Erfahrungen in der Kindheit zustande kommt. Nicht selten können sich Erwachsene sogar an die genauen Umstände erinnern, unter denen sie in ihren Kindheitsjahren die Entscheidung getroffen haben, sich zu verschließen und ihre Gefühle nicht mehr sichtbar zu machen, damit sie weiteren Verwundungen entkommen können.

Durch Gefühlsarmut lässt man seine Umgebung leer laufen oder auflaufen, was sehr weh tut und verunsichert, irritiert oder gar lähmt. Die körperlichen Entsprechungen können im Bereich von Perversion und Sadismus liegen. Menschen mit Armut an Gefühlen sind häufig Techniker und streng sachlich. An ihnen scheitern die Menschen mit normalem Gefühlsleben.

In dieser Konstellation liegt schon der Lustgewinn desjenigen, der sich dieser Technik bedient. Er herrscht über andere. Sein eigener Schaden ist aber größer als der, den seine Umgebung erfährt und er ist offensichtlich: Weil ihm die Gefühle fehlen, fehlt ihm auch Frieden und Freude und all das Angenehme, das über unsere Emotionalität abläuft. Ein solcher Mensch braucht Befreiung. Er muss die früheren, verkehrten Entscheidungen rückgängig machen. Das bedeutet aber auch, dass er sich der Gnade unterstellt und damit im Glauben die sichere Erwartung ausdrückt, dass er sich Gefühle erlauben kann, weil Gott ihn schützt. Gefühllosigkeit ist nämlich unter anderem ein Panzer, mit dem man sich gegen andere wappnet oder diese niederwalzt.

3.7. Das Versagen der Stimmungskanone

Der Explosive, der Stimmungsmensch, die Stimmungskanone weisen starke Überlappung mit dem Launischen auf. Der Unterschied liegt darin, dass nicht unbedingt die Bedrohlichkeit im Vordergrund stehen muss, sondern mehr der Überschwang an Gefühl, Motorik, Lebensfreude und Reaktionsstärke. Gegen ein solches Übermaß an Emotion und Dynamik kommt die Umgebung nicht auf, so dass sich eine Einbahnstraße ergibt. Wer zu diesem Verhaltensmuster greift, beherrscht damit indirekt seine Umgebung. Er lässt keine anderen Reaktionen und Einwände an sich herankommen, was möglicherweise seine Hauptabsicht ist. Er dominiert damit. Aber auch diese Haltung hat ihre Schadenseite mit vielfältigen Symptomen und Auffälligkeiten. Die Gesamt-Lustbilanz ist negativ.

3.8. Schweigen als Mittel zum Zweck

Herrschen durch Schweigen, Sicht-Zurückziehen und Isolierung sind Reaktionsformen, die die Kinder meistens schon bei ihren Eltern kennen gelernt haben und unter denen sie genug leiden mussten. Aber sie waren wirksam, so dass das Kind oder der spätere Erwachsene diese Verhaltensweise entdeckt oder wiederentdeckt, um sich dadurch durchzusetzen. Mit Schweigen und auf Distanz-Gehen oder sich rar Machen kann man seine Umgebung zuverlässig tyrannisieren. Das gelingt noch besser, wenn die Umgebung sogar noch von einem abhängig ist.

Aber der Tyrann sperrt sich in sein eigenes Gefängnis ein und leidet entsetzlich. Obendrein holt er sich zusätzliche unkontrollierbare Kräfte herein. Auch diese Reaktionsform zahlt sich nicht aus. Wer so herrschen will, wird selbst viel stärker beherrscht, als er es bei anderen schafft.

Zu diesem Verhaltenskomplex ist noch das Schmollen und Beleidigtsein als bewusstes Mittel der Machtausübung hinzuzurechnen. Es gelten auch dafür die uns mittlerweile bekannten Gesetzmäßigkeiten. Sie schlagen auf den Autor der Haltung voll zurück. Er isoliert sich, wird gemieden und das Opfer seiner eigenen Sauertöpfigkeit und Depression, die in einer solchen Konstellation fast unausweichlich ist.

3.9. Herrschaft über Abhängige

Hier liegt die Betonung auf Abhängige. Man sucht sich die Schwächeren und die Schwächsten, um sich an ihnen zu beweisen. Unter Einsatz von fragwürdigen Mitteln oder eigener Reststärke wollen die, die selbst an massiven Minderwertigkeitsproblemen leiden, sich beweisen, dass es doch Menschen gibt, denen sie überlegen sind.

Aus diesen Gründen kann man sogar eine bestimmte Berufsentscheidung treffen, z. B. die des Lehrers, des Offiziers oder des Sozialarbeiters. Die Formel ist doch klar: um vor sich selbst bestehen zu können, muss der Beweis der Stärke gegeben sein. So wendet man sich an die Schwachen, Unterlegenen und in Abhängigkeit Befindlichen, also an die Ärmsten in der Gesellschaft. Hinter vordergründig elitären Ansprüchen liegen sehr primitive Regungen von Herrschsucht. Man weidet sich an der Angst oder dem Applaus derer, denen man vorgesetzt ist, und stützt so das lädierte Selbstwerterleben.

3.10. Menschengefälligkeit

Mit Menschengefälligkeit als Mittel und Lebensstil, um Bestätigung und Zuwendung zu empfangen, wechseln wir in eine neue Kategorie über. Ab jetzt gilt nicht mehr das Konzept, sich durch Machtausübung und Herrschen in direkter und plumper Weise eine relative Überlegenheit zu verschaffen. Nach wie vor wird zwar der andere gebraucht, aber man verschafft sich jetzt die Bestätigung und den Applaus dadurch, dass man ihm zu gefallen sucht, ihn bedient und möglichst seine Erwartungen aufspürt, um sie zu befriedigen. Dadurch erhält man seine Aufmerksamkeit, Freundlichkeit und Zuwendung, vielleicht sogar Liebe, wenn so Liebe zu verstehen ist.

Das Verfahren ist aufwändig, und nicht sehr verlässlich. Niemand ist auf die Dauer bereit, immer nur mit Wohlgefallen und Wohlverhalten zu reagieren. Wenn sich der Betreffende abwendet, ist Menschenfurcht als Kehrseite der Medaille die unumgängliche Folge. Das ganze Arrangement basiert auf der Lüge, dass so alle Beteiligten gut bedient sind. Das Gegenteil ist vielmehr der Fall. Die Beteiligten binden sich gegenseitig und verlieren ihre Freiheit. Es gilt dann wieder dasselbe Wort: Verflucht ist der Mensch, der sich auf Menschen verlässt. Wer von Menschen holen will, wird ihr Gefangener und der von dämonischen Kräften obendrein.

3.11. Depression und Liebes-Abhängigkeit

Der Liebeshungrige und Liebesabhängige, der sich in Bindungssucht an Menschen versklavt und Depression erntet, geht von Anfang an nach dem Muster der Menschengefälligkeit vor, aber handelt noch spezifischer. Er bindet sich an Personen, um von ihnen Liebe zu erpressen, sie anzuzapfen und auszusaugen und für sich verfügbar zu machen. Das endet immer in Unfreiheit und in Beziehungskatastrophen. Kurze Zeit erhält der Liebessüchtige das, worauf er scharf ist: Liebe. Und hat er sie empfangen, dann geht es ihm gut. Er erfährt obendrein eine Steigerung seiner Lust durch den Nebeneffekt der Herrschaft über den anderen, den er angezapft hat.

Aber nach kurzer Zeit bricht das System zusammen und endet in Depression, Menschenabhängigkeit, Lebensuntüchtigkeit und Verzweiflung. Und genau dahin wollten die beteiligten dämonischen Kräfte die Person führen. Viele weitere Deformierungen und Symptome an anderen Stellen haben hier ihre Ursache. Wer Freiheit erreichen will, muss dieses Arrangement aufdecken, revidieren und zerstören.

Es ist nicht in sich schuldhaft, keine Liebe zu haben und bedeutungsleer zu sein. Aber das Wort Gottes verbietet uns, uns an Menschen zu wenden, um sie zu nutzen und von ihnen zu nehmen, was wir nur von unserem Herrn beanspruchen sollen. Von ihm bekommen wir Zuwendung und Liebe unbegrenzt, bevor wir selbst lieben können und damit wir lieben können.

3.12. Verdeckte Ausbeutung

Das Benutzen von Menschen, um sich ihrer Qualifikation und Fähigkeiten zu bedienen, geht folgendermaßen vor: Man bindet sich an Menschen, hofiert sie und verschafft dadurch diesen gewisse Vorteile, um nachher deren berufliche, menschliche und handwerkliche Potentiale und Qualitäten zu nutzen. In diesem Fall zielt man also weniger auf die Person selbst als auf ihre Funktion.

Auch hier herrscht die Methode der Unterjochung, wobei man sich allerdings selbst bindet, um nachher sekundär Vorteile zu bekommen. Das ist eine der häufigsten Formen von Missbrauch von Beziehungen in Gesellschaft und Wirtschaft. Auch hier geht es letztlich darum, durch Machtausübung Überlegenheit zu erreichen und damit sein eigenes Ego aufzubauen.

3.13. Misstrauen und Verachtung

Verachtung und Misstrauen spielen sich mehr im Inneren ab und werden nur dezent nach außen gewandt. Aber die Äußerung erfolgt doch in dem Maße, dass es die Umgebung spürt. In der Verachtung dominiert stärker die Überheblichkeit und der Hass, im Misstrauen mehr der Vorwurf der Unzuverlässigkeit und Unwürdigkeit. Beide Haltungen leben von dem vorausgesetzten Abstand an Wert zwischen dem Träger dieser Einstellung und demjenigen, auf den sie sich beziehen. Daraus kann man außerordentlich viel Überlegenheits- und Sicherheitsgefühl ableiten. Jedoch auch hier ist der Preis gewaltig: vielfältige Zwänge und chronische Charakterdeformierungen wie Paranoia, die seelisches und soziales Leid erzeugen und von fremden Egos, also dämonischen Wirkkräften, unterhalten werden.

Diese Arrangements kommen außerordentlich häufig vor, so dass sie jeder Seelsorger genau kennen sollte.

4. Ich-Stärkung durch soziale Investition

Für diese Formen der Ich-Stabilisierung ist es charakteristisch, dass sie schwer durchschaubar sind. Der sichtbare Anteil dieser Selbsthilfemaßnahme ist so edel, menschenfreundlich und sozial, dass dahinter das verkehrte Motiv kaum erkennbar ist. Insofern stellt er eine besondere Herausforderung dar. Der Einsatz des Hilfesuchenden ist überproportional groß und geschieht unter Verwendung von Verhaltensmustern, die allgemein als sittlich anständig oder vortrefflich gelten.

4.1. Auffallende Menschenfreundlichkeit

Der Supersanfte und sehr Nachgiebige, Freundlichkeit als Köderhaltung: Die Psychologie kennt diese Kategorie von Mitmenschen durchaus. Sie nennt sie z. B. die aggressiv Gehemmten. Aus geistlicher Sicht sind alle sehr sanften und nachgiebigen Menschen, auch Christen, sofern sie nicht erkennbar gereifte Gläubige sind, die im Worte Gottes gegründet und dadurch charakterlich geprägt sind, verdächtig darauf, dieser Gruppe zugehörig zu sein.

Welches ist der Trick, den diese Menschen anwenden? Man investiert zunächst einmal viel Freundlichkeit und ein sehr softes und supersanftes Verhalten, um damit seinem Gegenüber jegliche Aggression abzukaufen. Wer sich dieser Methode bedient, zieht seine Mitmenschen mit Freundlichkeit über den Tisch. Aber er tut es nicht aus Menschenfreundlichkeit, sondern aus der Angst heraus, dass er anderenfalls Ablehnung oder Widerstand erfährt, die er nicht ertragen kann. Er braucht stattdessen Bestätigung und Anerkennung, die er sich mit dem Einsatz von Scheintugenden erkauft oder dem anderen abnötigt. Also liegt hier ein Missbrauch von Tugenden vor, wodurch Mitmenschen gebunden und dazu gezwungen werden sollen, nichts Widriges oder Nachteiliges zu denken oder zu sagen.

Dieses Konzept ist somit die Fortführung des Verhaltens, das wir beim Menschengefälligen, Liebessüchtigen und Ausbeuter kennen gelernt haben. Auch wenn es noch so edel erscheint, es ist ein unheiliges Arrangement, seine Position auf Kosten anderer, die seelisch vergewaltigt werden, zu sichern. Somit unterliegt auch diese Verhaltensweise demselben Fluch, den wir bereits kennen gelernt haben. Die Folgen sind Menschenfurcht, Ängste vielfältiger Art, Unsicherheit und vieles mehr.

4.2. Hilfsbereiter Raubritter und Helfer-Syndrom

Praktische Hilfe und soziale Einstellung als Selbstverwirklichungsmodus: Jetzt wird es sehr schwierig, den Mechanismus der Selbstbefreiung und Selbsterlösung aufzudecken. Die hilfsbereiten und sozialen Wohltäter werden in der Gesellschaft gebraucht. Das wissen sie auch. Es gibt ja kaum eine höhere Ebene der Einstellung und Betätigung als die, ein Menschenfreund zu sein. Wenn aber Jesus nicht der Motor zu dieser Haltung ist, dann muss die Triebfeder eine andere, eine fragwürdige sein. Es kann dann nur das verborgene Streben nach Anerkennung und Selbsterlösung sein, das sich aus der Überzeugung nährt, gut zu sein und zum Guten fähig zu sein.

Während die Supersanften nach einiger Zeit doch bei den Menschen in ihrer Umgebung ein Gefühl des Unwohlseins und der Beklommenheit auslösen, was dann diesen den Verdacht nahe legt, dass da einiges nicht so ganz stimmt, sind die sozial Engagierten und die Hilfsbereiten von vornherein fein raus. Niemand wird sie verdächtigen, irgendetwas Eigennütziges und Unredliches im Sinne zu haben. Und doch ist genau das der Fall. Hier kann die Selbstgerechtigkeit ihre verborgenen Triumphe feiern. So seltsam es klingt, die stärkste Ausprägung erfährt die humanistische und antigöttliche Rebellion in den Reihen von vielen sozial Hilfswilligen. Das ist dann der Hintergrund dafür, dass diese Menschen in so vielen Unfreiheiten und Zwängen gefangen sind, die in einem bizarren Gegensatz zu ihrer scheinbaren Hingabe an Menschen stehen. Es braucht viel Wahrhaftigkeit und Einwirkung des Heiligen Geistes, um dieses Arrangement zu durchschauen und zu durchbrechen.

4.3. Sozialarbeit und missbrauchte Diakonie

Hier handelt es sich also um die institutionalisierte Form dessen, was wir beim Helfer-Syndrom schon gesehen haben. Die Haltung ist zum Beruf gemacht worden, damit sie auch wirklich festhält. Alles, was dort gesagt worden ist, gilt auch hier. Die Anfälligkeit für Ideologien unter Sozialarbeitern ist offensichtlich und sprichwörtlich. Bei ihnen findet man viele Vertreter einer kirchlich-pietistischen Frömmigkeit, die die Diakonie zum Selbstzweck erhoben hat. Auf der anderen Seite des Spektrums sind die Vertreter von unterschiedlichen Schulen der links-alternativen Szene. Beide scheinen äußerlich durch Welten getrennt zu sein, und doch sind sie zum großen Teil im selben Boot. Sie alle stricken an dem Gewand der Selbstgerechtigkeit, um darunter liegende Blößen von Wert, Bedeutung und Image zu bedecken.

Natürlich gibt es eine soziale Einstellung aus richtigen Motiven. Diese ist dann gegeben, wenn uns die Liebe Christi „dringet", indem wir erkennen, dass unser alter Mensch gestorben ist, weil wir im Glauben den Tod Jesu als für uns verbindlich geschehen anerkannt haben und insofern mit ihm gestorben sind. Liebe kommt immer vom Herrn. Kommt sie von woanders, dann ist sie ein Ersatz aus der Werkstatt der Selbstgerechtigkeit.

4.4. Makler der Liebe

Die unechte Liebe als Beherrschungs- und Strafmittel ist eine Liebe, die sich von Voraussetzungen bei den zu Liebenden abhängig macht. Es ist eine Liebe auf Wohlverhalten, Gehorsam, Anständigkeit und Leistung. Die wahre Liebe macht sich nicht von Voraussetzungen abhängig, sie ist bedingungslos.

Die Verhaltensweise der unechten Liebe wird in aller Regel von den Eltern eintrainiert. Das Kind erkennt instinktiv die verheerenden Auswirkungen und greift trotz allem Protest gegen den selbst erlittenen Unsegen eines solchen Verhaltens später doch zu derselben Methode. In diesem Verhaltensstil offenbart sich eine besonders rabiate und gleichzeitig subtile Weise, Macht über Menschen auszuüben. Man benutzt jene Tugend, gegen die niemand etwas vorbringen kann, die Liebe. Aber natürlich ist es dann keine Liebe mehr, sondern ein Beherrschungs- und Disziplinierungsmittel, das andere unfrei macht.

Die dämonischen Kräfte erkennen natürlich diese Anrechte, die ihnen dadurch eingeräumt werden. Es ist ja eine Haltung der Täuschung, der Lüge, des Machtmissbrauches und der Zerstörung. Sie können nichts dafür, dass sie auf dieses Angebot eingehen müssen. Dazu zwingt sie ihr eigener Charakter. Sind sie aber einmal da, erzeugen sie Leid. Also ist auch das eine Rahmensituation, in der Befreiung vonnöten ist. Ich gehe davon aus, dass der Leser mittlerweile die Mechanik recht gut kennt: Es hat keinen Zweck, auf die diagnostizierten dämonischen Kräfte einzuwirken oder einzuschlagen. Solange der Mensch, der diese Haltung in eigener Verantwortung plant und durchzieht, sich nicht davon abwendet und Buße tut, also Gnade für sich begehrt und an andere weiterreicht, wird es nie zu einer wirklichen Heilung oder Befreiung kommen können.

5. Selbstbestätigung als Betreuungsfall

Unser lädiertes und defizitäres Ich geht seltsame und verschlungene Wege, um sich doch seine Bestätigung zu holen. Ohne Anerkennung kann kein Mensch leben.

Ist die Zerstörung der Persönlichkeit durch Einwirkungen aus der Familie und Kindheit so stark geworden, dass die bisher beschriebenen Macht- und Beherrschungsmaßnahmen nicht mehr möglich sind, weil die lädierte Person dazu nicht mehr die Energie und die Fähigkeiten aufbringt, dann bleibt noch ein anderer Weg: Man bietet sich als krankes, armes, geschlagenes und gebeuteltes Opfer an, um auf diese Art und Weise in sich selbst durch ein flink gefertigtes Märtyrerbewusstsein ein neues Selbstbewusstsein zu entwickeln oder durch Mitleid anderer aufzubessern. Die zerstörte Persönlichkeit bringt also einen makaberen Einsatz, um dabei doch noch etwas herauszuholen, womit man leben kann.

5.1. Empfindlichkeit

Wer regelmäßig im Befreiungsdienst tätig ist, wird dieser Verhaltensweise ununterbrochen begegnen. Wir können nicht in Empfindlichkeit bleiben und gleichzeitig Freiheit durch Jesus haben wollen.

Das empfindliche Reagieren offenbart zunächst einmal ein Getroffen-Sein durch das Verhalten anderer. Das ist eigentlich nur dann möglich, wenn man ohne Vertrauen und ohne Liebe lebt. Glaube und Liebe sind erstrangige Panzer, die uns vor Verletzung bewahren. Der Empfindliche ist jedoch nicht nur getroffen, sondern kehrt in einer fein dosierten und kultivierten Form diese Verletzung auch nach außen. Dahinter befindet sich eine Haltung von Abscheu, Überheblichkeit, Trauer und Pikiertsein darüber, dass der andere so primitiv sein kann und ihn in seinen eigenen zarten Regungen so missverstehen und brutal behandeln konnte. Empfindlichkeit ist also eine Reaktion und ein Ausdruck des Stolzes und präsentiert dem Empfindlichen in seinem Bewusstsein das erwünschte Resultat, dass der andere unwert und primitiv sei, während er selbst mit seiner edlen Strebung und Gesinnung sein Opfer geworden sei.

Der Empfindliche entnimmt seiner Empfindlichkeitsreaktion Lust! Er sieht seine insgeheime moralische Überlegenheit und genießt bei allem Schmerz die Tatsache, dass der andere primitiver und gröber ist als er selbst.

Empfindlich sein heißt getroffen und verwundet sein. Es funktioniert mithin dieser Teufelskreis nur dann, wenn der Empfindliche nicht vergibt! Würde er mit der Gnade Jesu, die er empfangen hat, dem Aggressor vergeben, so müsste er auf diese feine Lust verzichten, die in der Arroganz seiner Empfindlichkeitshaltung liegt. So sehen wir, dass die Empfindlichkeit in sich zwei Flüche entbindet: Zum einen offenbart sie als Wurzel Stolz, zum anderen zwingt sie zur Unversöhnlichkeit. Beides schafft aber nach der Schrift Anrechte für die Invasion finsterer Kräfte.

5.2. Selbstmitleid

Selbstmitleid stellt eine Steigerung der Empfindlichkeitshaltung dar. Empfindlichkeit ist noch eine mehr punktuell auftretende Reaktionsform und führt nach und nach zur Bitterkeit. Selbstmitleid ist mehr eine durchgehende Haltung und führt geradewegs zur Depression.

Der Selbstmitleidige kultiviert seine Empfindlichkeit und züchtet in ihr stärker als der Empfindliche die Lustgewinne des Märtyrerbewusstseins, der moralischen Überlegenheit, der größeren inneren Differenziertheit und des Verkanntwerdens. Im Selbstmitleid erblickt der Betroffene immer sich selbst als den Leidtragenden, der einfach das Opfer seiner guten Absichten und der bösen Gedanken seiner Umgebung werden musste. Dabei werden eigene Hass- und Rachegelüste sowie die primitiven, egoistischen Strebungen kunstvoll umdeklariert, so dass sie im Gefühlserleben den anderen unterstellt werden.

Diese Umdrehung macht das Selbstmitleid so genussvoll und sorgt dafür, dass es gern gesucht wird. Natürlich muss der Selbstmitleidige Leid hinnehmen, was er in seinem Abgewiesensein und in seinen inneren Schmerzen erlebt. Aber er bekommt dabei auch die innere Bestätigung, dass er ein edler, wenn auch verkannter Mensch sei. Er ist gleichsam jemand, dessen seine Umgebung nicht wert ist. Im Unterschied zum Empfindlichen sucht der Mitleidige unwillkürlich Leidenssituationen oder provoziert Unrecht anderer, um durch das geschaffene weitere Leid seiner makaberen Sucht zu frönen.

Selbstmitleid kommt häufig vor und muss radikal und völlig aufgedeckt und als ein krebsartig wucherndes, seelisches Geschwür aus der Persönlichkeit herausgeschält werden. Das geht nur durch die Gnade Gottes und die Wahrnehmung seiner unbedingten und konkreten Liebe.

Wer erkannt hat, wie Jesus wirklich ist und wie viel Liebe der Vater hat, der braucht nicht zu dieser fragwürdigen, selbstzerstörerischen und süß-säuerlichen Maßnahme zu greifen. Er kann damit auch alle weiteren bösen Folgen dieser Haltung vermeiden, die in Gestalt einer ausgewachsenen Depression auf den Selbst-mitleidigen lauern.

5.3. Lustgewinn durch Krankheit

Der Genus, den das Selbstmitleid verschafft, ist begrenzt. Manche können sich damit nicht begnügen. Sie helfen sich dadurch, dass sie sichtbare Schwächen, Krankheiten und Nöte oder gar Gebundenheiten ihrer Umgebung anbieten, um dadurch deren Mitleid zu erheischen. Wenn dieser Mechanismus gebraucht wird, muss die Krankheit oder das jeweilige Handicap entsprechend deutlich gezeigt werden. Damit erfährt es in den meisten Fällen eine Zunahme an Intensität, was wiederum eine Vermehrung von Leid bedeutet. Wir sehen also, dass man einen fragwürdigen und bedenklichen Einsatz bringen muss, um dadurch etwas zu ernten.

Aber in den meisten Fällen klappt es. So kommt Mitleid zustande, durch das man Zuwendung, Aufmerksamkeit und auch die praktische Hilfe Dritter erfährt. Der Lustgewinn, den man sich dadurch verschafft, ist ein doppelter. Einerseits holt man sich selbst auf diesem Wege Liebe, wenn auch genötigte Liebe. Diese tut wohl, aber sie führt zur Sucht. Dadurch wird indirekt die Krankheit verewigt. Andererseits übt man damit auch einen Zwang auf seine Umgebung aus, indem man sie anstellt und regelrecht zwingt, bestimmte Maßnahmen zu ergreifen. Man macht dadurch Menschen seiner Umgebung von sich abhängig.

Diese Verhaltensweise ist von großer Unsicherheit und Angst begleitet, weil man nie wissen kann, wann andere einen im Stich lassen. Instinktiv spürt der so Handelnde, dass er seine Krankheit damit benutzt und zementiert. Auch hier ist die Lust-Leid-Bilanz negativ; ganz abgesehen davon, dass man sich durch diesen Missbrauch von Krankheit und von Menschen zusätzliche negative Kräfte aus der unsichtbaren Welt an den Hals hängt.

Wenn irgendwelche Symptome oder Charaktereigenschaften vorliegen, die das Vorhandensein dieses Arrangements von Täuschung und Selbstbetrug nahe legen, muss ein derartiges Verhaltensgefüge restlos aufgedeckt und ebenfalls durch Gnade beseitigt werden. Anderenfalls wird jeder Heilungsfortschritt von vornherein verhindert.

5.4. Depression

Es klingt für den Leser vielleicht absurd, dass ausgerechnet die Depression, diese arge Geißel der Menschheit und besonders der neueren Zivilisation ein Mittel sein könnte, mit dem die Depressiven ihr Ich stärken wollten. Aber so ist es. Die Depression ist die Verlängerung von Selbstmitleid, wobei jedoch das Leid ein so starkes Übergewicht gefunden hat, dass der Genussanteil kaum mehr erkennbar ist. Aber doch steht am Anfang jeder Depression eine Entscheidung für Selbstmitleid.

Die Symptomatik der Depression ist davon gekennzeichnet, dass Lähmung und Trauer sowie Schwermut überhand nehmen und häufig mit Verdammnisgefühlen einhergehen. Der Depressive verurteilt sich selbst, er hält sich für so unwert, dass er verdammenswert ist. Er kann vor sich und vor der gesamten Menschheit nicht bestehen. Er kann sich selbst nicht vergeben und meint, dass auch Gott ihm nicht vergeben könne. Darin wird die Lüge in ihrem ganzen Umfang sichtbar. Gott vergibt immer. Und wenn er vergibt, dann können wir auch Vergebung für uns annehmen. So liegt es also nicht an den anderen Menschen und auch nicht an Gott, sondern an uns selbst, dass wir nicht zur Vergebung durchdringen. Unser Stolz und die Annahme der Lüge verhindern das.

Wir halten fest: Stolz und Lüge, dieses unedle Geschwisterpaar, sind die Fundamente der Depression. Der Depressive hat frustrierte Größenideen, die jedoch nicht realisiert werden können. So genießt er wenigstens die Träume in der Haltung des Sich-Abgelehnt-Fühlens und in der Haltung des Unwert-Seins.

Daneben ist jede Depression noch eine handfeste Belastung für die Umgebung. Ein Depressiver kann eine ganze Familie, wenn nicht gar noch mehr Menschen in den Bann schlagen und beschlagnahmen. Der Raub, den die so gerufenen bösen Geister besorgen, ist überall in der Umgebung des Depressiven nachweisbar.

Mit der Depression gehen häufig Suizid-Gedanken und Todeswünsche einher. Diese haben in vielen Fällen ihre Begründung in dem elterlichen Verhalten, in welchem sich die Todeskräfte ausgedrückt haben. Aber dennoch wird auch häufig das Todesprinzip vom Depressiven selbst gesucht. Mit seinen Suizidgedanken straft er in seiner Vorstellungswelt seine Umgebung, von der er sich abgelehnt und vernachlässigt fühlt. Seine Todeswünsche sind Ausdruck von Rachegedanken und Strafmaßnahmen, womit er sich an anderen schadlos halten will. Sie stellen so etwas wie eine letzte Trumpfkarte dar, die er dann ausspielt, wenn alles andere nicht mehr hilft, um den anderen zu vermitteln, was sie an ihm hatten und was sie ihm angetan haben.

Ich erkenne heute stärker als je zuvor, dass auch die Depression ein direktes Werk dämonischer Kräfte ist. Aber hier gilt ganz besonders die Tatsache, dass der Kranke das Wesentliche dazu beizutragen hat, dass er gesund wird. Er muss erkennen, mit welchen Entscheidungen er die Vorbereitung für die Depression getroffen hat. Er muss sich dazu stellen, dass sein Leben voll von Stolz und Selbstmitleid und latenten Beherrschungswünschen war und muss sich in einer reifen Entscheidung davon trennen. Natürlich braucht der Depressive Liebe, um dadurch motiviert zu werden, die Wahrheit zu ergreifen. Aber es muss wirklich eine Liebe sein, die zur Verantwortung und zur Wahrheit führt. Dann kann Befreiung stattfinden, in vielen Fällen sogar schlagartig!

5.5. Resignation

Wo steckt die Leistung in der Resignation? Wie will der Resignierende sich mit dieser Haltung noch einen Vorteil verschaffen, der ihm irgendwie und irgendwo eine Ich-Stärkung verschafft? Das ist tatsächlich nicht leicht einzusehen. Resignation hat viel mit der Depression gemeinsam. Sie geht jedoch nicht so tief wie diese. Wer resigniert, der resigniert nur in Hinsicht auf eine bestimmte Aufgabenstellung oder ein bestimmtes Thema. Er ergibt sich der Passivität und vielleicht auch einer umschriebenen Verzweiflung, weil er sieht, dass die Zeit oder seine Umgebung noch nicht reif ist für bestimmte eigene Wünsche, Erwartungen und Ziele. In der Resignation ist die Anklage und der Vorwurf gegenüber der Umgebung enthalten, dass diese zu primitiv und zu egoistisch sei. Die Resignation enthält eine gewisse Portion von Trauer über die Unzulänglichkeit anderer und die Wahrnehmung der eigenen Überlegenheit, zumindest der moralischen Überlegenheit. Niemand resigniert aus der Erkenntnis heraus, dass er selbst etwas nicht zuwege gebracht hat. In der Resignation steckt die Enttäuschung über das Versagen der anderen. Insofern enthält auch die Resignation wieder die alte, wohlbekannte Komponente der eigenen Höherbewertung und der Abwertung der anderen.

Liegt irgendwo in der seelischen Landschaft eine Resignation vor und soll Befreiung geschehen, so muss diese tatsächlich auf ihre wahre Begründung hin untersucht und bearbeitet werden, so dass der Herr nach Aufkündigung des Stolz-Hintergrundes seine Gnade fließen lassen kann.

6. Ich-Bestätigung durch Schein

Das Besondere dieser Gruppe von Krankheitsursachen ist das Vorherrschen der Täuschung als eine mehr oder weniger bewusste und gewollte Maßnahme, um kurzfristig doch Eindruck in der Umgebung zu machen. Wer so vorgeht, der weist nicht mehr eine echte Leistung oder Fähigkeit vor. Dazu ist er nicht mehr imstande. Er täuscht nur etwas vor. Er geht besonders stark und frivol mit der Lüge um, die er häufig bis zum Grotesken strapaziert, um wenigstens für einige Minuten von den Zuschauern oder Zuhörern Bewunderung und Bestätigung zu erfahren.

6.1. Lüge als Lebensprinzip

Wie wir gesehen haben, bedienen sich alle besprochenen Selbsthilfemaßnahmen des Mittels der Lüge. Aber bei diesen stand sie weitgehend im Hintergrund und war den Beteiligten selbst kaum bewusst. Hier aber begegnen wir der Lüge auch in der Gestalt der Übertreibung oder Untertreibung als bewusstes Mittel, kurzzeitig Eindruck zu schinden. Der Betreffende, der das gerade tut, weiß oder müsste wissen, dass er nach wenigen Sekunden bis Minuten durchschaut wird. Zu häufig war ihm veranschaulicht worden, wie das nachteilig und peinlich für ihn ist. Aber nachdem er sich über mehrere andere Stationen erst einmal für die Lüge entschieden hat, ist er nicht mehr imstande, das zu bremsen. Steht er erst einmal unter dem Zwang der Lüge und des Größenwahnsinns, holt er sich dadurch seinen Lustgewinn, selbst wenn er ununterbrochen tiefer auf der sozialen Leiter abgleitet. Er ist dann außerstande, den Zusammenhang zwischen seiner Lüge und seinem Ergehen festzustellen. Er genießt seine sekundenlangen Triumpf-Gefühle, wenn er in seiner Umgebung mit den gewaltigsten Schilderungen seiner Großtaten beeindrucken will und sieht sich genötigt, die Reize fortwährend zu steigern, damit er neue Bestätigung und Bewunderung erfahren kann. Er bemerkt dann nicht mehr, dass ihm keiner mehr glaubt sondern erbaut sich an seinen eigenen Konstrukten von Größenwahnsinn.

6.2. Das Graue-Maus-Syndrom

Dieses Syndrom ist das scheinbare totale Gegenstück zu dem Lügen-Großmaul. Und doch macht die graue Maus Ähnliches, nur dass sie die andere Richtung der Übertreibung wählt. Keine positiven und auch keine negativen Merkmale und Auffälligkeiten zu haben, ist in den Augen vieler die beste Gewähr, gut durchs Leben zu kommen. Solche Menschen verhalten sich aalglatt und betont unauffällig, so dass sie nie in Bedrängnis kommen können, nie zu großen Leistungen aufgefordert werden und deswegen auch nie eine Blamage einstecken müssen.

Ihr Lustgewinn liegt darin, dass sie mit einem Minimum an Aufwand und ohne Verletzung gut durchkommen. Sie wollen es am Ende gut haben, was ja auch etwas wert ist. Deswegen vermeiden sie alle Extreme, alle Forderungen, alle Herausforderungen, alles, was aus dem Rahmen fällt. Insofern betreiben sie auch ihren Aufwand, nämlich den, völlig unauffällig zu sein. Aber sie bekommen tatsächlich auch nichts dafür. Merkmale solcher Menschen sind Angst, Unsicherheit, Ereignislosigkeit, Gleichgültigkeit, Flachheit des Denkens, Fühlens und der Einstellung.

6.3. Eitle Selbstgerechtigkeit

Der Selbstgerechte kommt mehrfach vor. Es gibt den moralisch angestrengten Selbstgerechten, der tatsächlich viel Mühe darauf verwendet, moralisch integer zu sein. Dann gibt es den Selbstgerechten der religiösen Spielart. Der wird noch zu untersuchen sein. Und schließlich haben wir uns mit dem Selbstgerechten zu beschäftigen, der für andere erkennbar weit von jeder höherwertigen Sittlichkeit entfernt erscheint. Diese Kategorie von Selbstgerechten hat große Ähnlichkeit mit den Hysterikern. Sie machen sich zunächst selbst etwas vor und anschließend anderen. Sie glauben, dass sie moralisch einwandfrei leben, weil sie in Folge ihres Stolzes die gröbsten Fehler und Unarten an sich selbst nicht wahrnehmen können. Anschließend präsentieren sie die von ihnen gemutmaßte Redlichkeit ihrer Umgebung, wobei sie gewaltig und peinlich überziehen und so nur wenig Gewinn an Bestätigung und Anerkennung finden können. Aber diesen schlechten Ertrag machen sie durch eine Vortrefflichkeit wett, die sie sich selbst einbilden und direkt in ihrer Phantasie auskosten. Das müssen sie auch so tun, denn sie sind schmierige und abstoßende Menschen, mit denen die Gesellschaft nicht viel zu tun haben will und denen sie keinerlei Gunst und Resonanz schenkt.

7. Selbsterhöhung in der Phantasie

Für die Angehörigen dieser Gruppe ist es typisch, dass ihnen der Realitätsbezug völlig verloren gegangen ist und sie sich auf sich selbst zurückziehen. Alles, was sie an Großem und Schönem sein wollen oder zu erreichen begehren, vollzieht sich nur in der Innenwelt ihrer Phantasie. Es gibt keine echte Leistung mehr nach draußen, nicht einmal die des Angebens. Es handelt sich hier also um ein stilles und abgeschlossenes System der Lüge, das häufig eine Art von Vorstufe zur Psychose ist.

7.1. Träumen als Lebensersatz

Bedeutend will jeder Mensch sein. Gelingt es nicht in der Außenwelt, dann muss einfach die Phantasie herhalten. Sie ist geduldig, und in ihr kann man die gewaltigsten Ziele konzipieren und erreichen. Wer sich lange in dieser Traumwelt aufhält, glaubt schließlich an die Realität seiner Trauminhalte, so dass sich in seinem Bewusstsein Außen- und Innenwelt allmählich vermengen. Natürlich ist das eine Lebensform der Lüge, die allein schon deswegen die Befreiung verhindern wird. Obendrein ist es wiederum ein weiterer Versuch des Ichs, sich wenigstens ein gewisses Kontingent von Lust und Bedeutung zu verschaffen und sei es auch nur auf dem Wege der Einbildung.

Wenn das ganze Evangelium vorgestellt wird, das Freude, Freiheit und Lust verheißt, wenn überzeugende Beispiele von ehrlichen und erfüllten Nachfolgern Jesu vorliegen und wenn die Seelsorge durch viel Fürbitte begleitet wird, kann auch in diesem Fall Befreiung erwartet werden.

7.2. Sucht

Wir müssen die Drogenabhängigkeit und jede Suchtform in ihrem doppelten Charakter erkennen. Natürlich ist sie für uns in erster Linie das Endstadium einer Kette von vorgelagerten Fehlentscheidungen und Fehlhaltungen. Auf der anderen Seite, und darauf kommt es in diesem Zusammenhang an, ist der Griff zur Droge in sich eine Maßnahme der Ich-Stabilisierung. Man holt sich einfach seine Lust und Überlegenheit auf direktem Wege ohne Leistung und ohne Lüge, indem man mit einem chemischen Mittel sein Zentralnervensystem zu bestimmten wohligen und selbstbestätigenden Gefühls- oder Wahrnehmungsreaktionen veranlasst. Damit koppelt sich der Drogenabhängige gänzlich von seiner Außenwelt und von seiner Verantwortung ab. In einer Weise ist es ein genialer Kunstgriff, auf kürzestem Wege viel Lust, Ruhe oder auch Größenbewusstsein zu empfangen.

Natürlich ist das Leben mit der Droge der Gipfel der Lüge und des Selbstbetruges. Jede Droge, die mit diesem Vorsatz eingenommen wird, ist ein Verstoß gegen das göttliche Grundgesetz, dass Gott der Geber von Freude, Lust und Kraft sein will und diese Gaben aus Gnade und umsonst gibt. Insofern kollidiert eine solche Maßnahme mit der Wahrheit Gottes und ist eine unmittelbare Einladung zur Invasion dämonischer Kräfte.

Das muss der Seelsorger wissen: Der Drogengebrauch ist für sich bereits ein okkultes Geschehen. Es ist in der letzten Konsequenz eine Maßnahme, Gott auszuschalten, ihm gleichsam ein Schnippchen zu schlagen und an ihm vorbei sich seine eigene Erlösung zu verschaffen.

7.3. Gehemmtheit

Gewiss hat die weit verbreitete Charakterschwäche der Gehemmtheit vielfältige Ursachen. Zum Beispiel spielt die Angst dabei eine bedeutende Rolle. Ferner Minderwertigkeitsgefühle und Furcht vor der Blamage. Aber man muss auch das Moment der Vermeidung erkennen, welches eine relative Stabilisierung des eigenen Ichs durch Meidung jeglicher Bedrohung und Infragestellung zu erreichen sucht. Die Bestätigung, die dem Gehemmten und dem Scheuen dadurch in der Realität entgeht, genießt er in der Phantasie.

Wenn man in das Innere des Gehemmten hineinschaut, sieht man sehr viel verdrängtes elitäres Denken und Größenideen. Der Gehemmte hat fraglos noch mehr Kontakt zur Außenwelt als der Träumer, weswegen er innerlich ein regelrechtes Vermeidungssystem aufbauen muss. Er möchte seine relative Stabilität nicht durch Bedrohung oder Gefahren erschüttert sehen. So genießt er, von einigen doch nicht vermeidbaren Irritationen abgesehen, im Stillen das, was er gerne in der Außenrealität sehen würde, aber für ihn nicht erreichbar ist.

Wer sich mit dieser Dimension von Leben zufrieden gibt, der arrangiert sich wiederum mit der Lüge und auch mit der Angst und glaubt, dass er sich selbst schützen muss und kann. Somit zählt er zu der großen Truppe der Selbsterlöser.

7.4. Das Spielen mit dem Freitod

Der Selbstmörder kam schon unter der Überschrift „Depression" vor. Nun gibt es aber nicht wenige Menschen, die mit Todesgedanken und Selbstmorderwägungen spielen, ohne manifest depressiv zu sein. Sie ergötzen sich an der inneren Möglichkeit, bei Bedarf doch sofort auszusteigen. Das gibt ihnen Sicherheit, Ruhe und den Eindruck von Souveränität. Sie können über ihr Leben verfügen. Es ist offensichtlich, dass auch diese Haltung, die doch eine gewisse Unabhängigkeit vermittelt, aus mehreren Gründen zum Fluch führen muss. Erstens ist sie eine Form der Selbsterlösung. Zweitens spielt sie mit dem Tod und greift damit in Befugnisse hinein, die uns nicht gegeben sind. Drittens hat der Umgang mit Tod, wie wir bereits gesehen haben, auch immer etwas mit Maßnahmen von Rache und Strafe zu tun. Diese Haltung stellt einen idealen Nährboden für die Todeskräfte dar, die so gerufen werden und die man nicht mehr loswird.

8. Profilierung Gott gegenüber

Die Besonderheit dieser Gruppe von Reaktionen unseres Ichs liegt darin, dass der Partner, vor dem man sich beweisen möchte, Gott selbst ist.

8.1. Hiob-Syndrom

Pochen auf eigene sittliche Unversehrtheit und Makellosigkeit, um dadurch vor Gott Recht zu bekommen: Das ist das Hiob-Syndrom. Hiob glaubte, dass er gerechter wäre als Gott, der doch so schlimme Dinge zulässt und sogar erzeugt. Er hätte diese in seiner tadellosen Haltung nicht verdient. Der Selbstgerechte, der immer auch der Gesetzliche ist, verweist vor Gott auf seine Bemühungen, seinen Verzicht und seine Opfer Er ist ehrlich davon überzeugt, dass er den Willen Gottes hundertprozentig erfüllt hat.

Seine Blindheit ist genauso rührend wie verheerend. Leider sind die Auswirkungen keineswegs rührend und lieblich. Satan macht sich diese totale Verkennung zunutze, die gleichermaßen von Lüge wie Überheblichkeit gekennzeichnet ist, um auf dieser Grundlage sein Werk zu tun - und er darf es. Das ist nur der in der Schrift explizit genannte Sonderfall einer Gesetzmäßigkeit, von deren Existenz wir im Rahmen des biblischen Seelsorge-Konzeptes ständig ausgehen. Wenn es noch einen Bedarf an apologetischer Sicherung dieses Prinzips gibt, dann gilt doch folgender Vergleich: Wenn schon ein Hiob, dessen sittliches Tun über allen Zweifel erhaben war und sogar Gott beeindruckte, doch auf Grund der innewohnenden Selbstgerechtigkeit den Teufel einlud, wie viel mehr Grund für dämonische Intervention wird es bei jenen Menschen geben, die erkennbar außerhalb der Furcht des Herrn leben?

Der Selbstgerechte verweist ja auf seine Gerechtigkeit, das heißt, er glaubt, alle Gebote der Sittlichkeit erfüllt zu haben. Damit erklärt er seine faktische Unabhängigkeit von Gott, was ein Freisein von allem, was göttlich ist, bedeutet. Das mutet vielleicht an wie ein sehr abstrakter und theoretischer Hintergrund, der im seelsorgerlichen Alltag doch keine Bedeutung hat. Aber dem ist nicht so. Die biblisch korrekte Bewertung von Selbstgerechtigkeit ist von allergrößter Bedeutung für die Seelsorge. Mit der richtigen Einschätzung und Handhabung dieser Untugend steht und fällt der Ertrag an seelischer Heilung. Wenn an Jesus Gläubige nicht wahrnehmen, ob und wo sie in der Gesetzlichkeit und Selbstgerechtigkeit leben, werden sie keinen Zentimeter vorankommen. Der Feind hat mit dieser ihrer Vorentscheidung das volle Recht, sie zu plagen und zu lähmen.

Wenn wir irgendwo die Hilfe des Heiligen Geistes brauchen, um diesen Hintergrund zu erhellen, dann hier. Kommen Heilungen und Befreiungen trotz aller Bemühungen nicht zustande, dann liegt es meistens an diesem Problem.

8.2. Religiosität

Die feinste und raffinierteste Form des Stolzes und damit der Unabhängigkeit ist Religiosität. Wir definieren Religiosität als ein menschliches Bemühen, durch eigene Kraft und Verdienste die Brücke zu Gott zu schlagen. Eine solche Form von Frömmigkeit geht wohl davon aus, dass es einen Gott gibt und dass wir in Beziehung zu ihm treten sollen, aber sie glaubt, dass unsererseits der Weg zu Gott möglich ist.
Das Evangelium berichtet aber davon, dass Jesus von der himmlischen Herrlichkeit zu uns kam, weil es unsererseits keine Möglichkeit gibt, in unserer Kraft und Vollkommenheit zu Gott zu gelangen.

Wer an dieser Wahrheit vorbeigeht, erklärt damit seine Überzeugung, dem Maßstab Gottes mit eigener Kraft gerecht werden zu können. Indem er sich an diesem höchsten Maßstab misst, beweist er die größte Arroganz. Er weiß nichts davon, dass nur Gott allein gut ist und jenseits von ihm nichts Gutes ist. Demnach versteht er Gnade nicht, und so ist sein ganzes Leben eine einzige Verkennung von Wahrheit, Wort Gottes, Glauben, Liebe und Leben.

Das ist das Kunststück, das viele Gläubige fertig bringen: Generell wissen sie sich durch Gottes Gnade erlöst. Aber in weiten Bereichen ihres Alltages verhalten sie sich religiös. Sie wollen Gott beeindrucken und mit bestimmten Ritualen, Gebetsformen, Sakramenten und Leistungen gnädig stimmen, als ob er es vorher nicht wäre. Aber genau diese Überzeugung liegt unterschwellig bei den Religiösen vor. Sie haben kein Verständnis von Gnade und unterwerfen sich mit religiösen Haltungen erneut dem Fluch des Gesetzes, dem sie durch Jesus längst entkommen sein sollten.

Kapitel 9

DER AUFBRUCH IN DIE FREIHEIT

Alle Voraussetzungen sind erfüllt, die Therapie kann beginnen. Sie wird den Leser durch ihre Einfachheit überraschen.
Wir gehen von zwei Voraussetzungen aus, die in allen bisherigen Ausführungen schon enthalten waren.

1. Das Entstehen der seelischen Erkrankung beginnt nicht in der jüngsten Vergangenheit des Kranken, sie wird bestenfalls dort sichtbar. In Wirklichkeit ruht sie auf einem Bett von Charakter-Fehlhaltungen, zu deren Entwicklung es einer längeren Zeit bedurfte und die immer auf Ereignisse und Reaktionen in der Kindheit zurückzuführen sind. Es gibt somit Ursachen in der Vergangenheit und in der Gegenwart. Dementsprechend muss sich auch die Therapie in diesen beiden Zeitzonen bewegen. Der Patient traf vor Jahrzehnten Entscheidungen, die die Krankheit vorbereiteten und er hielt diese Entscheidung bis in die Gegenwart aufrecht, so dass sich die Krankheit ausbildete und bleiben konnte.

2. Die Heilung ist ein Teil der Erlösung, sie ist also geschenkt. Sie darf nicht verdient werden und kann auch nicht verdient und erarbeitet werden.

Dennoch bedeutet das nicht, dass der Hilfesuchende in Passivität verweilen darf. Er soll die Hilfe, die von Gott kommt und geschenkt wird, begehren. Er muss sie im Glauben ergreifen, das heißt mit Fleiß das Wort Gottes erkunden und die Bedingungen des Heil-Werdens erforschen, um die darin erkennbare Wahrheit zu ergreifen und den Betrug der Sünde zu entlarven und bloßzustellen. Er muss also schon etwas tun, so viel wie ein Ertrinkender, wenn ihm das

Rettungsseil zugeworfen wird. Und er muss auch so viel „Anstrengung“ aufbieten, wie ein Hungriger, der zur Stillung seines Hungers die angebotene Speise von der Schüssel auf seinen Teller und von dort in seinen Mund bringen muss. Glaube ist mit Werken verbunden, das sind Handlungen, mittels derer wir die Wunder Gottes abholen.

Wer von seiner Krankheit genesen will und sich in Behäbigkeit im Rahmen der seelsorgerlichen Unterredung mit der unausgesprochenen Erwartung an den Seelsorger in seinen Sessel fallen lässt: „Nun zeig einmal, was du kannst und mach mich gesund“, der wird das mit Sicherheit nicht erleben. Gott will ihn zwar mit Gesundheit beschenken, aber das nur als Antwort auf seinen leidenschaftlichen Wunsch, unbedingt Heilung erfahren zu wollen und nicht nur das, sondern auch Veränderung seines Charakters und Heiligung durch den Heiligen Geist.

Das Leid weist uns den Weg

Bei der Beschreibung und der Klärung des Zustandekommens der Racheantwort und auch des Mechanismus der Selbsthilfe habe ich, was der Leser vermutlich nicht gemerkt hat, unterschiedliche Begriffe gebraucht und sie so benutzt als ob sie austauschbar wären. Das war kein unscharfer Sprachgebrauch, sondern Absicht. Manchmal nannte ich die Rebellion des Verwundeten Racheantwort oder Gegenmaßnahme und manchmal einfach Symptom.

Sie sind in Wirklichkeit beides, zumindest ist jede Gegenmaßnahme so etwas wie ein Prä-Symptom, das je nach Symptomumgebung im Laufe von Jahren oder Jahrzehnten von anderen Symptomen bedrängt wird und sich deswegen mehr oder weniger wandelt. Aus diesem Prinzip ergibt sich eine außer-ordentlich einfache und schlüssige Vorgehensweise, die für den Anfänger verblüffend leicht zu erkennen ist und auch dem Geübten die vermutlich schnellste Form der Erschließung eines Krankheitshintergrundes schafft.

Die Vorgehensweise in Einzelschritten:

1. Wir kennen die genaue Symptomatik des Leidenden, weil sie zu erfragen unsere erste Aufgabe war. Allerdings verfügen wir zunächst nur über die Beschreibung der Art und des Ausmaßes der Symptomatik und kennen auch den Zeitpunkt und die Umstände, unter denen sie erstmals aufgetreten sind. Was wir nicht wissen, das sind die Ursachen, die zum Ausbruch der seelischen Erkrankung geführt haben. Ohne ihre Kenntnis gibt es jedoch keine Handhabe gegen sie. Sie einfach wegzubeten, gelingt nicht und ist überhaupt ein sehr dürftiges Verfahren.

2. Wir kennen aus der erhobenen Anamnese die entscheidenden Leid-Erfahrungen des Patienten in seiner Kindheit und Jugendzeit. Wir sind deswegen darüber informiert, weil wir das mit besonderem Bedacht erfragt und den gesamten Erfahrungshorizont des Kranken gewissenhaft danach abgesucht hatten. Natürlich sind wir dabei fündig geworden, weil wir nicht in erster Linie nach einzelnen Ereignissen, etwa traumatischen Schockerfahrungen, gesucht haben, sondern nach anhaltenden Leid- und Entbehrungssituationen, die dem Betroffenen durch negative Haltungen und Einstellungen seiner Umwelt zuteil wurden. Diese fallen bei dem Gespräch nicht ins Auge, sie müssen erfragt und ganz konkret angesprochen werden, und sie stellen in vielen Fällen, wie wir bereits gesehen haben, nicht so sehr Leid im Sinne von produktivem Unrecht dar, sondern mehr das stille Erleiden durch vorenthaltene Tugenden und Qualitäten wie Liebe, Bestätigung, Zärtlichkeiten, Lob und Ermutigung. Die daraus resultierenden Schmerzen können viel größer sein als die Pein durch Misshandlungen und offensichtliche Grobheit oder Grausamkeit.

3. Wo immer eine Verletzung oder auch nur eine erlittene Verweigerung vorliegt, da kommt es immer zur Gegenwehr. Das ist eine unaufgebbare These, das ist eine Erfahrung ohne Ausnahme! Wir haben sie begründet, sie ist die Folge des Gefallen-Seins der ganzen Menschheit. Es gibt eben unter uns keinen verborge-

nen Edelmütigen, der kraft seiner besonderen sittlichen Ausstattung einzelne solcher Frustrationen wegstecken oder mit gnädiger Sanftmut übersehen kann und völlig unbeschwert und unverletzt aus solchen Umständen herauskommt.

Die eiserne Regel lautet: Wo ein Aggressor ist, da gibt es ein Opfer, jemand, der leidet, der sich wehrt und zu Gegenmaßnahmen ausholt. Das ist eine geistliche Wahrheit, die der humanistische Zeitgeist verwischen oder außer Kraft setzen will. Wir alle sind gefallen und entbehren die Herrlichkeit, die uns zu einem anderen Verhalten befähigen würde.
Nachfolgend möchte ich drei Beispiele geben, in denen in unterschiedlicher Stärke die Gegenmaßnahmen entwickelt waren, bis hin zum dritten Beispiel, dass die gesuchte scheinbare Ausnahme von der Regel sein könnte.

1. Patientin A wurde in ihrer Kindheit von ihrem Vater wiederholt missbraucht, indem er unsittliche Berührungen so herbeiführte, dass sie sich dem nicht entziehen konnte. Sie wehrte sich durch offene Rebellion, entwickelte sich zu einer Furie zu Hause und hat sich in allen Situationen, abgesehen von der Missbrauch-Situation, dem völligen Ungehorsam und der Verweigerung hingegeben. Ihr Protest im Rahmen von negativistischen Handlungen war offenbar. Die Symptome haben sich dann im Laufe ihres Lebens verändert. Sie war, als sie sich für Jesus entschied, schwer zu führen. Voller Ungehorsam wandte sie sich gegen ihren neu erlebten göttlichen Vater, und gegenüber ihren Geschwistern entwickelte sie den Lebensstil der religiösen Rebellin.

2. Patientin D war auch eine wiedergeborene Christin. Sie kommt mit einer Vielzahl von Auffälligkeiten in die seelsorgerliche Sprechstunde, hat sich aber eigentlich ganz gut durchs Leben geschlagen. Ihre Beziehung zu ihrem Ehemann indessen und auch die zu ihren Kindern und ihren geistlichen Geschwis-

tern waren seltsam oberflächlich und unergiebig. Die Erhebung der Krankheitsvorgeschichte ergibt den Nachweis, dass sie einen autoritären und fordernden Vater hatte, der immer auf sie eindrang und ihre Gefühle verletzte. Aber wo war die Vergeltung, die unzureichende Reaktion, die krank oder zumindest unglücklich machte?

Sie war nicht so ohne weiteres zu erkennen, aber ich bestand natürlich darauf, dass es sie doch geben muss. Ich habe die krankmachende Reaktion – eine von mehreren – direkt erfragt (Wie schrecklich für einen echten Psychoanalytiker!). Patientin D konnte sich auf meine konkrete Nachfrage hin daran erinnern, dass sie sich nach wiederholten Verletzungen vorgenommen hatte, nichts mehr von sich preiszugeben und niemand in ihr Herz schauen zu lassen. Sie hatte die Entscheidung getroffen, keine Gefühle mehr zu zeigen. Sie kam damit ganz gut durchs Leben.

Aber die Geister, die sie rief, wurde sie nicht mehr los. Später, als sie dann ihre Gefühle dringend brauchte, etwa in der Zeit der ersten Freundschaft mit einem jungen Mann oder in der Verlobungszeit und der anschließenden Ehe, waren sie nicht mehr zu aktivieren. Sie hat es übrigens auch nach der Therapie, die sie nur beginnen, aber durch bestimmte Umstände nicht vollenden konnte, nicht so richtig geschafft, ihre Gefühle frei zu setzen. Offenbar war die geistliche Bewältigung der erlittenen Fehlprägung doch nicht vollständig gelungen.

3. Das dritte Beispiel der Patientin C könnte die mutmaßliche Ausnahme sein. Sie war eine vorbildliche Christin, engagiert im Hauskreis und in der Gemeinde und von dem starken Wunsch beseelt, Menschen zum Herrn zu führen und neue Gemeinden zu gründen. Im Auftreten, in der Wahl ihrer Kleidung und in ihrer Führung war sie die Ordnung in Person.

Sie kam zu mir in die Seelsorge, weil einige missionarische Vorhaben nicht so richtig gelingen wollten und sie davon überzeugt war, dass der zunehmende Misserfolg einen Hintergrund haben muss. Ich will auf die weiteren Einzelheiten verzichten und nur auf die Gesetzmäßigkeit eingehen, die uns in diesem Zusammenhang interessiert, wonach jeder wirklich schmerzhafte Eingriff von draußen immer zu Gegenmaßnahmen führt, auch wenn diese nicht auf Anhieb erkennbar sind.

Unsere Patientin C, nennen wir sie einfach Christine, hatte in ihrer Kindheit ziemlich leidvolle Verhältnisse zu Hause erlitten. Die Eltern reagierten launisch, unausgewogen und zum Teil autoritär und fordernd bis bedrohlich. Christine hatte noch zwei Schwestern, die auch unter dem Verhalten der Eltern zu leiden hatten. Die eine sträubte sich gegen die Zumutungen und Übergriffe der Eltern, indem sie kratzbürstig ständig Widerstand leistete, lärmend rebellierte und bald das Haus verließ. Die andere Schwester hatte sich augenscheinlich dem Terror unterworfen, resignierte, zeigte bald kindliche psycho-somatische Beschwerden und wurde zunehmend passiv und depressiv. Es gelang ihr später dann doch ein halbwegs befriedigendes Leben zu führen, sie neigte aber zu Depressionen, was sie aber nicht daran hinderte ein leidliches Eheleben zu entwickeln und Teil einer zwar nicht aufregenden, aber doch befriedigenden bürgerlichen Familie zu werden.

Bei Christine war alles anders. Sie erlitt das Unrecht wie ihre Schwestern, aber ging meisterlich und völlig unberührt in tadelloser Haltung durch alle Gemeinheiten und Zumutungen der Eltern hindurch. Sie reagierte anständig und sanft, war erfolgreich in der Schule, bei allen Unternehmungen zu Hause, im Freundeskreis und im Sport. Je lauter und ungebärdender die Eltern wurden, umso ruhiger und gefasster reagierte Christine. Sie war ein Mysterium, sie war einzigartig, sie war eine moderne Heilige.

Aber dieses Wunder wurde im Verlauf der Seelsorge schnell entzaubert. Indem sie die hier beschriebenen Zusammenhänge berichtete, kam Christine von sich aus auf die wahren Hintergründe. Sie durchschaute ihre anständige Reaktionsweise als eine bewusste Flucht und Bestrafungsmaßnahme. Sie wollte nämlich mit der übersteigerten Gehorsamsleistung und ihrem hochmoralischen Verhalten den Eltern den Schneid zu allen weiteren Attacken abkaufen. Mit ihrer einsichtigen und dienenden Haltung wollte sie alle Beteiligten unter Einschluss ihrer Schwestern übertrumpfen und sie im Vergleich zu sich selbst mit Schuld- und Minderwertigkeitsgefühlen abstrafen, was ihr auch gelungen war. Ihre moralische Unversehrtheit und scheinbare geistliche Reinheit waren also nichts anderes als ein besonders raffiniertes Mittel von Rache und Selbstbefreiung auf einem hohen Niveau, das anfangs durchaus in ihrem Sinne wirkte, sich aber dann bald als ihr eigenes Gefängnis erwies. Sie hatte im Rahmen der Seelsorge eine fast lehrbuchmäßige Befreiung erfahren, aber bestimmte Anteile ihrer alten Denkweise doch nicht ganz aufgegeben, was dann zu einem nachfolgenden Ausbruch in weltliche Freiheiten führte, wie sie der Herr nicht meinte. Aber gerade diese Maßnahme offenbarte in welchem Ausmaß sie unfrei war, das Lustdefizit verspürte und sich mit fragwürdigen Mitteln trösten musste.

Wir halten also das Ergebnis fest: Der nicht wiedergeborene und auch nicht vom Heiligen Geist erfüllte Mensch wird auf Verwundung immer zurückschlagen und dabei sein Reservoir von Vergeltungsmaßnahmen aus den beiden Kategorien der Rache und der Selbsterlösung auffüllen. Es werden immer beide Reaktionsarten vertreten und miteinander verzahnt sein.

Eine erstaunliche Entdeckung

Die kindliche Gegenreaktionen bzw. die Gegenmaßnahmen des Jugendlichen sind die Matrix für die Krankheitssymptomatik des späteren Kranken, und bei näherem Hinsehen sind sie sogar nahezu identisch mit dieser. Was das Kind an frühen Gegenreaktionen entwickelt hatte, und was dann der Chronizität anheim gefallen war, formt in einem nicht geringen Ausmaß den Charakter des Hilfesuchenden und noch mehr sein ganzes Krankheitsbild.

Wenn man erst einmal den Anfang dieses ganzen Prozesses festgestellt und exakt beschrieben hat und dann das vorläufige Ende kennt, nämlich die vorliegende Krankheitssymptomatik, dann gelingt es immer, dem Patienten den Blick dafür zu öffnen, dass die ursprünglichen Abwehrmaßnahmen große Ähnlichkeit mit den gegenwärtigen Symptomen hatten und lebenslang mehr oder weniger deutlich und wahrnehmbar vorlagen. Zum Teil wenig bemerkt, oder auch als selbstverständliche Begleitung, modulierten diese erst kindlichen, dann erwachsenen Gegenreaktionen wie eine Art selbstverständliche Begleitung des Lebens um die Wahrnehmensschwelle herum, wobei sie manchmal erkennbar waren und manchmal abgetaucht erschienen. Im Rückblick werden sie so gut wie immer als ständige Begleiter erkannt, wie wohl sie nicht so leiderzeugend waren wie in der jüngsten zurückliegenden Zeit. Unter bestimmten Belastungen hatten sie zugenommen, und wenn diese abnahmen, dann verschwanden sie möglicherweise vorübergehend vollends.

Die Übereinstimmung der kindlichen Erstreaktion mit den Symptomen des Erwachsenen ist erstaunlich und noch erstaunlicher ist es, dass dieses laut der mir bekannten psychotherapeutischen Literatur so wenig bemerkt worden ist.

Der Grund dürfte ein zweifacher sein: In der Vergangenheit – etwa über drei Psychoanalytiker-Generationen – setzte man die ganze Aufmerksamkeit gemäß dem Verdrängungskonzept Freuds auf die symbolhaltige Fluchtreaktion des Es. Dieses suchte nach neuen Wegen der Verdrängung bestimmter libidinöser (triebhafte oder sexuelle) Wünsche, die in Gestalt von Symptomen ihren Ausdruck fanden. Das Postulat (Lehrsatz) der Verdrängung war so mächtig, dass man der Seele gar keine Klartextaussagen mehr zutraute. Dagegen kümmerten sich die neueren Schulen, wie wir schon mehrfach bemerkt haben, fast gar nicht mehr um die lebens-geschichtlichen Hintergründe von seelischen Erkrankungen. Sie setzen beim Symptom und überwiegend in der Gegenwart an.

Die Seele ist anlehnungsbedürftig und erstaunlich anpassungsfähig. Sie liefert, was man von ihr erwartet. Dem Freudianer beschert sie Freudsche Träume, dem Jungianer Arche-Typen-Bilder und dem

Seelsorger, der von vorne kommt und mit dem absoluten Werten der Schrift umgeht, offenbart sie mehr von der Wahrheit und der Lüge als andere Therapeuten mit anderer Ideologie sie zu Gesicht bekommen. Wenn diese Seele sich obendrein dem Geist unterordnet, dann lässt sie sogar Einsichten und Tiefen der Selbsterkenntnis zu, die in einem regulären psychotherapeutischen Prozess undenkbar wären.

Der geistliche Rahmen der biblisch-seelsorgerlichen Diagnostik vermag noch weiteres zu bewerkstelligen, was sich in der Psychotherapie immer wieder als eine schier unüberwindliche Crux erweist. Dieser Ansatz versagt nicht, wenn der Kranke über keinerlei Erinnerung an seine Kindheit verfügt. Das tritt regelmäßig dann ein, wenn diese viel Unheil und Zerstörung in sich barg. Kräfte des Vergessens wurden dann aktiviert, um das Leid zu zudecken oder zumindest leichter ertragbar zu machen, aber diese haben auch gleichzeitig eine Heilung verhindernde Wirkung.

Die biblische Seelsorge wendet sich sowohl an die Vergangenheit als auch an die Gegenwart. Wir haben doch in jedem Fall das Produkt der Gegenwart, die ausgereifte Symptomatik. An ihr entlang können wir uns rückwärts bewegen, indem wir durch Erfahrung, Intuition und Hilfe des Heiligen Geistes die Erinnerung des Patienten für das öffnen, was die vermutete kindliche Entsprechung der gegenwärtigen Symptomatik sein müsste. Manchmal können wir es den Kranken auf den Kopf zu sagen, was sie früher erlitten haben und wie sie Rache genommen haben. Das gibt einfach der Inhalt der Symptome in vielen Fällen her.

Diese Maßnahmen öffnen die Person und die Schätze und Flüche der Vergangenheit. So nimmt es nicht Wunder, dass eine seelsorgerliche Behandlung niemals zu dem Punkt der gänzlichen Stofflosigkeit kommt, weil der Patient einfach keine Erinnerungen und Einsichten beizubringen vermag. Ist der Kranke motiviert und hat der Heilige Geist Zutritt zu dem ganzen Unterfangen, werden alle Verdrängungsmechanismen gelockert, es kommt zur Freisetzung von Liebe und zur Wahrheit. Und die sanftmütige Gegenwart Gottes wird die Ängste, die die Erinnerung verhindern wollen, entkoppeln, so dass die Sabotage der Rückerinnerung und -besinnung hinfällig wird. Ich habe noch keinen Fall erlebt, in dem ich wegen Gedächtnisschwund kapitulieren musste.

Der entscheidende Gewinn, der uns die Erkenntnis der weitgehenden Übereinstimmung der aktuellen Symptome mit den frühen Gegenreaktionen gegen Außenbedrohung verschafft, liegt in dem dadurch gegebenen Wissen über die Ursachen der Krankheit. So finden die Symptome ihre einfache und nachempfindbare Erklärung, was uns von der Notwendigkeit befreit, komplizierte Erklärungsmodelle anzufertigen. Mit diesem vorgelegten Deutungsschema wird alles verstehbar, was wir an altem lebensgeschichtlichen Material und neuer Symptomatik zusammengetragen und gedeutet haben. Es wird auch für den Kranken selbst verstehbar, der nun mit klarer Einsicht ausgestattet daran gehen kann, die notwendigen Korrekturen vorzunehmen.

Die kompliziertesten Symptom-Konstellationen werden durchschaubar und enträtseln sich, wenn man noch zusätzlich die besonderen Umstände der Auslösung oder der Verhältnisse kurz vor der Symptommanifestation in Betracht zieht. Wir bedürfen keiner zusätzlichen Theorie einer Symptombildung. Wir können den Ödipus ruhen lassen und mit ihm alle frühkindlichen libidinösen Wünsche und Erklärungstheorien. Sie bringen uns nur auf Deutungsabwege, deren therapeutische Verarbeitung noch ärgere Folgen nach sich ziehen würden als die bestehende Krankheit.

Das Verständnis Jesu von Vergebung – die umfassende Vergebung

Was macht man mit dem Material, das bei dieser intensiven Beschäftigung mit der Lebensvorgeschichte zu Tage gefördert wird? Eins kann man jetzt nicht mehr tun, nämlich mit dem Verweis darauf, dass ja alles durch das Blut Jesu kraft der Bekehrung getilgt und ein für alle Mal ausgelöscht sei, zur Tagesordnung übergehen. Denn wir hatten ja herausgefunden, dass uralte Schuld und auch jetzige Probleme nicht nur miteinander verbunden, sondern zu weiten Teilen auch identisch sind, nur dass die Uralt-Probleme durch neue Anlässe aktiviert worden sind. Um im eben gebrauchten Bild zu bleiben, die Tagesordnung ist sowieso eine Unordnung der Tage und der seelischen Verfassung und beweist mit ihrem Vorhandensein, dass die alte Schuld nicht getilgt ist, sonst könnte sie ja nicht wirksam sein.

So manches Mal habe ich mich gefragt, wann der Tag kommen wird, dass die unsägliche Theologie, wonach mit der einmaligen Lebensübergabe an Jesus alle vorherigen schuldhaften Programmierungen unseres Vorlebens gelöscht sind, ein Ende finden wird. Wo steht derartiges in der Schrift? Wir finden dort, dass wir durch unsere Bekehrung zu Jesus Vergebung der einen Sünde (Einzahl) erfahren, nämlich die Vergebung, dass wir nicht an Jesus geglaubt haben (Johannes 16,9). Dadurch werden wir dem Status nach gerecht, ja wir werden sogar, wie wir gesehen haben, die Gerechtigkeit Gottes. Das heißt aber noch lange nicht, dass ohne Bekennen und Erfahrung der Vergebung alle relevanten Tat- und Haltungssünden der Vergangenheit einfach und automatisch außer Kraft gesetzt werden. Das widerspricht nicht nur den Ausführungen der Heiligen Schrift über den Prozess der Heiligung und Umformung in sein Bild, sondern auch allen pastoralen Erfahrungen.

Es ist ein großer Unsegen und gleichzeitig einer der erfolgreichsten Tricks des Teufels, dass dem charismatischen und pfingstlichen Volk eingeredet werden konnte, dass wir uns fern halten sollten von allem „Herumgraben" in unserer Vergangenheit und in den Tiefen unserer Seele, nachdem doch Jesus durch unsere Bekehrung bereits alles geregelt habe. Hunderttausende und Millionen von kostbaren Christen werden so in Knechtschaft gehalten. Aber nicht nur das, sie werden auch aufgefordert, einfach an ihre Freiheit in Christus zu glauben und sie sich endlich anzueignen, obwohl das mit diesen Mitteln allein nicht geht.

Also zurück zur Ausgangsfrage: Was machen wir mit dem Stoff, den Verletzungen und den verkehrten Reaktionen auf diese in unserer Vergangenheit? Natürlich müssen wir erst einmal vergeben, wie Jesus uns vergeben hat. Vergeben heißt, Gnade gewähren, was voraussetzt, dass wir selbst schon Gnade gefunden und genommen haben. Aber jetzt müssen wir genauer werden.

Wenn ich jemandem seine Schuld vergebe, soweit es Schuld an mir selbst war, dann ist sie für mich nicht mehr vorhanden. Ich vergebe ohne Gegenleistung und ohne Vorleistung seitens des Schuldigen. Danach habe ich nicht mehr das Recht, innerlich voller Abwehr und Vorbehalte zu sein und dieses in verletzten Gefühlen doch noch zu äußern.

Der erste Akt des Vergebens betrifft die Fremdschuld, die Schuld des anderen an mir. Aber das reicht nicht aus und ist bei Weitem nicht die ganze Beschreibung der Vergebung. Bleibt es nur dabei, wird die eben geforderte Konsequenz, nämlich sich aller weiteren Ablehnungs- und Empörungsgedanken oder auch -reaktionen zu enthalten, nicht möglich sein. Es werden sich doch Unmut, Ärger und Verletzungsgefühle in den unterschiedlichen Affekten durchsetzen, und dass mit einer so zwanghaften Unerbittlichkeit, dass man schier irre werden könnte an der biblischen Verheißung, dass wir durch Vergebung in die Gnade und den Frieden eintreten.

Unzählige Nachfolger Jesu, ja die Mehrheit der Christenheit müssten, wenn sie nur den Mut zu einer derartigen Ehrlichkeit hätten, bezeugen, dass nach dem Vergeben doch noch nicht alles schlagartig besser geworden sei. In meiner eigenen seelsorgerlichen Praxis ist es die große Ausnahme, dass ein wiedergeborener Christ, der wegen seelischer Nöte in meine Sprechstunde gekommen ist, nicht vorher schon mindestens einmal, im Regelfall schon viele Male, Vergebung gegen die wichtigsten Aggressoren in seiner Vergangenheit ausgesprochen hat. Und doch war er dadurch nicht aus seinen Schwierigkeiten und krankheitlichen Störungen herausgekommen. Es muss bei diesem Verfahren noch etwas Wichtiges fehlen.

Die Lösung hält ein Wort Jesu für uns bereit. Er definiert die Vergebung völlig neu. Es gibt eine vollständigere Definition von Vergebung als die, die sich nur auf die Fremdschuld des anderen bezieht.

Markus 11,
25 Und wenn ihr steht und betet, so vergebt, wenn ihr etwas gegen jemanden habt, damit auch euer Vater im Himmel euch vergebe eure Übertretungen.
26 Wenn ihr aber nicht vergebt, so wird euer Vater, der im Himmel ist, eure Übertretungen auch nicht vergeben.

Aufs erste ist es wichtig, den Kontext dieser Worte zu bedenken, auf den die Bibellehrer schon seit langem hinweisen. Die Aufforderung zu vergeben steht unmittelbar hinter den prägnantesten Beschreibungen der Schrift, was Glaube eigentlich ist und wie gewaltig er sich auswirkt, wenn er in reiner und unverfälschter Form praktiziert wird. Die Botschaft dieses Zusammenhanges lautet einfach: Ohne Vergebung wird der Glaube nicht wirksam.

Den anderen Gesichtspunkt liefert der Nachsatz, der dem Wort aus Matthäus 18,45 entspricht: Wenn wir nicht vergeben, wird uns unser himmlischer Vater unsere Schuld auch nicht vergeben.

Ich gehe davon aus, dass das zumindest jene Schuld betrifft, die im Umfeld der Unversöhnlichkeit vorhanden ist oder diese selbst betrifft. Es könnte somit also zutreffen, dass viele Christen mit beträchtlicher unvergebener Schuld herumlaufen, ohne dass sie das wissen, weil sie selbst nicht in einer für ihren Herrn gültigen Form vergeben haben. Das würde zusätzlich das Fortbestehen mancher seelischen Probleme bei Christen erklären, die vorgeben, alle eigene Schuld dem Herrn ausgeliefert zu haben. Natürlich gilt das auch für viele Fälle von körperlichen Erkrankungen. Jemand, der bitter und unversöhnlich ist, zur Heilung seiner körperlichen Gebrechen zu führen, ist ein schwieriges Unterfangen.

So müssen wir uns also an die Aufgabe machen, das Wort des Herrn richtig zu ergründen und uns dann verfügbar zu machen. Nach dieser etwas gedehnten Hinführung auf das übliche und allseits akzeptierte Verständnis von Vergebung, wonach es dabei grundsätzlich um die Schuld des anderen geht, wird nun leicht erkennbar sein, wie anders die Aussagen des Herrn zum Thema Vergebung sind.

Wir sollen vergeben, wenn wir etwas gegen jemand anderen haben! Das ist die glatte Umkehrung unserer bisherigen Definition. Es geht also auch und gerade um das, was wir in unserem Herzen gegen den anderen empfinden. Jesus geht also offensichtlich davon aus, dass wir uns von anderen verletzt fühlen, sonst würden wir kaum etwas gegen diesen an aggressiven Vorhaltungen in uns haben. Aber Jesus bleibt nicht bei der Schuld des anderen stehen, die selbstverständlich zu vergeben ist, sondern bezieht das eigene innere Murren und Mosern, die Bitterkeit und Empörung des Verletzten in den Vergebungsprozess ein!

Dies ist in der Tat ein neues Verständnis und auch eine neue Zielführung des Vergebungsgeschehens. Es stellt ein therapeutisch hoch wirksames Mittel dar, indem es uns auffordert, uns zu vergegenwärtigen, was wir alles gegen den anderen haben, der uns verletzt hat und welche Wege wir gefunden haben, das auszudrücken. Die Vergebung ist nicht erfolgt oder zumindest noch lange nicht abgeschlossen, so lange in uns noch ein konkretes Material von Gegnerschaft und Vorbehalt ruht. Beim Vergebungsprozess sind wir mit unseren eigenen Abwehr- und Feindschaftsmaßnahmen mit eingeschlossen, ja wir sind in erster Linie gefordert.

Es ist leicht, die Feindschaft offiziell, also mit Gedanken und Worten als vergeben zu erklären. Entscheidend ist, ob wir alle Gegenmaßnahmen unsererseits, auch die versteckten, die wir selbst als solche feindlichen Regungen und Positionen nicht durchschaut haben, aufzugeben gewillt sind. Wenn Jesus diese neue Definition von Vergebung formuliert, dann geht er damit von der Gesetzmäßigkeit aus, dass jeder, der zu vergeben hat, über das Vergeben der fremden Schuld hinaus seine eigene feindliche Position erkennen und aufgeben muss. So einfach und selbstverständlich dieser Sachverhalt erscheint, er ist in der seelsorgerlichen Literatur eindeutig neu und nicht bearbeitet.

Dem Leser ist längst klar geworden, dass die Ausführungen Jesu in ganzer Breite eine Schnittstelle zu den führenden Aussagen dieses Buches sind. Die Symptome des seelisch kranken Gläubigen sind nichts anderes als die Ausdrucksformen von auf-

rechterhaltener gnadenloser Unversöhnlichkeit und Selbsthilfereaktion auf erlittenes Unrecht. Sie entsprechen dem, was Jesus „etwas gegen jemanden haben“ nannte. Indem wir diese Symptome als das bezeichnen, was sie in Wahrheit sind, nämlich Gegenmaßnahmen oder eben „Gegen jemanden sein“ – nachdem wir sie bis in die Kindheit zurückverfolgt und ihre Aktivierungen durch gegenwärtige Reize und Belastungen ebenfalls durchschaut haben – bekommen nun der Seelsorger und der Kranke ein Mittel in die Hand, das ganze Arrangement zu deuten, zu verstehen und durch vollständige Vergebung außer Kraft zu setzen.

Wenn diese Zusammenhänge im seelsorgerlichen Gespräch erklärt werden, fällt es den Kranken in der Regel wir Schuppen von den Augen. Die seltsamsten und bizarrsten Symptome passen auf einmal in das Bild der umfassenden Gegnerschaft gegen Uraltfeinde (meistens die Eltern) und ihre Platzhalter im aktuellen Leben (Freunde, Partner, Chefs, usw.), die nach den Mechanismen der Verallgemeinerung jetzt die alten Affekte auf sich ziehen. Genau genommen passen die Symptome nicht nur in das Bild, sie sind das Bild, wenn auch verzerrt und manchmal verschoben und gelegentlich mit zusätzlichen symbolischen Krankheitsausdrücken angereichert.

Jetzt ist der Weg zur Heilung frei. Natürlich nur unter der Bedingung, dass der Kranke diese Aufschlüsse über sich ehrlich und bis in die Tiefe seiner Person annimmt und auch für sich selbst Vergebung sucht. An allen Stellen dieses Prozesses lauert aber die Möglichkeit des Selbstbetruges. Man kann das alles mit ungerührtem Gemüt und vielleicht sogar total begeistert hinnehmen, und doch stellt sich anschließend keine Erleichterung ein. Dann liegt ein Erkennen und Bekennen ohne wirkliche Buße vor, ohne Erschütterung, ohne das Gefühl der Hilflosigkeit und des empfundenen Dranges, sich zu Jesus zu flüchten.

Im Laufe der Zeit, innerhalb derer ich diese Einsichten in meiner praktischen Seelsorge angewandt habe, hat sich mir folgender Verlauf ergeben. Nach der Anamnese und dem Zusammensetzen der geistlichen Diagnose aus den dechiffrierten Symptomen und ihrer Herkunft treten wir in die detaillierte Vergebung ein. Wir danken

Gott für seine Gnade und Vergebungswilligkeit und danken dabei auch ausdrücklich für die Qualitäten und guten Seiten der Eltern und anderer betroffener Bezugspersonen, durch welche dem Kranken in seiner Vergangenheit Leid zuteil geworden war.

Danach erfolgt das Gebet um Vergebung in dem engeren Sinne, Dazu bringen wir zuerst das Fremdunrecht, unter dem der Kranke in seiner Vorgeschichte gelitten hat, vor Gott und vergeben dem Verursacher des Unrechtes mit Vorsatz und Bedacht. Häufig ist das ein so aufwühlendes Geschehen, dass der Kranke, überwältigt von seinen Emotionen und/oder auch von Scham, nicht weiß, wie er das anstellen soll, so dass der Seelsorger behutsam eingreifen und gelegentlich sogar das Gebet vorformulieren muss. Dabei ist allerdings sein Erinnerungs- und Gliederungsvermögen auf das Äußerste gefordert, damit auch wirklich alle Aspekte der zuvor ermittelten Leidenserfahrung erwähnt und an Gott abgegeben werden.

Der zweite Abschnitt dieses Vergebungsvorganges ist der entscheidende. Jetzt geht es um die eigene Schuld im Rahmen des Vergebungsgeschehens. Auch hier wird der Seelsorger häufig die Führung übernehmen müssen und den Hilfesuchenden durch sein Netz von Rache- und Selbsthilfeverstrickungen hindurch geleiten. Das darf sich aber nicht auf das mechanische Aufzählen einzelner Konfliktpunkte allein beschränken. Dem Kranken muss nämlich die Freiheit erhalten bleiben, dass er bestimmte Momente dieses Prozesses in eigenen Worten ausführt und vertieft oder zusätzliche Gedanken und Erinnerungen einbringt und sie der Vergebung durch Jesus übergibt.

Selten wird diese tief in das Leben und Denken des Kranken einschneidende Revision langjähriger oder gar lebenslänglicher Festlegungen ohne Tränen abgehen. Die Erschütterung über die Wahrnehmung von verfehlten Jahren in Sünde und Opposition und die gleichzeitige Erfahrung, wie real Gottes Gnade ist, und wie er mit seinem Frieden und der Wiederherstellung gewaltige Umstellung im Inneren subjektiv erlebbar vornimmt, sind so elementar, dass häufig ein Beben und Zittern, Gefühlsaufwallungen von Trauer und

Freude über Gottes Gegenwart und erste wahrgenommene Erleichterung über den Betenden hinweglaufen.

Hinzu kommen noch die Ablösungsvorgänge aus dem Griff dämonischer Mächte. Diese haben ihrer Natur gemäß in vielen Fällen über Jahrzehnte eine Art Pseudo-Ich oder Zweit-Ego aufgebaut, indem sie ihren Charakter so in die Person des Träger eingebaut haben, dass dieser deren Charaktereinfärbungen als sein wahres Naturell fehlgedeutet hat. Kann es unter solchen Umständen Wunder nehmen, dass diese Trennung des wahren Ichs vom Fremd-Ego zu stärksten Durchgangsturbulenzen führt? Das Erstaunliche indessen an diesem Vorgang ist, dass der Kranke meistens genau weiß, was er selbst und was das Fremde in ihm ist, so dass es nie zu einer Konfusion darüber kommt, was festgehalten und was losgelassen werden sollte.

Bei diesem Geschehen muss der Seelsorger sich einen klaren Kopf und ein zum Herrn hin offenes Herz erhalten. Atmosphärisch muss die ganze Situation unbedingt unter dem Sieg des Herrn stehen, was sich unter anderen in der Ruhe und Gelassenheit des Seelsorgers ausdrückt. Weil der Feind diese Szene verfremden und verfinstern will, um sich in einem Klima von Bedrohung und Einschüchterung vor Vertreibung zu retten, muss der Seelsorger durch seine Haltung der Lockerheit und der Nüchternheit gegensteuern. Es darf dem Teufel nicht gelingen, sein Bedrohungs-potential aufzubauen und über „Exorzismus-Grusel" die Beteiligten so einseitig in seinen Bann zu ziehen, dass die Atmosphäre kippt und sich Angst und Schrecken breit machen.

Wer voll des Geistes ist und wer seinen Herrn kennt, der wird sich ermannen (Daniel 11,32 b) und einen solchen Spuk nicht zulassen. Der Sieg über die Dämonie ist eine lichtvolle Erfahrung, und so muss auch dieser Abschnitt des Heilungsvorganges geprägt sein. Wenn die Vorbereitung gut und vollständig war, ist der Widerstand dämonischer Kräfte gebrochen, und sie müssen schnell gehen. In den Befreiungsanteilen meiner seelsorgerlichen Unterredungen geht das mit Freude, Lachen und sogar mit Humor einher. Ich kann es der Unterwelt nicht gestatten, die Bedingungen meines Handelns zu bestimmen.

Wenn alle alten Einstellungen revidiert sind und Gottes Gnade darauf hin wirksam wird, stellen sich beim Heilungsuchenden auf dem Anmarschweg zu dessen Freisetzung recht häufig seltsame Eindrücke ein: im Augenblick der sich anbahnenden Freisetzung werden sie von den sonderbaren Gefühlen heimgesucht, dass das alles, was da stattfindet, irreal und absurd sei. Sie entwickeln, oder besser ausgedrückt, sie erleben Fluchtgedanken, ertappen sich dabei, dass sie herumschauen und nach dem nächsten Ausgang sehen. Dazu treten Empfindungen, dass dieses ganze Unterfangen zwecklos sei, weil sie ja sowieso nicht gesund werden. Oder sie werden plötzlich von der Überzeugung heimgesucht, dass es gar keine dämonischen Kräfte gäbe, sondern dass es alles nur Symptome seien, Krankheitsäußerungen und sonst nichts.

Häufig stellt sich dazu bei vielen der Eindruck ein, dass das alles lächerlich sei, und einige fangen tatsächlich an, laut und anhaltend zu lachen. Dieses Lachen wird dann nach einiger Zeit zwanghaft, was es eigentlich schon von Anfang an war, weil der dazu passende Innenaffekt fehlte.

Es ist unschwer zu erkennen, dass diese Phänomene Ablenkungsmanöver sind, die als letzte Maßnahme den in Gang kommenden Befreiungsprozess vereiteln sollen. Wenn der Seelsorger sie einfach missachtet und konsequent mit seinem Gebet und Ausübung seiner Autorität fortfährt, kommt bald das Befreiungsgeschehen in engerem Sinne in Gange und das Ziel aller vorher erfolgten analytischen und therapeutischen Maßnahmen rückt näher. Buße hat, wie bereits mehrfach ausgedrückt worden ist, immer positive Auswirkungen. Wenn wir uns zur Wahrheit über uns stellen und dann die Wahrheit bezüglich des Charakters Gottes annehmen, was nichts anderes als Empfangen seiner Begnadigung ist, dann sind Veränderungen unausweichlich. Aber es muss eben tatsächlich die Ebene der dämonischen Dimension und der krankheitlichen und charakterlichen Störung erreicht werden.

Dieses Ziel wird dann erreicht, wenn wir die Anrechte dieser Kräfte durch Revision von alten bis uralten Entscheidungen aufkündigen. Wie schon ausgeführt, betrifft es weniger die Tatsünden als vielmehr Haltungen und Fehlprägungen, aber auch weiche und unauffällige Meidungs- und Fluchtgedanken, denen der Kranke bis dahin anhing. Diese stehen in üblichen Beichtgesprächen so gut wie nie im Fokus des Erforschens und der Behandlung.

Die seelsorgerliche Unterredung, die eine einzige geistliche Analyse des ganzen Lebens und der gegenwärtigen Motivation darstellt, ist so gesehen tatsächlich nichts anderes als eine Beichte, die zur Umkehr führt. Aber im Unterschied zu den üblichen Seelsorgegesprächen steigen wir mit dem Patienten in die größten Tiefen und die letzten Details seiner Vorgeschichte hinunter, um auch die verborgensten Hintergründe des Krankseins aufzuspüren und aufzulösen.

Es ist verblüffend, wie viele Patienten, die diesen Prozess durchlaufen, sofort erfassen worum es geht und wie schnell sie lernen, einzelne bis dahin vage oder auch ausdrucksarme Haltungen in sich wahrzunehmen, zu unterscheiden und deren Zerstörungskraft richtig einzuschätzen. Selbstmitleid, Empfindlichkeit, Verachtung, Misstrauen, Meidungsverhalten, depressive Gedanken und Empfindungen und ähnliche Haltungen nehmen für sie Kontur und Schärfe an, offenbaren die Sünde in ihnen und erzeugen einen Widerwillen und Ekel gegen sie. Das sind kostbare Augenblicke der Heiligung und der Heilung und der Freisetzung von Finsternis. Ich habe meine Zweifel, dass es ohne diese Vorbereitung möglich ist, eine derartig radikale und tiefgehende Erforschung und Wahrnehmung letzter Motive und Einstellungen zu erleben. Es kommt eben nicht nur auf die Willigkeit zur Genauigkeit und Wahrhaftigkeit auf beiden Seiten an, auf Seiten des Kranken und des Seelsorgers, es muss auch der geistlich plausible Leitfaden vorliegen, der es erlaubt, die wirklich relevanten Hintergründe und verborgenen Motivlagen aufzuspüren und eine schlüssige Beziehung zwischen Symptomen und dem Lebenshintergrund herzustellen.

Wenn dieser Prozess abgeschlossen ist, tritt beim Hilfesuchenden sofortige Entlastung und Entspannung ein, die aber auch häufig mit Erschöpfung verbunden ist. Manche Patienten reagieren auch sehr euphorisch, weil sie tief von Gottes Frieden und der Freude der Neuannahme durch Christus erfasst sind.

Der gesamte Vorgang kann auch Variationen unterworfen sein, die aber nicht im Einzelnen planbar sind. So erlebt man manchmal eine Abkürzung derart, dass geistlich sehr gut vorbereitete Christen schon beim Preisgeben einzelner verkehrter Haltungen im Rahmen der Anamnese ohne Gebet vom Heiligen Geist erfasst werden und tiefgreifende Befreiungen erleben.

In Gottesdiensten kann mitunter eine noch weiter gehende Abkürzung des Geschehens beobachtet werden. In der knappen Zeit während des so genannten Dienstteiles nach der Predigt kommen Menschen nach vorne vor die Kanzel, nachdem sie durch das Wort Gottes von Schuld und verkehrter Einstellung überführt worden sind. Sie bekennen meist nur jene Schuld, die in der Predigt erwähnt worden ist und nur isolierte Lebensbereichte betrifft, aber weil das mit starker Demütigung ihrerseits einhergeht, wird Gott dadurch ein indirektes Mandat zum Eingreifen erteilt. Und doch sind die Auswirkungen derartiger Freisetzungen in aller Regel nur umschrieben. Aber es ist ein Tor aufgestoßen worden, das Licht und Freiheit hineinließ und zu einem Mehr an weiteren Befreiungs- und Heilungserfahrungen anregt.

Was haben wir mit all dem gewonnen? Nichts anderes als ein biblisch fundiertes Konzept der sicheren Analyse des Erkrankungshintergrundes und der vordergründig gegebenen vielfältigen Beschwerden. Das Besondere an diesem Lösungsmodell liegt darin, dass wir schon vor dem eigentlichen Therapiebeginn wissen, dass wir auf dem richtigen Weg sind, weil die Schlüssigkeit der Deutung der Symptome in Übereinstimmung mit den lebensgeschichtlichen Fakten so evident ist, und dann auch von den Patienten mit einer entsprechenden subjektiven Gewissheit, auf dem richtigen Weg zu sein, quittiert wird, dass mit diesem gefundenen Aufschluss die Krankheit erklärt erscheint.

Das Therapieergebnis ist dann nur die letzte Bestätigung für die Richtigkeit des Konzeptes. Wenn auf der Analysenseite die grundsätzlichen Ursachen für die Entwicklung von seelischen Störungen nach dem biblischen Verständnis Gnadenlosigkeit, Unversöhnlichkeit und Selbsterlösung sind, und wenn im Therapie-geschehen die exakt gegensinnigen Werte, nämlich Wahrhaftigkeit, Gnade und Demut die entscheidenden Größen sind und sich darunter tatsächlich die Heilung ergibt, dann ist der Beweis erbracht, dass der Ansatz korrekt und seine Verallgemeinerung zu rechtfertigen ist. Also bestätigen sich der ausschließliche Bezug auf das vorgelegte biblische Modell und die therapeutischen Ergebnisse gegenseitig.

Und noch ein Gewinn ist festzuhalten: Dieses Therapie-Prinzip ist erlernbar. Es ist leicht verstehbar, einsichtig und geordnet und erfordert lediglich zwei Voraussetzungen: Man braucht als mündiger Christ aufgrund des stetigen Umgangs mit Gottes Wort geübte Sinne, um Gutes und Böses zu unterscheiden (Hebräer 5,14) und die Bereitschaft in der aktuellen Therapiesituation, sich seinen mangelnden Durchblick selbst einzugestehen und die Mithilfe des Heiligen Geistes zu suchen, der dann mit spontanen Bildern, Einsichten oder weiterführenden Fragen den Prozess voranbringt. Nicht so sehr von Nöten ist, so erstaunlich es klingt, eine ausgeprägte natürliche Sensibilität oder Introspektion (Selbstbeobachtung zum Zwecke der psychologischen Selbsterkenntnis) und erst recht nicht der sofortige totale Durchblick. Dann hat der Heilige Geist nichts mehr zu tun, wir landen bald beim Abarbeiten von erlernten und leblosen Mechanismen, der Reiz neuer Entdeckungen geht verloren und wir enden auf einem Abstellgleis routinehafter und kümmerlicher Ergebnisse.

Michael sieht wieder klar

Michael war ein Offiziersanwärter aus Süddeutschland, der wegen eines sonderbaren Symptoms in die Sprechstunde kam. Er litt unter nächtlichem Mondwandeln, spontanem Aufstehen in der Nacht, um sich für den Arbeitstag vorzubereiten und wies überhaupt ein völlig gestörtes nächtliches Zeitgitter auf. Das führte zu manchen absonderlichen Szenen und nächtlichen Eskapaden, so dass er sich mehrfach nachts auf der Straße in seiner Stadt wieder fand, wenn er aus dieser sonderbaren Bewusstseinslage begann sie mit der Eheschließung. Später kam er mit seiner Frau in unsere Gemeinde, wo die Beschwerden interessanterweise zunahmen, was mir gar nicht gefiel, weil ich doch davon ausgehen wollte, dass bei uns eine heilsame Atmosphäre vorliege.

Der Befund und die Therapie erbrachten folgende Aufschlüsse. Die jetzigen nächtlichen Abenteuer des zu frühen Aufstehens und der zeitlichen Verirrung waren nichts anderes als die Verlängerung und Intensivierung seiner kindlichen Fluchtmaßnahmen. Er wollte wieder fliehen und zwar aus den gegenwärtigen Verhältnissen der unbefriedigenden Ehe. Tief in seinem Unterbewusstsein war noch die Erinnerung an die alten Belastungen im Umgang mit seinem Vater vorhanden, die nun durch die neuen Erfahrungen mit seiner ebenfalls ausgesprochen sprunghaften Frau angestoßen wurden und das bizarre Symptombild erzeugten. Seine Abwehr- und gleichzeitige Selbsthilfemaßnahme war Fliehen und Meiden, was durch Angst und Hilflosigkeit unterhalten wurde. So hatte er nicht eine aktive und bewusste Flucht ergriffen, sondern die versteckte in der Gestalt des angeblichen Schlafwandelns bei leicht eingeengtem Bewusstsein. Aus der früheren Flucht hat er ein fluchtartiges Geschehen gemacht, das wie ein Es, ein Sachverhalt imponierte, der sich einfach und scheinbar gegen seinen Willen an ihm vollzog. Er war nicht mehr der Täter, sondern das Opfer. Durch diesen Betrug wurde die ursprüngliche Abwehrmaßnahme zum Symptom verwandelt.

Michael hat die Zusammenhänge sofort eingesehen, Buße in allen Einzelheiten im Bezug auf Gegenwart und Vergangenheit getan und wurde augenblicklich frei von dieser peinlichen Absonderlichkeit.

Als er mir circa drei Wochen nach diesem Gespräch von diesem sofortigen Therapieerfolg berichtete, teilte er mir mit, dass er aber nun ein anderes Problem habe. Statt der nächtlichen Aktivitäten habe sich ein sonderbarer Zustand von nebeliger und verschwommener Sicht eingestellt. Er sähe alles so unwirklich und wie hinter einer milchigen Glasscheibe. Das empfände er als lästig und bedrohlich.

In Kenntnis des Lebenslängsschnittes seiner Vorgeschichte und auch seiner gegenwärtigen Situation war die geistliche Diagnose schnell gestellt. Lag im ersten Anlauf die Betonung in der Symptombildung auf dem Zusammenhang zwischen seinen Kindheitserfahrungen und einer ähnlichen Konstellation von Umständen in der Gegenwart, so ging es diesmal ausschließlich um gegenwärtige Konflikte. Michael hat nach wenigen Hinweisen verstanden, dass seine nächtlichen Manöver nicht nur eine Flucht waren, sondern dass er in einem verkehrt verstandenen Ausgleich der Spannungen die Situation gar nicht mehr wahr haben. In seiner weichen Art wollte er alles in der Schwebe halten, nicht hinsehen und die Dinge nicht anerkennen. Das drückte sich in der subjektiven Verschwommenheit und Nebeligkeit seines Seheindruckes aus.

Um es auf einen Nenner zu bringen, er war feige und wieder ausweichend und ist noch einmal geflohen, aber nun in eine Verschwommenheit seiner Wahrnehmung. Er hatte Angst, die Meinungsunterschiede und auch die offensichtlichen Übergriffe seiner Frau zur Sprache zu bringen und mit ihr fair zu lösen. Nachdem Michael auch diese Form von Isolierung und Angst erkannt und seine weiche Haltung, die am liebsten alles in der Unentschiedenheit lassen wollte, als Schuld vor Gott erkannt hat, war dieser Spuk sofort vorbei. Michael wurde heil und blieb gesund und hatte mehr als Symptombefreiung erreicht, nämlich Stabilisierung seines Charakters, weitgehenden Sieg über Menschenfurcht und die zunehmende Fähigkeit, in Liebe und Wahrheit Verantwortung zu übernehmen.

Kapitel 10

LEBEN MIT DEM GEIST

Die Nachfolge Christi erschöpft sich nicht mit der Heilung. Sie verknüpft Heiligung und Heilung in einer beeindruckenden Form. Wenn der geistliche Ansatz des Lebens mit Jesus so defizitär ist, dass es zu keiner Heiligung kommt, dann tritt auch keine Heilung ein und umgekehrt. Das entspricht der schon beschriebenen Gesetzmäßigkeit, dass sich bei dem Bemühen um seelische Heilung die ganze Person ändern muss, keineswegs nur die Symptome. Diese sind nur die besonders groben und offensichtlichen Ausprägungen eines insgesamt verkehrten Lebensentwurfes.

Gleichsinnig stehen auch Krankheit und Sünde (griechisch *Hamartia* = Zielverfehlung) in enger Verzahnung zueinander. Bleibt Heilung aus, dann wird auch die in der Tiefe der Person eingebettete Sünde der Autonomie unangetastet geblieben sein und dementsprechend Heiligung nicht stattfinden können. Wie Heilung zu weiten Teilen nichts anderes ist als sichtbar gewordene Heiligung, so gewährt deren Fehlen nur scheinbar normales Befinden, während bei näherem Hinsehen doch eine Anzahl von fein verteilten Störungen unterhalb der Schwelle medizinischer Auffälligkeit vorliegen.

Dieses Buch ist ein einziges Plädoyer dafür, dass das Gesunden der Gläubigen als ein geistlicher Prozess zu verstehen ist, den wir vor dem Abdriften in ein mechanistisch-methodisches Programm bewahren müssen. Versachlichung ist in den meisten Fällen doch nur ein anderes Wort für die Zuhilfenahme von weltlichen Hilfen und Techniken.

So muss es uns nachdenklich stimmen, wenn in Apostelgeschichte 10,38 das ganze Wirken Jesu wie folgt zusammengefasst wird: „Gott hat diesen Jesus von Nazareth gesalbt mit Heiligem Geist und Kraft; der ist umhergezogen und hat wohl getan und gesund gemacht alle, die vom Teufel überwältigt waren, denn Gott war mit ihm.“ Es mag für manche ärgerlich sein, aber die Deutung von Krankheit, die hier gegeben wird, nötigt uns, wenn sie stimmen sollte und von uns akzeptiert wird, zu einem explizit geistlichen Vorgehen, zumindest wenn es um seelische Krankheiten geht. Ich kann nicht aus dieser Schriftstelle herauslesen, dass diese Gegebenheiten nur damals zutrafen, aber heute ganz andere Verhältnisse vorlägen. In letzter Konsequenz steckt hinter jedem Krankheitsanschlag die Überwältigung durch Satan.

Also müssen wir mit geistlichen Mitteln kämpfen. Wir müssen alles aus unserem Instrumentarium heraushalten, was die Wirksamkeit von Gottes Gnade einschränkt oder verhindert. Denn nach unserer Überzeugung ist das einzig wirksame Kraft in der Behandlung von seelischen Krankheiten Gottes Gnade. “Es ist ein köstlich Ding, dass das Herz fest werde, was geschieht durch Gnade” (Hebräer 13,9).

Die Gnade heilt, sie befestigt und heiligt auch, natürlich im Verbund mit Wahrheit, Liebe und anderen göttlichen Kräften. Ich möchte niemandem seine andersgeartete Meinung ausreden und gegen sie polemisieren. Wenn andere Seelsorger oder Therapeuten tatsächlich andere Heilungsquellen gefunden haben, so sei ihnen das unbenommen, sofern sie sicher sind, dass nicht ihr Heilungserfolg durch Verschiebung der krankmachenden Energie auf andere, nicht so sehr im Blickpunkt stehende Persönlichkeitsareale zustande gekommen ist. Aber ich selbst habe eine Abweichung von dieser Regel nicht beobachten können, wobei ich allerdings unter Gnade jede Form von Gunst und Liebe verstehe.

Unter welcher Voraussetzung kommt das starre System von krankheitlich deformierten Strukturen in Bewegung und wird schließlich so aufgebrochen, dass neue Kräfte einkehren und Wiederherstellung stattfindet? Die Summe aller vorgetragenen Heilungsprinzipien lässt sich so zusammenfassen: Wenn jemand unter dem Schutz von Gottes Liebe zur Wahrheit über sich selbst und seine Fehler findet und anschließend sich selbst und seine Schuld dieser Liebe überlässt, dann erlebt er Vergebung, Annahme und Entlastung von seinen Bürden. Geht dieser Vorgang sehr tief und berührt auch die tiefen Schichten erstarrter Gnadenlosigkeit und Selbsterlösung, die Teil des Charakters geworden sind, so brechen darunter die Symptome zusammen. Das sollte die Normalerfahrung sein. Dabei kann man es bewenden lassen.

Aber dieser Prozess kann auch weitergehen. Und was dann geschieht, ist nur noch Heiligung. Die seelische Heilung ist abgeschlossen. Allerdings glaube ich, dass praktisch immer eine Überlappung beider Prozesse zustande kommt. Längst bevor das Heilungsgeschehen endgültig abgeschlossen ist, ist der Genesende von der Faszination der Heiligung allein durch Gnade erfasst worden. Und durch ein Fortschreiten in der Heiligung wird die seelische Heilung beschleunigt.

Bei der Fortführung dieses Prozesses stehen nicht mehr die üblichen Selbstbefreiungsmaßnahmen als Ausgleich erlittener Minderwertigkeiten im Vordergrund. Dann weist der Heilige Geist viel mehr auf Gewohnheiten und Denkweisen hin, die jedem als völlig normal vorkommen, hinter denen sich aber dennoch der Geist der Autonomie verbirgt. Wir werden dann dahin geführt zu erkennen, dass wir ohne Jesus wirklich nichts können. Uns wird unsere Begrenztheit, unser Mangel und Unvermögen wie auch unsere Schwäche so vor Augen geführt, dass wir uns auf nichts mehr etwas einbilden und uns auch nicht mehr auf vermeintliche oder tatsächlich vorhandene Kräfte verlassen wollen.

Die Wahrnehmung unseres Unvermögens ist der Weg in die ganze Wahrheit über uns. Erstaunlich daran ist, dass er weder unangenehm ist noch in die Katastrophe führt. Wir fallen in kein Loch und in keinen Abgrund. In dieser eigentlich beängstigenden Lage hält uns der Heilige Geist so in seiner Geborgenheit und Liebe, dass wir zum panischen Entsetzen über uns gar nicht fähig sind. Weil die Einsicht in uns selbst überhaupt erst durch die ständige Flankierung seitens des Heiligen Geistes möglich ist, sind wir vom ersten Schritt unseres Weges zur Wahrheit geschützt und geborgen und deswegen überhaupt auch bereit, ihn zu gehen.

Ich rede von einer übernatürlichen Dimension der Selbsterkenntnis. Was anderen aus ihrem bürgerlichen Normverständnis oder auch aus christlicher Werte-Einsicht als absolut üblich und unverdächtig erscheint, wird von uns dann als fragwürdig durchschaut. Wir bewerten unser alltägliches Verhalten ganz neu. Hinter unseren landläufigen Regungen und Reaktionen nehmen wir Selbstgerechtigkeit und Selbstverwirklichung wahr, deren Mittel Macht, Einfluss, Geltungssucht, Herrschsucht, Lüge und Selbsterhöhung sind. Natürlich liegt das alles in geringer Dosis vor, dennoch erscheint dem Nachfolger dieses Material wegen gesteigerter geistlicher Sensibilität allgegenwärtig. Und der Heilige Geist überredet uns, davon zu lassen. Er verhindert das Abstürzen in die Bedeutungslosigkeit und Ich-Auflösung durch seine Gegenwart und beschenkt uns darüber hinaus mit einer außerordentlichen Offenbarung Jesu, die unsere Sehnsucht mehrt, ihm ähnlich zu werden.

Hindernisse und Blockaden der Heilung

Die Ehrlichkeit gebietet es zuzugeben, dass manche Seelsorge nicht zum guten Ende kommt oder erst nach längerer Unterbrechung erfolgreich verläuft. Es gibt eine Reihe von Gründen dafür. Die am häufigsten auftretenden will ich kurz auflisten.

- Der Seelsorge Suchende offenbart alles Mögliche aus seinem Leben, aber verschweigt eine oder mehrere sündhafte Taten und Einstellungen, und zwar mit Absicht, weil er sich ihrer schämt oder glaubt, auch so durchzukommen. Aber uneingestandene Schuld verhindert jeglichen Fortschritt.
- Ein unscheinbarer Umstand kann äußerst hinderlich sein für das Erreichen von Freiheit und Heilung: Wer sich von verkehrten Freunden nicht trennen will, mit welchen er sich auf so manche Sünde eingelassen hat, riskiert einen Stillstand des Therapieprozesses. Nur scheinbar ist das ein unwesentlicher Faktor. Aber dahinter verbirgt sich nichts anderes als ein Festhalten an alten Werten und Überzeugungen.
- Der Kranke hat sich nicht nur Rat von dem einen Seelsorger gesucht, sondern fragt auch andere oder rotiert von Person

zu Person, um sich Trost und Beistand zu holen und relativiert damit alle Aussagen und Ratschläge des Seelsorgers. Seine Worte haben keine verbindliche und normgebende Bedeutung.

- Wegen doch nicht vorhandener leidenschaftlicher Entschlossenheit zur Wahrheit wird das Erinnerungsvermögen nicht zur Freigabe wichtiger Informationen angeregt. Das ist also kein technisches Problem, sondern eine Frage mangelnder Motivation und Ehrlichkeit. Der Heilungsverlauf wird gebremst.
- Es werden vom Hilfesuchenden Probleme und deren Ursachen vorgetragen und mit Hingabe festgehalten, die nicht zutreffen oder nicht relevant sind. Ein relativ häufiges Beispiel ist der eingebildete sexuelle Missbrauch durch Vater oder Stiefvater. Das ist heute fast eine Mode-Problematik geworden, wiewohl natürlich das Original der sexuellen Missbrauch-Situation, also ein echter sexueller Übergriff, viel häufiger vorliegt.
- Fehlende Sündenerkenntnis, so dass gar keine Einsicht in die eigene Verantwortung oder eigenes Gefallen-Sein vorliegt.
- Weitaus am häufigsten unter allen geistlichen Behinderungen ist ein Defizit von echter Betroffenheit über eigene Unabhängigkeit und Stolz, der die ganze Lebens- und Leidensgeschichte durchzieht. Der Kranke macht bei dem Explorationsgeschehen gut mit, bekennt alles, lässt sich alles sagen, aber alle diese Beweise seiner Motivation muten dem Seelsorger seltsam technisch und formalisiert an. Bei allem Bekennen und allen Eingeständnissen ist das Herz doch nicht eingeschlossen. Der Kranke spürt nichts von seinem Hochmut und seinem aalglatten Verhalten, er ist nicht bekümmert, geschweige denn gebrochen über sein Handeln und seine Motivation. Wer als Seelsorger diesen Zustand nicht durchschaut, läuft Gefahr, in einen frustrierenden Abbruch oder Nicht-Erfolg der Seelsorge hineinzugeraten.

- Damit verbunden ist das Problem der Religiosität. Seelisch Kranke, die in diese Kategorie gehören, sehen und verstehen fast alles, können aber doch ihre unechte Frömmigkeit nicht durchschauen. Diese ist gekennzeichnet von Nachhilfe des Glaubens durch eigene Leistung, Übertriebenheit und Unechtheit der Glaubenshingabe, die von dem Wunsch bestimmt ist, dass andere ihren Gehorsam wahrnehmen und in diesem ihren besonderen Eifer und ihre Hingegebenheit erkennen. Wer aber die Anerkennung von Menschen sucht, bekommt nicht Gottes Beachtung und Hilfe!
- Schließlich ist noch das Hindernis zu nennen, welches bei langjährigen Christen besonders häufig anzutreffen ist, dass nämlich einerseits eine offensichtliche Diskrepanz von Heilungsbegehren und Heilungsnotwendigkeit und mangelnde geistliche Gründung der Persönlichkeit auf der anderen Seite vorliegt. Wenn jemand schon längere Zeit mit dem Herrn geht, erwartet dieser augenscheinlich einige Einsichten und Gehorsamsschritte mehr als bei anderen, die erst am Anfang ihrer Nachfolge stehen: ständiger Umgang mit dem Wort, Besuch der Gottesdienste, Erkennen und Erlernen, wer man in Christus ist und die bewusste Entscheidung, seinen eigenen Geist zu stärken und aufzubauen, damit es zur Trennung von Fleisch und Geist und damit zur Ausbildung einer reifen geistlichen Persönlichkeit kommt.

Aus der Schwäche in die Schwäche

Wenn Jesus uns in die Heiligung führt und wir erkennen, dass er selbst unsere Heiligung ist, löst er uns aus manchen alten Gewohnheiten, Denkanschauungen und Reflexen heraus. Wir gewinnen aber weitaus mehr als wir aufgeben. Die Herrlichkeit Gottes kommt auf uns, die Liebe des Vaters wird uns in überwältigender Reinheit und Klarheit zuteil und aus unserer Schwäche wird seine Kraft. Paulus beschreibt diesen Zustand so: „Wenn ich schwach bin, bin ich stark“ (2. Korinther 12,10).

Es ist unmöglich diese Art von Schwäche zu erleben, die das neue Testament uns anempfiehlt, ohne gleichzeitig außerordentliche Kraftzuweisungen und Herrlichkeitserfahrungen zu erleben, die uns im Hinblick auf unser Befinden, unsere Kraft, unsere Begabung und Ausstattung über jeden Standard erheben.

Aber wir gehen von dieser sonderbaren Schwäche aus, die anders ist als alle anderen Formen des Schwachseins. Besteht angesichts der Tatsache, dass die meisten neurotisch kranken Menschen sich auch in einem Zustand von Dauerschwäche erleben vielleicht ein Brücke zwischen diesen beiden Zuständen?

Nur bei einer sehr groben Betrachtung könnten diese beiden Innenerfahrungen als ähnlich erscheinen. Was die Bibel in der paulinischen Argumentation schwach nennt, hat mit der neurotischen Schwäche oder Lebensuntüchtigkeit nichts zu tun. Der Begriff Schwäche ist in der Schrift mit sehr unterschiedlichem Verständnis unterlegt.

- Schwäche als Schwäche des Muskelapparates und einzelner Gliedmaßen.
- Schwäche als Zustand physiologischer Ermüdung oder Erschöpfung nach großer körperlicher Anstrengung.
- Schwäche, die in der griechischen Sprache als Synonym für Krankheit angesehen wird.
- Schwäche als Lebensuntüchtigkeit; sie entspricht am ehesten dem Begriff einer psychogenen oder neurotischen Schwäche.

Und schließlich Schwäche in dem beschriebenen spezifischen Sinn, wie ihn der zweite Korintherbrief im Kapitel zwölf entfaltet, als ein gewollter Prozess völliger Wahrhaftigkeit, bei dem wir abnehmen müssen, damit Christus in uns zunehmen kann. An der Freiwilligkeit und dem außerordentlichen Gewinn der Schwachheit in Christus wird der Unterschied zu allen neurotischen Formen von Schwäche besonders deutlich.

Bei der Schwäche aus psychogener Ursache (Neurose)

- leidet der Kranke unter diesem Zustand und ist nicht zufrieden damit. Er will, von Ehrgeiz und Unlust getrieben, unbedingt dieser Schwäche entkommen.
- Er begehrt das zu haben, was er an Kraft, Leistung und Fähigkeit bei anderen sieht, was er aber selbst nicht hat.
- Er befindet sich im Protest gegen sein Schicksal und rennt dagegen an.
- Auch wenn ihm bestimmte Fehlleistungen oder offenbare sündhafte Reaktionen nicht nachzuweisen sind, so sagt das nichts über seine wahren Absichten und die Reinheit seiner Motive aus. Nur aus Mangel an Fähigkeit und Gelegenheit kann er manche Unarten nicht praktizieren, zu denen er Lust hätte. Hätte er die Möglichkeit und die Kapazität, würde er handeln wie andere.
- Oder er münzt seine Schwächen in Selbstmitleid und Krankheitsgewinn um.
- Obendrein ist er voll von Minderwertigkeit, voller Angst und ohne Schutz.
- Der auf neurotischer Grundlage seelisch Schwache ist nicht sanft und nicht mit seinem Schicksaal versöhnt. Er ist ein verhinderter Täter, der das, was er nicht hat und kann in seiner Phantasie als Rebell auslebt.

Aber ihm ist zu helfen, das ist der Sinn und die tragende Aussage dieses Buches. Wenn ich noch einmal alles zusammenfasse, so gilt für den seelisch gestörten Mitchrist folgende Reihenfolge von Schritten:

1. Anteilnahme

In der Gegenwart Gottes, vermittelt von liebenden und fürbittenden Christen, muss der Kranke Einsicht in den Hintergrund seines bisherigen Scheiterns und seiner Motivlage bekommen. Ohne die Erkenntnis, dass sich hinter seiner Bedürftigkeit und seinem Elend grobe aggressive und gemeine Strebungen verstecken, gibt es kein Herauskommen aus der Not.

Ja, wir werden ihm dabei zugestehen, dass er ein Opfer vielfältiger Beeinträchtigungen und Gemeinheiten durch andere geworden ist. Wir werden es ihm deutlicher sagen, als er es je zuvor gehört hat. Aber wir werden uns nicht auf seine Ausreden und Vorwürfe einlassen, dass er nur einstecken musste und nie ausgeteilt hat und dass er das Opfer von bösen Umständen sei, während er eigentlich selbst immer nur lieb und wohlmeinend war.

2. Gott ist ganz anders

Aber dann kommt die Überraschung! Was nun in korrekter geistlicher Logik folgen muss, ist nicht die große Lebensbeichte, die die letzten Tiefen und Abgründe erhellt. Darin würde viel zu viel geistliche Leistung stecken, vor allem käme sie zu früh. Jetzt kommt erst einmal der Bonus des Heiligen Geistes, ein Schuss Freude, Frieden, Lachen und Entspannung. Gott reagiert auf die ersten, vielleicht zögerlichen Reaktionen des Kranken auf das Evangelium mit Ausschüttung seiner Liebe und viel Freude!

Für uns Theologen und geistliche Leiter war das vor zehn Jahren die große Überraschung. Der Heilige Geist intensivierte seinen Einsatz, und was dabei herauskam, war nicht eine neue Heiligungsbewegung und starke Betonung auf Buße. Das hatten wir alle erwartet, aber es kam anders, und wir hätten es eigentlich wissen müssen. Die Schrift verrät uns durchaus, wie geistliche Reifungsschritte aussehen (1. Johannes 2,12-14).

Die Erfahrung von Gottes Güte, Großherzigkeit und Freude ist unerlässlich für die Ausbildung einer neuen geistlichen und seelischen Gesundheit. Viele haben dieses göttliche Handeln, das unter dem Namen Toronto-Segen um die Welt ging, nicht verstanden und sahen es als eine große Täuschung der Gemeinde Jesu an, die einer dämonischer Verführung zum Opfer gefallen und vom Kurs abgekommen ist. Aber dahinter stand und steht ein göttliches Prinzip. Bevor uns Gott in die Tiefe vollständiger Abhängigkeit von ihm und in die Reinheit beziehungsweise Heiligkeit führt, will er uns als Vater begegnen, der uns herzt und liebt und nie erfahrene Kindheitsfreuden und Lusterlebnisse nachholen und darin nachreifen lässt.

Darüber hinaus ist diesem Vorgehen eine typisch göttliche Regung eigen, nämlich dem Schwachen nicht weitere Lasten aufzubürden. Insofern ist diese Bonus-Zuteilung eine echte Evangeliumsantwort auf die Nöte des Menschen. Sie sollen sich nicht durch titanische Anstrengung selbst aus ihrem Dilemma herausarbeiten. Sie sollen errettet und beschenkt werden.

3. Wegen Gottes Güte umkehren

Ausgestattet mit dem Erleben der Nähe Gottes und der besonderen Erfahrung des Heiligen Geistes, die darin besteht, dass Gottes Geist auf das Eingeständnis von Hilflosigkeit und Hilfsbedürftigkeit mit seinem ganzen Beistand reagiert, schreitet der Kranke in die Erfahrungsmöglichkeit der Buße hinein. So sagt es auch das bekannte neutestamentliche Wort aus Römer 2, 4: „Weißt du nicht, dass Gottes Güte dich zur Umkehr leitet?“

Obwohl wir heilig sein sollen, weil er heilig ist (3. Mose 11,44), wird uns der Weg zur Heiligkeit und zur Buße im Neuen Testament nicht im Hinblick auf seine Heiligkeit verordnet, sondern weil er so gütig ist. Wer sich von Gottes Güte, Liebe und Wertschätzung, aber besonders von seiner bestätigenden Gnade umgeben sieht, kann und will nicht so bleiben wie er ist. Es zieht ihn hin zu Jesus und er verspürt in sich den Drang, sich um seinetwillen verändern und reinigen zu lassen, weil er den erfreuen und dem gefallen will, der ihm mit so viel Gunst und Liebe begegnet ist.

Auf der Höhe dieses Prozesses ist es angezeigt und auch notwendig, dem Hilfe Begehrenden die moralischen Maßstäbe und Kriterien vorzulegen, die wir in den beiden letzten Kapiteln besprochen haben. Wenn dieser die Nähe und Geborgenheit Gottes spürt oder zumindest schon einmal erlebt hat, dann wird das Motiv seiner Buße richtig sein. Denn es gibt nichts, was man nicht missbrauchen kann, sogar die Umkehr zu Jesus und zur Reinheit kann dem Missbrauch unterliegen. Das geschieht immer dann, und hat auch häufig genug in der Seelsorge stattgefunden, wenn es ein Leistungs-Unterfangen wird, durch dessen Verlauf der Kranke seine Wahrheitsliebe und Willigkeit zur moralischen Reinheit demonstriert.

Läuft die Seelsorge ohne Gnadenvorerfahrung und ohne begleitenden Zuspruch des Heiligen Geistes ab, dann wird mit einiger Wahrscheinlichkeit aus der Buße ein Beweis der überragenden Wahrheitsliebe und Kooperation mit dem Seelsorger gefertigt, was nichts anderes als der Einzug von neuer oder alter Gesetzlichkeit ist. Diese wird den Heilungsprozess unterlaufen und dann am Ende zum Erliegen bringen.

Wenn aber Dankbarkeit zu Gott und die Erfahrung seiner Liebe der führende Motor ist, Christus ähnlicher zu werden und sich von den Schlacken des alten Lebens zu befreien, dann ist es der Sog vom Thron Gottes und seiner Herrlichkeit, der zum Aufbruch drängt. So wird dann die Prozedur der genaueren Abklärung aller schuldhaften Verstrickungen in der Vergangenheit sich kaum verselbständigen und auch nicht erneut das alte Monster von Selbstgerechtigkeit und Gesetzlichkeit gebären wird.

4. Leben und Vorankommen trotz Rückfall

Nach der Freisetzung von alten Lasten und den unsichtbaren Kräften dahinter, gilt es, diese Freiheit zu bewahren und in ihr weiter zu wachsen. Das ist eine schöne aber auch kritische Zeit.

Die alte Programmierung der Seele will sich nämlich immer wieder durchsetzen, und auch die Kräfte der anderen Welt wollen zurückkehren, um noch alles viel schlimmer zu machen. Wir haben gelernt: diese brauchen eine Einladung. So versuchen sie den Freigewordenen zum Stolpern zu bringen, um sich über dessen Enttäuschung, Angst oder Unglauben erneut Zugang zu ihm zu verschaffen.

Aus der guten Absicht, die Zusammenhänge, die hinter der Gefahr von Rückfällen stehen, genauer zu erfassen, könnte ungewollt ein tragischer Fehlschluss resultieren. Wir können nämlich von der Furcht erfasst werden, uns ununterbrochen vorsehen zu müssen und zu schützen, weil überall Bedrohung und Verführung lauern, um uns zum Rückfall zu verleiten.

Furcht ist aber nie ein guter Inspirator. Überhaupt stimmt das ganze Szenario nicht. War schon die Phase der Befreiung ein einziges Gnaden-Geschehen, so ist es die nachfolgende Phase erst recht. Wir werden immer wieder Fehler machen, und wir dürfen auch Fehler machen, ohne Angst haben zu müssen, dass die alten Zwänge zurückkehren. Wenn wir fallen, gestehen wir uns ein, dass wir schuldig geworden sind, bekennen das vor Gott, empfangen seine Gnade und stehen wieder auf. Das kann in Sekundenschnelle ablaufen. Es sollte auch gar nicht wesentlich länger dauern, damit sich nicht ein Abbüßeffekt auf diese Umkehr draufsattelt. Der Gerechte fällt sieben Mal und steht immer wieder auf (Sprüche 24,16).

Wir leben jetzt erst recht aus Gnade und aus Glauben. Wir dürfen nicht aus Gnade Befreiung gesucht haben und in der Haltung der moralischen Selbstkontrolle weiter leben wollen. Wer die geistliche Mitte dieses Buches verstanden hat und weiß, dass Gehorsam nicht die Summe von moralischen Einzelschritten ist, sondern aus der Überwältigung von Gottes Liebe resultiert, wird am ehesten gegen die verkehrte Vorsicht von Rückfällen gefeit sein.

Dementsprechend ist es von größter Bedeutung, dem Genesenen diese göttlichen Wahrheiten eindringlich und ermutigend klar zu machen. Natürlich erleidet mancher unserer Seelsorge-Partner wirkliche Rückfälle. Das ist vielleicht nicht die Regel, aber kommt doch so häufig vor, dass wir als Seelsorger lernen müssen damit umzugehen. Die Gesichtspunkte sind bekannt und sollten unbedingt mit dem Gesunden vor dessen Entlassung aus der Seelsorge durchgesprochen werden:

- Herausarbeiten, wo der Anlass war, wo also im Umfeld einer spezifischen Problematik die schuldhafte Wiederholung früherer Fehler stattgefunden hat.
- Herausfinden, ob vielleicht gar keine konkrete Entscheidung zu einer falschen Handlung vorlag, sondern viel mehr eine weiche Annäherung an alte Freunde, geistliche Tabuzonen oder Orte beziehungsweise Gedanken der Versuchung. Auf-

klärung über die versteckten Motive, die sich in einem derar+tigen Verhalten äußern.

- Bekennen dieser Tatbestände und Vergegenwärtigen, dass sie nicht Lust, sondern Zerstörung bringen. Hinführung zu Jesus, Annahme von Gnade und Festlegen, dass das erneute oder verstärkte Meiden von Gefahrenzonen nur durch die Hilfe des Heiligen Geistes möglich ist.
- Es ist hilfreich herauszuarbeiten, dass der tiefste Grund für den Rückfall nicht die Übermacht der Versuchung war, sondern die schlichte Entscheidung, sich mehr auf sich selbst und die eigenen Stärken anstatt auf die Gnade Gottes zu verlassen. Das dürfte sogar die schlüssigste Definition von Sünde überhaupt sein.
- Ein Rückfall darf auch nicht überdramatisiert werden. Der richtige Umgang mit ihm kann sogar dazu beitragen, dass Gottes Gnade noch heller strahlt, indem man nicht bei Null wieder anfängt, sondern es beim präzisen Bekennen der Schuld und Lassen der Sünde bewenden lässt und sich mit der willentlichen Hinwendung zu Gottes Vergebung aus den Fesseln des Zwanges herausbegibt. Wichtig wäre es, wenn der Hilfesuchende das nach kurzer Unterweisung seitens des Seelsorgers selbst vollzieht, um zu erleben, dass Gott auch ihn selbst mit aller Autorität ausgestattet und geehrt hat und er infolge dessen nicht Gefahr läuft, in eine neue Abhängigkeit zu einem externen Seelsorger zu geraten.
- Aber der Rückfall kann auch das Offenbarwerden einer alten, noch nicht aufgedeckten Problematik anzeigen. Diese mag thematisch ganz in der Nähe eines bereits gelösten Problems liegen. Und doch war diese so umschrieben, dass sie bei der vorherigen Seelsorgemaßnahme noch nicht erfasst war. Das kommt so häufig vor, dass dieses fast die Regel ist. Dementsprechend muss der Hilfesuchende darauf vorbereitet werden, aber auch zur Gelassenheit ermutigt werden, so dass er nicht panisch auf eine neue Symptomatik reagiert.

Diese „Rückfälle" sind somit eher Schritte zu weiterer Freisetzung und Heiligung.

- Natürlich werden Einsichten in weitere noch vorhandene Blockaden nach einer ersten Freisetzung auch ohne Symptomausbrüche zustande kommen, was sicher der bessere Verlauf ist und auch sehr häufig so geschieht. Viele Kranke lernen es, mit diesen Erkenntnissen selbst angemessen umzugehen. Das ist nicht nur der reifere und würdevollere Weg, diese Kranken beziehungsweise Genesenen sind auch die besten Kandidaten für eine baldige Berufung als Seelsorger an anderen.

Zusammenfassend gilt, dass die beste Gewähr für ein weiteres gutes Voranschreiten nach stattgehabter Seelsorge darin besteht, dass dieser Christ sich in Wahrhaftigkeit und Demut übt und ein Gnadenmensch wird, der nicht nur stark ist in der Beanspruchung von Gottes Gnade, sondern auch in der allseitigen Gewährung von Gnade. Er sollte ferner immer wieder neu die Erfüllung mit dem Heiligen Geist suchen (Epheser 5, 17–21) und verbindlich in eine Gemeinschaft von Gläubigen auf der Ebene einer Ortsgemeinde integriert sein. Ohne diesen Rahmen ist es eigentlich unmöglich, dauerhaft auf einem Kurs von Wachstum und Reife zu bleiben. Die Erfahrung lehrt, dass unabhängige Christen, die unverbindlich in oder neben den Gemeinden leben, nach einiger Zeit doch vom Feind angeschossen oder gar überwältigt werden.

Kapitel 11

VON DER HEILUNG ZUR HEILIGUNG

Wie sollen wir denn leben? Thesen zur geistlichen Reife

Zum Ende dieses Buches, nachdem die geistlichen Gesetzmäßigkeit entwickelt worden sind, die das biblische Bild vom Menschen bestimmen und die die entscheidenden heilenden Kräfte enthalten, wollen wir uns noch einmal in Thesenform die wichtigsten Schritte vergegenwärtigen, wie die Entwicklung und Reifung des neuen Geistes und damit der Gesamtpersönlichkeit aussieht. Die Grundlagen des trichotomischen Aufbaus (Drei-Gliederung der menschlichen Person) soll aber nicht noch einmal vorgenommen und biblisch belegt werden. Vielmehr stellen die nachfolgenden Thesen überwiegend eine Zusammenfassung der Gesichtspunkte dar, die uns erklären, was wir zu tun, zu bedenken, zu sagen und zu lassen haben, um ans Ziel zu kommen. Sie stellen also eine Anleitung dar, die uns helfen soll, unsere Nachfolge praktisch, systematisch und grundsätzlich so zu gestalten, dass wir nicht nur wissen sollen, was wir zu tun haben, sondern auch weswegen wir es tun, um so in bedachten und konkreten Schritten zur Mündigkeit des Geistes zu gelangen.

1. Nachdem durch **Bekehrung und Wiedergeburt** von Gott ein **neuer Geist** in babygleichem Entwicklungszustand in unsere Person hineingeboren wurde, liegt es an uns, diesen Sachverhalt, dass wir eine neue Person geworden sind, angemessen anzuerkennen und wertzuschätzen. Wir erkennen, dass wir durch einen neuen Schöpfungsakt ein neues Geschöpf geworden sind, dass wir eine andere Art von Leben haben, die die Bibel Neuheit des Lebens nennt und dass wir uns deswegen in einer neuen Art und Weise bewegen und leben, indem uns durch die Herrlichkeit des göttlichen Vater ständig neue Kräfte, Auferstehungskräfte genannt, zur Verfügung gestellt werden (Johannes 3,1-8 und Römer 6,4-5).

2. Wir leben in dieser neuen Art von Leben, weil wir **erkennen**, dass unser alter Mensch gekreuzigt ist (Römer 6,6). So ist Erkenntnis aufgrund der Offenbarung der Heiligen Schrift der Anfang unseres eigenen bewussten Umganges mit unserem neuen Geist und nicht eine irgendwie geartete emotionale Erfahrung. Zu dieser Offenbarungserkenntnis gehört auch, dass unser alter Mensch (Fleisch) gestorben ist. Ohne diese Vorbedingung kommt es gar nicht zur Ausbildung eines neuen Geistesbewusstseins. Das heißt, die Grunderfahrung des Scheiterns des alten Menschen durch Buße, Bekehrung und Wiedergeburt ist tatsächlich die Voraussetzung des Lebens im Geist. Geistesgeburt und **Tod des alten Menschen** (Beendigung der Autonomie) sind gleichzeitig theologische und existentielle Grunderfahrungen.

3. Einige sonderbare und doch bezeichnende Ist-Feststellungen des Neuen Testamentes:

- Unser Geist ist unser Ich (1. Korinther 14,14; 1. Korinther 15,45).
- Wir sind die Gerechtigkeit Gottes. Weil aber unser Ich unser Geist ist, ist letztlich unser Geist die Gerechtigkeit Gottes (2. Korinther 5,21).
- Unser Geist ist deswegen auch Leben (Römer 8,10).
- Unser Geist und unser geistliches Verhalten ist Frieden (Römer 8,6).

Diese Qualitäten sind im Regelfall nicht spontan fühlbar. Wir müssen auf dieser Ebene denken, glauben und es aussprechen, um sie zu erfahren.

4. Der neue Geist braucht, weil er geboren ist und wachstümlich angelegt ist, **Ernährung** (1. Korinther 3,1-3). Entscheidend zur Förderung des Geistes und seiner Reifung ist eine **ausgewogene Kost des Wortes Gottes**, die auch feste Speise enthält. Andernfalls kommt es nicht zum Wachstum des Geistes, der Gläubige verharrt in Unmündigkeit des Geistes und damit der Gesamtperson.

Es gibt nach 1. Korinther 3,1-3 eine natürliche oder physiologische **Durchgangsphase des Noch-Fleischlich-Seins.** Diese Zeit ist identisch mit der **Unmündigkeit des Geistes.** Beides findet sein Ende durch angemessene Kost und geistliches Training. Bei zu langer Gewöhnung an Milchkost entwickelt sich die Unfähigkeit, feste Kost zu ertragen, die eine Art von fortgeschrittener geistlicher Nahrung darstellt. Die Lebensweise mit geistlicher Worternährung führt heraus aus dem üblichen Lebensstil **nach der Art der Menschen** (1. Korinther 3,3) und befähigt zu einer **übernatürlichen Lebensweise** mit veränderter Reaktion auf die Lebensumstände! Die Verfehlung dieses Ziels ist erkennbar an Zank, Streit und Parteiungen (1. Korinther 3, 3-4).

5. Der Prozess der Reifung und Stärkung unseres Geistes wird ganz entscheidend durch Anbetung und Beten im Geist (Sprachengebet) gefördert (1. Korinther 14,4 u. 14; Judas 20). Gottes Geist wirkt dabei auf unseren Geist ein, so dass dieser im göttlichen Sinne sensibilisiert, angeregt und mit dem Geist Gottes gefüllt wird (1. Korinther 14,13).

6. Die Tatsache, dass wir nach unserer Wiedergeburt ein neues Geschöpf und nicht von dieser Welt sind, bedeutet, dass wir uns im Denken und Verhalten **von dieser Welt absetzen** müssen und eine **ständige Veränderung** und Umprägung unserer neuen Lebensweise durch **Erneuerung unseres Denkens** suchen (Römer 12,2). Erst dadurch sind wir prüf- und entscheidungsfähig, um zu erkennen, was überhaupt in der jeweiligen Lebenssituation der Wille Gottes ist. Die Kriterien des neuen Denkens und Beurteilens sind das Gute, Wohlgefällige und Vollkommene.

Gedanken sind verinnerlichte Wahrheitspositionen oder was wir als Wahrheit ansehen, die sich aus Sinneswahrnehmungen, Erinnerung, Erfahrungsschatz, dem Denken und Urteilen unserer Umgebung und weltanschaulichen Einbettungen ergeben. Unser erneuertes Denken erkennt indessen nur die Wahrheitspositionen der Heiligen Schrift an und füllt damit den neuen Geist so wie auch die Seele, um dann jeglichen schon vorhandenen Gedankeninhalt des Herzens oder Angebote, die von draußen kommen, auf die biblische

Zulänglichkeit zu überprüfen. Je nach Ergebnis dieser Klärung werden dann die Inhalte herausgetan beziehungsweise abgelehnt oder akzeptiert und dem neuen Geist zugeführt (Offenbarungs-Erkenntnis).

7. Wie sieht dieses neue Denken im Hinblick auf die eigene neue Natur aus? Es besteht zunächst aus der Bejahung des biblischen Menschenbildes. Sie stellt eine gedankliche Zustimmung zu dem biblischen Befund dar, der durch Glauben auch ergriffen wird (Judas 20 und 21). Dieser Befund besagt, dass wir übernatürliche Kinder Gottes in einer übernatürlichen Familie sind. Wir haben eine neue Natur und können dementsprechend anders reagieren als wir es früher getan haben und andere Menschen es um uns tun. Wir gehen davon aus, dass unter diesen gegebenen Umständen das neue Denken nicht nur leicht möglich ist, sondern unsere Person und unseren Charakter tatsächlich verändert.

Praktisch ist also die Mitte dieser Maßnahme die Kultivierung des neuen Bewusstseins gemäß unserer neuen Natur. Richtiges Denken, Beurteilen und Bewerten und entsprechendes Reden sind die wichtigsten Teile dieses Prozesses. Wir verfolgen nachdrücklich diese Wahrheitspositionen im Gegensatz zum üblichen Denken und Verhalten der Welt und anderer Menschen, deren Selbstverständnis und Selbstbeurteilung aufgrund gefühlter Inneneindrücke oder Umwelteindrücke zustande kommt. Wir orientieren uns gedanklich und glaubend ausschließlich an göttlicher Offenbarung.

8. Das erneuerte Denken und Reden bezieht sich anfangs nur auf die totale **Anerkennung der neuen Strukturen** in uns, auch wenn diese noch nicht gefühlt oder gesehen werden. Das sind die Positionen der Wahrheit! Das heißt, in diesem Stadium des Ausbildens eines neuen Verständnisses unseres Selbst geht es nicht um irgendwelche mühsame, sittliche Handlungen oder Forderungen, die wir zu erfüllen hätten!

Erst kommen die Gedanken, dann die Gefühle, dann die neuen Befähigungen. Das ist die biblische Reihenfolge. Wir entscheiden uns anfangs **gedanklich und verbal gegen den Augenschein**, was uns sicher durch die initiale Begeisterung unseres Bekehrungserlebens leichter gemacht wird.

9. Damit einher muss nach den Worten Jesu (Matthäus 16,24) die Verleugnung des alten Menschen, des Fleisches, gehen. Das ist eine sehr **radikale Form der Nichtbeachtung** der angeblichen Fortexistenz der alten Machtverhältnisse, die das Fleisch suggerieren will, um dadurch seine Absetzung zu hintertreiben. **Ohne diese Selbstverleugnung ist gar keine Nachfolge möglich!** (Jesus: „Will mir jemand nachfolgen, der verleugne sich selbst ... und folge mir.“) Selbstverleugnung ist die totale Trennung vom alten Selbstverständnis, von der Autonomie und den Werten des Fleisches sowie die Leugnung der Gültigkeit aller alten Programmierungen. Dadurch wird die Tötung der Taten des Fleisches ermöglicht, was praktisch bedeutet, dass der Nachfolger Jesu Sieg über die Begierden des Fleisches erfährt (Römer 8,13).

Genau genommen erfolgt dieses Geschehen in drei Schritten: Mit der Bekehrung zu Jesus erklären wir das Scheitern unseres alten Lebenskonzeptes und unserer Unabhängigkeit. Das ist gleichsam die **theologische Ebene des Todes des Fleisches** (Römer 6,3-4). Diese Grundsatzentscheidung muss praktisch durchgesetzt werden. Der Basiskonflikt der gesamten Entwicklung unserer Person besteht ja darin, dass nur unser Geist von neuem geboren wird, nicht die Seele und nicht der Körper. Diese hatten bis vor der Bekehrung die Kontrolle über die Person inne und wollen sie nach der Wiedergeburt nicht an den Geist abgeben.

So müssen wir uns in einer zweiten Phase **immer wieder zu dieser Erstentscheidung stellen** und **davon ausgehen**, dass die Entmachtung des Fleisches geschehen ist und die alte Person gestorben ist (Römer 6,11: „Also auch ihr, **haltet euch dafür**, dass ihr der Sünde gestorben seit und lebet Gott in Christus Jesus.“). In dieser Entwicklungsphase ist die Selbstverleugnung ein wichtiger Handlungsauftrag.

Die dritte Ebene der Kreuzigung des alten Menschen besteht darin, dass sich nach praktizierter Selbstverleugnung der erstarkte Geist seine Überlegenheit und Kontrolle über das Fleisch **ohne**

Kampf erringt. Im Sichtbaren entspricht diese Lebensweise der Haltung der **Demut**.

Ab einem bestimmten Reifezustand werden nicht nur gedankliche Einstellungen wirksam, die die grundsätzlichen Tatsachen der neuen Natur unterstützen, sondern **Wünsche und Begierden und sogar Handlungen des Leibes und des Fleisches können kalt gestellt werden**, ohne dass es zu einem Ringen, Kämpfen und spannungsreichen Konflikt zwischen Geist und Fleisch kommt. Der Geist hat offenbar, wenn er nur will und ernährt beziehungsweise gestärkt ist, ganze Autorität über das Fleisch.

Entwickelt sich der erneuerte Geist nicht zu dieser Reife, weil ihm sowohl Nahrung als auch Training vorenthalten wird, kommt es dann doch zum Kampf, vielleicht sogar zu einer Lähmung durch eine Pattsituation oder zum Unterliegen mit nachfolgendem Niedergang der gesamten Person (Galater 5,17; Galater 6,8). Das besondere dieser Auseinandersetzung wird einem nur deutlich, wenn man den anthropologischen Hintergrund verstanden hat: Wenn nicht unser Geist zur Entfaltung kommt und wir überhaupt kein Verständnis für die Qualität dieser Instanz haben, dann werden alle sittlichen Bemühungen nur solche des Fleisches sein. Es wird sich ein scheinbar edler und religiöser Anteil des Fleisches abspalten und einen Schaukampf gegen die anderen Strebungen des Fleisches in Szene setzen. Das ist ein einziger großer Betrug, der dafür sorgt, dass solche Nachfolger Jesu nie zur Freiheit kommen. Es muss eine Instanz außerhalb des Fleisches sein, die den Fortschritt erreichen kann. Das ist unser Geist.

Wir müssen exakt unterscheiden zwischen der Anerkennung des neuen Status als Kinder Gottes mit einem neuen Geist und dem zu Tode gekommenen Fleisch und der Tatsache, dass wir in Gedanken, Haltungen und Handlungen immer noch sündigen. Das Gebot Gottes, das wir gedanklich unsere neue Natur bejahen und die alte überwundene Natur verleugnen sollen, bedeutet nicht, dass wir tatsächlich erzeugte eigene Haltungen und Handlungen sündhafter Natur ebenfalls verleugnen sollen. Wir verleugnen nur den alten Status aber nicht die Sünde in irgendeiner Form, sei es durch Gedanken, Einstellungen oder Taten. Diese soll ausdrücklich nicht verleugnet, sondern bekannt werden:

Sprüche 28, 13
Wer seine Sünde leugnet, dem wird es nicht gelingen; wer sie aber bekennt und lässt, der wird Barmherzigkeit erlangen.

Sünde bekennen ist aber nicht nur ein Gebot Gottes, sondern auch der Wille unseres Geistes, der ja göttlich und auf Wahrhaftigkeit angelegt ist und deswegen Wahrheit fordert und schätzt. Bekennen von Sünde ist in sofern Ausdruck von Wahrheit und von Demut, die immer Gnade Gottes nach sich zieht, also den Geist stärkt und das Fleisch weiter schwächt.

10. Gottes Heiliger Geist und unser Geist wirken ständig zusammen. Ohne die ständige Einflussnahme und Förderung des Heiligen Geistes würde kein Wachstum unseres Geistes zustande kommen.

Die Tatsache der nebeneinander stehenden Erwähnungen von Gottes Geist und dem erneuerten Geist des Menschen in der Schrift, die so viel Verwirrung erzeugt, ist gleichzeitig auch der Beweis dafür, dass beide zusammen gehören und sich brauchen. Der Geist Gottes kommuniziert mit unserem Geist, ist dieser doch aus jenem geboren worden. Der Heilige Geist hilft, er bezeugt unserem Geist seine Gottesnatur, er versorgt ihn mit Wissen aus der Tiefe der Gottheit, vermittelt Wahrheit und die Worte Jesu und verschafft im Rahmen seiner Gemeinschaft mit unserem Geist allen Beistand und Inspiration, die unser Geist benötigt.

Beide sind unzertrennlich. Umso genauer muss man deswegen bei Untersuchungen der Schriftstellen, die diese Zusammenhänge beschreiben, auf die korrekte Erfassung der Begrifflichkeit Geist achten, also dann doch trennen, was den Geist Gottes meint und was den Geist des Menschen beschreibt.

11. Alle bisher beschriebenen Schritte sind **keine sittlichen Bemühungen** und moralischen Entscheidungen derart, dass wir gute ethische Vorsätze oder Vermeidungen von bösen Handlungen mit

aller Hingabe und Entschlossenheit gegen vorhandenen inneren Widerstand durchsetzen. In dem thematischen Umfeld des Wachstums unseres Geistes ist kein Platz für moralische Entscheidungen, auch nicht für solche, die unter Gebet vollzogen werden. **Wir sind ja dem Gesetz gestorben**, das heißt wir arbeiten nicht mehr die einzelnen Gebote aus dem göttlichen Gesetz ab. Das Gesetz ist heilig, es ist die Beschreibung göttlicher Normen. **Aber der Versuch, sich an diesem zu beweisen, indem man sie selbst halten will, ist Sünde, ja die Kernsünde schlechthin.** Sie stellt Auflehnung gegen Gott dar mit dem versuchten Nachweis der eigenen Güte und moralischen Kompetenz. Was wir zu tun haben, ist allein die **totale und dramatische gedankliche und glaubende Bejahung** dessen, was Gott schon getan hat und die Ernährung und Förderung des neuen Lebens mit seinen eigenen Mitteln (Wort und Geist). Alles andere ergibt sich daraus oder wächst aus dem Geist.

In den Augen Gottes ist die Veränderung unserer Person durch die Wiedergeburt so einschneidend und so dramatisch anders als unsere vorherige Existenzweise, dass nach Römer 7,1-4, dass Gesetz nicht mehr für den neuen Menschen gilt. Mit der Tatsache, dass wir neue Menschen geworden sind, ist die alte Vertragsverbindung zwischen Gesetz und dem alten Menschen erloschen. Das Gesetz gilt nur für den Menschen ohne Christus!

12. Der Umgang mit der sichtbaren Wirklichkeit um uns ist von größter Bedeutung für die Entwicklung unseres Geistes. Weil unser Ich unser Geist ist und dieser kraft seiner göttlichen Herkunft seine Orientierung und Weisung von Gott holt, empfängt er aus Gottes Wort Informationen, Kriterien seiner Entscheidungen und die gültigen Wertmaßstäbe (Offenbarungs-Erkenntnis. Diese stehen aber im Gegensatz zu den Botschaften der Umstände einer gefallenen Welt. Unser Ich akzeptiert aber die Urteile und Vorschläge der Fakten aus der sichtbaren Welt nicht, weil diese letztlich vom Gott dieser Welt, dem Teufel, der hinter dem Weltsystem steht, gesteuert werden.

Das **konsequente Verneinen aller Einflüsse und Stimmen** aus der sichtbaren Welt gehört damit zum **Kernbereich geistlichen Re-**

agierens. Sobald wir uns von dieser Festlegung abkehren, lassen wir Informationen und Bewertungen in uns hinein, die voller Lüge sind und es uns anschließend unmöglich machen, die Welt zu überwinden und Gottes Kräfte an ihr zu beweisen. Wovon wir uns abhängig machen, das können wir nicht überwinden.

Wir sehen nicht auf das Sichtbare, sondern gerade im Fall der Verführung zur Selbsthilfe auf Jesus und auf seine Herrlichkeit, die uns dadurch zuteil wird und uns die Kraft vermittelt, das jeweilige Problem zu überwinden (2. Korinther 4,17-18).

13. Überhaupt ist das Leben im Geist bestimmt durch die Erfahrung der Herrlichkeit Gottes. Diese soll gesehen, erlebt und genossen werden. Ohne sie entbehrt die Lebensweise mit dem Geist des entscheidenden Glanzes und Reichtums. Die Erfahrung der Herrlichkeit ist nach manchen Schriftaussagen eng verknüpft mit dem Lebensstil des Geistes. So verheißt uns Kolosser 1,26-28, dass Christus in uns die Hoffnung der Herrlichkeit sei. Nach diesem und anderen Schriftworten ermöglicht der Wandel im Geist ein Maximum an Gotteserfahrung, Gottseligkeit und Freude unter irdischen Bedingungen, was die Schrift unter dem Begriff Herrlichkeit zusammenfasst.

14. Die gesamte Entwicklung des Geistes läuft darauf hinaus, dass in der Schrift eine gewisse Reihenfolge von internen und äußeren Abläufen gegeben ist, die in einer logischen und plausiblen Zuordnung zueinander stehen.

Bevor ein Christ eine bestimmte äußere Erfahrung oder Segnung beziehungsweise Gebetserhörung sucht, sollte er sich **vergegenwärtigen und für das danken, was in ihm,** das heißt in seinem Geist schon angelegt ist und was es zu entdecken und zu entwickeln gilt. So wird er am ehesten die Vorstellung entwickeln können, dass die göttlichen Geschenke nicht an ihm vorbei aus dem Himmel fallen, sondern durch seinen Geist, der ja göttliches Leben ist, ins Sichtbare gelangen. Der Zusammenhang zwischen innerer Reife, Geistesqualität und Gebetserhörungen wird so stärker herausgestellt und Auswirkung auf weitere ähnliche Herausforderungen haben.

Ein Sonderfall dieses Prinzips ist die Heilungserfahrung, die nach 1. Petrus 2,24 unmittelbar an diese Geistesentwicklung gebunden ist.

15. Dass das Leben mit dem erneuerten und mündig gewordenen Geist eigentlich nur das aus diesem fließende Leben und Gnade ist, hat ganz typische Auswirkungen in der Erscheinung und im Verhalten eines solchen Nachfolgers. **Sein Auftreten ist nicht imposant, großartig und heroisch** in Selbstdarstellung und Ansprüchen. Er redet nicht über sich selbst und predigt es auch nicht anderen, dass man sein Leben in Ganzhingabe, Selbstopferung und totalen Verzicht auf alles und alle an den Herrn ausliefern müsse. Wer den Weg mit dem Geist verstanden hat, hält sich von solchen großen Worten und Gesten fern, weil sie doch nur die Glorifizierung des alten Menschen darstellen, der mindestens auf dem Weg des Verzichtes und des Opfers seine Selbstbeschneidung und Askese beweisen möchte und überhaupt bekunden will, dass er zu den großen Dingen fähig ist.

Das sind dann doch nur wieder die herausragenden sittlichen Leistungen und großen Anstrengungen, auf die das religiöse Fleisch hinweisen will und sich damit wieder verrät. Leben mit dem Geist erscheint nach draußen und ist inwendig viel bescheidener: keine Selbstdarstellung, sondern in kleinen Portionen und unspektakulären Einzelfleißschritten empfängt unser Geist Nahrung und Nachschub an Leben, Liebe und Kraft aus dem Wort und vom Heiligen Geist und erwartet alle Fortschritte von dem Wachstum des eigenen Geistes und nicht von großen Taten. Dieser Prozess erhält durchgehend das Prinzip aufrecht, dass in ihm nur Geschenke einen Platz haben und nicht eigenes Hinzutun (siehe Beispiel des Paulus im Rahmen seiner demütigenden Flucht, die dieser später als hilfreiche und tugendhafte Erfahrung im 2. Korinther 11,32-33 darstellt).

16. Das Thema neuer Geist ist nicht alles, was Gottes Wort über die Entwicklung des neuen Menschen in Christus sagt. **Die Schrift berichtet über einen weiteren voll entwickelten Bauplan der Umgestaltung und Förderung unserer Seele**, der nicht Bestandteil dieses Buches und dieser Thesen ist.

In diesem Programm kommt der Seele, nachdem sie von dem Fluch des Fleisches befreit ist, eine einzigartig schöne und gedeihliche Aufgabe zu, durch die die Person Bereicherung, Farbe und zusätzliche Individualität erfährt. Diese seelische Entfaltung – die Schrift nennt es auch Erlösung der Seele – geht mit Hoffnung, Trost, Ermutigung, Ausdauer, Kühnheit und einer weiteren Fülle von positiven Affekten wie Freude, Frieden und Geborgenheit einher, was beweist, dass diese Lebensäußerungen sowohl einen geistlichen als auch seelischen Anteil haben.

Der Umbau geht so weit, dass die Heilige Schrift der Seele Eigenschaften wie Heiligung, Reinheit und Tugendhaftigkeit zuspricht und sie über die Erfahrung Hoffnung sogar unmittelbaren Zugang zum Thron Gottes (hinter dem Vorhang) gewinnen kann (Hebräer 6,19). Dieser seelenfreundliche Aspekt ist überraschend, sehr sympathisch und steht mit seiner positiven Bewertung der erlösten Seele im Gegensatz zu der anerkannten Seelenfeindlichkeit der meisten Christen, die in allem Seelischen ein Synonym für Sünde sehen. Darüber hinaus steht er auch in einer gewissen Spannung zu der Theologie des erneuerten Geistes, die irgendwie so übermächtig anmutet, dass sie keinen Raum für Segnungen aus der Seele lässt.

Dennoch, zu einer gesunden Nachfolge Jesu gehört beides, wobei doch unbestreitbar die Priorität dem Geist zukommt. Ohne ihn und seine durchgreifenden bis drakonischen Einflussnahmen auf das Fleisch und dann später auf die Seele ist dieser niemals eine solche positive Entwicklung möglich.

17. Unser Geist ist unsere Persönlichkeitsmitte, also der Sitz unseres Ichs. Nach Galater 2,20 beherbergt unser Geist aber nicht nur Christus, sondern dieser ist ein Teil von ihm, also ein Teil unserer Identität: „Nun lebe ich, doch nicht ich, sondern Christus in mir." Indem Paulus sagt **nun lebe ich, doch nicht ich**, drückt er aus, dass Christus nicht nur in ihm ist, sondern ein Teil von seinem Ich ist, was deutlich mehr ist als nur ein in uns wohnender Christus.

Christus als Teil unserer Identität, das ist das besondere Geheimnis, von dem Paulus in Kolosser 1,26-27 redet. Wir sind nicht ganz wir, auch nicht ganz Christus, sondern beides miteinander, wenn wir in Christus Jesus sind. Dann und deswegen ist unsere Art zu reagieren und gehorsam zu werden auch völlig unterschiedlich von der früheren Form einer Gehormsleistung. Sie geht ohne eigene Anstrengung einher. Unsere Wesensart und Identität ist so anders beschaffen, dass wir nicht mehr, wie bereits ausgeführt, im Gültigkeitsbereich des Gesetzes leben.

Aber Christus ist offenbar nur dann in uns und ein Teil von uns, wenn wir zuvor mit Christus gekreuzigt sind (siehe den Satz direkt davor: „Ich bin mit Christus gekreuzigt"). Sind wir aber mit Christus gekreuzigt, also nicht nur theologisch gestorben, sondern auch faktisch durch unseren neuen Lebensstil aus der Unabhängigkeit herausgetreten, dann gehören wir Christus an (Galater 5,24). Wir glauben nicht mehr an uns selbst und sind insofern nicht mehr an das Fleisch mit seinen Lüsten und Begierden gebunden.

Nach Kolosser 1,28 und Johannes 15,5 ist aber der Zustand, dass Christus in uns ist, identisch damit, dass wir auch in Christus sind, gleichsam von ihm abhängen und an ihm hängen. Diese Statusbeschreibung entspricht nach Johannes 15,3-7 dem Zustand, dass wir als Reben an Jesus, dem Weinstock hängen und dass wir nach innerster Überzeugung ohne ihn nichts tun können. Diese Verbindung beschreibt Jesus dann so, dass **wir in ihm bleiben** und **seine Worte in uns** bleiben.

So ergibt sich eine interessante Gleichsetzung von Erfahrungen und Reife-Erleben: Christus in uns ist gleichbedeutend damit, dass wir mit ihm gestorben sind, in völliger Abhängigkeit von ihm leben, und er in uns ist, was nach 1. Johannes 2,14 der Eintritt in die Mündigkeit ist. Dieser Zustand ist dadurch gekennzeichnet (nach derselben Schriftstelle), dass das Wort in uns bleibt, wir stark sind und den Teufel überwunden haben.

Gemäß Johannes 15,8 wird ein Kind Gottes erst aufgrund dieser Vorerfahrung **ein Jünger** und ist erst dann imstande, Jesus **nachzufolgen** (Matthäus 16,24). Das ergibt völlig neue Einsichten in die lehrmäßige Begründung von biblischer Jüngerschaft.

18. **Jüngerschaft ist also ein exakt gefüllter Begriff**, der keineswegs nur die besondere Beziehung zwischen einem geistlichen

Leiter und seinem Schüler beschreibt, sondern inhaltlich die besondere Qualität der Lebensführung und der **Nachfolge** im Sinne der Reife des Charakters und Mündigkeit des Geistes kennzeichnet. Es gibt eine Anzahl von weiteren Schriftstellen, die in diesem Sinne Jüngerschaft inhaltlich beschreiben (dieser Gesichtspunkt wird in diesem Buch nicht weiter verfolgt).

19. Ohne diese Grunderfahrung kann man gar nicht gehorsam sein, weil man dann noch im Fleisch lebt. Das Fleisch kann dem Gesetz grundsätzlich nicht untertan sein (Römer 8,7).

Wer es ohne erneuerten und mündigen Geist doch versuchen wollte, Gottes Gebote halten zu wollen, wird scheitern. **Auch der Beste kann es nicht**, auch ein Paulus konnte es nicht, der sich als Beispiel für das grundsätzliche Unvermögen in Römer 7 hinstellt, das Gute tun zu sollen (Römer 7,25). Hier wird uns eine augenöffnende Darstellung der **Zerrissenheit des neuen, also wiedergeborenen Menschen** gegeben, der geistgetauft ist, aber noch nicht zur Mündigkeit des Geistes gelangt ist. Er kennt das Gute und Göttliche und will auch das Gute tun, aber schafft es nicht, weil sein Fleisch noch stärker ist als der Geist (siehe Vers 24 und 25). Das ist nicht die Beschreibung des Menschen ohne Christus! Hier beschreibt sich Paulus selbst als jemand, der Lust an Gottes Gesetzen nach dem inwendigen Menschen hat (Derselbe Begriff wird in Epheser 3 verwendet. Hier soll der inwendige Mensch durch Gottes Geist nach dem Reichtum seiner Herrlichkeit stark gemacht werden.).

20. **Es gibt aber eine völlige Erlösung**, die jede Form von Verdammnis außer Kraft setzt. Nicht nur durch Vergebung der geschehenen Sünde über Buße und Gottes Gnadenzuspruch, sondern auch die, dass wir **von dem Fluch befreit werden, immer wieder dieselben Fehler und Sünden zu begehen** (Römer 8,1-4).

Die Kraft der Verdammnis wird gebrochen, wenn wir in Christus sind und dann mit ihm auch faktisch gestorben sind und in der Folge dieser Vorerfahrung **unser Geist so dominant geworden ist, dass aus ihm heraus Leben und Gnade quillt**. Dieser Strom von göttlichen Tugenden und Kräften wird nicht mit Willensanstrengung produziert, sondern entspringt einfach unserem reifen Geist, weil dieser reine göttliche Gerechtigkeit ist und produziert.

Das heißt, wenn wir nicht mehr an uns selbst und unsere Qualitäten glauben und nichts mehr von uns erwarten und völlig dem Gesetz gestorben sind, dann strömen aus Gottes Geist über unseren Geist die göttlichen Kräfte und Fähigkeiten, die ihrer Qualität nach alle Gnade sind.

Diese göttlichen Kräften und Tugenden werden nicht von uns erzeugt, sondern entspringen ohne sittliche Leistungen unsererseits einfach unserem reifen Geist.

Die Wirksamkeit des mündig gewordenen Geistes, der den täglichen Wandel bestimmt, erfüllt nebenbei alle Gesetzesforderungen und überwindet das bis dahin geltende Gesetz der Sünde und des Todes. Stattdessen bewirkt es gesetzmäßig den ständigen Fluss davon göttlichem Leben (*zoe*).

Das alles ist aber auf keinen Fall mit einer perfektionistischen Heiligung zu verwechseln. Auch unter diesen Umständen werden wir immer wieder in Sünde fallen. Aber so kommt der Sieg über die zwanghaften Gewohnheiten zustande, die uns sonst das Gefühl der Ohnmacht und der Verdammnis verschaffen.

21. Die neutestamentliche Form von Gehorsam ist demnach gänzlich anderer Natur als der übliche Vorgang normalen moralischen Bemühens, mit dem man bestimmte Gebote halten will. Die übliche Art, Gebote und göttliche Gesetze zu halten, sieht so aus, dass man ein bestimmtes Gebot als gültig anerkennt und mit Vorsatz sich selbst eine Handlungsaufforderung auferlegt, um diese dann mit der gegebenen Motivation und eigener sittlicher Kraft auszuüben. Dieser Vorgang verändert auch dann nicht wesentlich seine Qualität, wenn man das mit Gebet bewerkstelligen will.

Wer im Geist wandelt, soll nicht bewusst und bemüht Gebote halten, sondern aus Liebe und Verliebtheit heraus leben und reagieren. Dieses Erleben quillt aus dem erneuerten Geist, indem man ohne bewusste Gebotserfüllungs-Strebung die göttlichen Normen nebenbei erfüllt, was man erst rückblickend als das Halten bestimmter Gebote Gottes erkennt.

Weil Jesus ein Teil unseres Geistes, also unseres Ichs ist, kommt die Liebesfähigkeit letztlich durch ihn zustande. Das macht die eigenartigen Aussagen der Schrift zum Thema Heiligung verstehbar:

Johannes 17
19 Ich heilige **mich für sie**, damit sie in der Wahrheit geheiligt sind.

Hebräer 10
10 Nach diesem Willen sind **wir geheiligt ein für alle Mal** durch das Opfer des Leibes Jesu Christi.

1. Korinther 1
30 Durch ihn seid auch ihr **in Christus, der uns von Gott gemacht ist** zur Weisheit, zur Gerechtigkeit, **zur Heiligung** und zur Erlösung.

So sieht also die Beschreibung der originalen Heiligungslehre aus. Sie ist wahrhaft revolutionär und verschafft als Konsequenz einen ganz anderen Zugang zum richtigen Handeln, zum Gehorsam und zur Heiligung, als das praktisch in der Christenheit verkündigt und gelebt wird. Jesus als ein Teil von uns bewirkt in uns und für uns die Heiligung, das meint Gehorsam und Chrarakterveränderung. Wir müssen nur dafür sorgen, dass wir mit ihm eng verbunden bleiben und geistlich mündig sind, das heißt in Christus sind.

22. Woraus besteht inhaltlich dieser Strom von Leben? Nach Galater 5,22 aus Liebe und allen anderen Formen der Frucht des Geistes, die dort beschrieben sind. Indem wir von einer Bewegung des Geliebtseins, Verliebtseins und des Liebens und Geben-Wollens erfasst sind, tun wir automatisch immer das Richtige und halten **nebenbei Gottes Gebote** und zwar **ohne Bemühen und ohne Anstrengung**. Wer liebt, hält das Gesetz. **Das ganze Gesetz ist in dem Gebot zu lieben erfüllt** (Römer 13,10).

Lieben kann aber nur der Geliebte. Liebe annehmen und Liebe geben kann nur der Schwache und Demontierte. Der Starke, der in sich selbst und seinen Fähigkeiten ruht, ist grundsätzlich zur Liebe unfähig. Das ist eine weitere hintergründige Erklärung dafür, dass Entäußerung von aller natürlichen Schwäche eine Tugend und ein Segen ist. Was Liebe verhindert, kann nicht gut sein.

23. Die vollständige Demütigung, gleichbedeutend mit völliger Demontage des Fleisches, führt zu der Erfahrung, dass die **eigene „Schwäche" unsere Stärke** ist. Sie ist nur in Christus gegeben. Man erlebt den Zustand, der völlig von der eigenen Sicherung durch eigene Kräfte absieht, als wohltuend, weil der Geist Gottes uns mit übernatürlichem Frieden und Geborgenheit schützt und uns mit außerordentlichen Kräften versieht. **Deswegen kann man sich sogar seiner Schwäche rühmen.**

24. Die Entwicklung unseres Geistes aus der Haltung der Demut und Schwäche heraus hin zu Mündigkeit und zu Frucht des Geistes läuft in folgenden Stadien ab.

a) Am Anfang der Nachfolge erleben wir zwar die Innenerfahrung von Gerechtigkeit und Frieden, aber wissen über unseren Geist nur, dass er neu in uns entstanden ist und göttlich ist. Wir verfügen über kein Geistesgefühl.

b) Indem wir uns aber die biblischen Offenbarungen über ihn aneignen, wächst dieser Geist in uns und auch unsere Kenntnis über ihn. Er wird uns deutlicher, bewusster erlebbar und wir fangen an, seine Originalausstattung in uns wahrzunehmen.

c) Aus dem Geist wächst dann die Frucht des Geistes Liebe, Freude, Frieden, Freundlichkeit, Güte, Glauben und die anderen Fruchtformen. Von diesen wissen wir anfangs auch nur, dass sie da sind, aber wir fühlen sie nicht notwendigerweise in uns. Indem wir aber die oben beschriebenen erneuerten Gedanken und Glaubensbemächtigungen auch auf diese ausdehnen, fällt es uns immer leichter, die zunächst nur geglaubten Fruchtansätze als vorhanden festzustellen, wiewohl wir sie möglicherweise nicht gleich spüren und erst recht nicht sofort einsetzen können.

Weil aber auch hier das Prinzip gilt, dass die Gedanken den Gefühlen vorlaufen und diese hervorrufen, wird sich das Bekenntnis der Wahrheit über die angelegte Frucht darin äußern, dass diese Frucht wächst und wahrgenommen wird. **Wir produzieren nicht die Frucht, sie wächst aus uns heraus**, weil wir den Fruchtträger, unseren Geist ernähren, weil wir Frucht sehen wollen und uns weigern, auf das Fleisch zu säen. Wir wissen, wie angenehm es für uns selbst ist, mit dieser Frucht zu leben, weil es nichts Schöneres gibt, als zu lieben und geliebt zu werden. Deswegen werden wir davon Abstand nehmen, unser Fleisch zu betätigen und zu bestärken, also nicht darauf säen. Das ist **keine schmerzhafte und entbehrungsreiche Haltung des Verzichtes**, das ist die logische Folge der schon erfahrenen Freude und Freiheit.

Täten wir es aber doch, so würden aus unserem Fleisch die bösen Früchte erwachsen, die die guten ersticken (Markus 4,7). Auf das Fleisch säen ist zum Beispiel für sich selbst sorgen und deswegen Sorgen haben, sich abhängig machen von unterschiedlichen Formen des Reichtums und seine Freuden in der Welt suchen (Markus 4,18-19).

25. Weil der neue Mensch seinem Wesen und Ursprung nach übernatürlich ist, wird dieses Merkmal „übernatürlich" auch seine Ausstattung mit entsprechenden Kräften kennzeichnen.

Die Welt kann nur durch übernatürliche Kräfte überwunden werden. Aber wie sollen Christen, die sich aufgrund von Niederlagen und Orientierung an alten und weltlichen Maßstäben keineswegs als übernatürlich erleben, dieses Werk der Überwindung der Welt in Gestalt von göttlichen Kräften, Wundern und Zeichen vorantreiben? Ihre weltkonforme Lebenseinstellung und ihre Innenstimmung leugnen quasi ihre eigene neue Natur. Sie fühlen sich nicht übernatürlich, sie fühlen sich miserabel. Das Leben und Wandeln mit dem erneuerten und mündig gewordenen Geist ist logische Voraussetzung für einen übernatürlichen Dienst, der von Wundern, Zeichen, Heilungen und Geistesgaben begleitet ist. Das übernatürliche Sein und Selbstverständnis ist die Voraussetzung von übernatürlichen Taten in der Außenwelt.

26. Eine detaillierte Anschauung, wie gedankliche und geistliche Reinheit und die völlige Trennung von Einflüssen aus der Welt aussieht, enthält der Epheserbrief im Kapitel 5 in den Versen 1 bis 21.

Danach sollen wir uns als Geliebte Gottes und als seine Nachahmer verstehen. Einerseits können Geliebte lieben und andererseits werden sie sich selbst so nachdrücklich von anrüchigen Themen und Gedanken fernhalten, dass sie sie nicht einmal in ihrer Vorstellung zulassen geschweige denn aussprechen! Es wird von uns eine totale Distanzierung von allen unguten Gesprächen und Worten in unserer Umgebung gefordert, damit wir dadurch nicht ihrer teilhaftig werden. **Wir sind nämlich jetzt Licht.** Während wir früher Finsternis waren. Dementsprechend sollen wir auch lichtvoll wandeln.

Die Frucht des Lichtes ist lauter Güte und Gerechtigkeit und Wahrheit. Es wird von uns erwartet, dass wir **keine Gemeinschaft mit den Werken der Finsternis** haben, auch keinerlei heimliche Beschäftigung mit diesen. Vielmehr sollen wir sie im Licht bloßstellen, vermutlich bei uns selbst.

- Wir werden aufgefordert aufzuwachen, weise zu wandeln und die Zeit auszukaufen und verständig zu sein.
- Verständig zu sein bedeutet aber, immer wieder voll Geistes zu werden, was sich durch konkrete Schritte ausdrückt:
- Sich selbst mit Psalmen, Liedern und geistlichen Liedern (Sprachenrede) aufbauen.
- Jesus in unserem Herzen singen und spielen.
- Gott allezeit für alles im Namen Jesu danken.
- Untereinander untertan sein in der Furcht Christi.

Hier geht offenbar das Wort Gottes davon aus, dass unser Geist durch den Geist Gottes Stärkung erlebt, wenn wir diesem auf dem beschriebenen Weg mehr Raum in uns geben.

(Es ist nicht gänzlich auszuschließen, dass das Gebot immer wieder neu voll Heiligen Geistes zu werden, eigentlich meint, dass wir unseren Geist füllen sollen. Von der Syntax und den gewählten Begriffen her ist das möglich, vom Kontext weniger wahrscheinlich.)

In jedem Fall plädiert diese Textstelle nachdrücklich dafür, dass wir keine gedankliche und verbale Teilhabe am Schmutz dieser Welt zulassen, dass wir uns rigoros von dem trennen, was uns runterzieht, dass wir im Licht wandeln, wahrhaftig und einfältig, aber auch lernfähig und verständig werden und dass wir durch die ständige Neuerfüllung mit dem Heiligen Geist fortwährende Erfrischung und Inspiration unseres Geistes erfahren, was Weisheit, Einsicht und Verständigkeit zur Folge hat.

27. Der mündige Nachfolger, der voll entfaltete Mensch in Christus, ist ein Phänomen. **Sein Geheimnis besteht darin, dass er konsequent nur aus den Schätzen und Angeboten der Erlösung lebt** und nichts Eigenes hinzutut. Aber er ist herausragend in der Aneignung von Wahrheit, Gnade und allen weiteren Schätzen, die ihm die von Gott angebotetene Wahrheitsliebe (2. Tessalonicher 2,10) offenbart. **Er ist ein Künstler der Heiligung**, indem er diese ausdrücklich dem Herrn überlässt, beziehungsweise von ihm nimmt. Er ist deswegen entspannt und von einer **Aura von Leichtigkeit** umgeben, die ihn überaus angenehm und attraktiv macht. Er ist der Anlaufpunkt für alle, die Hilfe brauchen, und die sich von den Früchten seines Geistes ernähren wollen. Er selbst ist das entscheidende Missionsmittel, ein Brief Christi, für alle lesbar und ein Zeuge von Jesu Art und Heil.

Die Liebe Christi in ihm, seine Barmherzigkeit und überhaupt alle geistlichen Tugenden, die frei von Bemühung und Moral sind, machen ihn unwiderstehlich. Haben wir diesen Status und diese Reife in Breite erlangt, wird das Evangelium große Beute machen.

28. Wenn wir nach allem noch einmal in konkretester und anschaulichster Weise erfassen wollen, was unsere Aufgabe in diesem ganzen Prozess ist, also was wir zu tun und auch was wir zu lassen haben, dann ergibt sich folgendes Bild und auch folgender Verlauf: Die Charakter- und Lebensveränderungen sind die Mitte der Erlösung und beschränken sich nach stattgehabter Wiedergeburt anfangs allein darauf, gedanklich und im Glauben das zu bejahen und festzuhalten, was Gott in uns gemacht hat und was wir durch ihn geworden sind. Er hat uns mit der Wiedergeburt einen neuen Geist,

seine eigene Gerechtigkeit und seinen Frieden und eine neue Art von Leben anvertraut.

Es soll zu diesen Geschenken keine irgendwie geartete Leistung oder ein eigener Sittlichkeitsbeitrag hinzugefügt werden, sondern wir sollen nur das annehmen und festhalten, was uns gegeben ist. Dieses Annehmen und Festhalten der Wahrheit spielt sich zunächst weitgehend auf der Ebene der Gedanken ab und wird dann von Glauben gefolgt.

Leben in der Wahrheit ist gleichbedeutend mit dem Weg zur Demut und Leben in der Demut. Leben in der erkannten Wahrheit öffnet unsere Augen und unser Verständnis für das Licht, was uns ohne große Opfer und sittliche Leistung vorbereitet für die Wahrnehmung von Hochmut, Stolz und Unabhängigkeit an uns selbst, was wir als Sünde, Makel und abstoßende Untugenden bewerten und empfinden. Wir werden uns von diesen Lasten trennen und können es auch, um dann umso mehr Gnade zu empfangen und entspannt leben zu können. Demut ist keine asketische Selbstbeschränkung, sondern eine Bereitschaft unseres Geistes, den alten, natürlichen und fleischlichen Anteil unserer Person zu unterdrücken und zu verleugnen. **In diesem Prozess ist keinerlei sittliche Leistung enthalten**, vielmehr kommt er zustande durch den Gebrauch göttlicher Kräfte aus dem Wort und aus seinem Geist. Mit zunehmender Erfahrung und Fortführung dieses Weges wird der Prozess leichter und schneller, er konditioniert sich selbst.

Diese Zusammenhänge sind seit zweitausend Jahren im Wort Gottes vorhanden und für uns verfügbar und haben sich dennoch aus Gründen, die wir nicht kennen, weitgehend ihrer Entdeckung entzogen. Seit 500 Jahren wissen wir wieder, wie wir durch Glauben gerecht werden. Aber nun gilt es herauszufinden und darzulegen, wie die Gerechten erlöst leben können. Die große Reformation, die beinhaltet, wie man ohne Leistung und ohne Gesetzlichkeit Jesus nachfolgt, hat noch nicht statt gefunden.

Der äußere Grund für die Verkennung dieser biblischen Lehre liegt in der Fehlinterpretation des Begriffes Geistes, der zu häufig im Sinne des Heiligen Geistes verstanden wurde und in der relativen

Vernachlässigung und Verkennung der Grundwarheiten des Neuen Bundes im Römerbrief.

Die biblisch begründete Lehre über den Wandel mit unserem erneuerten Geist hat das Zeug in sich, die Gemeinde Christi von dieser Hauptbedrohung zu befreien, nämlich als Braut Jesu zwar durch die Gottes Gnade erlöst worden zu sein, aber dann doch zurückzufallen in einen moralisierenden und gesetzlichen Lebensstil. Alle Mittel und Voraussetzungen stehen aber bereit, dass sich die Gemeinde Jesu zu ihrer ganzen Schönheit und ihrem Glanz entfalten kann und dabei die Schönheit und Herrlichkeit Jesu und des Vaters für die Menschheit sichtbar zu machen.
Aber warum entdecken wir das so spät?

30. Die Bedeutung der Wahrheit, der richtigen Gedanken und des richtigen Denkens ist offensichtlich ein herausragender Bestandteil in dem gesamten Programm, eine Bewusstheit unseres Geistes zu erreichen. Dafür steht auch ein eigenartiges Wort in Epheser 4,23 in dem wir ermahnt werden, dass wir uns **erneuern sollen im Geist unserer Gesinnung** (wörtlich: unseres Verstanden oder unseres Denkens).

Diese seltsame und geheimnisvolle Formulierung macht deutlich, dass unser Geist durch einen Denk- und Verstehensprozess Erneuerung findet. Das sahen wir so schon ausgedrückt in Römer 12,2. Aber hier wird uns die komplexe Größe, die aus Geist und Denken besteht, vorgelegt, die offenbar ein entscheidender Faktor für die Transformation des wiedergeborenen Christen in das Bild Christi ist.

Dem gereinigten Geist-Verstand-Komplex kommt also die wichtige Aufgabe zu, eine fortlaufende Erneuerung und Stärkung unseres Ichs zu bewerkstelligen. Bevor wir uns göttliche Wahrheiten aneignen und durch Glauben zu unserem Besitz machen können, müssen wir sie verstanden haben. Aber der natürliche Verstand ist dazu nicht imstande, er braucht den Beistand unseres Geistes. Die Zusammenarbeit zwischen geheiligtem Verstand und Geist scheint so intensiv zu sein, dass dafür der Heilige Geist die Formulierung Geist des Verstandes gebildet hat.

Gleichzeitigkeitserfahrungen

Das Wachstum des neuen Menschen zielt auf seine geistliche Reife. Wenn man nun nach dem biblischen Auslegungsprinzip vorgeht, dass die Schrift sich selbst auslegt, dass also ein bestimmter Begriff oder eine Wahrheit durch Schriftaussagen an anderer Stelle erklärt oder präzisiert wird, dann stößt man im Hinblick auf Reife des Geistes oder der Person auf eine solche Fülle von Gleichzeitigkeitserfahrungen oder -entsprechungen, wie sie in dieser Intensität nirgends in der Schrift zu finden sein dürften. Die Beschreibungen von unterschiedlichsten Tugenden und Qualitäten in der Nachfolge bekommen so einen erstaunlich konkreten Bedeutungsinhalt, so dass das Wort Gottes wie von einem Netz überzogen scheint, dessen Knotenpunkte die verschiedenen Ansichten ein und derselben Grunderfahrung darstellen, die Beschreibung des mündigen Nachfolgers in Christus.

Nachfolgend will ich diese Kennzeichen von Mündigkeit, die also alle Gleichzeitigkeitserfahrungen darstellen, im Einzelnen auflisten: Die Mündigkeit des neuen Menschen entspricht eigentlich der Mündigkeit seines Geistes.

Das entspricht dem Leben und Wandel mit dem Geist, in dem sich die Neuheit des Lebens in vollem Ausmaß offenbart, was der Manifestation der Auferstehungskräfte entspricht.

Und das entspricht der Fülle der Gabe der Gerechtigkeit und der Fülle der Gnade, die zum Herrschen mit dem neuen Leben führen.

Dieses neue Leben drückt sich darin aus, dass man mit Jesus gestorben ist, also ein anderer Mensch geworden ist, und nicht nur mit Christus gestorben, sondern auch der Sünde, dem Gesetz, den Begierden, der Welt gestorben, den Elementen der Welt gestorben und seinem eigenen Fleisch gekreuzigt ist.

Das ist aber identisch mit dem Zustand, dass ein solcher Nachfolger Jesu den Lüsten und Taten des Leibes und seines Fleisches widerstehen kann, diese nicht mehr lustvoll erlebt und deswegen aufgreifen muss (Immunität für die Sünde) und daher die Taten des Leibes sogar töten kann. Das alles geschieht kraft des neuen göttlichen Lebens in ihm (*zoe*), in dem die Auferstehungskraft waltet, die der Vater in Jesus bei seiner Auferweckung und in jedem seiner Nachfolger wirken lässt.

Dieser Zustand von Kraft, Inspiration und Leben ist aber auch gleichbedeutend mit der Bejahung und der Erfahrung von Demut, die einen erkennen lässt, dass man ohne Jesus nichts tun kann.

Das entspricht dem Bild eines Nachfolgers Jesu, der sich seiner Schwäche rühmt, weil er weiß, dass mit dem völligen Abbau seines alten und natürlichen Menschen gleichzeitig Gottes maximale Stärke einkehrt. Diese Stärke ist immer eine Stärke, die durch den erneuerten und voll entfalteten Geist läuft.
Diese Erfahrungshöhe ermöglicht erst Nachfolge, was voraussetzt, dass ein solcher Nachfolger zuvor und ständig den Status des alten Menschen verleugnet und sich von der Programmierung des Fleisches distanziert.

In dieser Erfahrung ist man gleichzeitig frei vom Gesetz, dem man gestorben ist, so dass man nicht mehr den göttlichen Geboten verpflichtet ist, diese mit Vorsatz und willentlichem Bemühen zu erfüllen. Das Gesetz ist nur für den alten Menschen da, nicht für den, der die völlige Erfahrung von Freiheit und Gerechtigkeit erlebt hat.

Diese Erfahrungsweise entspricht wiederum dem Leben unter der Gnade und dem Bruch aller Zwänge zur Sünde.

Und das alles umgreift die neue Identität des Nachfolgers, in dem Christus wohnt, und der ein Teil seines Ichs und damit seiner Identität darstellt.

Aber diese Grundbefindlichkeit und Erfahrung ist wiederum nur dem mit Christus Gekreuzigten möglich.

Christus in uns ist aber in letzter Konsequenz identisch mit dem wir in Christus, und das ist die Hoffnung der Herrlichkeit.
So sind die Erfahrung der Herrlichkeit und die Aussicht auf die Freuden der Gegenwart Gottes gebunden an die Christus-Identität, zu der wir auch verordnet sind und die das Hauptgeheimnis göttlicher Fürsorge ist und die letzte und höchste Zielsetzung unserer Berufung.

Erst wenn wir nicht mehr uns selbst, sondern Christus gehören, sind wir in vollem Sinne der Schrift Jünger Jesu und seine Nachfolger.

Aber in dieser verbindlichen Beziehung zu ihm werden wir viel Frucht bringen, weil wir völlig an Jesus hängen und seine Kräfte in uns wirken. Diese Art von Beziehung zu Jesus wird auch „in Christus sein" und „Christus in uns" genannt (Johannes 15).

Der Tatsache, dass er in uns ist, entspricht dem Sachverhalt, dass seine Worte in uns bleiben.

Wenn aber seine Worte in uns bleiben und wir dadurch stark sind und den Teufel überwunden haben, dann erweisen wir uns auch darin wieder als mündige Nachfolger Jesu und erleben den Status gleichsam uneingeschränkter Gebetserhörungen.

Dadurch wird uns Fruchtbarkeit zuteil, die eine Fruchtbarkeit des in uns herangewachsenen Geistes ist und die viel Frucht des Geistes in Gestalt von Charakterveränderungen freisetzt, welche sich in Liebe, Freude, Friede, Freundlichkeit, Geduld, Gütigkeit, Glaube, Sanftmut und Keuschheit äußert.

Diese neuen Eigenschaften sind nicht Folge unseres Bemühens, sondern einfach Ausfluss unseres Geistes und beweisen damit, dass die Heiligung Jesu für mich tatsächlich in mir geschehen ist.

Indem ich aber diese göttlichen Tugenden und allen voran die Liebe aus meinem Geist herausströmen lasse, habe ich nebenbei das Gesetz Gottes aber auf neutestamentliche Art und Weise erfüllt, indem ich als Geliebter und Verliebter liebe.

Wer liebt erfüllt das ganze Gesetz. Die vollkommene Liebe aber treibt jede Furcht aus, bewirkt Schutz und führt mich in die völlige Freiheit. Das ist gleichbedeutend mit der Leidenschaft des barmherzigen Nachfolgers, der vom Geist Gottes getrieben wird und brennend ist in seinem Geist.

Gebetshilfe und Materialien für das Bewusstwerden der neuen Natur

Das neue Leben in Christus, unser neuer Geist, ist anfangs unsichtbar und unmerklich. Wir spüren ihn nicht, und doch ist er die entscheidende Bezugsgröße unserer Nachfolge. Das Bewusstsein dieses Geistes in uns entwickelt sich durch erneuertes Denken, zupackenden Glauben und erlöstes Reden sowie Wegschauen von einer Umwelt, die die Existenz dieses neuen Lebens gänzlich bestreitet.

Die Erfahrung, dass wir neu, übernatürlich und göttlich sind, kommt nicht durch einzelne gewaltige Durchbruchserfahrungen, sondern viele leichte Fleißschritte zustande. Es könnte für jeden Christen eine Hilfe sein, für sein Gebet und sein neues Denken die biblischen Formulierungen, Begriffe und Denk- beziehungsweise Gebetsanstöße vor Augen zu haben. Hier sind sie. Hiermit wird es ganz praktisch:

- Sich bewusst machen und gedanklich bejahen und im Glauben annehmen, dass man gegen den gefühlten und erlebten Augenschein eine andere Person ist. Ich bin total errettet, ich bin eine neue und übernatürliche Person, ich besitze einen neuen Geist, ja ich bin ein neuer Geist aus Gottes Geist. Ich bin aus ihm geboren.
- Ich denke, glaube und spreche aus, dass ich die Gerechtigkeit Gottes bin, dass mein Geist göttliches Leben (*zoe*) ist, dass sein Friede in mir ist, dass geistlich gesinnt sein Friede ist, dass seine Kräfte in mir sind, dass Jesus ein Teil meines Geistes ist und insofern in mir ist und dass ich deswegen alle Dinge durch ihn in mir vermag, weil der, der in mir ist, größer ist als der in der Welt.
- Ich glaube es, dass in mir die gesamte Frucht des Geistes angelegt ist. Sie ist schon vorhanden und wird aus mir heraus wachsen. Ich bin ein wirkliches Kind Gottes, in wirklicher Abstammung von meinem himmlischen Vater und habe kraft meiner göttlichen Herkunft denselben geistlichen Chromosomensatz wie er.
- Ich bin mit Christus gestorben und bin nicht mehr der/ die Alte. Ich gehöre Jesus und nicht mehr mir, weil ich meine Unabhängigkeit durch meine Bekehrung beendet habe. Ich weiß, dass die Abnahme des Fleisches, Demütigung und

Kreuzigung des Fleisches nicht schmerzhaft und nicht beraubend sind, sondern immer durch Gottes Kraft und Herrlichkeit bedingt und von diesen gefolgt sind. Ich bin auf dem Weg zu den herrlichsten Erfahrungen und Veränderungen meiner Selbst, weil wer gerechtfertigt ist, auch herrlich ist.

- Ich danke Gott für alles, was er an mir und an der Welt und gegenüber dem Teufel getan hat. Die Welt ist besiegt, und mein Glaube und ich selbst sind aus Gott geboren und sind Teil dieses Sieges. Ich verändere mich täglich durch Erneuerung meiner Gedanken und ich denke über Gott, mich, die Welt und den Teufel nur das, was Gottes Wort an Gedanken und Wahrheiten darüber enthält.
- Ich mache mich als übernatürliches Kind meines übernatürlichen Vaters nicht abhängig davon, was die natürliche und gefallene Welt mir sagt, gebietet oder von mir fordern will. Ich lasse meine Identität nicht von ihr, meiner Umwelt, den Umständen, den Menschen und den vorherrschenden Philosophien und Weltanschauungen bestimmen und begrenzen, auch nicht von den Stimmen meiner Seele und meiner Vergangenheit. Ich bleibe dabei, ich bin das, habe das, kann das und bin das nicht mehr, was Gott in seinem Wort sagt, was ich bin, habe, kann und nicht mehr bin.
- Ich weiß wozu ich berufen bin, trotz meiner negativen, laschen und fragwürdigen Vergangenheit. Ich weiß, für mich ist der Zug zu meiner Berufung und Hoffnung auf Herrlichkeit hier auf Erden nicht abgefahren. Ich baue mich auf durch meinen allerheiligsten Glauben und durch Anbeten im Geist und halte das Bewusstsein fest, ja steigere es täglich, dass ich als geliebtes Kind des Vaters durch das Kreuz Jesu das Anrecht auf ein sieghaftes und überwindendes Leben habe.

Anhang

Kapitel 1

EIN VIRTUELLES GESPRÄCH UNTER UNS SEELSORGERN UND MIT DEN KOLLEGEN DER PSYCHOTHERAPIE

Das 1. Kapitel des Buches wurde in den Anhang verbannt. Das ist keine Strafe, sondern die Konsequenz unseres Bemühens, das Buch für Laien lesbar und nützlich zu machen und ihn nicht gleich durch Schilderung von Konflikten unter Spezialisten abzuschrecken. Dieses Kapitel ist nur für die professionell arbeitenden Seelsorger oder christlichen Psychotherapeuten von Belang.

Das Verhältnis der Seelsorger zu Psychotherapeuten ist nicht einheitlich. Es gibt viel Liebe zueinander, aber auch viel Ablehnung, meistens ist beides vorhanden, also Ambivalenz, die beide Seiten so wenig bei ihren Patienten lieben.

Manche meinen, diese beiden Disziplinen ergänzen sich wunderbar, andere sehen sich gegenseitig als Konkurrenten und noch weitere als Feinde. Dass man sich aber feind ist, das sagt kaum einer der Beteiligten im Hinblick auf die andere Seite. Aber diese unklare und unentschiedene Haltung bekommt keinem von beiden. Sie stellen sich gegenseitig in Frage, auch wenn sie lauthals beteuern, dass sie einander stehen lassen und ernten dabei Zweifel über den Wert eigenen Tuns. Das trifft auch für die Seelsorger zu, die eigentlich von dem Wort der Schrift ausgehen müssten: Jeder sei seiner Meinung gewiss.

Beide Seiten werden Opfer dieses Kampfes und stellen nicht nur die Methoden des anderen, sondern auch die eigenen in Frage. Das trifft besonders für uns Seelsorger zu.

Wir **fragen**: Ist es irreal, seelische Heilung vom Evangelium zu erwarten? Jesus beansprucht doch für sich, dass er die Wahrheit und der Weg ist, das heißt der Weg zum Heil und zur Heilung, aber auch der Weg zum Vater und zum Leben. Hat nicht Jesus das göttliche Leben (griechisch *zoe*) als ein Leben definiert, das vom Wesen her überfließend ist und alle Kümmervarianten von Leben einfach hinwegschwemmt (Johannes 10,10)? Heißt das nicht auch, dass wir so viel Leben durch ihn bekommen, dass Heilung die selbstverständliche Folge sein muss und wir mehr davon haben, als wir selbst brauchen, also geben können?

Jesus heilte vor zweitausend Jahren und heilt heute körperliche Krankheiten, unheilbare Krankheiten, aber auch Alltagsunpässlichkeiten, Neuralgien, auch Schnupfen und Tumore und er kann sogar Tote auferwecken, worüber Hunderte und Tausende von Berichten aus der Jetztzeit vorliegen.

Jesus schafft neue Menschen. Er stiftet Versöhnung und Frieden mit Gott, verschafft uns Vergebung und stattet uns mit seiner Gerechtigkeit aus. Er befreit von Verdammnis und Minderwertigkeitsgefühlen, er gibt ewiges Leben, die Erfahrung der Kindschaft, also den Genuss eines ewigen und versorgenden Vaters, gliedert uns in die göttliche Familie ein und schafft Hoffnung für das Leben und die Ewigkeit.

Dieser Gott kann noch mehr. Seinen Kindern vermittelt er sozialen Frieden, versöhnt sie mit anderen Menschen, macht sie liebesfähig und gnädig, also bereit zu vergeben und zu geben, führt sie in die Wahrheit und macht sie überhaupt wahrheitsfähig, also demütig, und umgibt sie mit seinem Schutz und seiner Liebe.

Wir **fragen**: Sollte er in Anbetracht dieses seines Vermögens nicht im Stande sein, auch seelische Krankheiten zu heilen? Wir Seelsorger müssen uns doch regelrecht Mut zusprechen, diesem Herrn alles zuzutrauen, was mit unserem Metier zusammenhängt, den seelisch kranken Menschen zur Heilung zu verhelfen. Wir stehen unter dem Eindruck, dass seelische Krankheiten einen Sonderfall darstellen, bei dem die einfachen Angebote des Evangeliums nicht greifen. Kann es sein, dass seelische Störungen von so anderer Art und so komplex sind, dass dort göttliche Hilfen nicht ausreichen? Oder anders gefragt: Gelten für diese Krankheiten andere Methoden und andere therapeutische Ansätze, müssen diese technischer und sachbezogener sein und erfordern sie neben dem Gut des Evangeliums noch weitere Kenntnisse und Qualifikationen anderer Herkunft, um ihnen beikommen zu können?

Wir fragen weiter, uns und unsere therapeutischen Kollegen: Ist es nicht frevelhaft, zumindest sonderbar, an dem Angebot von göttlichen Kräften vorbeigehen zu wollen, die all das können, was ich eben aufgezählt habe, um dann mit eigenen weltlichen Methoden handeln zu wollen, während es doch offensichtlich ist, dass die überwiegenden Beziehungsstörungen und seelischen Symptome auf schuldhaftes Verhalten zurückzuführen ist?

Müsste es nicht das ideale Betätigungsfeld des Evangeliums sein, wenn es um gebrochene Beziehungen, schuldhafte Handlungen und schuldhafte Reaktionen geht, da doch Jesus gekommen ist, um die Werke des Teufels zu zerstören, unsere Schuld auf sich zu nehmen und uns Gnade und Wahrheit anzubieten, so dass wir Menschen die Chance des Neuanfangs haben?

Was ist nur dafür verantwortlich, dass viele von uns zu dem Ergebnis gekommen sind, dass die einfachen Mittel von Wahrheit und Gnade, Ehrlich-Werden und Vergebung-Empfangen nicht ausreichen, um seelisches Leid zu beheben? Sind es einfach die unzulänglichen Resultate, die uns nötigen, unsere Methoden auszuweiten? Oder haben wir Entscheidendes verkehrt gemacht bei unserem Bemühen, das Evangelium zur Heilung seelischer Krankheiten anzuwenden?

Gegenfrage der Psychotherapeuten: Verhält es sich nicht mit dem Konflikt zwischen Seelsorge und dem Heilungsanspruch des Evangeliums auf der einen Seite und der Methodik der Psychotherapie auf der anderen Seite genau so wie mit dem Verhältnis von Krankenheilung durch Glauben und dem Angebot der wissenschaftlichen Schulmedizin? Es ist doch offensichtlich, dass das Heilungsangebot Jesu bei Weitem nicht alle Menschen, ja eigentlich nur eine Minderheit, zu übernatürlichen Heilungserfahrungen führt. Wenn also hier die wissenschaftliche Medizin anerkannt und gesucht wird, weil sie einfach notwendig ist und nachweislich Heilung bringt, weswegen sollte es den weltlichen Psychotherapeuten oder auch den christlichen Psychotherapeuten vorgeworfen werden, dass sie existieren und auf ihrem anderen Weg heilen wollen, da es doch auf dem Feld seelischer Krankheiten noch viel augenscheinlicher ist, dass durch Seelsorge nicht viele Menschen seelische Heilung erfahren haben?

Antwort des Seelsorgers, der sich dem Evangelium verpflichtet weiß: Es ist nicht zu leugnen, dass die Therapieergebnisse der christlichen Seelsorge unzulänglich sind. Diese Tatsache ist bedauerlich, aber muss nicht so bleiben. Wir hören von Heilungserfahrungen und Heilungsquoten an anderen Stellen, die uns Mut machen, mehr zu erwarten. Die Ursachen der bisher festzustellenden Unzulänglichkeit der Ergebnisse sind wohl in der unzureichenden Anwendung des Evangeliums am kranken Menschen zu suchen und liegen nicht im System selbst.

Behauptung: Das Wort Gottes als Träger von Wahrheit und Gnade bietet das gesamte Werkzeug, das notwendig ist, um Menschen vom Kranksein zur Gesundung zu führen. Wenn die Schrift sagt, dass uns alles, was zum Leben und göttlichen Wandel dient, durch seine Kraft bereits geschenkt ist (2. Petrus 1,3), dann heißt das, dass alle Komponenten und Materialien, die zum Leben, zum Genießen und zur Gesundheit notwendig sind, tatsächlich vorhanden sind.
Im ähnlichen Sinne äußert sich auch Jesus:

> Johannes 8
> 31 Da sprach nun Jesus zu den Juden, die an ihn glaubten: Wenn ihr bleiben werdet an meinem Wort, so seid ihr wahrhaftig meine Jünger 32 und werdet die Wahrheit erkennen, und die Wahrheit wird euch frei machen.

Dieses Wort, das uns den Weg zur Freiheit in ungeschützter und uneingeschränkter Weite verheißt, sagt uns demnach auch Gesundung von allem menschlichen und seelischen Leid zu. Jesus hat die Schuld aller Menschen und sogar die Folgen der Schuld, wie

Krankheit, Verzweiflung, Angst, Einsamkeit und Zwänge getragen. Es gibt für den Willigen, der sich diesen Angeboten und Tatsachen aussetzt, keinen Grund, in seelischer Pein und psychischer Störung verharren zu müssen.

In dem nun aber doch viele Menschen in christlichen Kreisen augenscheinlich an seelischen Störungen leiden, muss es unter der Voraussetzung, dass die biblischen Verheißungen und Beteuerungen wahr sind, ein Problem der Umsetzung der Heilungswahrheiten geben, eine verkehrte Handhabung der zur Verfügung gestellten geistlichen Heilungsmittel. Diese Verkennung bzw. dieser fehlerhafte Gebrauch von Heilungskräften muss so weit verbreitet sein, dass die biblischen Seelsorger und ihre Klienten der Seelsorge wegen der offensichtlichen Ergebnislosigkeit in großen Scharen den Rücken zukehren.

Gleichzeitig muss diese Abkehr von biblischer Verheißung trotz ihrer unübersehbaren Auswirkung so raffiniert versteckt sein, dass es bisher kaum gelang, diesen Fehler ausfindig zu machen und ihn mit logischer biblischer Argumentation zu überwinden. Es könnte aber auch obendrein so sein, dass es mehrere solcher grundsätzlichen Fehler gibt, so dass wir uns als Seelsorger in einem völlig entstellten Denk- und Bezugssystem bewegen, das nicht den Grundlagen entspricht, von denen die biblischen Autoren ausgingen und die in der früheren Christenheit selbstverständlich waren. Schließlich kann auch noch der Umstand vorliegen, dass bei uns Seelsorgern im erheblichen Umfang Blindheit gegenüber eigenen Schwächen vorliegt, die uns den Blick für selbstverständliche Zusammenhänge und Hintergründe bei unseren Patienten verwehrt hat.

Es sieht so aus, dass es nicht ein einzelner Fehler im Sinne der Verfehlung einer bestimmten biblischen Grundwahrheit ist, der unsere Seelsorgetätigkeit lähmt, sondern dass vielmehr ein Bündel von Ursachen vorliegt, das unsere therapeutischen Bemühungen unterlaufen hat und uns so erfolglos werden ließen. Schon das Faktische spricht seine Sprache: Unsere Ergebnisse können nicht sehr überzeugend gewesen sein, weder was ihre Qualität noch ihre Quantität anlangt, sonst hätten das die Kollegen von der Psychotherapie längst vernommen und wären zu uns hospitieren gekommen.

Aber dennoch **fragen** wir die christlichen Psychotherapeuten, die also biblische Anschauung mit einzelnen wissenschaftlichen Methoden verbinden: Besteht der Vergleich von Psychotherapie und wissenschaftlicher Medizin zu Recht? Ist nicht die klassische Schulmedizin eine wissenschaftliche Disziplin in dem Sinne, dass sie weltanschaulich neutral ist, keinerlei philosophische Hintergrundbindung aufweist und deswegen auch nicht zu christlichen Positionen in Spannung steht?

Und ist nicht dagegen die Psychotherapie, unabhängig von Art und Name der Therapieschule, zu weiten Teilen nichts anderes als angewandte Weltanschauung, die im Hintergrund der therapeutischen Methode ständig unsichtbar waltet, indem sie ihre internen Voraussetzungen ununterbrochen zur Geltung kommen lässt? Solche weltanschaulichen Vorgaben sind in allen neuzeitlichen Psychotherapie-Formen mindestens in Gestalt von unterliegenden humanistischen Prinzipien vorhanden. Dazu gehören unter anderem die vorausgesetzte Grundüberzeugung, dass der Mensch gut oder nur zum Teil korrupt sei und dass er deswegen heilbar sei, dass er das mit eigenen Mitteln bewerkstelligen könne und keinerlei außerirdische oder jenseitige Kräfte oder Instanzen bräuchte. Das sind alles weltanschauliche Positionen, die der damit arbeitenden Psychotherapie die Eigenschaft gänzlich absprechen, eine wissenschaftlich neutrale Disziplin zu sein, wie das der allgemeinen Psychologie unbedingt zuzusprechen ist. Mit dem Anspruch, therapieren zu wollen, wird die Psychotherapie ein Markt von definierten Werteüberzeugungen und einem bestimmten Weltbild oder einer Philosophie.

Weitere Fragen an unsere weltlichen psychotherapeutischen Kollegen: Sie sind von der Psychotherapie, von Ihrer gewählten psychotherapeutischen Schule überzeugt. Aber haben Sie ihre Resultate wirklich bewertet und statistisch gesichert? Sind Sie mit ihnen zufrieden? Haben Sie Heilungen erlebt oder nur Verbesserung des

Befindens? Glauben Sie überhaupt noch an Heilung von seelischen Krankheiten?

Wie stehen Sie zu der misslichen Tatsache, dass hochspezifische Lösungsansätze mit ausgefeilter Methodik annähernd gleich gute oder schlechte Resultate erzielen wie andere Therapieansätze, die inhaltlich in Widerspruch zu Ersteren liegen oder die sich gegenseitig ausschließen? Lässt Sie das ungerührt? Gibt es Ihnen nicht zu denken, dass die Therapiefaktoren, die Sie bislang als die entscheidend wirksamen angesehen haben, dadurch eigentlich relativiert werden?

Glauben Sie ja nicht, ich will mit diesen Fragen den Dissens zwischen Ihnen und den Seelsorgern herausstreichen, um den Nachweis zu erbringen, dass wir doch die Besseren sind.

Sie haben das Recht, so zu therapieren, wie Sie wollen und sich Ihrer weltanschaulichen Wissenschaftsgrundlagen sicher zu sein oder auch zu glauben, dass Sie gar keine haben. Aber vielleicht sind die Wissenschafts-Prämissen auf Seiten der Seelsorge weit weniger von Ihren entfernt, als Ihre eigenen Methodikvoraussetzungen von denen benachbarter säkularer Schulen, etwa der Analytiker oder Jungianer oder der Gesprächstherapie und der Verhaltenstherapie.

Zurück zu uns gläubigen Psychotherapeuten. Wir müssen zur Kenntnis nehmen, dass die gängigen psychotherapeutischen Angebote sich weit von den Grundpositionen entfernt haben, für die wir stehen. Es stimmt, sie verfolgen ihre Ziele mit anderen Mitteln und auch mit einem anderen Verständnis vom Menschen, als uns dieses von der Heiligen Schrift offenbart ist. Sie arbeiten in einem geschlossenen System, indem Gott keinen Platz hat. Unser Weltanschauungssystem und unser Therapierahmen entsprechen einem zur jenseitigen Welt offenen System, in welches Gott nach seinem Belieben eingreifen kann.

Ich selbst habe mich seit über fünfundzwanzig Jahren anthropologischen Fragestellungen in Bezug auf die Seelsorge gewidmet und bestimmte biblische Grundwahrheiten, ich nenne sie Axiome, vorgefunden, die mein Denken und Arbeiten bis zum heutigen Tag bestimmen. Es ist nicht zu leugnen, dass diese Wertegrundlage in einem ärgerlichen Gegensatz zu allen Basiskonzepten weltlicher Psychotherapie steht.

Aber in der letzten Zeit dämmert mir immer mehr, dass es nicht nur eine Front zwischen den Seelsorgern und den Kollegen weltlicher Psychotherapie gibt, sondern dass sich auch die christlichen Therapeuten schuldig gemacht haben an einer Vermischung von Standpunkten, die nicht zusammengehören und sich zum Teil widersprechen und so einen blühenden Synkretismus (Vermischung von Lehren oder Religionen) darstellen.

Aber meine Anfragen gehen noch weiter und betreffen auch uns biblisch orientierte Seelsorger. Mir scheint, dass wir, die überzeugten biblizistischen Therapeuten, auch gerade im Umfeld dieser grundsätzlichen Hintergrundbestimmung erhebliche Ungereimtheiten zulassen.

Wir bejahen mit Nachdruck bestimmte biblische Prinzipien und gehen für sie vielleicht sogar auf die Barrikaden aber weichen diese in unserer eigenen Seelsorge unmerklich auf. Wir gleichen unsere eigenen Vorstellungen denen der Psychotherapie an, was häufig unter Verweis auf unsere Weltoffenheit und Respekt vor allen neutralen wissenschaftlichen Tatsachen geschieht.

Aber das scheint nicht zu funktionieren! Jahrzehntelanger Predigtdienst und Seelsorge haben mir bewiesen, dass die Kombination von Gottes Wort mit anderen Verfahren, und sei es, dass diese auch nur spurenhaft vorhanden sind, regelmäßig zu so massiven Einbußen an Heilungskraft führt, dass der Therapieerfolg häufig kaum mehr erkennbar ist oder völlig ausbleibt.

Die Seelsorge, die Anleihen bei einer weltlichen Psychotherapie sucht und ihrerseits nicht dem biblischen Menschenbild folgt, ist nicht nur, was ihre Ergebnisse anlangt, sondern auch bezüglich der Prozedur von diagnostischen und therapeutischen Schritten frustrierend und enttäuschend. Das liegt nicht an der säkularen Psychotherapie, dieser Missstand kommt auf unser Konto, die wir meinen, Systeme zusammenbringen zu können, die nicht zusammen gehören. Und indem wir es doch versuchen, beweisen wir, dass wir ignorant sind und die elementaren Wahrheiten der Heiligen Schrift in ihrer Einzigartigkeit und auch Ausschließlichkeit nicht verstanden haben.

Es ist hohe Zeit, dass wir nicht nur immer mit unserem Finger auf die anderen zeigen, sondern beherzte und überzeugte Selbstkritik vornehmen, weil wir offensichtlich bislang außer Stande waren, die Implikationen und Konsequenzen dieses beschriebenen Sachverhaltes für die Diskussion mit anderen Weltanschauungsmodellen, vor allem dem Humanismus, zu erkennen.

Nein, das Thema dieses Buches ist nicht die Auseinandersetzung mit den weltlichen psychotherapeutischen Schulen. Wenn sie Erfolg haben, wollen wir uns darüber freuen. Ich bin davon überzeugt, dass sie Erfolg haben, der möglicherweise weniger auf ein bestimmtes Programm zurückzuführen ist als auf ihren Einsatz, ihre Liebe zu den Kranken und ihre Leidenschaft, Not zu lindern. So lange unsere eigenen Ergebnisse nicht wesentlich besser sind, steht es uns nicht gut an, den christlichen Therapieapostel zu spielen und möglicherweise unser Selbstverständnis oder unsere Überlegenheitshaltung nur aus dem Dagegen-Sein zu beziehen.

Noch weniger will dieses Buch mit den Kollegen abrechnen, die einer Verbindung von Psychotherapie und Seelsorge das Wort reden und mit ihrem Vorgehen und Ergebnissen den Beweis zu liefern meinen, dass das geht.

Ich glaube, dass eine saubere, biblisch einsichtige und schlüssige Begründung von diagnostischen und therapeutischen Maßnahmen in der vorliegenden Seelsorge-Literatur bis jetzt kaum erkennbar ist und erst recht keine, die allgemeine Anerkennung unter den biblisch arbeitenden Seelsorgern gefunden hätte. Daraus folgere ich, dass es sich nicht ziemt, über unsere Kollegen herfallen zu wollen, die den Spagat zwischen weltlicher Psychotherapie und biblischer Seelsorge doch versucht haben. Ich persönlich halte diesen Brückenschlag zwar nicht für möglich, aber das ist so lange nicht von Belang, wie wir die Grundlagen unserer Seelsorge nicht genau definiert und von außerbiblischen Zutaten befreit haben. Wenn uns das gelungen ist und die Resultate einer derartig schriftgemäßen Seelsorge vorliegen und überzeugend sind, dann können wir uns vielleicht darüber kritische Gedanken machen, woran andere Konzepte scheitern und worin sie mangelhaft sind.

Meine **These** ist somit, dass die Schwäche der biblischen Seelsorge zu weiten Teilen damit zu tun hat, dass ihre Verfechter, die Seelsorger, ständig an den Werte- und Denkvoraussetzungen humanistischer Lebenseinstellungen und Therapiekonzepte nippen, ohne es zu wissen und sich zu vergegenwärtigen, dass sie dadurch die Kräfte des Heiligen Geistes neutralisieren, die Heilungen schaffen wollen und zwar solche von übernatürlicher Heilungsqualität. Der Geist Gottes ist nämlich ein eifernder Geist, der seinen Hilfebeitrag wie auch seine Ehre mit keinem anderen Geist oder keiner anderen Methode teilen will. So kraftvoll er ist – er ist die stärkste Kraft im Universum und auch der größte Liebhaber, der uns die Liebe von Jesus Christus und dem Vater übermittelt – er meidet und verhindert nach vielfacher Erfahrung jede Kooperation mit anderen Kräften und Philosophien. Er ist von unglaublicher Zartheit und Empfindsamkeit. Ihn zu betrüben und zu dämpfen kann sogar mit noch geringeren Fehlern als den hier in Rede stehenden Mängeln oder synkretistischen Strebungen erreicht werden.

Der fehlende Ertrag im seelsorgerlichen Gespräch ist also nichts anderes als Ausdruck der ausgebliebenen Hilfe des Heiligen Geistes. Wäre er da gewesen und hätte er eingreifen können, so wäre es zur Heilung gekommen.

Als ich vor über zwanzig Jahren die grundsätzlichen Unterschiede des biblischen und humanistischen Weltbildes formulierte[1], ging es mir darum, die Unvereinbarkeit beider Weltsichten als jeweilige Grundlage eines darauf aufbauenden Heilungskonzeptes herauszustellen. Heute müssen wir uns darüber klar werden, wie sehr wir uns doch und immer noch am Tisch des Humanismus bedient haben und den gedeckten Tisch Gottes verschmähen. Um im Bild zu bleiben: Wir konfrontieren unsere Kranken zwar mit biblischen Heilungsprinzipien, greifen dann aber doch zum humanistischen Nachbartisch, um unsere biblischen Angebote so ganz selbstverständlich

[1] Heilung durch sein Wort, Band 1, 3. überarbeitete Auflage 1980, leider vergriffen.

mit manchen anderen Zutaten und Genüssen fremder Herkunft zu bereichern. Und dort, bei diesen unscheinbaren Abrundungsangeboten, die aber doch die ganze fremde Philosophie in sich haben, tritt der Verlust ein.

Das, was ich früher als Grundschaden beschrieb, als ich die neuen Axiome für eine christliche Seelsorge formuliert habe und konfrontativ und auch kämpferisch den jeweiligen Positionen weltlicher Psychotherapie gegenübergestellt habe, ist auch heute noch der Stoff, der in ziemlicher Breite das Denken und Therapieren von uns Seelsorgern verdirbt. Nicht die weltlichen Therapeuten sind die bösen Buben, sie vielleicht am allerwenigsten, und auch nicht die Synkretisten, die aus beiden Welten eine neue Therapie zusammenmixen wollten und es doch hätten besser wissen müssen, nein, das Gift humanistischen Denkens haben wir biblisch orientierte Seelsorger in unsere Therapie hineingelassen. Zu häufig geht uns der Durchblick verloren, wir haben Kompromisse geschlossen, ohne dass wir es gemerkt haben, und Gott konnte deswegen nicht auf unsere Worte, Gebete und Gebote reagieren. Diese ganze auf Unterscheidung und Apologetik ausgerichtete Vorgehensweise ist mir eigentlich sehr unsympathisch. Ich bin jeden Dissens abhold und von meiner Natur her sehr stark auf Harmonie und Versöhnung ausgerichtet. Dementsprechend ist es mir sehr recht, wenn sich jetzt die Gelegenheit findet, das Kriegsbeil zwischen den einzelnen Disziplinen zu begraben. Um so wichtiger erscheint es mir, dass wir den Mut haben, die Grundlagen unseres eigenen Tuns genauer anzuschauen, nicht um eine neue Verteidigungslinie zu eröffnen, sondern aus Liebe zur Wahrheit und zu unseren Patienten, damit wir durch bessere Arbeitsvoraussetzungen bessere Ergebnisse erzielen.

Im Folgenden will ich einige Aufweichungen von ausdrücklich biblischen Positionen beschreiben und herausarbeiten, wie dadurch sanfte und unmerkliche Grenzüberschreitungen zustande gekommen sind. Noch einmal, ich verstehe mich nicht als theologischer Hardliner, der unbedingt auf die wahre Lehre dringt. Aber die zu große Zahl von therapeutischen Fehlschlägen, die ich in meiner seelsorgerlichen Praxis gesehen habe, lehrt mich auf die Feinheiten und Hintergründe meiner Seelsorge genau zu achten. Es müssen eben auf beiden Seiten, also auch bei uns Seelsorgern, die Voraussetzungen für saubere Therapieabläufe vorhanden sein.

I. Biblische Grundpositionen für die Entwicklung einer christlichen Seelsorgelehre

1. Heilung am Geist vorbei?

Die Bibel vertritt mit Nachdruck den Standpunkt, dass der Mensch nicht nur aus Seele und Körper besteht, sondern ein Geist ist, eine Seele hat und in einem Körper wohnt. Der wiedergeborene Mensch – und an ihm allein betreiben wir Seelsorge – ist *geistlich* wiedergeboren. Er hat – durch Wasser (Wort und Jesus Christus) und Geist im Sinne einer göttlichen Zeugung – in einem Akt der Bekehrung zu Gott und der Lebensübergabe an Christus einen neuen Geist bekommen, der seine Lebensmitte geworden ist. Die heilende Kraft des Heiligen Geistes tritt nun überwiegend über diesen Geist in das Leben des Heilungsbedürftigen hinein. Alles an übernatürlichen Kräften, Gottes Liebe und seine Gnade, werden uns Menschen mittels unseres neuen Geistes zuteil.

Eine göttliche Therapie, die nicht von dieser Situation ausgeht, weder den Heiligen Geist kennt noch sich an unseren Geist wendet, greift zu kurz. Wo aber gibt es eine solche Seelsorge, die auch gleichzeitig „Geist-Sorge" ist und ganz bewusst diese geistliche Dimension mit in das therapeutische Handeln einbezieht? Sind wir hier nicht insofern schuldig geworden, dass wir praktisch diesen neuen, uns von Gott gegebenen Geist nicht beachtet haben oder vielleicht gar nicht wussten oder wissen, was man mit dieser Instanz in uns anfängt und wie man sie in die Therapie mit einbezieht. Aus christlicher Sicht muss man wirklich fragen, ob Heilungen ohne Berücksichtigung des Heiligen Geistes und unseres erneuerten Geistes überhaupt möglich sind.

2. Er allein ist der Arzt

Die zweite Anfrage an unsere Seelsorgemethode ergibt sich aus der Tatsache, dass die klassischen therapeutischen Schulen sich in einem geschlossenen System sehen, in das von außen, also durch Gott, niemand eingreift. Wir Seelsorger gehen von einem offenen Weltsystem aus, in das Gott jederzeit hineinlangt, was auch gerade in der Seelsorge unbedingt geschehen soll. Diese Anschauung dürfte unter uns Seelsorgern, so lange es nur um das Prinzip geht, auf keinen Einwand stoßen. Wir glauben an Gott und das Heil in Christus, wir beten mit unseren Kranken, wir segnen sie und erwarten die Antwort Gottes.

Und doch steckt hier der Teufel im Detail, im zusätzlichen Detail. Gottes Geist verweigert sich nämlich unter bestimmten Bedingungen. Der Eingriff aus dem Jenseits und dem Unsichtbaren kommt eben nicht zustande, wenn wir sein übernatürliches Eingreifen erbitten und doch gleichzeitig Hilfe aus dem Spektrum der sichtbaren Möglichkeiten nicht ausschließen.

Dieser Punkt ist ärgerlich und erscheint als entsetzlich eng. Was soll denn schon dagegen einzuwenden sein, dass man einfach die Hilfen am Wege mitnimmt. Wie zum Beispiel etwas Schonung, eine Kur oder klinische Behandlung, vielleicht eine gewisse medikamentöse Unterstützung, verlängerte Krankschreibung, eine Überweisung an den Therapeuten, der sich parallel auch bemüht, die Stärkung des Selbstbewusstseins beim Kranken zu erreichen und diesen aufzubauen, sich gegen andere zur Wehr zu setzen oder sich überhaupt selbst aggressiv durchzusetzen.

Hier kann man die Schlacht verlieren, ohne zu wissen, wo und wie das geschah. Gott greift nur zu seinen Bedingungen in das Krankheits- und Heilungsgeschehen ein.
Eine Bedingung lautet: Keine andere Hilfe, kein Konkurrent.

Sacharja 4
6b Es soll nicht durch Heer oder Kraft, sondern durch meinen Geist geschehen, spricht der Herr Zebaoth.

Psalm 60
12 Wirst du es nicht tun, Gott, der du uns verstoßen hast. Du ziehst nicht aus, Gott, mit unserm Heer. 13 Schaff uns Beistand

in der Not; denn Menschenhilfe ist nichts nütze. 14 Mit Gott wollen wir Taten tun. Er wird unsre Feinde niedertreten.

Psalm 33
16 Einem König hilft nicht seine große Macht; ein Held kann sich nicht retten durch seine große Kraft. 17 Rosse helfen auch nicht; da wäre man betrogen; und ihre große Stärke errettet nicht.

Lukas 8
7 Und einiges fiel mitten unter die Dornen; und die Dornen gingen mit auf und erstickten es. 14 Was aber unter die Dornen fiel, sind die, die es hören und gehen hin und ersticken unter den Sorgen, dem Reichtum und den Freuden des Lebens und bringen keine Frucht.

Wenn wir uns auf irgendwelche Formen von Reichtum verlassen, sei es finanzieller, sozialer Reichtum, Herkunft der Familie, Ausbildung, Beziehungen, Kultur und Vernunft und wenn wir uns den Sorgen ergeben (das beginnt damit, dass wir für uns selbst sorgen, weil wir glauben, dass wir das können und sollen) und auch andere Freuden anzapfen (um daraus an Gott vorbei unsere Lust zu holen), dann kommt es nicht zur Ausbildung von Frucht. Die Pflanze ist da, das sind Worte, Gebete, Hingabe an Christus, aber das Entscheidende fehlt, die Frucht, die in diesem Fall Heilung bedeutet.

Gott ist ein eifersüchtiger Gott, der seine Ehre mit keinem anderen teilen will. Man kann sich dagegen auflehnen und empören, es verändert aber nicht Gott und erst recht nicht die therapeutische Situation. Es wird gebetet, beraten, getröstet, gesegnet und alles andere an eigentlich guten Dingen getan, aber Gott schweigt. Er, der eine unbeschreibliche Liebe zu uns Menschen, besonders zu seinen Kindern hat, durfte nicht handeln, weil wir die Seelsorgesituation aus dem Rahmen heraus rückten, den er für sein Eingreifen verlangt.[2]

---

[2] Das bedeutet allerdings nicht, dass wir von unseren Patienten zunächst ein striktes Absehen von allen medizinischen Maßnahmen verlangen. Absetzen von Medikamen-

Ich spüre die Einwände meiner Leser und habe sie mir auch selbst schon eingestanden: Das alles klingt sehr eng, sehr absolut und eigentlich auch abstoßend. Sollte Gott wirklich so prinzipienstarr und pfennigfuchserhaft sein? Bedeutet diese Sichtweise nicht eine entsetzliche Wissenschaftsfeindlichkeit und zeugt sie nicht von einem absolutistischen Denkansatz, in dem kein Platz für Ergänzungen aus dem Leben, aus allgemeiner Lebensweisheit und auch modernen psychologischen Erkenntnissen gelassen wird? Solche Vorwürfe und Anfragen lassen mich nicht kalt, weil ich von Natur aus zur Nachgiebigkeit neige und dies auch bewusst pflege. Aber entscheidend ist doch nicht, wie ich darüber empfinde, sondern was Gottes Gedanken darüber sind. Es scheint bei allen diesen Kompromissen aus der Sicht Gottes doch ein Wahrheitskonflikt vorzuliegen und kein Streit um unwichtige Verfahrens- oder Stilfragen. Gott zieht nicht aus mit unserem Heer (Psalm 60), das heißt mit unseren unterschiedlichen Maßnahmen, Hilfestellungen und unserer Kompetenz, weil der Verlass darauf aus der Sicht Gottes in letzter Konsequenz Zweifel über seine Willigkeit und Güte ausdrückt und auch Ausdruck von Selbsterlösungsstrebungen und Selbstverwirklichung ist.

3. Definierte christliche Ethik

Gott will nach dem Zeugnis der Schrift unsere Gesundheit, aber auf seinem Weg. Jesus sagt, dass er der Weg und die Wahrheit ist und dass die Wahrheit seines Wortes, wenn wir bei ihr verweilen, frei macht (Johannes 8,31-32). Im fünften Buch Mose lesen wir:

> 5. Mose 7
> 12 Und wenn ihr diese Rede hört und haltet sie und darnach tut, so wird der Herr, dein Gott, auch halten den Bund und die Barmherzigkeit, die er deinen Vätern geschworen hat, 13 und

ten ist noch nicht Glaube. So lange der Patient auf dem Anmarschweg zur geistlichen Heilungserfahrung ist, werden ihm Medikamente und alle nützlichen oder sogar unerlässlichen medizinischen Maßnahmen ausdrücklich zugestanden.

wird dich lieben und segnen und mehren und wird die Frucht deines Leibes segnen und die Frucht deines Landes, dein Getreide, Most und Öl, die Früchte deiner Kühe und die Früchte deiner Schafe in dem Lande, das er deinen Vätern geschworen hat dir zu geben. 15 Der Herr wird von dir nehmen alle Krankheit und wird dir keine von all den bösen Seuchen der Ägypter auflegen, die du kennst, sondern wird sie allen deinen Hassern auflegen.

Wir haben in der Schrift Hunderte von Worten und Anweisungen, die uns sagen, wie wir wandeln und leben sollen und wie der Weg zur Heilung, zum Wohlergehen und zur Lebensfreude ist. An diesen Worten vorbei kann der Seelsorger nicht seine eigene Methodik und sein eigenes Wertesystem entwickeln. Gottes Verheißungen sind spezifisch und genau. Christliche Allgemeinplätze, Worttreue an einigen Stellen, Großzügigkeit an anderen, werden den Weg verfehlen. Wir werden es gerade an den Konsequenzen der biblischen Lehre vom Menschen sehen, wie begriffliche Unschärfe und Unkenntnis der Wahrheiten über Reifung und Entwicklung des Menschen es unmöglich machen, einen heilsamen Weg heraus aus seelischen Nöten zu weisen. Das sieht vielleicht für manchen nach einem weiteren Affront aus. Aber ein biblisch operierender Seelsorger sollte in wesentlichen Teilen biblischer Lehre sehr kundig sein, um seine Vorgehensweise ständig biblisch reflektieren und begründen zu können, damit er nicht in der Menge von wahllosen biblischen Einzelpositionen und therapeutischen Möglichkeiten verloren geht.

4. Autonomie und Selbstfindung

Ich gehe davon aus, dass jeder Seelsorger, der vom Worte Gottes ausgeht, das Ziel der Selbstverwirklichung, das höchste Ideal des Humanismus, mit Überzeugung und Nachdruck verwerfen wird. Aber wird er die Gefahr und die Versuchung wahrnehmen, die darin besteht, seine eigene Stärke und Kompetenz zu zeigen und dem Kranken anzuempfehlen, sich gleichermaßen zu verhalten? Würde es ihm nicht wichtig sein, dem Kranken so schnell wie möglich zu helfen, aus der Schwäche der eigenen Persönlichkeit herauszutreten?

Mit diesen Fragen sind wir bei einem großen Problem. Der Weg zur Gesundheit, wie ihn die Heilige Schrift weist, das ist der Weg zur Christusähnlichkeit, und der führt über Demut und sogar über Schwäche zum Ziel. Dabei ist es nicht ausreichend, diesen Begriff Schwäche in dem abstrakten theologischen Sinne zu bejahen, der keinerlei Einschnitte in unser eigenes Denken und unsere Strebungen erforderlich macht. Die Stärke, die wir brauchen und die gewiss ein Teil von seelischer Gesundheit darstellt, kann nur durch Zerbruch des alten Menschen und Bejahen der Art von Schwäche erzielt werden, wie sie Paulus im 12. Kapitel des 2. Korintherbriefes beschreibt. Das erscheint in Anbetracht der doch bei allen seelisch Gestörten vorhandenen seelischen Schwäche unverständlich und fast widersinnig.

Aber wie noch ausführlich zu zeigen ist, sind die seelisch Kranken und Schwachen nicht schwach im Sinne des Neuen Testamentes, in dem sie zutiefst ihre Unzulänglichkeit, Unfähigkeit und Begrenztheit einsehen. Sie sind schwach als Stolze und Verzagte, Arrogante und Rebellen, die im ständigen Protest gegen ihre Unfähigkeit und Mängel leben. In Wirklichkeit stemmen sie sich in verdeckten oder offenbaren Größenideen und in hohem Anspruch gegen ihre Defizite und wollen anders, groß und bedeutend sein.

Sie agieren ihre Unabhängigkeit nicht in der offensichtlichen und produktiven Form aus, sondern in Selbstmitleid, Verweigerung, Distanz, Rückzug, Misstrauen und Verachtung.

Während unsere Kranken also ihre Unabhängigkeit und ihren Stolz durch ihre Symptome ausdrücken, verdeutlichen wir Seelsorger das bei ähnlicher Grundeinstellung in vornehmer Diskretheit: Wir setzen unsere Kompetenz ein, berufen und verlassen uns auf unser Wissen, unsere Fertigkeiten und Erfahrungen, und sind somit kaum weniger entfernt von dem Kern des Evangeliums als unsere Patienten. Wir, die wir stolz sind auf Durchblick und Geistesleitung, sollten doch eigentlich ein Bespiel sein, wie Wahrhaftigkeit,

Zerbruch des alten Wesens, Leben aus Gnade und in völliger Abhängigkeit von Jesus aussieht.

Das ist die Frage, die ich in Kenntnis der Therapievorstellungen vieler christlicher Seelsorger aufwerfe: Haben die zentralen Themen von Heiligung und Heilung in ihrer gegenseitigen Bedingung wirklich ihren Platz in der Seelsorge? Wer wagt es schon, in seinem Seelsorgekonzept diese Wahrheiten einzubauen? Wo wird der Untergang des alten Menschen, der geistliche Umbau des neuen Menschen, die Theologie des mit Christus-Gestorben-Seins und der Neuheit des Lebens aus dem Geist in der Seelsorge-Prozedur gelehrt, praktiziert und eingeübt? Nach meiner Erfahrung kommt das den meisten Seelsorgern so weltfremd und so theoretisch vor oder sie haben es selbst nicht verstanden, so dass sie meinen, dass die Seelsorge der allerletzte Ort sei, wo derartiges durchzuexerzieren sei. Das verstünde und bewältige kein Kranker, kaum ein Gesunder.

Aber die neurotischen Probleme und die seelischen Nöte unserer Patienten sind durch und durch bestimmt von verkehrten Motiven der Selbsterlösung, des Suchens und Strebens nach Stärke, Bedeutung und Macht. Sie sind getrieben von mehr oder weniger religiös eingefärbten Strebungen des Stolzes, der Überheblichkeit und der Gnadenlosigkeit und auch von Ehrsucht. Sie missbrauchen ununterbrochen Gott und das Evangelium als Mittel der Selbststärkung, und zwar des alten Menschen, und kommen dabei immer weiter weg vom Ziel der seelischen Gesundheit. Gerade sie brauchen die Einsicht in diese neutestamentliche Lehre dringend und noch mehr die Anleitung, wie daraus Praxis und ihre Heilung resultiert.

Worauf es mir ankommt, ist, dass wir gerade an diesen Fragestellungen lernen, nicht mit Fingern auf die Humanisten zu weisen, die ach so selbstzerstörerisch sich dem irrigen Prinzip der Selbstverwirklichung ergeben haben, sondern anerkennen, dass wir einem ähnlichen Fehler verfallen sind. Von unseren Patienten leiden mindestens achtzig Prozent an den nicht erkannten Ausdrucksformen von Stolz, Selbsterlösung und Gnadenlosigkeit, und wenn wir Seelsorger irgendwo in uns und an uns leiden sollten, dann wird das gewiss zu hundert Prozent diese Ursache haben. Unsere Blindheit an dieser Stelle ist grotesk und wird nur noch durch unsere Ignoranz im Hinblick auf die Bedeutung der Heiligungs- und Heilungskapitel 5 - 8 im Römerbrief übertroffen.

Wie wollen wir aber die verschlungenen Wege menschlichen Stolzes, die vielen Formen der Fehlverarbeitung von Leid und Verwundung im Sinne der Selbsterlösung bei unseren Patienten aufdecken, wenn wir selbst an dieser Stelle kranken? Zum diagnostischen Durchblick brauchen wir eben nicht nur Fachkompetenz, sondern vor allem ein demütiges Herz, das frei ist von eigenen blinden Flächen und wir brauchen den Herrn, der es dem Demütigen gelingen lassen wird und ihm mit seinen Worten und Gaben zur Verfügung steht.

5. An dir allein habe ich gesündigt

Dieser Satz aus den Psalmen Davids ist im Kontext von seelischen Störungen und ihrer Verursachungen für jeden weltlichen Therapeuten im höchsten Maße ärgerlich. Er besagt nämlich, dass ein schuldhaftes Verhalten gegen einen Menschen, wie das von David gegenüber Batseba, in erster Linie Sünde gegen Gott ist. Es ist und wäre auch dann Schuld vor Gott, wenn dieser Mensch, der Opfer eines schuldhaften Verhaltens anderer wird, von seiner Sicht her gar nichts dagegen einzuwenden hätte, dieses Verhalten billigte oder sogar begrüßte, wie es zum Beispiel bei amourösen Abenteuern so häufig der Fall ist.

Die moralische Bewertung einer Tat ist also nicht an das schwankende moralische Empfinden der Menschen gebunden, denen sie widerfährt, sondern an den objektiven und festgelegten Bewertungsrahmen göttlicher Offenbarung in der Bibel. Krank macht nicht die böse Tat eines Dritten, sie ist lediglich Anstoß zum verkehrten Reagieren. Krank macht die Antwort des Erleidenden. Aber das Entscheidende an dieser krankmachenden Reaktion ist der Umstand, dass diese zunächst und in erster Linie eine Reaktion der Sünde ist. Natürlich klingt auch das extrem eng und kleinkariert. Was soll denn dieses penetrante Beharren darauf, dass in allem neurotischen

Elend auch noch unbedingt die Vorherrschaft der Sünde, die hinter allem steht, herausgestellt werden soll? Hat nicht der Kranke genug zu tragen, dass er obendrein noch mit der Last seiner Sünde beschwert werden muss?

Hinter diesem Unmut liegt im Letzten die Überzeugung, dass es ein Leid gibt, dass einfach durch Umstände und Sachverhalte oder auch durch die Gene zustande kommt, aber nicht durch Sünde – das heißt durch die Trennung von Gott und Rebellion gegen ihn – ausgelöst wird. Das wäre dann ein Leid ohne Schuld, gleichsam wertneutrales Leid.

Ein solches Krankheitsverständnis kennt die Bibel trotz Johannes 9,2 mit dem Beispiel des Blindgeborenen nicht. Wenn es auch häufig nicht möglich und gar nicht richtig ist, jede krankheitliche Störung auf eine bestimmte Einzelsünde zurückzuführen, so liegt doch immer die Tatsache der Sündhaftigkeit jeder Krankheit zu Grunde.

Besonders trifft das für die seelischen Krankheiten zu. Was aber zunächst wie eine zusätzliche Last anmutet, ist in Wirklichkeit der Ursprung besonderer Segnungen. Weil die Störungen nicht irgendwie zustande kommen, etwa durch genetische Faktoren oder frühkindliche Außeneinwirkungen mit ihren irreparablen Einwirkungen auf die kindliche Seele oder durch bedrängende und zwingende situative Belastungen, sondern durch die verkehrte eigene Antwort, also Sünde, deswegen ist volle Hoffnung gegeben. Denn auf eigene Sünde kann nach Einsicht und Bekennen volle Vergebung durch Gott erbeten und empfangen werden. Aus dem Affront wird ein Segen. Weil wir in erster Linie gegen ihn gesündigt haben, ist in jedem Fall Entlastung und Hilfe möglich, weil er immer bereit ist zu vergeben. Vergebung ist gleichzeitig aber auch immer Entlastung und Beginn der Heilung.

Das muss man verstanden haben: Wenn wir vor allem gegen Gott sündigen, dann wird durch ihn auch die Behinderung, die immer aus Sünde resultiert, beseitigt. Wir bekommen nicht nur Vergebung und Entlastung, sondern auch Ausstattung mit Gottes Gnade und seiner Liebe, die uns befähigt, unsererseits Menschen, die an uns schuldig geworden sind, zu vergeben, ihnen die Hand zu reichen und Versöhnung zu erleben. Alte Bindungen und Unfreiheiten werden gelöst, wir werden zu neuen positiven Verhaltensweisen befähigt und erfahren Befreiung und Heilung. Dies tritt auch dann ein, wenn uns Menschen und Umstände nicht aus ihrer Verurteilung oder ihren Zwängen entlassen wollen. Das ist der Coup, der diesem Prinzip innewohnt: Wir erfahren Heilung unabhängig davon, wie andere Menschen oder Umstände sich zu uns stellen!

Diese Prozesse, wenn sie denn so stattfinden, werden gut für unsere Patienten sein. Aber wo sind wir Seelsorger gefährdet? Sicher nicht im Umkreis der uns zu Teil werdenden Dankbarkeit, wenn wir am Ende unserer seelsorgerlichen Bemühungen erleben, wie unsere Patienten zur Heilung gelangt sind. Aber sind wir auch willens, die Vorrangigkeit der Schuldfrage in allen davor ablaufenden Stadien unserer Untersuchung und Beratung festzuhalten? Sind wir nicht eben doch immer in Gefahr, Umstände und die Fehler anderer für die Krankheit unserer Klienten verantwortlich zu machen? Oder umgekehrt: Enthalten nicht viele unserer geäußerten Überzeugungen und Empfehlungen die Grundanschauung, dass praktische und technische Hilfen, soziale Anpassung und andere Engagements durchaus hilfreich sein könnten?

Wir müssen uns dessen bewusst sein, dass wir damit letztlich doch, und sei es nur partiell, das Krankheitsgeschehen und die Therapie-Prinzipien aus dem Rahmen biblischer Beurteilung herausrücken, so als ob es bei der Therapie von seelischen Störungen auch andere Gesichtspunkte gibt, die nichts mit Schuld und Vergebung zu tun haben. Vielleicht müssen wir Therapeuten manchmal uns selbst des Eindruckes erwehren, dass unser Beharren auf das Schuldprinzip zu qualvoller Enge und Unfreiheit führt, die nichts mit dem Wesen des Evangeliums gemeinsam haben.

Hier meldet sich der Geist des Humanismus, der mit Weite und Großherzigkeit lockt und mit griffigen und verführenden Worten biblische Wahrheiten als einseitig und weltfremd zu diffamieren sucht oder in seiner Großherzigkeit der Kombination der Kräfte und der Welten das Wort redet.

Ganz gewiss lauert hier die größte Versuchung, die darin besteht, doch diese allzu schmal erscheinende Basis unseres Krankheitsverständnisses und der Vorstellung von Heilung aufzugeben und die Fülle der mittlerweile erarbeiteten Fakten und Fortschritte in Medizin und Psychotherapie mit einzubeziehen. Aber es bleibt dabei: die Sünde ist der Menschen Verderben. An diesen biblischen Grundwahrheiten festzuhalten, ist nicht Borniertheit und frömmelnde Starrheit, das ist der direkte Weg zur Gnade und zur Heilung. Je weniger Einsicht in die Wahrheit, umso weniger Erkenntnis unserer Verfehlungen, je weniger Sündeneinsicht, ums so weniger die Möglichkeit, Gottes Gnade als die wirksame Kraft der Heilung zu erfahren.

Wer also in schlüssiger Logik die Verbindung dieser Begriffe und Erfahrungen erfasst hat, dem geht es nicht mehr um theologische Rechthaberei und vermeintliche Haarspalterei, er ist von dem Verlangen beseelt, möglichst jede Schmälerung der Gnade Gottes zu vermeiden und Heilung bei seinen Patienten bis in die tiefsten Schichten seiner Persönlichkeit zu sehen.

Jeremias 17
14 Heile du mich, Herr, so werde ich heil!

Zum Thema dieses Buches sind auch Predigten als CD oder Kassette erhältlich.

2419	Befreiung von toten Werken durch das Blut Jesu
2418	Im Umgang mit der Gerechtigkeit Gottes hinterlassen wir eine Segensspur
2417	Was bedeutet es die Gerechtigkeit Gottes zu tun?
2416	Bist du schon auferstanden?
2415	Was bedeutet es in Christus zu sein?
2414	Der Feind ist besiegt!
2413	Frei von dem Zwang zu sündigen durch eine vollkommene Erlösung!
2412	Ein sanftmütiger Geist folgt Gott willig
2411	Heilung nach biblischem Vorbild
2410	Heilung durch Ausübung göttlicher Autorität
2409	In Gottes Liebe bleiben und so Schutz und Autorität empfangen
2408	Wir können durch die Entfaltung des neuen Lebens über die Sünde herrschen
2407	Durch die richtige geistliche Speise besondere Herausforderungen bestehen
2406	Heilung auf neutestamentlichem Niveau
2405	Das Leben im Geist bringt Leichtigkeit
2404	Durch die Erkenntnis des Christus in dir, zur echten Erlösung und Vollmacht
2403	Verleugne niemanden, außer dich selbst
2402	Schlechte Zeiten sollen deine großen Zeiten werden!
2401	Gott ist dein Schutz! Mit Psalm 91 in das neue Jahr
2340	Durch ein neues Selbstbewusstsein im Geist zur Evangelisation die Spaß macht
2339	Du bekommst immer mehr als du weiterreichst!
2338	Wer auf das Fleisch sät, wird vom Fleisch ernten!
2337	Woher bekommen wir die richtigen Informationen für unser Leben?
2336	Leben aus dem Geist

Folgende Bücher sind im Aufbruch-Verlag erschienen:

Wolfhard Margies	
Gnade	120 Seiten, 7,95 €
Lust am Herrn	208 Seiten, 8,95 €
Die einzigartige Gemeinschaft mit dem Heiligen Geist	342 Seiten, 12,95 €
Überwältigt von der Güte Gottes	49 Seiten, 4,00 €
Über den Umgang mit einem besiegten Feind	48 Seiten, 4,00 €
Das Erbe der Erwachsenen	82 Seiten, 5,00 €
Erkennen, Glauben, Bekennen	463 Seiten, 12,95 €
Glauben, der Wunder wirkt	112 Seiten, 7,50 €
Probleme sind (k)ein Segen	33 Seiten, 3,50 €
Das Kreuz der Gesegneten	98 Seiten, 5,00 €
Ana Méndez	**204 Seiten, 12,95 €**
Margies, Fritsch, Reuss	
Deutsches Geschichtsbuch für Beter	173 Seiten, 12,00 €
Sergio Scataglini	
Das Feuer Seiner Heiligkeit	172 Seiten, 12,00 €
Jim Goll	
Prophetische Fürbitte Gottes Verheißungen auf Knien erbeten	313 Seiten, 15,50 €
Cindy Jacobs	
Frauen – Gottes Auserwählte	330 Seiten, 17,80 €

Norvel Hayes

Und du wirst Visionen haben	103 Seiten, 7,95 €
Erfolgreich Leben	103 Seiten, 7,95 €
Dein Weg zur Heilung	101 Seiten, 7,95 €
Zeit mit Gott	95 Seiten, 7,95 €

Marc Dupont

Die Elia-Jahre	208 Seiten, 7,95 €

Bestellung und kostenlose Kataloganforderung

Aufbruch-Verlag
der Gemeinde auf dem Weg
Babelsberger Str. 37

D-10715 Berlin

Tel: 030-85 79 19-65
Fax: 030-85 79 19-67

Besuchen Sie uns im Internet. Schauen Sie nach unseren wöchentlich aktualisierten Angeboten von Predigtkassetten, Videos und Büchern!

http:// www.aufbruch-verlag.de